山东省
标准地名诠释

滨州市卷

《山东省标准地名诠释》编纂委员会 编

山东城市出版传媒集团·济南出版社

《山东省标准地名诠释》

编纂委员会

主　　编　　冯建国

副 主 编　　于建波　张子龙

编　　委　（以姓氏笔画排序）

丁志强　王为民　王玉磊　王晓迪　付振民　庄茂军

刘兴宝　孙树光　张西涛　张屹卿　张兴军　张鲁宁

陈　芳　陈效忠　陈朝银　陈德鸿　徐希超　徐帮杰

黄贤峰　崔继泽

编辑部主任　　孙凤文

编辑部成员　（以姓氏笔画排序）

马　瑞　王书清　王成明　王红艳　巩铁军　刘　玲

李成尧　杨　军　张义勇　张亚萍　张光耀　林　锋

赵文琛　倪　语　倪春雷　高洪祥

前　言

地名是重要的基础地理信息和社会公共信息，与经济社会发展、人们日常生产生活息息相关。编纂出版《山东省标准地名诠释》是地名管理服务工作的一项基础工程，对进一步推行山东省地名标准化，推广普及地名知识，适应改革开放和高质量发展的需要，以及国家和社会治理、经济发展、文化建设、国防外交等方面具有重要的意义和作用。

2014 年 7 月，国务院印发通知开展第二次全国地名普查。2015 年，国务院地名普查办印发《第二次全国地名普查成果转化规划（2015—2020 年）》（国地名普查办发〔2015〕6 号），山东省地名普查办依此制定了《山东省第二次全国地名普查成果转化规划（2016—2020 年）》（鲁地名普查办发〔2016〕4 号），部署开展成果转化相关工作，其中包括组织编制出版标准地名图、录、典、志等出版物。编纂出版《山东省标准地名诠释》是贯彻落实"边普查、边应用"指示要求，及时发布并推动第二次全国地名普查成果社会应用的重要举措，也是落实规划目标任务的重要内容。

《山东省标准地名诠释》编纂委员会按照公开出版的要求，在全省第二次全国地名普查成果数据基础上，进行成果的整理挖掘（包括资料收集、数据考证等），编辑出版《山东省标准地名诠释》，并将本书定位为第二次全国地名普查重要的省级成果，是一部以"地名"为主题的省级标准地名工具书。

本书在资料整理和编辑加工的过程中力求做到内容权威、文字精练、编写精心、编辑独到、设计新颖，以期达到当前编辑出版水平的先进行列。在词目释义编写上，本书着力突出"三个重点"（即地名基本要素、地名文化属性、地名所指代地理实体性质与特征），具备四个特点（即广、新、准、实）。其中，"广"即收词广泛，应录尽录，要涵盖重要地名类别及其主要地名；"新"即资料新、信息新，要充分利用地名普查最新成果，反映全省各地地名的新情况、发展建设取得的新成就；"准"即实事求是、表述准确、考证严谨，要求词目释文中的资料、数据翔实有据，表述准确、规范，做到地名拼写准确无误、词条诠释准确无误；"实"即具有实用性。在采词、释文内容和词目编排上都力求符合读者需要，便于读者使用，使之有较高的实用和收藏价值。

　　本次《山东省标准地名诠释》编纂得到多方面的支持，全省各级地名主管部门的领导和地名工作者，不辞辛苦，埋头于本书所需资料的搜集、整理，根据《山东省标准地名诠释》的编写要求，认真组织撰稿，力求做到精益求精。在此，我们对为本书的编纂、出版工作提供了帮助和支持的所有单位、领导和工作人员，表示诚挚的感谢。编纂出版《山东省标准地名诠释》工作任务重、涉及内容多、标准要求高，限于我们的人员专业水准和时间等因素，书中难免存在错误或不足，恳请广大读者批评指正。

凡　例

一、《山东省标准地名诠释》采收山东省 17 市 137 县（市、区）范围内，包括乡镇以上行政区划名称、主要的居民点和自然实体及主要社会、经济设施等重要地名词条，按照行政区域划分和地名类别特点分列 18 卷。

二、采收地名分为六个大类：

1. 政区类：包括山东省政区建制镇、乡、街道及以上全部行政区划单位；国家和省正式批准的各类经济功能区（含开发区、高新区、工业区、保税区、科技园区、新区等）；1949—2014 年间曾经设立而现已废置的地区行署、县级和乡级行政区，特指被撤销建制、被合并或拆分不继续使用原专名的情况。另，城乡社区是社会治理的基本单元，故也收录了部分建有综合服务中心且统一开展基本公共服务的社区名称。

2. 居民点类：具有地标意义或文化意义的住宅区；镇、乡人民政府驻地居民点；经省级以上人民政府或有关部门批准的"历史文化名村""传统村落"；具有明显特点的非镇、乡驻地的居民点（如：文化底蕴浓厚、存续历史悠久、人口数量多、占地面积广、重要历史事件发生地、名人故里、重要少数民族聚居地、交通要口、物资集散地、土特产品产地等）等。

3. 交通运输类：包括城市道路与城镇街巷、铁路、公路、航道、桥梁、车站、港口、机场等。城市道路收录市辖区城区内的快速路、主干道、次干道，县和县级市驻地城区主干道，及其他具有突出特色的一般街巷；铁路收录公开运营的国有铁路（含高铁、干线、支线和专用线）和地方铁路；公路收录省级以上普通公路、高速公路；桥梁和立交桥只收录规模大、历史久、有特色的；隧道只收录 500 米以上的及其他有特色的；港口只收年吞吐量在 10 万吨以上的；码头、船闸只收录大型的、特别重要的；渡口只收录正在使用的重要渡口。

4. 自然地理实体类：包括平原、盆地、山地、丘陵、沼泽、洞穴、河流、峡谷、三角洲、湖泊、陆地岛屿、瀑布、泉、海、海湾、海峡、海洋岛屿、半岛、岬角等。其中河流主要收录长度在 30 千米及以上的，以及具有航运价值的人工水道；湖泊主要收录面积在 3 平方千米及以上的。

5.名胜古迹、纪念地和旅游地类：包括纪念地、重点文物保护单位、风景名胜区、重要景点和一般名胜古迹、自然保护区。其中纪念地收录市级及以上级别的；重点文物保护单位收录经过正式批准的市级（含）以上的；城市公园收录 AAA 级以上的；风景名胜区、自然保护区收录经过正式批准的国家和省级的词条。

6.农业和水利类：包括农场、牧场、林场、渔场、水利枢纽、水库、灌区、渠道、堤防（海塘）等。其中水库收录库容 0.5 亿立方米以上的，灌区收录 3 平方千米以上的。

三、词目排列按分市与分类相结合的原则。即先将全部词目按市大类划分，大类下面分亚类，亚类下面再分小类。在同一亚类或小类词目中，先排全市性的大条目，再按区、县、街道、镇、乡的顺序排出市内条目。各市跨区县的条目在市本级单独排列。

四、本地名诠释资料截止日期为 2014 年 12 月 31 日，所选地名主要来源于第二次全国地名普查成果，主要兼顾反映普查成果和普查期间地名的存量情况，其中少量地名为非标准地名，此类地名需标准化处理，不作为判定标准名称的依据。

五、按照词条释文编写规则，本书相关词条中所列人口数做了技术处理，均为约数，不作为人口统计的依据。

六、本地名诠释中地名罗马字母拼写，遵从《中国地名汉语拼音字母拼写规则（汉语地名部分）》的规定。一般地名的专名与通名分写。专名和通名中的修饰、限定成分，单音节的与其相关部分连写，双音节和多音节的与其相关部分分写；通名已专名化的，按专名处理；居民点中的村名均不区分专名和通名，各音节连写。

地名用字的读音以普通话法定读音为主，同时适当考虑地方读音，如"崖"我省部分地区的地名中读"yái"，标准读音为"yá"；"垓"我省部分地区的地名中读"hǎi"，标准读音为"gāi"；"国"我省部分地区的地名中读"guī"，标准读音为"guó"；"郝"我省部分地区的地名中读"hè"，标准读音为"hǎo"，等等。

七、在每卷卷首，均有本卷地名的词目表。为方便读者检索，在每卷卷末，设有本卷地名的汉语拼音音序索引。

滨州市卷　目录

3

博兴县

一　政区

滨州市

滨州市 371600
[Bīnzhōu Shì]

简称滨。山东省辖地级市。北纬36°41′~38°16′，东经117°15′~118°37′。在省境北部。面积9 453平方千米。户籍人口386.7万，常住人口383.9万。以汉族为主，还有回等民族。辖滨城、沾化2区，惠民、阳信、无棣、博兴、邹平5县。市人民政府驻滨城区。市境腹地周属齐，秦、汉属济北郡。三国魏置乐陵国，治厌次（今惠民县境），晋因之。南朝宋为乐陵郡，治乐陵。隋初废郡，隋开皇年间割沧州阳信县置棣州，隋大业二年（606）废入沧州，三年罢州为渤海郡，治阳信。唐武德四年（621）复置棣州，六年又废，唐贞观十七年（643）再置，治厌次。五代周析棣州置滨州，棣州仍治厌次，滨州治渤海（今滨北）。宋、金、元因之。明洪武六年（1373）改棣州置乐安州，明宣德元年（1426）改为武定州。清雍正十二年（1734）升为武定府，治惠民。1913年废府属岱北道（次年改为济南道）。1925年属武定道。1928年废道，各县直属于省。1941年徒骇河南各县属清河行政区，1942年徒骇河北各县属冀鲁边区。1944年清河行政区与冀鲁边区合并为渤海行政区，分属该行政区第四、五、六等专区。1945年分属第三、四专区，1949年分别更名为清河专区、垦利专区。1950年置惠民专区，专署驻惠民，1952年迁滨县北镇。1958年与淄博市合并为淄博专区。1961年复置惠民专区，专属迁回滨县北镇。1967改专区为地区。1992年更名为滨州地区。2000年滨州地区撤销改设滨州市（资料来源：《中华人民共和国地名大词典》）。以濒临渤海而得名。地处鲁北平原，黄河穿境而过。以小清河为界，小清河以南属泰沂山区山前冲积、洪积平原，并有部分低山丘陵，地势南高北低，海拔在8~826.8米之间；小清河以北为黄河冲积平原，海拔1~20米，地势低平，由西南向东北倾斜。最高峰摩诃顶海拔826.8米。属暖温带季风气候，年均气温13.1℃，1月平均气温 −2.7℃，7月平均气温26.8℃。年均降水量552毫米。年均无霜期205天。有黄河、小清河、徒骇河、孝妇河、支脉河、土马沙河、德惠新河、马颊河、潮河、秦口河流经。有石油、天然气、铜、麦饭石等矿产资源。有野生植物608种，其中国家重点保护野生植物有单叶蔓荆、草麻黄、野生甘草、杠柳等7种。有野生动物1 268种，其中国家Ⅰ级保护动物有东方白鹳、丹顶鹤、中华沙秋鸭等7种，国家Ⅱ级保护动物有35种。有滨州贝壳堤岛与湿地国家级自然保护区。森林覆盖率30.8%，有国家级创新平台5个，省级重点实验室5个。有高等院校3所，中小学553所，图书馆8个，博物馆10个，知名文艺团体8个，体育场6个，三级以上医院3个。有魏氏庄园、丁公遗址、丈八佛、龙华寺遗址等国家级文物保护单位5个，大觉寺、杜受田故居、梁漱溟墓等省级文物保护单位 39 个。有国家级爱国主义教育基地 1 个、省级国防教育基地 1 个，董永传说、阳信鼓子秧歌、沾化渔鼓戏等国家级非物质文化遗产 9 个，滨州锅子饼制作技艺、清河镇木版年画、邹平酸浆豆腐制作技艺、东路大鼓等省级非物质文化遗产 33 个，孙武古城旅游区、杜受田故居景区、鹤伴山国家森林公园 3 个 AAAA 级旅游景区，中海旅游区为国家级水利风景区。三次产业比例为 10∶50∶40。农业以种植业、养殖业为主。主要粮食作物以小麦、玉米为主，经济作物有棉花、圆葱、莲藕等，是全国重要的棉花生产基地，林果有蜜桃、苹果、冬枣、水杏、鸭梨、金丝小枣、香椿等。畜牧养殖有白山羊、洼地绵羊、渤海黑牛、毛驴、蛋鸡肉鸡养殖等。水产养殖有海虾、梭子蟹、鲤鱼、鲢鱼、鲶鱼、文蛤、南美白对虾、毛蟹、泥鳅等。有沾化冬枣、阳信鸭梨等众多特色优势名牌农产品，有中国毛虾、三疣梭子蟹、文蛤、南美白对虾等特色水产品。渤海黑牛、德州驴被列入国家级畜禽品种保护名录，洼地绵羊、沾化白山羊被列入国家级品种保护名录。是全国兽用生物制品重要生产基地。工业以油盐化工、纺织、机械制造、装备制造、有色金属深加工、生物医药、电子信息、家居厨具、果蔬食品、粮油加工为主。魏桥创业集团、滨化集团、西王集团、京博石化在棉纺、化工、食用油加工等行业全国领先。有亚光毛巾、西王淀粉、鲁宝厨房炉灶、长寿花食用油等 18 个中国驰名商标。渤海活塞是中国活塞第一品牌，是国内唯一能够全面生产各种汽车、船舶、工程、军工等动力机械用活塞的专业化企业。第三产业以交通运输、商贸为主，有京博物流、一松科技、华兴网络、银茂酒店等 11 个山东省服务名牌企业。有滨州经济技术开发区、邹平经济技术开发区 2 个国家级开发区，滨州北海经济开发区、滨州高新技术产业开发区、滨州工业园区、博兴经济开发区、惠民经济开发区、无棣经济开发区、沾化经济开发区、阳信经济开发区 8 个省级经济开发区。境内有铁路 111.2 千米，公路 15 963.3 千米。有淄东线、博小线 2 条国家铁路，小滨线、滨沾线、周邹线 3 条地方铁路，公路有青银高速、长深高速、荣乌高速、滨德高速 4 条高速公路，205 国道、220 国道、309 国道 3 条国道，大济路、乐胡路等 16 条省道过境。有民用机场 1 个。

滨州 371600-Z01
[Bīnzhōu]

别名北镇。滨州市聚落。在市境中部。面积 1 041 平方千米。人口 70 万。金明昌三年（1192）置蒲台县，于蒲台镇南新建县城，蒲台镇遂更名蒲北镇，后简化演变为北镇。1952 年惠民专区政府迁至北镇。1982 年设立县级滨州市。1984 年城市聚落北镇更名为滨州。1952 年起，专区政府迁入，北镇开启城建历史，先后建成了黄河二路、三路和渤海七路的中心路段，沿路建成政府、学校、商场、剧院等公共设施。1972 年后，形成南有蒲台古城、中有新建城区、北有滨南采油厂的格局，城市道路建设步伐加快，黄河一至六路，渤海五至九路已全部或大部改建成沥青路面。1984 年，城区向西、北、东方向拓展，城区面积扩大至两倍，建成蒲湖水库，建成黄河一至六路和八路，渤海五至九路，道路布局基本上呈棋盘式。2001 年后，城市重心向西发展，实施"四环五海"工程，建设环城公路、环城水系、环城林带、环城景点"四环"，建设中海、南海、东海、北海、西海 5 个大型水库，恢复重建了砂亭雨霁、兔岭浮波、莲池夜月、古井琉璃等历史八景，仿建 36 座世界名桥，开挖 72 湖，建设 60 个有绿有水的居民小区，形成了大空间、大水面、大绿色的城市特色，打造黄河三角洲中心城市，城区面积达到 176 平方千米。新立河公园、秦皇河公园南北贯穿全城，达到了自然分区的效果。因濒临渤海而得名，意为滨海之州。（资料来源：《滨州志》）城区沿黄河呈棋盘状分布，东西向道路以黄河、长江命名，南北向道路以渤海、东海命名。有唐赛儿雕像、天地桥、中海航母、市政大楼等地标建筑。主城区大体由东区、西区、开发区三大板块构成，东北部是以亚光毛巾、大唐发电、滨农科技为主的滨州工业园区；东区是以滨化集团、中海沥青为代表的石油化工工业区，以渤海国际、渤海十路美食街、六街市场为代表的商业区，以机关事业单位老旧小区为主的住宅区；西区有市政府办公区，以全民健身馆场、三馆一中心、中海公园为代表的健身文化娱乐区，以商业小区为主的新兴住宅区；开发区是以渤海活塞、魏桥纺织、宏桥铝业为代表的先进制造业工业区；西南部是以西纸坊、狮子刘为代表的古村旅游、黄河观光为主的旅游区。2009 年，在黄河以南开发建设高新区，城区面积 84 平方千米，是科技体制机制创新改革先行区、战略性新兴产业示范引领区、国家级科技企业孵化集聚区、黄河三角洲绿色生活休闲区。特色工艺品有滨州剪纸、杨柳雪老粗布、布老虎等。风味小吃有芝麻酥糖、邢家锅子饼等。铁路、高速公路、国道各自一横一纵在滨州城区边缘交叉，3 座黄河大桥、2 座浮桥沟通黄河南北，城区内道路街巷纵横交错，呈规则棋盘状，城外由一级公路形成完整闭环。

滨州北海经济开发区 371600-E01
[Bīnzhōu Běihǎi Jīngjì Kāifāqū]

在市境北部。东北濒临渤海，北接埕口镇，西临碣石山镇，南至柳堡镇、沾化区滨海镇。面积 52 600 公顷。因位于滨州北部且承担北带开发战略任务，濒临渤海

承担出海任务得名。2010 年 9 月经省政府正式批准建立省级开发区，由市级政府管理。是国家战略黄河三角洲高效生态经济区规划建设的四大临港产业区之一、山东半岛蓝色经济区的重要组成部分，是山东省会城市群经济圈的最近出海通道，是 21 世纪海上丝绸之路的重要节点地区。是以冶金、化工、纺织、机械制造、粮油果蔬等优势产业及战略新兴产业为重点，以铝基复合材料为特色的新材料循环经济产业园，形成了以新材料为产业特色的材料生产基地。有魏桥、西王、滨化、京博等世界五百强及诸多重点企业入驻，规模以上工业企业 17 个。亿吨级大港滨州港正在建设中，高速、铁路在规划区域内交汇贯穿，有多条公交线路。

旧地名

耀南县（旧） 371600-U01
[Yàonán Xiàn]

在山东省东北部。原名长山县，1943 年命名，属清河专区。1950 年撤销，恢复原县名。

蒲台县（旧） 371600-U02
[Pútái Xiàn]

在山东省北部。1956 年撤销，并入博兴县，后部分地区改归广饶县。

长山县（旧） 371600-U03
[Chángshān Xiàn]

在山东省中部。1956 年 3 月并入邹平县。

滨县（旧） 371600-U04
[Bīn Xiàn]

在山东省北部。1987 年撤销，并入滨州市。

齐东县（旧） 371600-U05
[Qídōng Xiàn]

在山东省北部。1958 年 12 月撤销，分别划归邹平、博兴 2 县。1961 年划归博兴县部分又改划高青县。

惠济县（旧） 371600-U06
[Huìjǐ Xiàn]

在山东省北部。1949 年由杨忠县改名。1950 年撤销，分别划归惠民、济阳、商河 3 县。

滨城区

滨城区 371602
[Bīnchéng Qū]

滨州市辖区。在市境北部。面积 1 040 平方千米。人口 66.8 万。以汉族为主，还有满、傣等民族。辖 12 街道、2 镇、1 乡。区人民政府驻市东街道。1949 年属垦利专区。1950 年 5 月建立惠民专区。1956 年 3 月撤蒲台县建制，并入博兴县。1958 年 10 月撤惠民专署，并入淄博专署，随属；12 月滨县并入惠民县。1961 年 4 月恢复滨县建制，党政机关迁往滨城（今滨北街道办事处）；是年，开始建区。1982 年 8 月，撤销北镇，建立县级滨州市。1984 年北镇更名为滨州。1987 年 2 月，撤销滨县，并入县级滨州市。2000 年 6 月设立地级滨州市，县级滨州市改为滨城区。五代后周显德三年（956）始置滨州，以滨渤海而得名。有黄河、徒骇河、潮河从区境穿过。有中小学 8 所，图书馆 1 个，三级以上医院 1 个。有省级文物保护单位兰家遗址、杜受田故居、滨州城墙遗址、秦董姜天主教堂，市级文物保护单位侯家遗址、卧佛台遗址。有国家级非物质文化遗产滨州民间剪纸。有三河湖旅游风景区、中海旅游风景区、秦皇台旅游风景区、渤海革命老区纪念园等风景名胜区和重要景点。建设铁路物流园区、黄河三角洲农产品交易物流园区、海王药业物流园区、煤炭物流园区"四大物流园区"，清怡国际、中晟大厦等 6 家商务楼宇。农业以种植业为主，粮食作物主产小麦、玉米、水稻等，小营大米、黄河五道口大米、中裕面粉是地方名优产品，经济作物以棉花、韭菜、花生等为主。工业以家纺、化工、机械、食品加工等产业为主，石油、天然气资源丰富，是胜利油田的主产区之一，有侨昌化学、红星车业、亚泰雅德、九环集团、金汇玉米、泰裕麦业等知名企业。服务业以商贸、餐饮、文化创意等为主，有中心商务、大型市场、鲁北特色餐饮、文化创意产业等四大特色产业集聚区。有国家级开发区 1 个、省级开发区 2 个。有滨州东站、滨州长途汽车站。有多条公交线路。

滨州经济技术开发区 371602-E01
[Bīnzhōu Jīngjì Jìshù Kāifāqū]

在区境西部。东临滨城区彭李街道办事处，西靠惠民县，北邻滨城区杨柳雪镇，南至黄河。面积 18 920 公顷。以所在政区和功能定位命名。2001 年经省政府批准建立省级开发区，2013 年升级为国家级开发区，由市级政府管理。开发区规模以上企业 50 家，其中滨州渤海活塞有限公司为综合实力国内领先、全球前四强的活塞制造企业，是国内唯一一家能全面生产各种汽车、船舶、工程等动力机械用活塞的专业化企业，渤海活塞产量位居亚洲第一。滨魏科技工业园产品达到了国际领先水平；东方地毯有限公司荣获"国际环保地毯证书"等荣誉；山东百高化学有限公司研发的彩色墨粉填补了国内空白并达到国际先进水平；绿都生物工程科技园是农业部定点企业。高速公路和国道纵横穿过园区，区内道路主框架已经形成，通公交车。

滨州高新技术产业开发区 371602-E02
[Bīnzhōu Gāoxīn Jìshù Chǎnyè Kāifāqū]

在区境南部。北临黄河，南接博兴县，西接高青县，东与东营接壤。面积10.5公顷。以所在政区和功能定位命名。2009年8月经省政府正式批准建立省级开发区，由市级政府管理。总体规划按照"东拓西进南延北接"的空间布局，从东西两侧向中间融合，构建"一横、二纵、三中心、四板块、五大功能区"的规划布局结构，初步形成了以装备制造、生物制药、家纺纺织为主的工业体系，规模以上企业40个，有愉悦家纺、科伦制药、晓洋科技、鑫通机械、中通钢管、绿福缘食品、龙腾服饰、金源纺织、星都纺织、正元畜牧等高新技术企业。有铁路、国道、省道通过，有滨州黄河大桥与市区相连。

滨州工业园区 371602-E03
[Bīnzhōu Gōngyè Yuánqū]

在区境南部。面积2 337公顷。以所在行政区和园区性质命名。2006年3月经省政府正式批准建立省级开发区，由区级政府管理。有各类企业184家，其中规模以上企业49家，初步形成了以亚光纺织、资兴印染为主的纺织印染业，以滨农科技、侨昌化学为主的能源化工业，以金汇玉米、泰裕麦业为主的农副产品深加工业，以红星车业、东海龙活塞为主的机械制造业，以山水水泥、东冠建大管桩为主的建筑建材业，以福尔特纸业、伊斯特纸业为主的纸品业等六大支柱产业。同时，以安琪酵母为代表的生物食品业、以三元生物为代表的生物制造业、以泓瑞制药为代表的医药化工业以及汽车商贸等产业也在逐步发展壮大中。有铁路、高速、国道、省道在辖区内交汇，有火车站，通公交车。

市东街道 371602-A01
[Shìdōng Jiēdào]

滨城区人民政府驻地。在滨城区城区东北部。面积27平方千米。人口6.7万。1994年设立。因地处滨城区城区东部而得名。2008年10月完成创业大厦建设工程。2009年完成东王钢材市场建设工程。2011年9月完成豪德贸易广场建设工程。有中小学4所，图书馆1个，医疗卫生机构51个。有市级非物质文化遗产芝麻酥糖。有天王寺、清真寺等。工业以机械、化工、纺织为主。服务业发达，金融服务、文化产业、商贸综合体等新兴产业发展迅速，有钢材、纺织、建材、厨具、汽车、商贸、物流、客运等专业市场8个，农贸市场5个。有滨州火车站、东区客运站，通公交车。

市西街道 371602-A02
[Shìxī Jiēdào]

属滨城区管辖。在滨城区城区西南部。面积30平方千米，人口6.7万。1982年设立。因街道辖区位于滨州市区西部得名。2006年3月完成彩虹湖广场建设工程。2013年完成大学创意文化城建设工程。2014年进行梅贵嘉苑居民安置小区建设工程。南部紧邻黄河，新立河从境内穿过。有滨州医学院，中小学9所，图书馆2个，知名文艺团体1个，医疗卫生机构8个。农业以种植业和畜牧业为主，粮食作物主产小麦、玉米，畜牧业主要养殖猪、羊、牛、家禽。工业以纺织业为主。服务业以商贸为主。通公交车。

北镇街道 371602-A03
[Běizhèn Jiēdào]

属滨城区管辖。在滨城区城区东南部。面积8平方千米。人口5.1万。1982年设立。老北镇因位于蒲城和大清河以北而得名，北镇街道沿用其名。南邻黄河。有龙灯、旱船、高跷、剪纸、翻花等民间艺术。有中小学3所，图书馆3个，医疗卫生机构2个。有标志性建筑黄河大桥北端的唐赛儿塑像与南端黄河桥遥相呼应，两端各有数千米的绿化带。经济以服务业为主，农业以种植小麦、玉米、棉花为主，畜牧业以养殖猪、羊、家禽为主，工业以纺织、化工、印刷、机械制造为主，服务业以商贸、批发、酒店为主。通公交车。

市中街道 371602-A04
[Shìzhōng Jiēdào]

属滨城区管辖。在滨城区城区中部。面积25平方千米。人口6.4万。2005年设立。因市中街道地处老市区中心位置而得名。黄河从境内穿过。有市级技术研究中心1个。有中小学3所，图书馆1个，体育场馆3个，知名文艺团体3个，医疗卫生机构55个。有市级非物质文化遗产唐赛儿传说。有蒲湖公园、颐园等景点。有中百大厦、中央公园、中昇大厦等标志性建筑物。经济以服务业为主。农业种植绿色环保蔬菜黄瓜、茄子、辣椒、西红柿等。工业有铸造、机械加工等企业。服务业以商贸、金融为主，打造了以渤海七路为中轴线，黄河六路到黄河三路的"工"字形金融服务区和众成大厦等金融保险类产业集聚发展的高档楼宇。通公交车。

彭李街道 371602-A05
[Pénglǐ Jiēdào]

属滨城区管辖。在滨城区城区西部。面积35平方千米。人口10.8万。1995年设立。从境内彭家、西李村各取一字命名。新立河从境内穿过。有市级企业技术中心3个。有滨州学院、滨州职业学院、滨州技术学院、山东省北镇中学等中小学6所，图书馆15个，体育馆5个，知名文艺团体

1个，医疗卫生机构18个。境内有中海水利风景区、黄河三角洲文化创意产业园，有新滨公园、喜鹊湖公园等景点。有滨州国际会展中心、滨州奥林匹克中心、滨州市图书馆、滨州市科技馆、滨州大剧院等标志性建筑物。工业以印刷、食品加工、制造、服装加工等业为主。商贸、服务业发达。通公交车。

滨北街道 371602-A06
[Bīnběi Jiēdào]

属滨城区管辖。在滨城区城区北部。面积179平方千米。人口8.3万。2005年设立。因在城区北部而得名。2005年完成滨城区烈士陵园爱国教育基地建设工程。2009年完成渤海革命老区纪念园建设工程。2012年完成凤凰大厦建设工程。徒骇河、潮河等从境内穿过。有中小学6所，医疗卫生机构1个。有省级文物保护单位杜受田故居。有西街卧佛台、北街茅焦台、东街文鸣台、战国齐人段子明墓、滨州古城等古迹。有凤凰大厦等标志性建筑物。经济以工业为主。农业以种植业为主，粮食作物主产小麦、玉米，经济作物主产棉花。工业以纺织印染、能源化工、农副产品深加工、机械制造、建筑建材为主，山东滨州工业园区在辖区内，入驻企业180余家，规模以上企业43家。通公交车。

梁才街道 371602-A07
[Liángcái Jiēdào]

属滨城区管辖。在滨城区城区东部。面积74平方千米。人口3.3万。2005年设立。因街道办事处驻梁才居委会而得名。南临黄河，境内有朝阳河、韩墩总干渠和韩墩二干渠等河渠。有中小学4所，图书馆1个，体育场馆2个，文艺团体2个，医疗卫生机构1个。有韩墩水利风景区、白鹭湖、龙憩湖等休闲胜地。农业以种植

小麦、玉米、棉花、蔬菜为主，盛产草莓、樱桃、火龙果、黄金梨等，沿黄休闲观光农业发展迅速。工业以化工、铸造、机械加工、建筑材料为主，是胜利油田的主采区之一，建有高新化工园区。通公交车。

青田街道 371602-A08
[Qīngtián Jiēdào]

属滨城区管辖。在滨城区城区南部。面积69平方千米。人口4.5万。2010年设立。因春秋时齐景公有马千驷，猎于境内的青田而得名。有中小学3所，图书馆1个，医疗卫生机构1个。重要名胜古迹有战国千乘城遗址。农业以种植业和畜牧业为主，主产小麦、玉米、水稻、棉花、蔬菜，饲养猪、牛等，是鲁北地区重要的粮棉基地、林果基地、蔬菜基地和畜牧基地。工业有家纺服装、食品加工、建材、制药、仓储物流等业。通公交车。

小营街道 371602-A09
[Xiǎoyíng Jiēdào]

属滨城区管辖。在滨城区城区南部。面积83平方千米。人口4.2万。2005年设立。宋初，曾在此设大小两个兵营，后渐演为今名。黄河从境内穿过。有中小学2所，图书馆1个，医疗卫生机构1个。重要名胜古迹有晏贺台遗址。有龙江湿地景观。农业以种植优质小麦、品牌水稻、蔬菜为主，"小营大米"是知名产品。畜牧业以饲养猪、樱桃谷鸭为主。工业有家纺、生物医药、新材料、新能源、建材等产业，是滨州家纺产业重要的生产基地之一。通公交车。

杜店街道 371602-A10
[Dùdiàn Jiēdào]

属滨城区管辖。在滨城区城区西部。面积56平方千米。人口5.0万。2006年设立。明洪武二年（1369），杜氏由枣强迁此以开店为业，在此居住生活，故名杜家店。秦皇河从境内穿过。有中小学2所，图书馆2个，体育场馆2个，医疗卫生机构1个。有秦皇河湿地公园等景点。农业种植业和养殖业为主，主要种植小麦、玉米、棉花、蔬菜和饲养猪、羊、家禽。工业以汽车零部件制造、铝产业、纺织和金融服务等为主，辖区入驻企业有67家，规模以上企业有23家。服务业以黄河风景带为背景，以古井琉璃为文化底蕴，休闲观光产业蓬勃发展。有滨州长途汽车站，通公交车。

沙河街道 371602-A11
[Shāhé Jiēdào]

属滨城区管辖。在滨城区城区西部。面积38平方千米。人口2.1万。2006年设立。因西沙河而得名。西沙河从境内穿过。有中小学2所。农业以种植业为主，主要种植小麦、玉米、棉花和饲养猪、牛、羊、家禽，有食用菌培育、畜牧、蔬菜种植三大特色产业基地。工业以化工、纺织、铝材加工、热电、生物制药、机械、建材、农副产品加工等为主。服务业以商贸为主，建有商贸聚集区，出口地毯、耐磨环、机械、铝箔、食用菌等。通公交车。

里则街道 371602-A12
[Lǐzé Jiēdào]

属滨城区管辖。在滨城区城区西部。面积95平方千米。人口4.7万。2005年成立。沿用原镇名。黄河、小开河从境内穿过。有中小学8所，图书馆6个，体育场馆6个，医疗卫生机构1个。有地方特色民间艺术莲花落、秧歌等。农业主要种植小麦、玉米、棉花、蔬菜，饲养猪、羊、肉鸭，工业以棉纺织、聚酯制品、石油化工、纸箱包装、面粉加工、钢结构等业为主。铁编加工、蔬菜种植是两大特色经济，铁编被誉为"滨州筛网"，"里绿"牌蔬菜是省名优特农产品。

有中大牧业、宏牧科技、瑞杰绿园3个农业项目。通公交车。

杨柳雪镇 371602-B01
[Yángliǔxuě Zhèn]

滨城区辖镇。在区境西北部。面积102平方千米。人口4.6万。辖6居委会、107村委会，有107自然村。镇人民政府驻尚店社区。明、清属滨州安业乡。1956年撤区并乡。1958年属杨集人民公社。1966年现境分属杨集公社、尚店公社。1987年2月撤滨县并入滨州市，设尚店乡、杨集乡。2001年，杨集乡、尚店乡合并建立尚集乡，乡政府驻原尚店乡政府驻地。2010年7月撤乡设杨柳雪镇。因辖区内有20世纪70年代被周总理誉为"棉区的一面红旗"的杨柳雪村得名。徒骇河、西沙河、胜利河、新立河从境内穿过。有中小学4所，卫生院1个。有山东省爱国主义教育基地怀周祠，红色文化景点"杨柳雪村"和滨县"乌龙塘村党支部"。农业以种植业和养殖业为主，主要种植小麦、玉米、棉花、蔬菜，饲养猪、羊、家禽，发展大棚蔬菜和速生丰产林等特色农业。工业有加工制造、棉纺织、农产品深加工、包装印刷、建筑建材等业，设有工业园区，入驻企业38家，规模以上企业9家。大力发展商贸物流业。有德大铁路、东吕高速、长深高速、220国道过境。

三河湖镇 371602-B02
[Sānhéhú Zhèn]

滨城区辖镇。在区境西北部。面积99平方千米。人口4.5万。辖77村委会，有77自然村。镇人民政府驻国家村。元末，张氏从枣强县迁此，因离旧城二十里，官府在此设递铺，故称二十里铺，后习写为二十里堡。民国时期属滨县六区。1949年属原滨县，称滨县六区。1954年改称堡集区，1958年分为堡集、聂马、郭口三乡。1985年撤区改称堡集镇。2000年撤市改区后属滨城区。2009年更名为三河湖镇。因镇政府驻地位于徒骇河、土马沙河、傅家河三河交汇处而得名。徒骇河、土马沙河、傅家河从境内穿过。有中小学6所，卫生院1个。重要名胜古迹有兰家殷商遗址、高家遗址、汲家湾汉墓、小刘村汉墓、元代女元帅李玉枝墓等，有民间剪纸艺术。农业以种植业和渔业为主，主要种植小麦、玉米、棉花、蔬菜，名优农特产品有"三河湖"牌韭菜，渔业以淡水养殖为主。工业以棉纺、机械制造为主。有德大铁路、滨大高速、316省道过境。

秦皇台乡 371602-C01
[Qínhuángtái Xiāng]

滨城区辖乡。在区境东北部。面积73平方千米。人口2.2万。辖48村委会，有48自然村。乡人民政府驻单家寺村。古称青龙镇。唐代建有普济寺，主持为单姓和尚，俗称单家寺。民国时期属滨县八区。1956年12月撤区并乡称单寺乡。1984年4月更名为单寺区。1985年12月撤区称单寺乡。1987年2月撤滨县并入滨州市。2006年7月更名为秦皇台乡。因境内有秦皇台（秦始皇所筑望仙台）而得名。秦台河、褚官河、朝阳河从境内穿过。有中小学1所，卫生院1个。重要名胜古迹有秦台遗址、小赵遗址等。农业以种植业为主，粮食作物主产小麦、玉米，经济作物主产棉花、大豆、西瓜；畜牧业以养殖猪、羊、牛为主。工业以化工、机械加工、建筑材料加工等为主，辖区油气资源丰富。有德龙烟铁路、黄大铁路、德大铁路、济东高速、220国道、316省道过境。

社区

郭集社区 371602-A01-J01
[Guōjí Shèqū]

属市东街道管辖。在滨城区东部。面积8平方千米。人口6 800。因位于郭集村区域而得名。2004年成立。有楼房1栋，现代建筑风格，另有平房。有老年人日间照料中心。通公交车。

政和社区 371602-A01-J02
[Zhènghé Shèqū]

属市东街道管辖。在滨城区东部。面积4平方千米。人口10 100。因社区驻地在政和街而得名。2003年成立。有楼房1栋，现代建筑风格，驻有滨城区教育实验幼儿园、授田英才学园等单位。有老年人日间照料中心。通公交车。

郑王社区 371602-A01-J03
[Zhèngwáng Shèqū]

属市东街道管辖。在滨城区东部。面积4平方千米。人口9 600。"郑王"两字取自郑家村"郑"字和西王村的"王"字。2003年成立。以平房为主。驻有滨城区国昌教育实验幼儿园、滨城区第二小学、行知中学等单位。有老年人日间照料中心。通公交车。

政通社区 371602-A01-J04
[Zhèngtōng Shèqū]

属市东街道管辖。在滨城区北部。面积7平方千米。人口7 000。因寓意"政通人和，为民服务"而得名。2003年成立。有楼房1栋，现代建筑风格，驻有滨州职业学院、滨州市公安局交警支队车管所等单位。有老年人日间照料中心。通公交车。2012年被评为省文明社区。

清怡社区 371602-A01-J05
[Qīngyí Shèqū]

属市东街道管辖。在滨城区中部。面积2平方千米。人口13 000。因办公地点位于清怡小区内部而得名。2003年成立。有楼房164栋，现代建筑风格，驻有滨城区民政局、滨城区军队离休退休干部休养所、滨城区公安局、滨城区人民法院、滨城区司法局等单位。通公交车。2010年被评为省文明社区。

利民社区 371602-A02-J01
[Lìmín Shèqū]

属市西街道管辖。在滨城区南部。面积4平方千米。人口15 700。根据"有利于民、便民利民"的服务宗旨命名。2003年成立。有楼房252栋，现代建筑风格，驻有滨州医学院及其附属医院、逸夫小学等单位。开展"阳光100"服务活动。通公交车。2008年被评为省文明社区。

兴民社区 371602-A02-J02
[Xīngmín Shèqū]

属市西街道管辖。在滨城区西南部。面积4平方千米。人口10 800。取希望人民生活兴旺、兴盛之意命名。2003年成立。有楼房197栋，现代建筑风格，驻有滨州医学院附属医院、滨州市疾控中心、北镇中学实验初中部、滨城第一小学等单位。通公交车。2009年被评为省级文明社区。

彩虹湖社区 371602-A02-J03
[Cǎihónghú Shèqū]

属市西街道管辖。在滨城区西南部。面积4平方千米。人口21 900。因辖区内有彩虹湖景区，故名。2013年成立。有楼房253栋，现代建筑风格，驻有滨州市公安局、滨州军分区干休所等单位。通公交车。2013年被评为省文明社区。

泰山社区 371602-A02-J04
[Tàishān Shèqū]

属市西街道管辖。在滨城区西南部。面积 5 平方千米。人口 10 000。因辖区内泰山名郡小区得名。2009 年成立。有楼房 94 栋,现代建筑风格,驻有滨城区渤海中学等单位。有老年活动室。通公交车。

富民社区 371602-A02-J05
[Fùmín Shèqū]

属市西街道管辖。在滨城区西南部。面积 6 平方千米。人口 2 600。以希望村民能过上富裕幸福安康的生活的寓意命名。2006 年成立。有楼房 16 栋,现代建筑风格,有老年活动室。通公交车。

裕民社区 371602-A02-J06
[Yùmín Shèqū]

属市西街道管辖。在滨城区西南部。面积 6 平方千米。人口 6 100。以使民众富裕之意命名。2003 年成立。有楼房 33 栋,现代建筑风格,驻有滨州一中、滨城区第四中学、逸夫小学等单位。有老年活动室。通公交车。

南海社区 371602-A02-J07
[Nánhǎi Shèqū]

属市西街道管辖。在滨城区南部。面积 5 平方千米。人口 4 000。因境内有南海景区,故名。2011 年成立。有楼房 157 栋,现代建筑风格,另有平房。有老年人日间照料中心,开展秧歌、锣鼓、广场舞、通俗乐器表演等活动。通公交车。2013 年被评为省文明社区。

益民社区 371602-A02-J08
[Yìmín Shèqū]

属市西街道管辖。在滨城区南部。面积 2.5 平方千米。人口 4 500。以诚信、有益于人民之意命名。2003 年成立。有楼房 32 栋,现代建筑风格,另有平房。驻有滨城区第八中学等单位。有老年人日间照料中心。通公交车。

工业园社区 371602-A03-J01
[Gōngyèyuán Shèqū]

属北镇街道管辖。在滨城区东部。面积 4 平方千米。人口 4 600。因辖区内工业企业多而得名。2004 年成立。有楼房 1 栋,现代建筑风格,驻有北镇派出所、吉祥幼儿园等单位。通公交车。

昌龙社区 371602-A03-J02
[Chānglóng Shèqū]

属北镇街道管辖。在滨城区西北部。面积 1 平方千米。人口 5 600。因有昌龙制衣而得名。2003 年成立。有楼房 89 栋,现代建筑风格,驻有滨城区第三小学等单位。通公交车。

家纺城社区 371602-A03-J03
[Jiāfǎngchéng Shèqū]

属北镇街道管辖。在滨城区东南部。面积 3 平方千米。人口 11 200。辖区内主要以家纺企业职工住宅为主,且沿街商户也多以家纺产品批发零售为主,故名。2003 年成立。有楼房 60 栋,现代建筑风格,驻有华纺股份有限公司、滨印集团、环宇集团等单位。开展书画展、老年人太极拳展演等活动。通公交车。

化工社区 371602-A03-J04
[Huàgōng Shèqū]

属北镇街道管辖。在滨城区东南部。面积 2 平方千米。人口 11 200。因地处滨化集团区域而得名。2003 年成立。有楼房 97 栋,现代建筑风格,有志愿者服务,开展太极拳展演、书画展览、京剧等活动。通公交车。2004 年被评为省文明社区。

交运社区 371602-A03-J05
[Jiāoyùn Shèqū]

属北镇街道管辖。在滨城区东南部。面积 3 平方千米。人口 10 300。因成立之初在交运集团办公楼内办公而得名。2003 年成立。有楼房 183 栋，现代建筑风格，驻有滨州市园林绿化处、滨州市市政工程管理处、滨城区农业局等单位。有老年人日间照料中心。通公交车。2007 年被评为省文明社区。

春晓社区 371602-A03-J06
[Chūnxiǎo Shèqū]

属北镇街道管辖。在滨城区南部。面积 2 平方千米。人口 10 500。因位于原春晓集团区域而得名。2003 年成立。有楼房 1 栋，现代建筑风格，驻有滨州城建一分公司、农机局等单位。有志愿者服务。通公交车。

市南社区 371602-A04-J01
[Shìnán Shèqū]

属市中街道管辖。在滨城区南部。面积 4 平方千米。人口 8 300。因位于城区南部而得名。2003 年成立。有楼房 157 栋，现代建筑风格，驻有滨州高级技工学校、安吉尔幼儿园、华美幼儿园等单位。有老年活动室。有公交车。

爱民社区 371602-A04-J02
[Àimín Shèqū]

属市中街道管辖。在滨城区中部。面积 1 平方千米。人口 2 300。以爱护人民群众的美好寓意命名。2003 年成立。有楼房 39 栋，现代建筑风格，有老年活动室。通公交车。

文汇社区 371602-A04-J03
[Wénhuì Shèqū]

属市中街道管辖。在滨城区中部。面积 1 平方千米。人口 6 000。因为街道辖区内文化汇集之处而得名。2003 年成立。有楼房 115 栋，现代建筑风格，驻有滨城区第三中学等单位。有老年活动室。通公交车。

光明社区 371602-A04-J04
[Guāngmíng Shèqū]

属市中街道管辖。在滨城区中部。面积 1 平方千米。人口 5 100。以正义、充满希望的美好寓意命名。2003 年成立。有楼房 93 栋，现代建筑风格，驻有滨城区实验小学等单位。有老年活动室。通公交车。

滨河社区 371602-A04-J05
[Bīnhé Shèqū]

属市中街道管辖。在滨城区南部。面积 7.5 平方千米。人口 6 800。因社区位置在黄河北岸，靠近黄河而得名。2010 年成立。有楼房 11 栋，现代建筑风格，驻有金盾守护押运有限公司、黄河大桥管理处等单位。有老年活动室。通公交车。

蒲湖社区 371602-A04-J06
[Púhú Shèqū]

属市中街道管辖。在滨城区南部。面积 5 平方千米。人口 4 000。因辖区内的蒲湖公园得名。2004 年成立。以平房为主。驻有市中中心小学等单位。有老年活动室。通公交车。

新农社区 371602-A04-J07
[Xīnnóng Shèqū]

属市中街道管辖。在滨城区南部。面积 4 平方千米。人口 7 400。寓意建设社会主义新农村，故名。2007 年成立。以平房为主。有老年活动室。通公交车。

北海社区 371602-A05-J01
[Běihǎi Shèqū]

属彭李街道管辖。在滨城区西部。面积 3 平方千米。人口 10 000。因辖区内北海而得名。2007 年成立。有楼房 124 栋，现代建筑风格，有志愿者服务。通公交车。

黄河社区 371602-A05-J02
[Huánghé Shèqū]

属彭李街道管辖。在滨城区西部。面积 3 平方千米。人口 11 000。因辖区内有黄河小区得名。2004 年成立。有楼房 279 栋，现代建筑风格，驻有滨州市政府、滨州市检察院、滨州市国税局等单位。有志愿者服务。通公交车。2011 年被评为省文明社区。

学苑社区 371602-A05-J03
[Xuéyuàn Shèqū]

属彭李街道管辖。在滨城区西部。面积 16 平方千米。人口 33 000。因滨州市几所大中院校坐落于本辖区内而得名。2006 年成立。有楼房 249 栋，现代建筑风格，驻有滨州市图书馆、滨州市美术馆、滨州市科技馆等单位。有志愿者服务。2008 年被评为省文明社区。

安民社区 371602-A05-J04
[Ānmín Shèqū]

属彭李街道管辖。在滨城区中部。面积 2 平方千米。人口 12 000。因希望人民安康幸福的美好愿望而得名。2003 年成立。有楼房 327 栋，现代建筑风格，驻有滨州市环卫局、滨城区教育局、滨城区第六小学、华美幼儿园等单位。有志愿者服务。通公交车。2009 年被评为省文明社区。

为民社区 371602-A05-J05
[Wèimín Shèqū]

属彭李街道管辖。在滨城区北部。面积 3 平方千米。人口 24 900。以为人民服务的宗旨得名。2003 年成立。有楼房 260 栋，现代建筑风格，驻有滨州市中级人民法院、滨州市人民医院、滨城区人力资源和社会保障局等单位。提供医疗服务等。通公交车。2012 年被评为省文明社区。

府前社区 371602-A05-J06
[Fǔqián Shèqū]

属彭李街道管辖。在滨城区西部。面积 7 平方千米。人口 15 300。因办公地点位于滨州市委市政府办公大楼之南，南为前北为后，而得名。2008 年成立。有楼房 60 栋，现代建筑风格，驻有滨州市工业和信息化局、滨州传媒集团有限公司等单位。有老年活动室。通公交车。

大河社区 371602-A05-J07
[Dàhé Shèqū]

属彭李街道管辖。在滨城区西北部。面积 9 平方千米。人口 3 000。大河是由于 5 个村居都以"大河"开头，同时取"合谐"的谐音，寓意是合村并居，感情融恰，资源整合。2012 年成立。有楼房 100 栋，现代建筑风格，驻有大河幼儿园、安康医院、特殊教育学校、残疾人康复中心等单位。有老年人日间照料中心。通公交车。

梧桐社区 371602-A06-J01
[Wútóng Shèqū]

属滨北街道管辖。在滨城区北部。面积 10 平方千米。人口 12 000。"梧桐"取自社区内道路名称。2013 年成立。有楼房 99 栋，现代建筑风格，驻有滨城区人民医院、北城幼儿园、新华书店等单位。有志愿者服务、老年活动中心、党员活动中心。通公交车。

凤凰社区　371602-A06-J02

[Fènghuáng Shèqū]

属滨北街道管辖。在滨城区北部。面积 7 平方千米。人口 12 000。因滨北街道为凤凰古城，故名。2013 年成立。有楼房155 栋，现代建筑风格，驻有北城中学、北城实验小学、博雅幼儿园、金翅膀幼儿园、爱心幼儿园等单位。通公交车。

东海社区　371602-A07-J01

[Dōnghǎi Shèqū]

属梁才街道管辖。在滨城区东部。面积 12 平方千米。人口 4 300。因辖区内东海水库得名。2013 年成立。驻有梁才办事处中心幼儿园、梁才中学、梁才医院等单位。通公交车。

瑞安社区　371602-A07-J02

[Ruì'ān Shèqū]

属梁才街道管辖。在滨城区东部。面积 8 平方千米。人口 3 800。2011 年成立。以平房为主。驻有中海沥青、东瑞化工、黄河三角洲热电厂等单位。有志愿者服务。通公交车。

程口社区　371602-A07-J03

[Chéngkǒu Shèqū]

属梁才街道管辖。在滨城区东部。面积 14 平方千米。人口 6 600。因原办公地址在程口村而得名。2012 年成立。以平房为主。有志愿者服务。通公交车。

马店社区　371602-A07-J04

[Mǎdiàn Shèqū]

属梁才街道管辖。在滨城区东部。面积 16 平方千米。人口 7 600。因马店村委

会得名。2012 年成立。以平房为主。有志愿者服务。通公交车。

祥虹社区　371602-A07-J05

[Xiánghóng Shèqū]

属梁才街道管辖。在滨城区东部。面积 10 平方千米。人口 7 200。取吉祥之地，风景如虹之意命名。2013 年成立。以平房为主。有志愿者服务。通公交车。

白鹭湖社区　371602-A07-J06

[Báilùhú Shèqū]

属梁才街道管辖。在滨城区东部。面积 11 平方千米。人口 3 800。因辖区内白鹭湖而得名。2013 年成立。以平房为主。有志愿者服务。通公交车。

道旭社区　371602-A09-J01

[Dàoxù Shèqū]

属小营街道管辖。在滨城区南部。面积 1 平方千米。因道旭村得名。1982 年成立。以平房为主。有老年活动室。通公交车。

拾堡社区　371602-A09-J02

[Shípù Shèqū]

属小营街道管辖。在滨城区南部。面积 2 平方千米。因拾堡村而得名。1982 年成立。以平房为主。有老年活动室。通公交车。

团包社区　371602-A09-J03

[Tuánbāo Shèqū]

属小营街道管辖。在滨城区南部。面积 2 平方千米。因团包村得名。1982 年成立。以平房为主。有敬老院。通公交车。

新兴社区　371602-A09-J04

[Xīnxīng Shèqū]

属小营街道管辖。在滨城区南部。面

积1平方千米。因新兴村得名。1982年成立。以平房为主。有老年活动室。通公交车。

小营社区 371602-A09-J05
[Xiǎoyíng Shèqū]

属小营街道管辖。在滨城区南部。面积1平方千米。因位于小营街道区域而得名。1982年成立。以平房为主。有老年活动室。通公交车。

朱全社区 371602-A09-J06
[Zhūquán Shèqū]

属小营街道管辖。在滨城区南部。面积1平方千米。因朱全村得名。1982年成立。以平房为主。有老年活动室。通公交车。

马坊社区 371602-A10-J01
[Mǎfāng Shèqū]

属杜店街道管辖。在滨城区西部。面积27平方千米。人口19 000。因境内马坊村得名。2009年成立。有志愿者服务、老年人日间照料中心,开展心理咨询等活动。通公交车。2012年被评为省文明社区

滨海社区 371602-A10-J02
[Bīnhǎi Shèqū]

属杜店街道管辖。在滨城区西部。面积25平方千米。人口14 100。因滨州相邻渤海而得名。2007年成立。有楼房400栋,现代简约建筑风格,有养老服务中心、日间照料中心、志愿者服务。通公交车。2007年被评为省文明社区。

滨河社区 371602-A10-J03
[Bīnhé Shèqū]

属杜店街道管辖。在滨城区西部。面积3平方千米。人口6 800。2009年成立。以平房为主。有老年人日间照料中心,开展法律服务、慈善救助等活动。通公交车。

南海社区 371602-A10-J04
[Nánhǎi Shèqū]

属杜店街道管辖。在滨城区西部。面积5平方千米。人口7 500。因境内有南海景区得名。2006年成立。有老年活动室。通公交车。

中海社区 371602-A10-J05
[Zhōnghǎi Shèqū]

属杜店街道管辖。在滨城区西部。面积5平方千米。人口10 800。因境内中海风景区而得名。2008年成立。有楼房10栋,现代建筑风格,有老年活动室。通公交车。

秦皇河社区 371602-A10-J06
[Qínhuánghé Shèqū]

属杜店街道管辖。在滨城区西部。面积3平方千米。人口8 000。因境内秦皇河风景区而得名。2009年成立。有楼房6栋,现代建筑风格,有志愿者服务、老年活动室,开展法律咨询、慈善救助等活动。通公交车。

西海社区 371602-A11-J01
[Xīhǎi Shèqū]

属沙河街道管辖。在滨城区西部。面积22平方千米。人口6 500。因西海水库得名。2009年成立。以平房为主。有老年活动室。通公交车。

河艺社区 371602-A11-J02
[Héyì Shèqū]

属沙河街道管辖。在滨城区西部。面积13平方千米。人口2 000。因该辖区坐落于沙河总体规划的河艺片区而得名。2009年成立。以平房为主。有老年活动室。通公交车。

高桥社区 371602-A11-J03

[Gāoqiáo Shèqū]

属沙河街道管辖。在滨城区西部。面积 10 平方千米。人口 7 700。因辖区内有长深高速黄河大桥而得名。2004 年成立。以平房为主。有老年活动室。通公交车。

定吕社区 371602-A12-J01

[Dìnglǚ Shèqū]

属里则街道管辖。在滨城区西部。面积 11 平方千米。人口 7 900。沿用原定吕村名。2010 年成立。以平房为主。有志愿者服务。通公交车。

高集社区 371602-A12-J02

[Gāojí Shèqū]

属里则街道管辖。在滨城区西部。面积 11 平方千米。人口 5 800。沿用原高集村名。2010 年成立。有楼房 1 栋，现代建筑风格，另有平房。有志愿者服务。通公交车。

红庙社区 371602-A12-J03

[Hóngmiào Shèqū]

属里则街道管辖。在滨城区西部。面积 11 平方千米。人口 4 800。沿用原红庙村名。以平房为主。有志愿者服务。通公交车。

里则社区 371602-A12-J04

[Lǐzé Shèqū]

属里则街道管辖。在滨城区西南部。面积 26 平方千米。人口 9 300。因所在街道得名。2010 年成立。有楼房 1 栋，现代建筑风格，通公交车。

夏家社区 371602-A12-J05

[Xiàjiā Shèqū]

属里则街道管辖。在滨城区西部。面积 24 平方千米。人口 8 700。因夏家村而得名。2009 年成立。有楼房 1 栋，现代建筑风格，另有平房。有志愿者服务、老年日间照料中心。通公交车。2010 年被评为省文明社区。

张集社区 371602-A12-J06

[Zhāngjí Shèqū]

属里则街道管辖。在滨城区西部。面积 24 平方千米。人口 8 700。以南张集村命名。2013 年成立。有楼房 1 栋，现代建筑风格，另有平房。通公交车。

尹集社区 371602-B01-J01

[Yǐnjí Shèqū]

属杨柳雪镇管辖。在滨城区西北部。面积 24 平方千米。人口 10 300。因辖区内尹集村得名。2006 年成立。以平房为主。有老年活动室。通公交车。

小唐社区 371602-B01-J02

[Xiǎotáng Shèqū]

属杨柳雪镇管辖。在滨城区西北部。面积 28 平方千米。人口 9 500。因辖区内小唐村得名。2009 成立。以平房为主。有老年活动室。通公交车。

尚店社区 371602-B01-J03

[Shàngdiàn Shèqū]

杨柳雪镇政府驻地。在滨城区西北部。面积 13 平方千米。人口 7 000。尚店村西南古有唐代所建钟楼，门额有"尚店"二字，故名。社区因尚店村得名。2009 成立。以平房为主。驻有杨柳雪镇中心学校、滨州农商银行杨柳雪支行、杨柳雪镇政府等单位。通公交车。

林家社区 371602-B01-J04
[Línjiā Shèqū]

属杨柳雪镇管辖。在滨城区西北部。面积 11 平方千米。人口 6 400。因辖区内林家村得名。2009 年成立。以平房为主。有老年活动室。通公交车。

杨集社区 371602-B01-J05
[Yángjí Shèqū]

属杨柳雪镇管辖。在滨城区西北部。面积 13 平方千米。人口 6 400。因杨集村得名。2009 年成立。有楼房 1 栋，现代建筑风格，另有平房。有老年活动室。通公交车。

凤张社区 371602-B01-J06
[Fèngzhāng Shèqū]

属杨柳雪镇管辖。在滨城区西北部。面积 10 平方千米。人口 5 700。2009 年成立。有楼房 1 栋，现代建筑风格，驻有杨柳雪镇实验幼儿园、杨柳雪镇明德小学、杨柳雪镇卫生院、杨柳雪镇敬老院等单位。通公交车。

北贾社区 371602-C01-J01
[Běijiǎ Shèqū]

属秦皇台乡管辖。在滨城区东北部。面积 44 平方千米。人口 6 700。因北贾村得名。2010 年成立。以平房为主。有老年活动室。通公交车。

单寺社区 371602-C01-J02
[Shànsì Shèqū]

属秦皇台乡管辖。在滨城区东北部。面积 7.5 平方千米。人口 7 200。因原单寺乡而得名。2010 年成立。以平房为主。有老年活动室。通公交车。

物流园社区 371602-C01-J03
[Wùliúyuán Shèqū]

属秦皇台乡管辖。在滨城区东北部。人口 4 400。因位于物流园区域而得名。2012 年成立。以平房为主。有老年活动室。通公交车。

段李社区 371602-C01-J04
[Duànlǐ Shèqū]

属秦皇台乡管辖。在滨城区东北部。面积 15 平方千米。人口 3 300。因段李村得名。2010 年成立。以平房为主。有老年活动室。通公交车。

沾化区

沾化区 371603
[Zhānhuà Qū]

滨州市辖区。在市境东北部。面积 2 218 平方千米。人口 39.4 万。辖 2 街道、7 镇、2 乡。区人民政府驻富国街道。1949 年属垦利专区。1950 年撤渤海区，设惠民专区。1958 年惠民专区与淄博市合并为淄博专区。1961 年属惠民专区。1967 年属惠民地区。1992 年属滨州地区。2001 年设地级滨州市，属滨州市。2014 年撤县，设沾化区。取汉代渤海太守龚遂治郡"海滨之民，复沾圣化"之意命名。徒骇河、秦口河、潮河从区境内穿过。有中小学 63 所，图书馆 1 个，体育场馆 1 个。有国家级文物保护单位杨家盐业遗址群，省级文物保护单位西𡑭遗址、陈家窑址，国家级非物质文化遗产沾化渔鼓戏，省级非物质文化遗产东路大鼓，风景名胜区和重要古迹、景点河湖湿地风景区、沾化冬枣生态旅游景区、文化古城旅游景区。有利国羊肉、流钟锅子饼、泊头水煎包、下河驴肉，傅家烧鸡、古城油粉、沾化药鸡等地方小吃。在徒骇河西新建城区，形成东工、中贸、南电、北港、西居5个功能区布局。主要布局为"一心、一线、三场、四园、九湖"，即一个行政中心，一条行政中心所在的城区中心线，在城区中心线上布置金融商贸广场、环渤海广场和文化娱乐广场，建有冬枣主题公园、奥林匹克公园、海水浴场公园和中央生态湖公园，以及分布于城区的九块水面。新区道路以"四纵五横一环"为主，富桥路、富国路连通东城区。三次产业比例为21.6：33.5：44.9。农业以种植业和畜牧业为主，是国家重要棉花生产基地，粮食作物以小麦、玉米为主，畜牧业以饲养猪、羊、牛、家禽为主。工业初步形成了以盐业化工、食品加工、电力能源、有色金属、装备制造为主的产业体系，有精细盐化工、冬枣及枣制品、石油化工新材料、皮革加工、海洋医药、有色金属、先进装备制造、生态造纸8个产业集群。有省级开发区1个。服务业以零售业、城乡集贸市场、物流存储为主。有多条公交线路。

沾化经济开发区 371603-E01
[Zhānhuà Jīngjì Kāifāqū]

在区境东部。北至荣乌高速公路，南至恒业一路，西至江河，东至张王村西。面积3 140公顷。因地处沾化且具经济开发功能而得名。2006年3月经省政府正式批准建立省级开发区，由县级政府管理。是国家重点开发建设的黄河三角洲高效生态经济区和山东半岛蓝色经济区，是沾化区重要经济增长点和最具发展活力的经济区域。有热电、海洋化工、金属材料、精细化工、食品、生物科技、橡胶等企业落户开发区，形成电力能源、油盐化工、食品医药、新型材料四大主导产业板块。园区内道路交通基础设施完善，通公交车。

富国街道 371603-A01
[Fùguó Jiēdào]

沾化区人民政府驻地。在区境东南部。面积92平方千米。人口6.2万。2009年设立。因街道办事处驻富国村而得名。徒骇河从境内穿过。有中小学7所，图书馆1个，体育场馆1个，医疗卫生机构13个。有国家级文物保护单位杨家古窑址，国家级非物质文化遗产沾化渔鼓戏。农业以种植业和畜牧业为主，粮食作物主产小麦、玉米，经济作物主要有蔬菜、冬枣、棉花，畜牧业以养殖猪、羊、家禽为主。工业以食品加工、建筑材料、木器加工为主。服务业以商贸为主，主要贸易产品有家具、枣制品。通公交车。

富源街道 371603-A02
[Fùyuán Jiēdào]

属沾化区管辖。在区境中部。面积166平方千米。人口4.3万。2009年设立。因街道内有沾化经济开发区和城北工业园两大工业园区，其不仅是沾化区工业经济发展的主要平台，也是富民强区的主要源泉，因此得名富源。潮河、泽河从境内穿过。有中小学6所，医疗卫生机构1个。农业以种植业和畜牧业为主，粮食作物主产小麦、玉米，经济作物主要有蔬菜、冬枣、棉花，畜牧业以养殖猪、羊、牛等为主。工业以化工产业为主。通公交车。

下洼镇 371603-B01
[Xiàwā Zhèn]

沾化区辖镇。在区境西部。面积150平方千米。人口5.9万。辖62村委会，有56自然村。镇人民政府驻大下洼村。清朝属仁寿乡。民国时期分属二区、四区。1948年改称下洼镇。1950年并入永丰区。1952年重设下洼镇。1958年改称下洼人民公社。

1963年属下洼区。1968年撤区，复称下洼人民公社。1984年更名为下洼镇。2001年永丰并入。因镇政府驻地得名。沟盘河、秦口河从境内穿过。有县级技术研究中心1个，有中小学11所，卫生院1个。经济以农业为主。农业主要以种植冬枣为主，沾化冬枣是名优特农产品，有"黄河三角洲"等品牌，饲养猪、羊、锦鸡等，种植紫花苜蓿，林业面积达32万亩。工业以纺织、木器加工、枣品深加工为主。服务业以物流、电商为主。有315省道过境。

古城镇 371603-B02

[Gǔchéng Zhèn]

沾化区辖镇。在区境西部。面积72平方千米。人口2.6万。辖50村委会，有54自然村。镇人民政府驻北关村。唐代始建，名招安镇。自宋庆历二年（1042）为沾化县治所，名沾城。1945年属沾化一区。1957年改建城关镇。1958年改称沾城人民公社。1963年改称沾城区。1968年撤区，复称沾城人民公社。1982年更名为古城人民公社。1984年更名为古城镇。因镇政府驻沾化县原县城得名。小开河从境内穿过。有中小学6所，卫生院1个，广场1个。有民间艺术渤海大鼓、鸳鸯嫁老雕、剪纸等，其中东路大鼓为省级非物质文化遗产，有重要名胜古迹魁星楼、文庙等遗址，有董其昌书法碑刻传世。经济以农业、工业为主。农作物以小麦、玉米为主，主要经济作物为棉花、冬枣。畜牧业以养殖猪、牛、羊、家禽为主。工业以新型建材、纺织、枣制品加工为主。服务业以餐饮、住宿为主。有205国道、315省道过境。

冯家镇 371603-B03

[Féngjiā Zhèn]

沾化区辖镇。在区境西北部。面积254平方千米。人口6.0万。辖44村委会，有43自然村。镇人民政府驻冯家村。1949年属三区。1958年建北集人民公社。1963年属李家区。1968年撤区并社，建冯家人民公社。1984年改称冯家乡。1997年撤乡设立冯家镇。2001年李家乡并入。因镇政府驻地得名。傅家河从境内穿过。有中小学12所，卫生院1个。有省级文物保护单位西堼遗址，有民间艺术鲁北独特剧种"东路梆子"，有300多年历史的竹马舞。重要名胜古迹有唐代建筑落魄堂遗址、元朝古墓、宋代兵营遗址。经济以农业、工业为主。农业以种植棉花、冬枣为主，畜牧业以养殖猪、羊、家禽为主，名优特色农产品有沾化冬枣，名优海产品有渤海毛虾、三疣梭子蟹、海蜇等。工业以海产品加工、棉花加工、盐及盐化工、渔具制造、塑料制品和建筑材料为主。服务业以住宿、餐饮为主。秦滨高速过境。

泊头镇 371603-B04

[Bótóu Zhèn]

沾化区辖镇。在区境南部。面积109平方千米。人口3.4万。辖36村委会，有34自然村。镇人民政府驻泊头村。1949年属泊头区。1950年复为四区。1958年成立泊头人民公社。1963年复置区。1968年撤区划为泊头人民公社和王侯人民公社。1971年撤销王侯人民公社，其行政区的16个大队划归黄升人民公社，9个大队划归泊头人民公社。1984年改称泊头乡。1996年撤乡设立泊头镇。因镇政府驻泊头村而得名。引黄干渠、过徒干渠从穿内境过。有中小学8所，卫生院1个，公共绿地1个。有省级文物保护单位陈家窑址。经济以农业、工业为主。农业以种植小麦、玉米、棉花、大豆、蔬菜为主，畜牧业以养殖猪、羊、牛为主，名优特农产品有暑来爽西瓜、金地枣食品、鑫地枣食品，绿色环保农产品有芹菜、白菜。工业以农产品加工、建筑安装、砖瓦制造、纺织为主。服务业以餐饮业为主。有205国道、312省道过境。

大高镇 371603-B05
[Dàgāo Zhèn]

沾化区辖镇。在区境西南部。面积104平方千米。人口4.2万。辖67村委会，有65自然村。镇人民政府位于府前路。1971年由沾城人民公社的25个大队与下洼人民公社的6个大队合建为大高人民公社。1984年改称大高乡。2001年流钟乡并入。2002年撤乡，设立大高镇。2005年镇政府自大高村迁至大高航空产业园内。因镇政府原驻地大高村而得名。徒骇河、小开河、傅家河、沟盘河、潮河从境内穿过。有中小学9所，卫生院1个。经济以农业为主。农业以种植业为主，粮食作物主产小麦、玉米，经济作物主产冬枣，沾化冬枣为名优特农产品，畜牧业以养殖猪、羊、牛为主，绿色环保农产品有沾化冬枣、贵富乳品。工业以钻石镶嵌、飞机制造、专用汽车制造、混凝土制造、乳品制造、家具加工为主。服务业以物流、餐饮为主。有滨大高速、205国道过境。

黄升镇 371603-B06
[Huángshēng Zhèn]

沾化区辖镇。在区境西南部。面积62平方千米。人口2.7万。辖35村委会，有32自然村。镇人民政府驻黄升店村。1950年属黄升区。1952年属第二区。1958年成立黄升人民公社。1984年改称黄升乡。2010年撤乡，设立黄升镇。因镇政府驻黄升店而得名。徒骇河从境内穿过。有中小学6所，卫生院1个，广场1个。经济以农业、工业为主。农业以种植业为主，粮食作物主产小麦、玉米，是县农业高产区，主要经济作物为冬枣、棉花、无花果、大豆、花生等，畜牧业以养殖猪、羊、牛为主，

名优特农产品有沾化冬枣、无花果等。工业以棉纺织品、布绒玩具、枣制品加工和建筑材料制造为主。服务业以餐饮业为主。通公交车。

滨海镇 371603-B07
[Bīnhǎi Zhèn]

沾化区辖镇。在区境东北部。面积529平方千米。人口0.9万。辖15村委会，有20自然村。镇人民政府驻场直村。1965年成立河贵人民公社，隶属富国区。1968年撤区，成立河贵公社。2001年3月撤销河贵乡、徒骇河农场，以原河贵乡的行政区域和徒骇河农场的管辖范围设立滨海乡。2010年撤乡设镇。因濒临渤海而得名。潮河从境内穿过。有中小学2所，卫生院1个，公共绿地1个，广场1个。经济突出发展生态循环经济，港口物流、原盐产业及化工、水产养殖、风力发电、冬枣、棉花为主的六大主导产业齐头并进。农业以种植业为主，主要经济作物有棉花、冬枣等，畜牧业以养殖猪、羊、牛为主，水产资源主要有虾、蟹、贝和鱼类等。工业以白水泥、新型陶瓷、饲料添加剂和化工添加剂、盐及盐化工等业为主。多沿海滩涂，油气资源丰富，为胜利油田主要产区之一。有公路经此。

下河乡 371603-C01
[Xiàhé Xiāng]

沾化区辖乡。在区境东部。面积90平方千米。人口1.6万。辖27村委会，有35自然村。乡人民政府驻西刘村。1948年成立下河乡。1950年改称六区。1958年9月分置马营公社和下河公社。1963年属马营区。1968年撤区，与韩家、金殿小公社合并为下河公社。1984年改称下河乡。因乡政府原驻地下河村而得名。潮河、王庄总干渠、沾利河从境内穿过。有中小学4所，

卫生院 1 个。经济以农业为主。农业以种植业为主，粮食作物主产小麦、玉米，经济作物主产棉花、冬枣、芦笋、西瓜、草莓等，畜牧业以养殖猪、羊、牛为主，下河乡洼地绵羊为特色品种。工业以纺织、建筑材料为主。服务业以餐饮业为主。有 312 省道过境。

利国乡 371603-C02
[Lìguó Xiāng]

沾化区辖乡。在区境东部。面积 102 平方千米。人口 1.4 万。辖 28 村委会，有 25 自然村。乡人民政府驻孙户村。1949 年属马营区。1950 年属六区。1958 年六区分置马营人民公社和下河人民公社。1981 年马营人民公社改为利国人民公社。1984 年改名利国乡。因乡政府原驻地利国村而得名。马新河从境内穿过。有中小学 3 所，卫生院 1 个。经济以农业为主。农业以种植业为主，粮食作物主要有小麦，经济作物主要有棉花、冬枣，畜牧业主要有猪、羊和牛，名优特农产品有洼地绵羊、鲁北白山羊、波尔山羊。工业以农产品、畜产品加工业为主。服务业以餐饮业为主。有 312 省道过境。

惠民县

惠民县 371621
[Huìmín Xiàn]

滨州市辖县。北纬 37°29′，东经 117°30′。在市境西部。面积 1 363 平方千米。人口 64.7 万。辖 3 街道、12 镇。县人民政府驻孙武街道。秦为厌次县地。西汉改为富平县，东汉复名厌次。北齐省入阳信县。隋复置于北旧州城（今辛店镇先棣州村），属渤海郡。唐属棣州。北宋大中祥符八年（1015），厌次县徙治阳信县界八方寺（今孙武街道），并为棣州治。明洪武初棣州、厌次县并废。明洪武六年（1373）复州，改名乐安。宣德元年（1426）改为武定州，属济南府。清雍正十二年（1734）升武定州为府，置惠民县为府治。1913 年属岱北道（次年改为济南道）。1925 年属武定道。1928 年废道属省。1937 年属第五行政督察区，为区署驻地。1941 年属冀鲁边区第三专区。1945 年析县城及郊区置惠民市，市、县均属渤海行政区第四专区。1946 年析惠民、济阳 2 县各一部置杨忠县，属渤海行政区第二专区。1948 年惠民市并入惠民县。1949 年惠民县属垦利专区，杨忠县更名为惠济县，属泺北专区。1950 年杨忠县撤销，地入惠民、济阳、商河 3 县；惠民县属惠民专区。1958 年滨县并入，属淄博专区。1961 年原滨县析出复置，惠民县仍属惠民专区。1992 年属滨州地区；2000 年属滨州市。因城南惠民沟得名。处鲁西北黄泛冲积平原。地势由西南向东北微斜，岗、坡、洼地相间分布，海拔 8~20.7 米。年均气温 12.9℃，1 月平均气温 −2.9℃，7 月平均气温 26.7℃。年均降水量 547.8 毫米。河流有黄河、徒骇河、沙河及其支流土马河等。有石油、天然气、皮硝、火硝、砖瓦用黏土、温泉等矿产资源。有野生植物 300 种，其中国家重点保护野生植物有野大豆 1 种。有野生动物 800 种，其中国家重点保护野生动物有东方白鹳、白额雁、小天鹅、鸳鸯、蜂鹰鸢、苍鹰、雀鹰等 16 种。有省级自然保护区 1 个。森林覆盖率 15.17%，有省级科研单位 2 个。有惠民一中等中小学 111 所，档案馆 1 个，体育场馆 1 个，滨州市中心医院（结防院）等二级以上医院 10 个。有国家级文物保护单位魏氏庄园、惠民英国教会医院等省级文物保护单位 9 个，省级爱国主义教育基地 1 个，国家级非物质文化遗产胡集书会、惠民泥塑，省级非物质文化遗产东路梆子、清河镇木版年画、武定府酱菜制作技艺、制鼓技艺、锡壶制作技艺，AAA 级以上风景名胜区和重要古迹、景点 4 个。三次产业比例为 19∶40∶41。农业以种植业为主，粮食作物主产小麦、玉米，经济作物主产棉花、果蔬、食用菌，名优特产品有大年陈蜜桃、联五西瓜、"惠红牌"红富士苹果等。苗木花卉种植是特色产业，有惠民苗木大市场。工业以现代装备制造、新能源新材料、生物医药、纺织服装、化纤绳网、建材加工、农副产品深加工为主导产业，是绳网生产基地和出口基地。有省级开发区 1 个。土特产品有武定府酱菜、魏集驴肉、杜桥豆腐皮、马蹄烧饼等。有220 国道和省道永莘路、大济路、乐胡路、庆淄路过境。

惠民经济开发区 371621-E01
[Huìmín Jīngjì Kāifāqū]

在县境北部。东至阳信界，西至幸福河，南至沙河，北至孙武一路以北，孙武湖以南。面积 170 公顷。2006 年 3 月经省政府正式批准建立省级开发区，由县级政府管理。以装备制造、生物医药、高档造纸、新型能源、纺织、服装设计加工为主导产业，主要入驻企业有康和药业、耀泰药业、龙马重科、明阳集团、力丰集团、蔚蓝生物、时代纸业、天利新能源、布鲁克纺织、忠宜煤业、东升地毯等 30 家。省道穿区而过，交通便利。

孙武街道 371621-A01
[Sūnwǔ Jiēdào]

惠民县人民政府驻地。在县境北部。面积 101 平方千米。人口 9.2 万。2010 年设立。2011 年完成西护城河环河路，建成西护城河湿地公园，完成南关香格里拉等12 个旧城改造项目。2014 年建设月亮湾湿地公园。以春秋时期著名军事家孙武的名字命名。沙河流经境内。有中小学 16 所，

文化馆、图书馆 2 个，体育场馆 1 个，滨州市中心医院（结防院）等医疗卫生机构 7个。有省级文物保护单位郝家遗址、肖家遗址、省屯泰山行宫、惠民英国教会医院、惠民故城等，省级爱国主义教育基地 1 个，重要名胜古迹孙子兵法城、武定府衙景区、武圣园、护城河公园等。有建设银行办公楼、鲁北大厦、惠民宾馆等标志性建筑物。农业以粮棉、蔬菜、苗木种植为主。工业以纺织、农产品加工业为主。省道永莘路、大济路、乐胡路、庆淄路过境。

武定府街道 371621-A02
[Wǔdìngfǔ Jiēdào]

属惠民县管辖。在县城东部。面积 23平方千米。人口 1.2 万。2010 年设立。2011年完成惠民湖公园建设工程，2013 年完成惠民经济开发区路网建设工程。以清代治所位于惠民县的武定府命名。有中小学 2 所，医疗卫生机构 2 个。有惠民湖公园等景点。农业以粮食、蔬菜种植及家禽、家畜饲养为主。有省级经济开发区 1 个。有惠民汽车站。

何坊街道 371621-A03
[Héfāng Jiēdào]

属惠民县管辖。在县城东部。面积 85平方千米。人口 4.3 万。2011 年设立。2012年完成府前街建设、福苑社区二期工程，启动聚兴社区一期建设。因原政府驻地何坊村得名。沙河从境内穿过。有中小学 11所，医疗卫生机构 1 个。有省级文物保护单位大商遗址，龙灯、狮子舞、高跷等民间传统艺术。农业以粮棉种植为主，辅以大棚蔬菜种植。工业以纺织、机械制造、生物医药、服装制造为主。通公交车。

石庙镇 371621-B01
［Shímiào Zhèn］

惠民县辖镇。在县境西部。面积136平方千米。人口6.0万。辖127村委会，有129自然村。镇人民政府驻侯李村。1949年为第三区，1956年改石庙区，1958年改公社，1984年改设乡，1985年改置镇，2001年梁家乡并入。因原政府驻地为石庙董村而得名。沙河从境内流过。有中小学10所，卫生院1个，广场127个。有市级文物保护单位牛保家、省级非物质文化遗产东路梆子。农业以粮棉、食用菌、果蔬种植及桑蚕、肉牛养殖为主，有沙窝林场。工业以粮油食品加工、金属制品加工及机械制造业为主。有省道永莘路过境。

桑落墅镇 371621-B02
［Sāngluòshù Zhèn］

惠民县辖镇。在县境东北部。面积66平方千米。人口3.0万。辖14村委会，有58自然村。镇人民政府驻桑落墅村。1949年为第六区，1956年改桑落墅区，1958年改公社，1984年改设乡，1985年改置镇。因镇政府驻地而得名。曾名永利镇，亦名大桑落墅，简称大桑。沙河从境内流过。有中小学6所，卫生院1个，广场58个。农业以种植小麦、玉米、棉花、蔬菜为主，工业以煤炭储运、金属制品加工、农副产品加工为主，桑、菌、牧、菜为本镇传统的优势产业。有省道永莘路过境。

淄角镇 371621-B03
［Zījiǎo Zhèn］

惠民县辖镇。在县境西部。面积70平方千米。人口2.9万。辖68村委会，有61自然村。镇人民政府驻淄角村。1949年为第八区，1956年改淄角区，1958年改公社，1984年改置镇。因镇政府驻地而得名。徒骇河、土马河流经。有中小学7所，卫生院1个，广场68个。有西河大鼓、秧歌等民间艺术，有文昌阁、小石桥遗址等古迹，有爱国主义教育基地淄角镇烈士陵园、沙窝纪念碑等。农业以种植粮食、棉花、蔬菜为主，淄角镇现代农业示范园被评为山东省精品采摘园。工业以化纤绳网、棉业纺织、食品饮料、建筑建材、金属制品加工、家具制造等产业为主。有省道大济路过境。

胡集镇 371621-B04
［Hújí Zhèn］

惠民县辖镇。在县境东南部。面积137平方千米。人口6.0万。辖100村委会，有94自然村。镇人民政府驻胡集村。1950年设胡集区，1958年改公社，1984年改置镇，2001年陈集乡合并入胡集镇。因镇政府驻地得名。徒骇河从境内穿过。有中小学4所，卫生院1个，广场94个。有省级文物保护单位路家遗址，国家级非物质文化遗产胡集书会。农业以种植小麦、玉米、棉花、香菇为主。工业以铝制品加工、食品加工及纺织业为主。有220国道、省道乐胡路过境。

李庄镇 371621-B05
［Lǐzhuāng Zhèn］

惠民县辖镇。在县境南部。面积101平方千米。人口5.6万。辖105村委会，有100自然村。镇人民政府驻李庄村。1950年为李庄区，1958年改公社，1984年改置镇，2001年申桥镇并入。因镇政府驻地得名。黄河、徒骇河从境内穿过。有中小学7所，医院1个，卫生院1个，广场100个。有大鼓子秧歌、狮子舞、评书、大鼓书等地方特色民间艺术。农业以种植粮食、棉花、圆葱、大蒜、辣椒为主，工业以化纤绳网加工为主。有省级经济开发区1个。水产资源有虾、蟹、鱼、藕、苇等，有黄河大鲤鱼、徒骇河鲤鱼、沙珠邢驴肉等特产。有220国道、省道庆淄路过境。

麻店镇 371621-B06
[Mádiàn Zhèn]

惠民县辖镇。在县境东南部。面积77平方千米。人口3.0万。辖72村委会，有72自然村。镇人民政府驻王家店子村。1950年设麻店区，1956年改麻店乡，1958年改公社，1984年复设乡，1995年改麻店镇。因原镇政府驻地麻店村得名。徒骇河、沙河从境内穿过。有中小学5所，卫生院1个，广场72个。有省级文物保护单位大郭遗址。经济以农业为主，农产品有粮食、棉花、西瓜等。工业以棉木加工为主。有省道乐胡路过境。

魏集镇 371621-B07
[Wèijí Zhèn]

惠民县辖镇。在县境东南部。面积53平方千米。人口3.1万。辖54村委会，有53自然村。镇人民政府驻魏集村。1971年由胡集公社析设魏集公社，1984年改设乡，1994年改设镇。因镇政府驻地而得名。黄河从境内穿过。有市级实验室2个。有中小学6所，卫生院1个，广场53个。有国家级文物保护单位魏氏庄园，省级文物保护单位丁和圈丁氏民居，重要名胜古迹吴王墓、姚家古庙等。农业以种植粮食、棉花、蔬菜和养殖桑蚕为主，工业以棉麻制品生产、生物科技为主。魏集烧鸡、驴肉、"金钱宝"是驰名产品。有220国道过境。

清河镇 371621-B08
[Qīnghé Zhèn]

惠民县辖镇。在县境东南部。面积68平方千米。人口3.4万。辖59村委会，有49自然村。镇人民政府驻清河镇。1949年为第八区，1956年改设清河镇乡，1958年改公社，1984年复设乡，1994年改设镇。因镇政府驻地得名。黄河、徒骇河从境内穿过。有中小学6所，卫生院1个，广场49个。有省级非物质文化遗产清河镇木版年画，名胜古迹白龙湾景区、小新城遗址。农业以种植小麦、玉米、棉花、胡萝卜、西瓜、土豆为主，工业以建材制造、食品加工、仓储运输业为主。有传统老字号"杜桥"豆腐皮。有220国道、省道庆淄路过境。

姜楼镇 371621-B09
[Jiānglóu Zhèn]

惠民县辖镇。在县境南部。面积133平方千米。人口5.7万。辖53村委会，有117自然村。镇人民政府驻陈大律村。1949年为第十四区，1955年改为姜楼区，1956年改设乡，1958年改公社，1984年复设乡，1994年改设镇，2001年联五乡并入。因镇政府原驻地姜楼村得名。徒骇河从境内穿过。有中小学11所，医院1个，广场117个。有省级非物质文化遗产"东路梆子"，名胜古迹姜楼天主教堂。农业以种植粮食、棉花、花生、蔬菜、西瓜为主，是本地主要西瓜产地。工业以化纤绳网加工业为主，是全国化纤绳网重要的生产基地之一。有220国道过境。

辛店镇 371621-B10
[Xīndiàn Zhèn]

惠民县辖镇。在县境中部。面积146平方千米。人口4.8万。辖120村委会，有118自然村。镇人民政府驻黄赵村。1949年为第九区，1952年改辛店区，1956年改设乡，1958年改公社，1984年复设乡，2001年三堡乡并入，2009年改镇。因镇政府原驻地辛店村而得名。徒骇河从境内穿过。有中小学10所，卫生院1个，广场118个。有名胜古迹棣州遗址。农业以种植粮食、棉花、瓜果、蔬菜为主，中国农科院棉花良种繁育基地位于镇境内。工业以金属制品、纺织、生物科技等产业为主。有省道庆淄路过境。

大年陈镇 371621–B11
[Dàniánchén Zhèn]

惠民县辖镇。在县境南部。面积 83 平方千米。人口 3.5 万。辖 31 村委会，有 82 自然村。镇人民政府驻大年陈村。1956 年设大年陈乡，1958 年改公社，1984 年复设乡，2010 年改镇。因镇政府驻地得名。黄河从境内穿过。有中小学 5 所，卫生院 1 个，广场 82 个。农业以种植粮食、棉花、果蔬为主，盛产苹果、蜜桃等水果，是"全国优质果菜生产龙头乡镇""中国蜜桃之乡"。工业以果蔬加工、家具制造等产业为主。有 220 国道经此。

皂户李镇 371621–B12
[Zàohùlǐ Zhèn]

惠民县辖镇。在县境西南部。面积 82 平方千米。人口 3.0 万。镇人民政府驻皂户李村。1949 年为第四区，1958 年改皂户李公社，1984 年改设乡，2011 年改为镇。因镇政府驻地得名。沙河、土马河从境内穿过。有中小学 6 所，卫生院 1 个，广场 72 个。有国家级非物质文化遗产惠民泥塑，市级文物保护单位于大夫遗址，AAA 级景区灵秀温泉森林公园，民间工艺河南张泥塑，地方特色文化火把李庙会、花篮秧歌等。农业以种植粮食、棉花、苗木、食用菌及牲畜养殖业为主，工业以农副产品加工、纺织等产业为主。有省道大济路、庆淄路过境。

阳信县

阳信县 371622
[Yángxìn Xiàn]

滨州市辖县。北纬 37°37′，东经 117°35′。在市境西北部。面积 798 平方千米。人口 45.9 万。以汉族为主，还有回等民族。辖 2 街道、7 镇、1 乡。县人民政府驻信城街道。秦置厌次县，属齐郡。西汉改为富平县，属平原郡；又置阳信县，相传因韩信曾屯兵于此，又居古笃马河之阳，故名，属渤海郡。东汉富平复名厌次。北齐天保七年（556）厌次县并入阳信县，徙阳信县治马岭城（今县南部五里洼）。隋为渤海郡治。唐改属棣州。宋仍属棣州。金、元因之。明属武定州。清属武定府。1913 年属岱北道（次年改称济南道）。1925 年属武定道。1928 年直属于省。1937 年属第五行政督察区。1942 年属冀鲁边区。1944 年属渤海行政区第四专区。中华人民共和国成立后，1949 年属垦利专区；1950 年垦利专区改为惠民专区，阳信县属之；1958 年属淄博专区；同年，阳信、无棣两县合并，阳信地划归无棣；1961 年撤销淄博专区复置惠民专区，同年复置阳信县，属惠民专区；1992 年惠民地区更名滨州地区，阳信县属之。（资料来源：《中华人民共和国地名大词典》）地处鲁北黄泛平原，徒骇河、马颊河下游，德惠新河东岸。地势南高北低，西高东低，自西南向东北缓缓倾斜。境内海拔标高一般为 10~11.3 米，最低点海拔 9.3 米。年平均气温 12.2℃，1 月平均气温 −4~6 ℃，7 月平均气温 22~32 ℃，年均降水量 627 毫米。主要河道有德惠新河、沟盘河、白杨河、沙河、东支流等。有石油、天然气、甲烷等矿产资源。有野生植物 200 余种。有野生动物 70 余种。有中小学 87 所，图书馆 1 个，档案馆 1 个，知名文艺团体 1 个，二级以上医院 2 个。有张家集土改纪念室等省级文物保护单位 7 个，国家级非物质文化遗产阳信鼓子秧歌、省级非物质文化遗产 4 个，重点名胜古迹凌霄阁、小韩遗址、中阎张遗址、后刘店遗址、西北村战国墓。主要风景区有阳信梨园风景区。三次产业比例为 18∶38∶44。农业以种植业为主，粮食作物主产小麦、玉米，经济作物主要有棉花、蔬菜等，是全国优质麦生产基地县。有阳信鸭梨、鸭梨醋饮、紫花苜蓿、阳信香椿、瑞泽小麦、清真牛肉等特产及名牌产品。阳信鸭梨被命名为“中华名果”。畜牧业以绿色肉牛、生猪、家禽为主。工业有油气化工新能源产业、不锈钢制品产业、地毯纺织产业、电子信息产业、食品皮革深加工产业五大体系，是中国不锈钢餐具生产基地。服务业以旅游业为主，鲁北产业文化园让水落坡镇成为文化收藏名镇和文化旅游强镇。有中国驰名商标“裕阳”牌，中国地理标志证明商标“阳信鸭梨”，山东省著名商标 10 个。有省级开发区 1 个。有长深高速、滨德高速、205 国道和省道大济路、庆淄路、乐胡路、永馆路、永莘路、滨温路过境。

阳信经济开发区　371622-E01
[Yángxìn Jīngjì Kāifāqū]

在县境北部。东至内环东路，西至鲁北大街，南至阳古路，北至白杨河。面积 1820 公顷。2006 年 3 月经省政府正式批准建立省级开发区，由县级政府管理。依托现有主导产业，发展循环经济及高新技术项目，打造油气化工新能源、电子信息、循环节能、家纺地毯、不锈钢制品、木器制造等六大产业园区。主要企业有滨阳燃化、龙福环能科技、欧亚木器、立昌纺织、泰锐电子、科宇能源等。拥有省级以上著名商标（知名品牌）18 件，研发机构 29 个。境内形成“四纵九横”的道路网。

信城街道　371622-A01
[Xìnchéng Jiēdào]

阳信县人民政府驻地。在县城北部。面积 48 平方千米。人口 4.5 万。2010 年设立。取阳信县“信”字得名。2010 年开展新区建设，形成三纵四横道路网，建成翠岛湖、九龙湖公园，新建政务中心。张黄沟、大寨沟、幸福河流经。有中小学 2 所，图书馆 1 个，医疗卫生机构 1 个。有省级文物保护单位牛王堂古墓，古迹龙山文化纸坊遗址、西北村战国墓。有翠岛湖、阳信县商务中心、阳城国际大酒店等标志性建筑物。经济以不锈钢餐具制造、棉纺织业为主。有阳信县长途汽车站，通公交车。

金阳街道　371622-A02
[Jīnyáng Jiēdào]

属阳信县管辖。在县城西北部。面积 52 平方千米。人口 4.1 万。2010 年设立。2010 年后实施了旧城改造，改建升级城区道路，新建多处现代化住宅区。是阳信鸭梨核心产区，因鸭梨成熟时呈金黄色，取阳信“阳”字，得名金阳街道。白杨河、幸福河流经。有市级科研单位 2 个，中小学 9 所，文化馆 1 个，医疗卫生机构 1 个。有小刘教堂、五霸营会盟台、齐桓公饮马井等古迹，万亩梨园、阳信县民俗博物馆等景点。有鸭梨之乡纪念碑、朱万祥纪念碑、观花台、梨祖杜母·甘泉驻跸雕塑、七仙女塑像等标志性建筑物。农业以种植业为主，粮食作物主产小麦、玉米，经济作物主要为蔬菜，畜牧业以养殖猪、牛、羊、家禽为主。工业以鸭梨深加工、建筑材料、新能源为主。通公交车。

商店镇　371622-B01
[Shāngdiàn Zhèn]

阳信县辖镇。在县境东南部。面积 93

平方千米。人口4.7万。辖96村委会，有93自然村。镇人民政府驻商店街村。中华人民共和国成立初期属阳信县第三区，1970年撤区建商店公社和小桑公社，1984年置镇，2001年小桑乡并入商店镇。因镇政府驻地得名。沙河、东支流河流经。有中小学5所，图书馆1个，文化馆1个，卫生院1个，广场97个。有省级文物保护单位小韩遗址，省级非物质文化遗产锡壶制作技艺，重要景点瑞鑫地毯博物馆，山东省第一批不可移动革命文物山东省渤海军区教导旅成立旧址。农业以种植小麦、玉米、蔬菜为主。工业以地毯、面粉、工艺品、建筑材料、电子、棉纺织加工与生产为主。有省道永莘路、滨温路过境。

温店镇 371622-B02
[Wēndiàn Zhèn]

阳信县辖镇。在县境西部。面积79平方千米。人口4.2万。以汉族为主，还有回等民族。辖72村委会，有71自然村。镇人民政府驻温店村。1949年设九区。1956年改设温店乡。1958年改设温店公社。1984年改设温店镇。因镇政府驻地得名。德惠新河、沟盘河、白杨河从境内穿过。有中小学9所，卫生院1个。有省级非物质文化遗产西河大鼓。农业以种植业和畜牧业为主，粮食作物主产小麦、玉米，畜牧业主要养殖猪、牛、羊、家禽。工业以生物热电、糠醛、复合木地板、古典家具、塑料制品、外贸服装、白酒业为主，渔具、渔网销往全国沿海地区。有滨德高速和省道乐胡路、滨温路过境。

河流镇 371622-B03
[Héliú Zhèn]

阳信县辖镇。在县境中部。面积62平方千米。人口4.3万。以汉族为主，还有回等民族。辖78村委会，有82自然村。镇

人民政府驻河流店村。1949年末改设五区。1956年3月并入城关区，同年12月设立河流乡。1995年4月撤乡设镇。因镇政府驻地得名。主要河流有沟盘河、幸福河、东支流、温水线、朱栗沟、王大沟。有中小学6所，图书馆1个，文化馆1个，卫生院1个，广场2个。有省级文物保护单位豆腐店遗址、张家集土改纪念室。有韩健墓、贞惠堂、毛岸英纪念堂等名胜古迹。刘庙清真南寺、北寺是鲁北地区著名的穆斯林宗教场所。农业以种植小麦、玉米和畜牧业为主，名优特产有早熟梨。工业以电子信息、不锈钢制品、畜产品加工、木器制作等为主。境内有阳信国际工业园。有德龙烟铁路和省道滨温路、阳大路过境，设阳信站。

翟王镇 371622-B04
[Zháiwáng Zhèn]

属阳信县辖镇。在县境西南部。面积67平方千米。人口4.0万。辖89村委会，有97自然村。镇人民政府位于镇前路。1958年设翟王公社，1984年设乡，1995年设镇。因镇政府原驻地翟王村得名。沟盘河从境内穿过。有中小学7所，卫生院1个，广场1个。农业以种植业和畜牧业为主，粮食作物主产小麦、玉米，经济作物主要有蔬菜、花卉，畜牧业以养殖猪、牛、羊、家禽为主。工业以油气化工、生物科技、水泥制造、不锈钢精密铸造、油脂加工、板业制造为主。有德龙烟铁路过境。

流坡坞镇 371622-B05
[Liúpōwù Zhèn]

属阳信县辖镇。在县城西部。面积72平方千米。人口4.4万。以汉族为主，还有回等民族。辖73村委会，有75自然村。镇人民政府驻滨温路北侧。1945年为十区。1956年改设流坡坞区。1958年改公社。

1964年复设流坡坞区。1984年改乡。1995年改乡设镇。因镇政府原驻地流坡坞得名。白杨河、沟盘河、流阎沟从境内穿过。有中小学5所，图书馆1个，文化馆1个，卫生院1个。有市级非物质文化遗产哈拉虎。农业以种植业为主，粮食作物主产小麦、玉米，经济作物主要为蔬菜。工业以废旧塑料及再生胶加工为主。有246省道过境。

水落坡镇 371622-B06
[Shuǐluòpō Zhèn]

阳信县辖镇。在县境东南部。面积131平方千米。人口6.0万。辖125村委会，有123自然村。镇人民政府驻水落坡村。1949年为水落坡区。1956年改设乡。1958年改公社。1984年复设乡。2010年撤乡设镇。因镇政府驻地得名。东徒骇河、西沟盘河、小开河流经。有中小学6所，卫生院1个。有省级文物保护单位秦台遗址、棒槌刘遗址，古迹战国李屋遗址、三崔遗址等。水落坡民俗文化旅游区是国家AAA级旅游景区。农业以种植小麦、玉米为主，工业以仿古家具、纺织、地毯、化工为主。有德龙烟铁路、滨大高速、234省道、315省道过境。

劳店镇 371622-B07
[Láodiàn Zhèn]

阳信县辖镇。在县境东北部。面积96平方千米。人口4.3万。辖86村委会，有83自然村。镇人民政府驻劳店村。1958年建劳店公社，1984年设乡。2011年撤乡设镇。因镇政府驻地得名。有幸福河、小开河、沟盘河、白杨河、东支流等河流。有中小学8所，图书馆1个，卫生院1个，广场3个。有省级文物保护单位劳店玉皇庙，古迹蔺相如冢、唐代古刹清凉寺、元代完颜氏点将台遗迹。经济以皮革、铝材、煤炭化工、纺织、农产品加工为主。农业以种植业为

主，粮食作物主产小麦、玉米。有滨德高速、205国道和省道大济路、永馆路过境。

洋湖乡 371622-C01
[Yánghú Xiāng]

阳信县辖乡。在县境西南部。面积100平方千米。人口5.4万。辖97村委会，有106自然村。乡人民政府驻洋湖村。1949年为洋湖区。1956年改设乡。1958年改公社。1984年复设乡。因乡政府驻地得名。沟盘河流经。有中小学10所，卫生院1个，公共绿地1个，广场1个。有市级文物保护单位凌霄阁，国家级非物质文化遗产鼓子秧歌。农业以种植业和畜牧业为主，桑园面积4000余亩，粮食作物主产小麦、玉米，有全市最大的小尾寒羊繁育基地。工业以地毯、假发、衡器、电缆、化工为主。有德龙烟铁路、233国道过境。

无棣县

无棣县 371623
[Wúdì Xiàn]

滨州市辖县。北纬37°46′，东经117°36′。在市境北部。面积2 097平方千米。人口48.4万。辖2街道、10镇。县人民政府驻棣丰街道。西汉至北齐为阳信县地。隋开皇六年（586）析阳信、饶安2县地置无棣县，治所在今庆云县庆云镇于家店村北，以南临无棣沟得名，属渤海郡。唐属沧州。五代周于县东南境置保顺军（今阳信城）。宋治平元年（1064）徙无棣县治此，属沧州。元至元二年（1336）析西半部别置无棣县，属沧州，称西无棣（今庆云县）；东半为东无棣县，属棣州。明初省东无棣县。洪武六年（1373）置海丰县，治今无棣旧城，属济南府，后属武定州。清属武定府。1913年属岱北道。1914年海丰县复

名无棣县，属济南道。1925年属武定道。1928年废道属省。1943年属冀鲁边区第三专区。1945年属渤海行政区。1958年阳信县并入，属淄博专区。1961年原阳信县析出复置。1965年四女寺减河北岸地划属河北省海兴县。（资料来源：《无棣县志》）平均海拔5米。年均气温12.6℃，1月平均气温−3.7℃，7月平均气温26.7℃。年均降水量1127.0毫米。有马颊河、德惠新河、漳卫新河、秦口河、幸福河等河流。有石油、天然气、煤炭、石料、岩盐、石膏等矿产资源。有野生植物70余种，野生动物179种。有国家级自然保护区1个。有中小学84所，图书馆1个，二级以上医院2个。有省级文物保护单位郭莱仪古墓、信阳故城址、吴式芬故居、大觉寺、冯安邦故居、张映汉故居，市级非物质文化遗产鲁北大鼓、武秧歌，重要古迹、景点贝壳堤岛与湿地国家级自然保护区、碣石山风景区、海丰塔、无棣古城、黄河岛等。三次产业比例为16：58：26。农业以粮食种植、棉花种植、畜牧业、海水养殖为主。工业形成以油盐化工、高端铝材、装备制造、木器加工、新型能源为主的5大产业集群，是国家（省）金融器具、不锈钢、枣制品等专业市场和商品集散地。进出口产品主要有矿产品、生牛皮、生羊皮、船用五金、渔网、制革用化工原料、苇帘、木地板等。有省级开发区1个。有荣乌高速、滨德高速、长深高速、205国道和省道新海路、大济路过境。

无棣经济开发区 371623-E01
[Wúdì Jīngjì Kāifāqū]

在县境南部。东至沾化区，南至阳信县，西至大济路，北至水湾镇、信阳镇。面积200公顷。2008年无棣工业园更名为无棣经济开发区。2006年3月经山东省人民政府批准为省级开发区，由无棣县政府管理。聚集纺织、贝瓷、皮革制衣、生物医药、机械制造、电子、木制品、农副产品加工等八大产业，区域经济隆起带显现。有山东利通生物科技、鲁愉世家、德科曼地板、绿嘉木地板结构等企业73家。国道、省道穿境而过，交通便利。

棣丰街道 371623-A01
[Dìfēng Jiēdào]

无棣县人民政府驻地。在县境南部。面积80平方千米。人口2.2万。2010年设立。春秋时无棣"遍生棠棣、树木丛生、百草丰茂"，从而构成"无棣"原生之名；"丰"，有大、丰富之意；取名"棣丰"，寓意美好的发展前景。有中小学11所，医疗卫生机构35个。有拨灯、扭秧歌、跑旱船等民间习俗。农业以种植业和养殖猪、羊、牛为主，主产棉花、樱花、石榴、冬枣、小枣、冬桃。发展金融业、批发零售业，有食品加工、金融电子、电子商务等企业，有经济开发区、海瓷艺术创意园。通公交车。

海丰街道 371623-A02
[Hǎifēng Jiēdào]

属无棣县管辖。在县境南部。面积93平方千米。人口10.7万。2010年设立。历史上无棣县称为"海丰县"，无棣县城老城区坐落该街道，故名海丰街道。幸福河、德惠新河、清波河、小米河流经。有中小学10所，医疗机构48个。有省级文物保护单位大觉寺，名胜古迹无棣古城。农业种植小麦、玉米，养殖猪、牛、羊和家禽，特产中华寿桃、大齐黄金杏。工业有电力器材、食品加工、机械制造等业。服务业以电子商务、商贸物流等为主。通公交车。

水湾镇 371623-B01
[Shuǐwān Zhèn]

无棣县辖镇。在县境西南部。面积149平方千米。人口5.6万。辖82村委会，有

82 自然村。镇人民政府驻水湾村。1946 年为水湾区，1984 年改为水湾镇。以镇政府驻地得名。小米河、青坡沟从境内穿过。有中小学 9 所，卫生院 1 个。有千年枣园、隋代墓葬，曾出土北齐汉白玉石佛。农业以种植小麦、玉米、棉花、枣树为主，工业以塑料品、纺织、医药化工加工为主。特产冬枣、金思小枣、苇帘、蜜枣。有津汕高速过境。

碣石山镇 371623-B02

[Jiéshíshān Zhèn]

无棣县辖镇。在县境北部。面积 85 平方千米。人口 3.3 万。辖 37 村委会，有 35 自然村。镇人民政府驻大山东村。1955 年为大山区，1958 年建曙光公社，后改为大山社区，1984 年更名为大山镇，2005 年更名为碣石山镇。因境内自然实体碣石山得名。境内有碣石山，幸福河、马颊河、德惠新河从境内穿过。有中小学 6 所，卫生院 1 个，广场 1 个。有省级地质遗迹自然保护区碣石山。农业以小麦、玉米、蔬菜种植和饲养肉鸡、猪为主。特色产品有大山烧鸡、古家村"久保桃"、大吴码头有机冬枣。工业以海产品加工、牧草加工等为主导产业。有长深高速和省道大济路、新海路过境。

小泊头镇 371623-B03

[Xiǎobótóu Zhèn]

无棣县辖镇。在县境西北部。面积 106 平方千米。人口 4.3 万。辖 52 村委会，有 50 自然村。镇人民政府位于兴泊路。1946 年 7 月为泊头区，1958 年 9 月改为前进公社，1968 年 12 月更名为泊头公社，1982 年 3 月更名为小泊头公社，1984 年 5 月改为小泊头乡，1985 年改为小泊头镇。镇西修一小码头，常有船只停泊，后取"泊"字音，把"小码头"呼成"小泊头"，因此更名。

马颊河、麦河、泊埕河从境内穿过。有中小学 6 所，卫生院 1 个。盛产金丝小枣、冬枣，种植小麦、玉米、豆类，养殖樱桃谷鸭、肉鸡、猪、羊、牛等，是鲁北最大的良种繁育基地。有渔网加工、鱼粉加工、蔬菜加工、不锈钢精密铸造等企业。有黄大铁路、荣乌高速、236 省道过境。

埕口镇 371623-B04

[Chéngkǒu Zhèn]

无棣县辖镇。在县境北部。面积 337 平方千米。人口 4.2 万。辖 30 村委会，有 22 自然村。镇人民政府驻埕口东北村。1950 年 1 月归无棣，1958 年 9 月建为火炬公社，同年 12 月更名为埕口公社，1984 年 5 月建为埕口乡，1994 年 10 月 24 日改建为埕口镇。因镇政府驻地原名埕口街而得名。马颊河、德惠新河、漳卫新河从境内穿过。有中小学 3 所，卫生院 1 个。有广武城遗址、秤砣台、无影山、贝壳堤岛湿地、大口河风景区、盐文化基地等名胜古迹。浅海滩涂养殖日本对虾、南美白对虾、梭子蟹、东方对虾等，另有近海捕捞毛虾、梭鱼、梭子蟹、贝类等。工业以盐、盐化工、氧化铝制造、建筑材料、海产品深加工为主。发展海洋旅游业。有省道大济路过境。

车王镇 371623-B05

[Chēwáng Zhèn]

无棣县辖镇。在县境西部。面积 148 平方千米。人口 5.4 万。以汉族为主，还有回等民族。辖 72 村委会，有 74 自然村。镇人民政府位于车镇六路。1949 年 7 月为车镇区，1958 年 9 月改为先锋公社，同年 12 月更名为车镇公社，1984 年 5 月改为车镇乡，2010 年 5 月改设为车王镇。因村内有车店房，故名车店，后更今名。德惠新河、马颊河从境内穿过。有中小学 8 所，卫生院 1 个。有樊哙墓、李左车墓、千年古桑园等古迹和景点。有清真九大碗、西李欢喜团等地方特色文化。农业以种植小麦、玉米和饲养猪、牛、羊、肉鸡、蛋鸡为主，特色种植枣、苹果。工业以皮革、渔网、家具、服装、电子产品加工制造为主。商业外贸主要有皮革、电子元器件、户外运动用品。有省道大济路过境。

柳堡镇 371623-B06
[Liǔpù Zhèn]

无棣县辖镇。在县境东北部。面积 258 平方千米。人口 3.6 万。辖 38 村委会，有 34 自然村。镇人民政府驻刘家柳堡村。1949 年为柳堡区，1958 年 9 月改为卫星公社，同年 12 月更名为常家公社，1968 年 12 月更名为柳堡公社，1984 年改称柳堡乡，2010 年 5 月改设柳堡镇。以镇政府驻地得名。小开河、秦口河、仝家河从境内穿过。有中小学 5 所，卫生院 1 个。有四教房村千年古柽柳林。农业以种植小麦、玉米、棉花等为主，特产赵王小枣、岳里西瓜、南家大葱。畜牧业以饲养肉鸡、羊、肉牛、猪为主。工业以农具修配、造纸业、不锈钢加工、翻砂铸造和渔网编织业为主。有 339 国道、省道新海路过境。

佘家镇 371623-B07
[Shéjiā Zhèn]

无棣县辖镇。在县境东南部。面积 124 平方千米。人口 3.8 万。辖 55 村委会，有 39 自然村。镇人民政府驻佘家巷村。1947 年 6 月为石庙区，1958 年成立跃进公社，同年 12 月改称佘家公社，1984 年 5 月更名为佘家巷乡，2011 年 9 月改设为佘家镇。因镇政府地得名。有中小学 7 所，卫生院 1 个。有东路梆子戏、高跷、竹马等传统民间艺术，东李文化遗址、佘家港遗址、秦口河湿地公园等古迹和景点。农业以种植

小麦、玉米、棉花、花生、蔬果和养殖猪、羊、鸡、鸭为主。特产有冬枣、金丝小枣、佘家锅子饼。工业以农具修配、渔网业为主。有 339 国道过境。

信阳镇 371623-B08
[Xìnyáng Zhèn]

无棣县辖镇。在县境北部。面积 48 平方千米。人口 3.4 万。辖 57 村委会，有 56 自然村。镇人民政府驻庞张村。1946 年建信阳区，1958 年建店子公社，1982 年更名为信阳公社，1984 年改信阳乡，2012 年 9 月改设镇。因镇政府原驻地在古信阳城而得名。德惠新河、幸福河、朱龙河、小米河从境内穿过。有中小学 9 所，卫生院 1 个。有信阳城遗址、魏王庙、鲁北大鼓、李楼村千年枣树、信阳古城等古迹和景点。农业以种植小麦、玉米为主，工业以塑料、电缆、工艺品、钢材加工为主。有省道大济路过境。

西小王镇 371623-B09
[Xīxiǎowáng Zhèn]

无棣县辖镇。在县境东南部。面积 187 平方千米。人口 2.0 万。辖 31 村委会，有 31 自然村。镇人民政府驻西小王村。1946 年 7 月属水湾区，1957 年 2 月为小王乡，1968 年 12 月为小王公社，1984 年 5 月改为西小王乡，2013 年 12 月改为西小王镇。因镇政府驻地得名。朱龙河、小开河、小米河、秦口河从境内穿过。有中小学 5 所，卫生院 1 个。有秦台、光武城遗址、黄河岛等古迹和景点。农业以种植棉花为主，是全省七大产棉大镇之一，有鲁北地区最大的棉花交易市场。名优特农产品有冬枣、棉花，绿色环保农产品有小甜瓜。工业以油棉加工、脱水蔬菜加工、化工、木器加工等为主。有公路经此。

马山子镇 371623-B10

[Mǎshānzi Zhèn]

无棣县辖镇。在县境东北部。面积 516 平方千米。人口 2.1 万。辖 21 村委会，有 21 自然村。镇人民政府驻田家庄子。1963 年由梁王公社析设马山子公社，1984 年 5 月改为马山子乡，1994 年 10 月改为马山子镇，2010 年 4 月更名为马山子镇。因镇政府原驻地在马山子村得名。马颊河、小开河、郝家沟、山子河、德惠新河、胡台沟从境内穿过。有中小学 9 所，卫生院 1 个。有秦汉烽火台、广武城遗址、北海湿地公园等古迹和景点。农业以种植棉花为主，盛产对虾、青虾、琵琶虾、梭子蟹、鲈鱼、梭鱼、文蛤、牡蛎、沙蚕等海产品。工业以盐、鱼粉、硫酸、化工、塑料生产加工为主。有公路经此，有滨州港、东风港。

旧地名

河沟乡（旧） 371623-U01

[Hégōu Xiāng]

属无棣县管辖。1984 年设立，1997 年 2 月撤销，并入无棣镇。

常家乡（旧） 371623-U02

[Chángjiā Xiāng]

属无棣县管辖。1984 年设立，1997 年 2 月撤销，并入柳堡乡。

大杨乡（旧） 371623-U03

[Dàyáng Xiāng]

属无棣县管辖。1984 年设立，1997 年 2 月撤销，并入车镇乡。

梁郑王乡（旧） 371623-U04

[Liángzhèngwáng Xiāng]

属无棣县管辖。1984 年设立，1997 年 2 月撤销，并入水湾镇。

庞家集乡（旧） 371623-U05

[Pángjiājí Xiāng]

属无棣县管辖。1984 年设立，1997 年 2 月撤销，并入水湾镇。

东风港乡（旧） 371623-U06

[Dōngfēnggǎng Xiāng]

属无棣县管辖。1984 年设立，1997 年 2 月撤销，并入马山子镇。

邓王乡（旧） 371623-U07

[Dèngwáng Xiāng]

属无棣县管辖。1984 年设立，1997 年 2 月撤销，并入佘家巷乡。

社区

馨怡社区 371623-A01-J01

[Xīnyí Shèqū]

属棣丰街道管辖。在无棣县西北部。面积 2.5 平方千米。人口 12 700。因辖区内馨怡居民小区得名。2008 年成立。有楼房 380 栋，现代建筑风格，开展消防安全宣传、未成年人保护教育、公益大讲堂等活动。通公交车。

馨安社区 371623-A01-J02

[Xīn'ān Shèqū]

属棣丰街道管辖。在无棣县西北部。面积 2.1 平方千米。人口 12 100。因辖区内馨安居民小区得名。2008 年成立。有楼房 310 栋，现代建筑风格，开展消防安全宣传、未成年人保护教育、公益大讲堂等活动。通公交车。

幸福社区 371623-A02-J01

[Xìngfú Shèqū]

属海丰街道管辖。在无棣县西南部。面积 2.4 平方千米。人口 12 700。以希望居民幸福之意命名。2013 年成立。有楼房 239 栋，现代建筑风格，开展消防安全宣传、未成年人保护教育、公益大讲堂等活动。通公交车。

滨河社区 371623-A02-J02

[Bīnhé Shèqū]

属海丰街道管辖。在无棣县南部。面积 3.3 平方千米。人口 12 700。因滨河花园居民小区得名。2009 年成立。有楼房 136 栋，现代建筑风格，开展消防安全宣传、未成年人保护教育、公益大讲堂等活动。通公交车。

博兴县

博兴县 371625

[Bóxīng Xiàn]

滨州市辖县。北纬 37°9′，东经 118°6′。在市境东南部。面积 901 平方千米。人口 49.3 万。辖 3 街道、9 镇。县人民政府驻博昌街道。春秋为博昌邑与乐安邑，属齐郡。汉为乐安郡。晋并入湿沃县，隋改为蒲台县，属青州北海郡。唐属乘州。五代改为博兴县，属河南道青州北海郡。宋属京东东路青州府。金代属山东东路益都府。元初升为博兴州，属益都路总管府。明改州为县，属山东布政司青州府。民国初属岱北道，1915 年改属济南道，1925 年改属淄青道，1928 年博兴县直属省政府，1938 年属鲁北行署第十四行政督察专员公署，1940 年 7 月博兴县抗日民主政府成立。1941 年博兴县属清河行政区。1942 年属清东专署。1944 年 1 月属渤海区五地委。1945 年属渤

海行政公署清河专员公署。1949 年 3 月属渤海行署清河专署。1949 年后属惠民专员公署。1956 年改属淄博专署；1961 年复置惠民专署，博兴县随属。1978 年属惠民地区。1992 年改属滨州地区。2000 年改属滨州市。（资料来源：《博兴县地名志》《十三州志》）地处渤海凹陷与泰沂山区山前冲积平原的交界地带，小清河以北属黄泛平原，小清河以南属泰沂山区山前冲积平原，地势西高东低，南、北高，中间洼，呈簸箕状。平均海拔 8 米。属温带大陆性季风气候，年均气温 12.5℃，1 月平均气温 0.4℃，7 月平均气温 27.5℃。年均降水量 601 毫米。有黄河、小清河、支脉河等流经。有石油、天然气、煤等矿产资源。有野生植物 169 种，其中国家重点保护野生植物有野大豆、中华结缕草 2 种。有野生动物 164 种，其中国家重点保护野生动物有大鸨、白鹤等 18 种。森林覆盖率 28.32%，有高等院校 1 所，中小学 61 所，国家级图书馆 1 个，国家级博物馆 1 个，国家级档案馆 1 个，知名文艺团体 31 个，体育场馆 3 个，二级以上医院 3 个。有国家级文物保护单位龙华寺遗址、丈八佛 2 个，省级文物保护单位凤阳石桥、寨卞遗址、村高遗址等 7 个，省级爱国主义教育基地 3 个、纪念地 6 个，国家级非物质文化遗产董永传说、柳编、吕剧 3 个、省级非物质文化遗产 3 个，风景名胜区和重要古迹、景点 37 个。三次产业比例为 5.93：49.49：44.58。农业以种植小麦、棉花、大豆、玉米为主，盛产林果、蔬菜等多种农副产品，是山东省重要的粮棉生产基地和无公害蔬菜生产基地。工业形成了化工、粮油食品加工、电力能源、机械制造、纺织服装、厨具、新型材料七大产业集群。是老粗布生产基地、草柳编工艺品出口基地和蒲草系列工艺制品产地，有钢铁、厨具等专业交易市场和商品集散地。有淄东铁路、博小铁路、博兴至广饶

地方铁路、205 国道和省道潍高路、广青路、博临路、新博路过境。

博兴经济开发区 371625-E01
[Bóxīng Jīngjì Kāifāqū]

在县境东部。南至锦秋街道，北至庞家镇，西至博昌街道，东至吕艺镇。面积 8 807 公顷。以所在政区位于博兴县而得名。1994 年经省政府正式批准建立省级经济开发区，由县级政府管理。主要有石油化工、粮油加工、涂镀钢板、现代物流等产业。入驻企业 300 余家，规模以上企业 103 家，有华润油化、京博控股、渤海油脂、香驰粮油等国内知名企业。境内道路纵横交错，交通便利。

博昌街道 371625-A01
[Bóchāng Jiēdào]

博兴县人民政府驻地。在县境中部。面积 35 平方千米。人口 4.1 万。2007 年设立。因博兴古称博昌而得名。至 2014 年底，建成博兴县行政中心办公楼、住宅、商场、医院、学校、人民公园、全民健身中心等配套设施相继完善；建成新城一路、新城二路、新城三路、博城一路、博城二路等道路。渤海锦绣城、花园新城、香驰正苑等住宅小区投入使用。有中小学 7 所，文化馆、图书馆 2 个，体育场馆 3 个，知名文艺团体 1 个，医疗卫生机构 2 个。有重要古迹李佐车墓。经济以工业、服务业为主。农业以蔬菜种植和高效生态农业为特色。工业有机械、铝箔、纺织、食品、地毯加工制造等业，药用铝箔与家用铝箔产量全国第一。服务业以商贸、餐饮住宿为主，有商贸城、西谷王商贸村、东谷王旅馆村等。有博兴长途汽车站，通公交车。

城东街道 371625-A02
[Chéngdōng Jiēdào]

属博兴县管辖。在县城东部。面积 88 平方千米。人口 5.8 万。因位于县城东部而得名。2007 年设立。2007 年至 2010 年建设路网工程，2011 年建成老粗布家纺城。支脉河从境内穿过。有中小学 6 所，文化馆 1 个，医疗卫生机构 1 个。有国家级文物保护单位龙华寺古遗址、省级文物保护单位贤城遗址，省级爱国主义教育基地博兴县烈士陵园。农业以种植小麦、玉米、水果为主，苹果、西红柿是名优特农产品。水产养殖南美白对虾。老粗布家纺是地方特色产业。工业有化工、板材、铝箔、粮油、农副产品深加工、玻璃制品、工艺品等业，有华润油化、京博控股、渤海油脂、香驰粮油等企业。通公交车。

锦秋街道 371625-A03
[Jǐnqiū Jiēdào]

属博兴县管辖。在县城南部。面积 50 平方千米。人口 7.4 万。因境内曾有锦秋湖而得名。2007 年设立。2007 年建成美景天城小区，第三小学 2009 年 9 月 1 日投入使用。境内有麻大湖，小清河、支脉河从境内穿过。有中小学 7 所，文化馆、图书馆 4 个，医疗卫生机构 2 个。有省级文物保护单位院庄遗址，国家级非物质文化遗产博兴柳编，重要名胜古迹麻大湖湿地公园、湾头媒仙古槐。有博兴宾馆等标志性建筑物。农业以种植小麦、玉米、蔬菜为主，渔业以养殖草鱼、鲢鱼、鲤鱼、螃蟹为主，鸭蛋、白莲藕、白条鱼为湖区特产。工业以铝箔制造、皮革深加工、白酒酿造、纺织、草柳编工艺品加工等为主。有博兴站，通公交车。

曹王镇 371625-B01
[Cáowáng Zhèn]

博兴县辖镇。在县境西南部。面积 56 平方千米。人口 4.1 万。辖 32 村委会,有 27 自然村。镇人民政府驻曹王村。1957 年设曹王乡。1958 年 6 月属兴福人民公社。1961 年 3 月属兴福区。1968 年设曹王公社。1984 年改置镇。以镇政府驻地得名。兴福河从境内穿过。有中小学 9 所,图书馆 1 个,文化馆 1 个,卫生院 1 个。有省级文物保护单位东鲁遗址、凤阳石桥。经济以农业、工业为主。农业以种植小麦、玉米、蔬菜、富养人参和良种培育为主。萝卜、芹菜是名优特农产品,绿色环保农产品有优质小麦、优质玉米。畜牧业以饲养牛、生猪、羊、家禽为主。工业以厨房设备加工、建筑建材、实木家具加工、纸绳工艺、电子产品、智能机器人和机械制造为主。有淄东铁路、兴广铁路、205 国道过境。

兴福镇 371625-B02
[Xīngfú Zhèn]

博兴县辖镇。在县境东南部。面积 51 平方千米。人口 3.9 万。辖 36 村委会,有 38 自然村。镇人民政府驻兴福村。1949 年为兴福区。1957 年改设乡。1958 年改公社。1961 年改为兴福区,1968 年区改公社。1984 年复设乡。1985 年改置镇。因镇政府驻地得名。境内有兴福河、分洪河、鱼沟子。有中小学 7 所,图书馆 1 个,文化馆 1 个,卫生院 1 个。有省级文物保护单位村高遗址,重要名胜古迹辛张遗址、张王遗址、洪福寺。经济以农业、工业为主。农业种植小麦、玉米、蔬菜、杞柳等。工业有板材加工、有机蔬菜加工、柳编、厨具、制胶、黑白铁加工、建筑建材、化工等。厨房设备、明胶、黑白铁批发加工为三大特色产业。是黄河三角洲高效生态经济开发区和山东半岛经济开发区的特色经济强镇,有不锈钢厨房用品生产基地、黑白铁批发加工集散地。有省道博临路过境。

陈户镇 371625-B03
[Chénhù Zhèn]

博兴县辖镇。在县境中部。面积 76 平方千米。人口 4.5 万。辖 41 村委会,有 38 自然村。镇人民政府驻西王村。1949 年为陈户区。1957 年改设乡。1958 年改公社。1984 年改置镇。因镇政府原驻陈户村而得名。蒲洼沟、北支新河、工农河、打渔张河从境内穿过。有中小学 6 所,图书馆 1 个,文化馆 1 个,卫生院 2 个。有省级文物保护单位陈户纪念烈士塔、市级文物保护单位董永祠,纪念地、省级爱国主义教育基地陈户烈士纪念园。经济以农业、工业为主。农业种植小麦、玉米、水果。冬枣是名优特农产品。淡水养殖斑节虾、南美对虾。石油、天然气资源丰富,是油盐化工、造纸、粮油、钢板等重工业基地,有胜利油田纯梁采油厂。有济东铁路和省道广青路、新博路过境。

湖滨镇 371625-B04
[Húbīn Zhèn]

博兴县辖镇。在县境西南部。面积 75 平方千米。人口 4.5 万。辖 25 村委会,有 25 自然村。镇人民政府驻柳桥村。1956 年设湖滨乡。1958 年改公社。1961 年公社改区。1968 年设湖滨公社。1984 年复设乡。1994 年改设镇。2001 年 3 月将原湖滨镇铁道东的 7 个村与原寨郝镇合并为湖滨镇。因位于麻大湖之滨而得名。小清河、预备河、兴福河、团结河从境内流过。有中小学 9 所,图书馆 1 个,文化馆 1 个,卫生院 1 个。有国家级文物保护单位丈八佛,省级文物保护单位寨卞遗址,重要名胜古迹麻大湖、博昌城遗址、蒲姑城遗址、柳舒遗址、鲁刘遗址。经济以农业、工业为主。农业以种植小麦、玉米、蔬菜、无籽西瓜为主。工业有造纸、石油化工、纺织、皮革制品、木器加工、食品加工及酿造、建筑建材、畜禽加工等业，是全国著名的草柳编工艺品产地，全国四大毛皮集散地之一。"中国佛酒""董公特曲"双获 1993 年布鲁塞尔国际博览会金奖。有济东铁路和省道广青路、新博路过境。

店子镇 371625-B05
[Diànzi Zhèn]

博兴县辖镇。在县境东南部。面积 86 平方千米。人口 4.6 万。辖 38 村委会，有 40 自然村。镇人民政府驻沙旺村。1956 年设店子乡。1958 年设利城公社，1961 年改为利城区，1968 年由利城区改设店子公社。1984 年复设乡。1994 年改设镇。因镇政府原驻店子村而得名。小清河、预备河、支脉河从境内穿过。有中小学 7 所，图书馆 1 个，文化馆 1 个，卫生院 1 个。有省级文物保护单位利城遗址，重要古迹利县城遗址、般若寺遗址。经济以农业、工业为主。农作物以小麦、玉米、蔬菜为主，发展冬暖式蔬菜大棚，名优特产品有西红柿、七彩椒。有粉皮粉条加工、地毯产品、草柳编、手工制品、新型建材、油棉加工等企业。有省道潍高路过境。

吕艺镇 371625-B06
[Lǚyì Zhèn]

博兴县辖镇。在县境东部。面积 1.4 平方千米。人口 4.6 万。辖 41 村委会，有 32 自然村。镇人民政府驻寨马村。1958 年设吕艺乡，同年改阎坊公社。1961 年 8 月改吕艺区。1968 年复改阎坊公社。1984 年改设乡。1994 年改置镇。2004 年 6 月更名为吕艺镇。因系吕剧发源地而得名。小清河、支脉河、北支新河从境内穿过。有中小学 6

所，图书馆 1 个，文化馆 1 个，卫生院 1 个。有省级爱国主义教育基地高渡村党史馆，国家级非物质文化遗产吕剧、省级非物质文化遗产拘腔。经济以农业、工业为主。农业以种植小麦、玉米、棉花、大蒜、优质林果为主。有丰富的石油资源，工业有棉花深加工、精密制造、纺织、化工、服装等业，有生资批发市场集散地。有公路经此。

纯化镇 371625-B07
[Chúnhuà Zhèn]

博兴县辖镇。在县境东北部。面积 84 平方千米。人口 2.5 万。辖 32 村委会，有 28 自然村。镇人民政府驻地纯化村。1956 年设纯化乡。同年改区。1958 年改属广饶县纯化公社。1961 年设为博兴县纯化区。1963 年属阎坊区。1968 年设纯化公社。1984 年复设乡。1999 年撤乡设镇。因镇政府驻地得名。打渔张河、工农河、北支新河从境内穿过。有中小学 4 所，图书馆 1 个，文化馆 1 个，卫生院 1 个。有省级文物保护单位王文抗战旧址，市级文物保护单位裴袁烈士纪念亭、王文烈士纪念亭。经济以农业、工业为主。盛产小麦、玉米、大豆、棉花等，种植的美国大粒无核葡萄为省无公害产品。养殖波尔山羊、肉牛、奶牛等，有樱桃谷鸭养殖基地。境内有丰富的石油资源。有建筑、建材、地毯、大理石加工、食品和工艺美术等业，柳编、花边、苇帘工艺精致。有淄东铁路和省道广青路、新博路过境。

庞家镇 371625-B08
[Pángjiā Zhèn]

博兴县辖镇。在县境西部。面积 68 平方千米。人口 2.9 万。辖 50 村委会，有 50 自然村。镇人民政府驻庞家村。1952 年设通滨区。1956 年为通滨乡。1958 年改公社。

1961年改为通滨区。1968年改为庞家公社。1984年改设庞家乡。1994年改设镇。因镇政府驻地得名。胜利河、北支新河从境内穿过。有中小学5所，图书馆1个，文化馆1个，卫生院1个。有市级文物保护单位高庙李天主教堂。经济以农业、工业为主。农业以种植小麦、玉米、棉花、蔬菜为主，是滨州市无公害芹菜生产基地，"七仙女"牌冬枣、辣椒为省级无公害农产品。畜牧业以养殖樱桃谷鸭、猪、牛、羊为主。渔业以养殖鲤鱼、草鱼、罗非鱼、南美白对虾为主。工业有化工、木材加工、医药器械制造等业。有博小铁路、205国道过境。

乔庄镇 371625-B09

[Qiáozhuāng Zhèn]

博兴县辖镇。在县境北部。面积131平方千米。人口3.4万。辖66村委会，有66自然村。镇人民政府驻乔庄村。1956年3月并入博兴县，为乔庄区。1957年改为乡。1958年12月划归广饶县。1961年重归博兴为乔庄区。1968年改为乔庄公社。1984年改设乡。2002年撤乡设镇。因镇政府驻地得名。有中小学8所，图书馆1个，文化馆1个，卫生院1个。有市级文物保护单位山东省打渔张灌区引黄闸，重要名胜打渔张森林公园。经济以农业、工业为主。农业以种植小麦、水稻、玉米、棉花、有机蔬菜为主，西兰花、台湾毛豆为绿色环保产品。畜牧业以大棚养殖樱桃谷鸭为主。渔业以养殖南美白对虾为主。有棉纺、棉花加工、镁砼瓦、草编、塑料制品等厂。有公路经此。

社区

蒲姑社区 371625-A01-J01

[Púgū Shèqū]

属博昌街道管辖。在博兴县西部。面积2平方千米。人口13 300。以博兴古县名命名。2007年成立。有楼房130栋，现代简约建筑风格，驻有博兴县财政局、博兴县民政局、博兴二中等单位。有老年人照料中心、志愿者服务。通公交车。2008年被评为省文明社区。

乐安社区 371625-A01-J02

[Lè'ān Shèqū]

属博昌街道管辖。在博兴县中部。面积2平方千米。人口17 900。以博兴古县名命名。2007年成立。有楼房180栋，现代建筑风格，驻有博兴县委党校、博兴县人民法院、博兴县农业局、博兴县税务局等单位。有老年人照料中心、志愿者服务。通公交车。2009年被评为省文明社区。

新城社区 371625-A01-J03

[Xīnchéng Shèqū]

属博昌街道管辖。在博兴县西北部。面积4平方千米。人口32 700。因位于博兴县城新建城区而得名。2007年成立。有楼房150栋，现代建筑风格，驻有博兴县人民政府、博兴县公安局、博兴县交通局等单位。开展青少年素质拓展等活动。通公交车。2012年被评为省文明社区。

董公社区 371625-A02-J01

[Dǒnggōng Shèqū]

属城东街道管辖。在博兴县东部。面积10.6平方千米。人口12 000。因董公酒业集团坐落其中而得名。2007年成立。有楼房61栋，现代建筑风格，驻有博兴县气象局、香驰粮油、乐安实验学校等单位。有志愿者服务、日间照料中心。通公交车。2012年被评为省文明社区。

邹平县

邹平县 371626
[Zōupíng Xiàn]

滨州市辖县。东经36°51′，北纬117°44′。在市境西南部。面积1 250平方千米。人口73.3万。辖5街道、11镇。县人民政府驻黄山街道。西汉置邹平县、梁邹县，属济南郡。东汉、三国魏属济南国。晋末废梁邹。南朝宋废邹平，置平原郡，置武强及平原县。隋开皇三年(583)改为邹平县，又改武强为长山县，同属齐州，后属齐郡。唐、宋属淄州。宋宣和七年(1125)邹平徙今治。元邹平县属济南路，长山县属般阳路。明清同属济南府。1913年属岱北道。1928年废道属省。1939年抗日民主政权合并邹平、长山两县置邹长县。1940年复置长山县、邹平县，均属清河行政区清西专区。此后属渤海行政区第六专区(1944)、第三专区(1945)。1949年属清河专区。1953年属惠民专区。1967年属惠民地区。1992年属滨州地区。2000年属滨州市。(资料来源:《邹平县志》《中华人民共和国政区大典(山东省卷·下)》)。春秋时齐景公筑邹之长涂，邹关(今隘阜口)之东始就平地，故名邹平。境内南为长白山地，北为冲积平原，中部为泰沂山洪积区。地势南高北低，海拔11.2~826.8米。年均气温13℃，1月平均气温−2.3℃，7月平均气温27.1℃。年均降水量636.2毫米。有黄河、杏花河、小清河、孝妇河流经。有铜、建筑石料、高岭土、耐火土、矿泉水等矿产资源。森林覆盖率36%，有中小学59所，图书馆1个，文艺团体1个，三级以上医院2个。有国家级文物保护单位丁公遗址，省级文物保护单位梁漱溟墓、鲍家遗址等5个，省级非物质文化遗产酸浆豆腐制作技艺，市级非物质文化遗产、酒传统酿造技艺、传统面食制作工艺、范仲淹历史故事与传说、於凌城的传说、长山芯子、东峪车子灯、中兴龙灯、南陈梆腔、长山门笺等。有鹤伴山旅游景区、樱花山景区、醴泉寺景区、雕窝峪景区、唐李庵景区、范公祠等名胜古迹和景点。三次产业比例为5.1∶62.1∶32.8。农业以种植业为主，主要经济作物有棉花、花生、瓜类、蔬菜。有邹平水杏、长山山药等名优特农产品。长山山药、邹平香椿、青阳小米被认定为国家地理标志证明商标。张高水杏通过农产品地理标志认证。工业有铝产业、纺织服装、食品医药、装备制造、冶金建材等主导产业，有长寿花牌玉米油、西王玉米油等特色产品。有中国宏桥、西王特钢等9家上市公司。服务业以物流业、信息业、文化旅游业、金融业、科技研发业为主。有国家级开发区1个。有邹周铁路、济青高速、309国道和省道寿济路、庆淄路过境。

邹平经济技术开发区 371626-E01
[Zōupíng Jīngjì Jìshù Kāifāqū]

在县境东南部。南至济青高速公路，北至会仙四路，东至东城八路，西至黛西街道。面积820公顷。以所在政区邹平县及经济特点、战略任务得名。2010年11月经国务院正式批准为国家级开发区，由县级政府管理。是全省首家设在县的国家级经济开发区。以家纺服装、新型材料、食品医药为主导产业，有6家海外上市企业，规模以上企业77家。有魏桥创业、宏诚集团、天源家纺、创新集团等知名企业，长寿花牌食用菜籽油、玉米油、食用葵花籽油，西王牌玉米油、玉米淀粉、口服葡萄糖、医用葡萄糖、麦芽糊精，齐星牌铝箔、铝锭、金属板条，维动牌电动车被认定为中国驰名商标。有铁路、高速、省道与外相通，境内形成六纵六横的道路网。

黄山街道 371626-A01
[Huángshān Jiēdào]

邹平县人民政府驻地。在县境南部。面积 44 平方千米。人口 3.3 万。2003 年设立。因城区内黄山得名。2008—2014 年，以济青高速为界，向南开始南部新区建设，建成四横七纵的城市道路网，先后完成政务中心、市民公园、行政服务中心、现代化住宅区等建设。黛溪河穿境而过。有中小学 8 所，文化馆 1 个，图书馆 1 个，体育场馆 1 个，知名文艺团体 1 个，医疗卫生机构 1 个。有纪念地梁漱溟纪念馆，省级非物质文化遗产月河老五甑酿酒技艺，重要名胜古迹唐李庵风景区。有博兴县政务大楼、市民健身中心等标志性建筑物。农业有香椿、红薯、水杏等特色产品。工业以不锈钢深加工、塑料、造纸、化工为主。服务业以金融、商业、餐饮等为主。通公交车。

黛溪街道 371626-A02
[Dàixī Jiēdào]

属邹平县管辖。在县境中部。面积 37 平方千米。人口 8.2 万。2003 年设立。因黛溪河得名。2003 年至 2004 年完成黛中社区、中兴社区、环翠社区和东明社区的建设。黛溪河从境内穿过。有中小学 7 所，图书馆 1 个，医疗卫生机构 4 个。有省级文物保护单位孙家遗址、梁漱溟墓，纪念地邹平市黄山烈士陵园，市级非物质文化遗产中兴龙灯、虎斗牛。有黄山广场、范公像等标志性建筑物。农作物以小麦、玉米、蔬菜为主，名优特产品有张高水杏、张高香椿、十里地瓜。工业以煤、化工、新能源、纺织、机械加工、纺织为主，有规模以上企业 23 家。有邹平县长途汽车站，通公交车。

高新街道 371626-A03
[Gāoxīn Jiēdào]

属邹平县管辖。在县境中部。面积 49 平方千米。人口 4.6 万。2003 年设立。因境内高新技术开发区得名。2007 年完成创业社区、新兴社区的建设。新月河从境内穿过。有中小学 7 所，医疗卫生机构 1 个。有新玛特购物广场、建宇商城、会仙桥等标志性建筑物。境内有国家级开发区邹平经济技术开发区。农业种植葡萄、小麦、玉米和蔬菜，山药、韭菜是名优特农产品，蘑菇是绿色环保农产品。工业以有色金属、铝电、铝业深加工为主，有山东魏桥创业集团等多家著名企业，拥有 6 家海外上市企业。服务业以商贸物流为主。通公交车。

好生街道 371626-A04
[Hǎoshēng Jiēdào]

属邹平县管辖。在县境东南部。面积 37 平方千米。人口 3.2 万。2010 年设立。"好生"取上天有好生之德之意。漟龙河从境内穿过。有中小学 5 所，医疗卫生机构 1 个。有花卉广场、七一广场、天马广场等标志性建筑物。农业特色产业为花卉苗木，工业以家具制造、生物工程、精细化工为主，有竹纤维纺织品生产基地和实木家具生产基地，有豪盛、美迪雅、佳佳恋等知名品牌 20 余个。通公交车。

西董街道 371626-A05
[Xīdǒng Jiēdào]

属邹平县管辖。在县境南部。面积 102 平方千米。人口 3.9 万。2011 年设立。以街道驻地西董村得名。黛溪河、漟龙河、月河从境内穿过。有中小学 3 所，医疗卫生机构 1 个。有爱国主义教育基地鹤伴山抗日沟，市级非物质文化遗产孙大嫩酸浆豆腐制作技艺，重要名胜古迹鹤伴山旅游景区和樱花山景区。有西董街道办事处办公楼等标志性建筑物。农业以种植小麦、玉米和林果为主，有水杏、香椿、桃子、核桃、小米等特产。畜牧业以饲养生猪、羊、奶牛、家禽为主，有国家级现代化奶牛标准化养殖场、水土保持科技示范园、蛋鸡标准化示范场各1个，省级畜禽标准化养殖示范场1个。工业以建筑材料、塑料编织、机械制造、沙发家具、农副产品深加工为主。通公交车。

长山镇 371626-B01

[Chángshān Zhèn]

邹平县辖镇。在县境东部。面积106平方千米。人口7.3万。辖110村委会，有102自然村。镇人民政府驻朱家村。1956年设官庄区。1958年改长山乡，同年改公社。1984年改置镇。因原长山县得名。孝妇河、泔沟河、米沟河、老坞河等从境内穿过。有中小学4所，卫生院1个。有国家级文物保护单位丁公遗址，省级文物保护单位鲍家遗址、西南庄遗址，纪念地长山烈士陵园，重要名胜古迹范公祠。经济以工业为主。主要粮食作物有小麦、玉米、谷子等，经济作物有山药、苜蓿、棉花、白菜、花生、土豆等。长山山药被认定为国家地理标志证明商标。工业以炼钢、铝电、装备制造、金属型材、装饰原纸、木器加工为主。有济青高速公路过境。

魏桥镇 371626-B02

[Wèiqiáo Zhèn]

邹平县辖镇。在县境西北部。面积147平方千米。人口8.2万。辖82村委会，有89自然村。镇人民政府驻魏桥村。1958年设魏桥公社，1984年改置镇。以镇政府驻地得名。小清河从境内穿过。有中小学12所，卫生院2个，广场170个。有纪念地刘井

烈士陵园，踩高跷、扭秧歌、划旱船等民间传统艺术。有古迹秦博士伏生墓。经济以工业为主。农业以种植玉米、小麦为主。工业以油棉加工、纺织印染、热电铝业、纸业化工、冶金机械为主。有知名纺织企业魏桥创业集团。有公路经此。

临池镇 371626-B03

[Línchí Zhèn]

邹平县辖镇。在县境南部。面积51平方千米。人口2.9万。辖43村委会，有43自然村。镇人民政府驻大临池村。1956年设临池区，同年改乡。1958年改公社。1984年复设乡。1994年改置镇。以镇政府驻地得名。白泥河从境内穿过。有中小学7所，卫生院1个，广场79个。境内有白云山风景区。经济以工业为主。农业以种植小麦、玉米为主，名优特农产品有肉鸭、蜂蜜、於陵湖网箱鱼，绿色环保农产品有食用菌、砂梨、脆皮核桃、红芽香椿。工业有建材、化工、电子、造纸、生物工程等业。有309国道过境。

焦桥镇 371626-B04

[Jiāoqiáo Zhèn]

邹平县辖镇。在县境东北部。面积82平方千米。人口3.8万。辖48村委会，有53自然村。镇人民政府驻焦桥村。1950年设长山县第六区。1956年改邹平县焦桥区。1958年改公社。1984年改设乡。1995年撤乡设镇。以镇政府驻地得名。小清河、孝妇河从境内穿过。有中小学8所，卫生院1个，广场53个。有重要古迹袁守侗夸官碑、牛家太湖石等。经济以工业为主。农业以种植玉米、小麦、大棚蔬菜为主，养殖家禽、猪、牛、羊等。"绿春元"大棚黄瓜、"安心"牌无公害鸡蛋通过了农业部无公害农产品认证。工业有涉铝产业、玉米深加工、机械、包装、纺织等业。有省道庆淄公路过境。

韩店镇 371626-B05

[Hándiàn Zhèn]

邹平县辖镇。在县境中部。面积 85 平方千米。人口 3.8 万。辖 46 村委会，有 48 自然村。镇人民政府驻肖镇村。1949 年为颜桥区。1953 年改清河区。1958 年改韩店公社。1984 年改设乡。1994 年改置镇。因韩姓于此开店而得名。杏花河从境内穿过。有结晶葡萄糖、麦芽糊精研究所等 6 家研究机构，有中国淀粉糖行业检测分析中心。有中小学 8 所，卫生院 1 个，广场 46 个。有省级文物保护单位伏生祠遗址。经济以工业为主。粮食作物以玉米、小麦为主，经济作物以蔬菜为主，主要品种有韭菜、马铃薯、西红柿、白菜。畜牧业以饲养猪、肉牛、奶牛、羊、鸡、鸭、鹅为主。渔业以养殖草鱼、鲢鱼为主。工业以农产品深加工为主，是玉米深加工基地。有上市企业西王集团。"长寿花"商标是山东省著名商标、中国驰名商标，另有钢铁热电、食品医药、新型材料等产业。有省道庆淄公路过境。

孙镇 371626-B06

[Sūn Zhèn]

邹平县辖镇。在县境北部。面积 99 平方千米。人口 3.9 万。辖 41 村委会，有 43 自然村。镇人民政府驻孙镇村。1949 年为第五区。1956 年设孙镇乡。1958 年改公社。1984 年复设乡。1994 年改置镇。以镇政府驻地得名。杏花河、小清河从境内穿过。有中小学 4 所，卫生院 1 个，广场 42 个。经济以农业为主。主要农作物有小麦、玉米、棉花等，饲养肉牛、奶牛、猪、波尔山羊，是邹平县的蔬菜大棚之乡。工业以食品加工、钢铁铸件、石化机械、油脂加工、物流运输为主，是蓖麻油生产基地、油脂生产基地、石化配件基地，有农机交易市场。有省道庆淄公路过境。

九户镇 371626-B07

[Jiǔhù Zhèn]

邹平县辖镇。在县境西北部。面积 91 平方千米。人口 4.2 万。辖 67 村委会，有 71 自然村。镇人民政府驻九户村。1949 年为九户区。1958 年 11 月，齐东县撤销并入邹平县，建九户公社。1961 年改区。1966 年并入孙镇区。1968 年复设九户公社。1984 年改乡。1996 年 12 月撤乡设镇。以镇政府驻地九得名。小清河从境内穿过。有中小学 6 所，卫生院 1 个，广场 67 个。地方特色民间艺术有东路梆子。经济以农业为主。农业以种植小麦、玉米、蔬菜为主，产西瓜、甜椒、食用菌，是农业部命名的"中国甜椒之乡"。饲养奶牛、肉牛和猪。工业以化工、奶制品加工、油料加工为主。有公路经此。

青阳镇 371626-B08

[Qīngyáng Zhèn]

邹平县辖镇。在县境西部。面积 54 平方千米。人口 3.6 万。辖 17 村委会，有 17 自然村。镇人民政府驻韩家村。1956 年设青阳乡，1958 年改公社，1984 年复设乡，1994 年改置镇。古为通登莱青官道之重镇，明初设兵驿有递铺，故名。杏花河从境内穿过。有中小学 4 所，卫生院 1 个，广场 18 个。有重要古迹王薄起义遗址，景点雕窝峪风景区、醴泉寺风景区。经济以工业为主。农业主产小麦、玉米，特产青阳小米、柿子。工业有铸造、炉料、涂层等企业，是金属磨料机械加工基地、金属磨料生产基地、废旧金属加工配送基地和铸造基地。有济青高速过境。

明集镇 371626-B09

[Míngjí Zhèn]

邹平县辖镇。在县境西北部。面积 72

平方千米。人口 3.6 万。辖 36 村委会，有 36 自然村。镇人民政府驻明集村。1958 年 10 月明集乡改为明集人民公社。1961—1968 年，曾归属明集区，为明集、滨湖、红星 3 个小公社。1968 年冬，又为明集人民公社。1982 年 5 月改为明家集人民公社。1984 年改为明家集乡。1994 年撤乡改镇，设立明集镇。因镇政府驻地得名。杏花河、马四干运河、郑马河等从境内穿过。有中小学 9 所，卫生院 1 个，广场 96 个。经济以工业为主。农业以种植小麦、玉米为主，蔬菜主要种植韭菜、食用仙人掌、马铃薯等。工业以加工棉花、帆布和汽车烤漆设备为主。有公路经此。

台子镇 371626-B10
[Táizi Zhèn]

邹平县辖镇。在县境西北部。面积 88 平方千米。人口 3.8 万。辖 72 村委会，有 88 自然村。镇人民政府驻高桥村。台子镇原为齐东县驻地，1956 年齐东三区改为台子区。1958 年 11 月撤区建人民公社。1961 年改公社为区，1968 年撤区建公社，1984 年台子公社改为台子乡。1995 年 4 月台子撤乡设台子镇。以原驻地村台子街得名。黄河、小清河从境内穿过。有中小学 5 所，卫生院 1 个，广场 73 个。经济以农业为主。农业以种植小麦、玉米、无花果为主，有十里长廊水果观光带，特产香椿、无花果、秋蜜桃、黄梨、葡萄。工业以造纸、地毯加工、钢结构加工、玉米油加工为主。省道台莱路过境。

码头镇 371626-B11
[Mǎtóu Zhèn]

邹平县辖镇。在县境西北部。面积 115 平方千米。人口 5.1 万。辖 78 村委会，有 77 自然村。镇人民政府驻码头村。1949 年前属齐东县，1958 年撤销齐东县并入邹平

县。1956 年撤区建乡，改建为码头乡、归苏乡。1958 年撤乡建社，称码头人民公社。1983 年改为码头乡。2002 年撤乡成立码头镇。以镇政府驻地命名。黄河、小清河从境内经过。有中小学 6 所，卫生院 1 个，广场 78 个。经济以农业为主。农业主要种植小麦、玉米、棉花等，特产西瓜、枣、甜瓜，建有万亩保健西瓜基地、桑蚕基地、优质果品基地、万头肉奶牛基地等特色农产品基地。工业主要有煤炭、纺织、高精度 PS 板、金属、成套设备、石油设备、机械加工等业。有公路经此。

社区

政苑社区 371626-A01-J01
[Zhèngyuàn Shèqū]

属黄山街道管辖。在邹平县中部。面积 1 平方千米。人口 8 000。邹平县委、县政府驻此，故名。2014 年成立。有楼房 11 栋，中式建筑风格，驻有邹平县人民政府、邹平县人民法院、邹平县人民检察院、邹平县交通运输局、邹平县广电局等单位。有志愿者服务、日间照料服务。通公交车。2005 年被评为省文明社区。

东景社区 371626-A01-J02
[Dōngjǐng Shèqū]

属黄山街道管辖。在邹平县中部。面积 1 平方千米。人口 4 300。因东景村得名。2006 年成立。有楼房 30 栋，中式建筑风格，驻有邹平县第一中学、邹平县财政局、邹平县农业农村局等单位。有志愿者服务、养老集中供养服务。通公交车。2013 年被评为省文明社区。

月河社区 371626-A01-J03

［Yuèhé Shèqū］

属黄山街道管辖。在邹平县中部。面积1平方千米。人口4 000。因月河村得名。2007年成立。有楼房85栋，中式建筑风格，驻有邹平县自然资源和规划局、邹平县住房和城乡建设局、邹平县黄山街道办事处、邹平县公安局、黄山实验小学等单位。有志愿者服务。通公交车。2009年被评为省文明社区。

仁和社区 371626-A01-J04

［Rénhé Shèqū］

属黄山街道管辖。在邹平县中部。面积3平方千米。人口4 800。以"天时地利人和"之意得名。2007年成立。有楼房10栋，中式建筑风格，有志愿者服务。通公交车。2013年被评为省文明社区。

见埠社区 371626-A01-J05

［Jiànbù Shèqū］

属黄山街道管辖。在邹平县中部。面积1平方千米。人口4 800。因见埠村得名。2003年成立。有楼房13栋，中式建筑风格，通公交车。2013年被评为省文明社区。

中兴社区 371626-A02-J01

［Zhōngxīng Shèqū］

属黛溪街道管辖。在邹平县中部。面积5平方千米。人口7 300。因中兴村得名。2004年成立。有楼房92栋，中式建筑风格，驻有邹平县黛溪街道办事处、邹平县中医院、邹平县黛溪中学等单位。有志愿者服务、老年人日间照料中心。通公交车。2007年被评为省文明社区。

环翠社区 371626-A02-J02

［Huáncuì Shèqū］

属黛溪街道管辖。在邹平县中部。面积2平方千米。人口19 800。因南邻环翠公园，故名。2004年成立。有楼房133栋，中式建筑风格，驻有邹平县实验中学、鲁中职业学院、邹平县第一实验小学等单位。有志愿者服务、老年人照料中心。通公交车。2007年被评为省文明社区。

东明社区 371626-A02-J03

［Dōngmíng Shèqū］

属黛溪街道管辖。在邹平县中部。面积3平方千米。人口21 000。建立初期，因齐明集团与东升集团两大企业在社区内，故各取一字，命名为东明社区。2004年成立。有楼房105栋，中式建筑风格，驻有邹平县妇幼保健院等单位。有志愿者服务、老年人照料中心。通公交车。2008年被评为省文明社区。

黛中社区 371626-A02-J04

［Dàizhōng Shèqū］

属黛溪街道管辖。在邹平县中部。面积2平方千米。人口9 800。因南邻黛溪湖，西邻黛溪河，且位于老城区中段，故称黛中社区。2003年成立。有楼房86栋，中式建筑风格，驻有邹平县黛溪派出所、邹平县人民医院、邹平县一中初中部等单位。有志愿者服务。通公交车。2013年被评为省文明社区。

创业社区 371626-A03-J01

［Chuàngyè Shèqū］

属高新街道管辖。在邹平县东南部。面积0.4平方千米。人口3 200。因创业集团位于社区内，故名。2007年成立。有楼房88栋，中式建筑风格，有志愿者服务。通公交车。2013年被评为省文明社区。

新兴社区 371626-A03-J02
［Xīnxīng Shèqū］

　　属高新街道管辖。在邹平县东部。面积 1 平方千米。人口 5 700。因社区多新兴企业，故名。2007 年成立。有楼房 115 栋，中式建筑风格，驻有邹平县殡仪馆等单位。通公交车。2010 年被评为省文明社区。

金河社区 371626-A04-J01
［Jīnhé Shèqū］

　　属好生街道管辖。在邹平县东南部。面积 0.1 平方千米。人口 1 600。因潴龙河经村八里河村，取名为金河社区。2006 年成立。有楼房 11 栋，中式建筑风格，有志愿者服务。通公交车。2013 年被评为省文明社区。

二 居民点

滨城区

城市居民点

清怡小区 371602-I01
[Qīngyí Xiǎoqū]

在区境东部。人口 2 300。总面积 6 公顷。寓意清平而和悦的小区。1999 年始建，2000 年正式使用。建筑总面积 50 000 平方米，多层住宅楼 13 栋，现代建筑风格，绿化率 6%，有超市、农贸市场、学校等配套设施。通公交车。

粮丰花苑 371602-I02
[Liángfēng Huāyuàn]

在区境东北部。人口 300。总面积 1.9 公顷。因粮食系统职工居住而得名，寓意粮食丰收。2009 年始建，2014 年正式使用。建筑总面积 20 000 平方米，多层住宅楼 6 栋，现代建筑风格，绿化率 23%，有健身器材、超市、农贸市场、学校等配套设施。通公交车。

广电家园 371602-I03
[Guǎngdiàn Jiāyuán]

在区境东部。人口 300。总面积 0.7 公顷。因是广电局职工居住的小区，故名。1982 年始建，1982 年正式使用。建筑总面积 7 794 平方米，多层住宅楼 3 栋，现代建筑风格，绿化率 20%，有超市、农贸市场、学校、医院等配套设施。通公交车。

建翔小区 371602-I04
[Jiànxiáng Xiǎoqū]

在区境东北部。人口 5 000。总面积 42 公顷。寓意翔实的生活是需要通过辛勤的建设和劳动而得来的，故名。1980 年始建，1982 年正式使用。建筑总面积 110 000 平方米，住宅楼 58 栋，其中高层 2 栋、多层 56 栋，现代建筑风格，绿地面积 71 800 平方米，有农贸市场、学校等配套设施。通公交车。

北海馨园 371602-I05
[Běihǎi Xīnyuán]

在区境东北部。人口 100。总面积 0.4 公顷。因为北临北海而得名。2012 年始建，2014 年正式使用。建筑总面积 5 514 平方米，多层住宅楼 2 栋，现代建筑风格，绿地面积 150 平方米，有学校等配套设施。通公交车。

怡海小区 371602-I06
[Yíhǎi Xiǎoqū]

在区境东北部。人口 2 000。总面积 3.6 公顷。寓意该小区是居民祥和、快乐的海洋，故名。2003 年始建，2005 年正式使用。建筑总面积 50 000 平方米，多层住宅楼 29 栋，现代建筑风格，绿化率 0.3%，有学校、超市、农贸市场等配套设施。通公交车。

观湖花园 371602-I07

[Guānhú Huāyuán]

在区境北部。人口 3 700。总面积 13.1 公顷。因小区内建有人工湖，在此居住的居民能观望湖中的美景，故名观湖花园。2006 年始建，2009 年正式使用。建筑总面积 160 000 平方米，住宅楼 21 栋，其中高层 17 栋、多层 4 栋，现代建筑风格，绿化率 15%，有中学等配套设施。通公交车。

创业花园 371602-I08

[Chuàngyè Huāyuán]

在区境东北部。人口 1 100。总面积 18.4 公顷。因地处东区政务中心区域，投资建设时正值东区创业开发阶段，故名创业花园。2011 年始建，2013 年正式使用。建筑总面积 138 834 平方米，高层住宅楼 16 栋，现代建筑风格，绿化率 56%，有银行、超市、小学等配套设施。通公交车。

贵华苑 371602-I09

[Guìhuá Yuàn]

在区境东部。人口 100。总面积 0.7 公顷。以单位名称的谐音命名。1998 年始建，1999 年正式使用。建筑总面积 5 280 平方米，多层住宅楼 3 栋，现代建筑风格，绿地面积 800 平方米，有农贸市场、广场、学校等配套设施。通公交车。

交通馨苑 371602-I10

[Jiāotōng Xīnyuàn]

在区境东北部。人口 300。总面积 3.5 公顷。为单位职工建设的温馨小区，故名。2012 年始建，2013 年正式使用。建筑总面积 21 300 平方米，住宅楼 6 栋，其中高层 2 栋、多层 4 栋，现代建筑风格，绿地面积 800 平方米，有市场、小学等配套设施。通公交车。

书香名居 371602-I11

[Shūxiāng Míngjū]

在区境东北部。人口 2 000。总面积 7.7 公顷。因行知中学教职工居住区得名。2005 年始建，2007 年正式使用。建筑总面积 83 000 平方米，多层住宅楼 30 栋，现代建筑风格，绿地面积 33 000 平方米，有超市、学校、农贸市场等配套设施。通公交车。

阳光家园 371602-I12

[Yángguāng Jiāyuán]

在区境东部。人口 1 000。总面积 4 公顷。小区名体现了人与环境和谐共存的理念。2005 年始建，2005 年正式使用。建筑总面积 26 000 平方米，多层住宅楼 10 栋，现代建筑风格，绿化率 40%，有小学等配套设施。通公交车。

金座豪庭 371602-I13

[Jīnzuò Háotíng]

在区境东南部。人口 700。总面积 2.3 公顷。因东临银座商城，延伸意义得名金座豪庭。2009 年始建，2011 年正式使用。建筑总面积 43 000 平方米，高层住宅楼 5 栋，现代建筑风格，绿地面积 2 000 平方米，有超市、学校等配套设施。通公交车。

名仕嘉园 371602-I14

[Míngshì Jiāyuán]

在区境东南部。人口 700。总面积 3 公顷。取吉祥嘉言得名。2008 年始建，2010 年正式使用。建筑总面积 59 400 平方米，高层住宅楼 5 栋，现代建筑风格，绿化率 30%，有超市、学校等配套设施。通公交车。

渤海花园 371602-I15

[Bóhǎi Huāyuán]

在区境南部。人口 1 100。总面积 4.4

公顷。该小区位于滨州渤海十一路与黄河二路交界处，所以命名为渤海花园。建筑总面积 80 000 平方米，住宅楼 8 栋，其中高层 2 栋、多层 6 栋，现代建筑风格，绿化率 20%，通公交车。

金穗家园 371602-I16
[Jīnsuì Jiāyuán]

在区境南部。人口 200。总面积 0.5 公顷。因原金穗粮油公司的职工在此居住而得名。1997 年始建，1999 年正式使用。建筑总面积 7 000 平方米，多层住宅楼 2 栋，现代建筑风格，绿地面积 200 平方米。通公交车。

彩虹佳苑 371602-I17
[Cǎihóng Jiāyuàn]

在区境南部。人口 600。总面积 2.4 公顷。小区位于彩虹湖附近，取美好吉祥之意，故名彩虹佳苑。2011 年始建，2014 年正式使用。建筑总面积 150 000 平方米，多层住宅楼 19 栋，连体房 135 栋，现代建筑风格，绿化率 30%，有学校等配套设施。通公交车。

水利花园 371602-I18
[Shuǐlì Huāyuán]

在区境南部。人口 400。总面积 2.8 公顷。因是水利局职工居住的小区，故名。1981 年始建，1982 年正式使用。建筑总面积 10 000 平方米，多层住宅楼 9 栋，现代建筑风格，绿化率 35%，有学校、超市、菜市场等配套设施。通公交车。

滨通家园 371602-I19
[Bīntōng Jiāyuán]

在区境南部。人口 1 100。总面积 3.9 公顷。是滨州滨通置业有限公司开发建设的花园式小区，故名。2006 年始建，2007

年正式使用。建筑总面积 59 400 平方米，多层住宅楼 5 栋，现代建筑风格，绿化率 25%，有超市、快餐等配套设施。通公交车。

春晓金翠园 371602-I20
[Chūnxiǎo Jīncuì Yuán]

在区境东部。人口 400。总面积 3.2 公顷。小区名出自"罗衣绰绰金翠华，言笑雅舞相经过"的诗句。2010 年始建，2011 年正式使用。建筑总面积 27 000 平方米，住宅楼 5 栋，其中高层 2 栋、多层 3 栋，现代建筑风格，绿化率 5%，有小学、卫生服务站、市场等配套设施。通公交车。

青园小区 371602-I21
[Qīngyuán Xiǎoqū]

在区境东部。人口 600。总面积 2.3 公顷。由原管理单位青龙山水泥厂名称命名。1988 年始建，1996 年正式使用。建筑总面积 19 000 平方米，多层住宅楼 8 栋，现代建筑风格，绿化率 3%，有小学、卫生服务站、幼儿园、超市、市场等配套设施。通公交车。

领秀华庭小区 371602-I22
[Lǐngxiù Huátíng Xiǎoqū]

在区境东部。人口 900。总面积 3.5 公顷。寓意在行业内出类拔萃，故名。2001 年始建，2004 年正式使用。建筑总面积 30 000 平方米，多层住宅楼 9 栋，现代建筑风格，绿化率 20%，有超市、学校等配套设施。通公交车。

金鹏小区 371602-I23
[Jīnpéng Xiǎoqū]

在区境东部。人口 300。总面积 0.2 公顷。因是金鹏纺织有限公司职工居住的宿舍，故名。1993 年始建，1995 年正式使用。建筑总面积 8 000 平方米，多层住宅楼 2 栋，现代建筑风格，绿化率 20%，有学校等配套设施。通公交车。

佳兴小区 371602-I24

[Jiāxīng Xiǎoqū]

在区境东南部。人口 800。总面积 3.7 公顷。寓意"家和万事兴"，故名。2010 年始建，2014 年正式使用。建筑总面积 35 259 平方米，住宅楼 8 栋，其中高层 2 栋、多层 6 栋，现代建筑风格，绿化率 10%，有广场、市场、超市等配套设施。通公交车。

瑞兴小区 371602-I25

[Ruìxīng Xiǎoqū]

在区境南部。人口 200。总面积 0.5 公顷。寓意"长长久久"，故名。2002 年始建，2005 年正式使用。建筑总面积 12 000 平方米，多层住宅楼 1 栋，现代建筑风格，绿化率 1.3%，有学校等配套设施。通公交车。

金城小区 371602-I26

[Jīnchéng Xiǎoqū]

在区境东南部。人口 700。总面积 0.3 公顷。因原址为铸锅厂宿舍而得名，寓意"金玉满城"。2010 年始建，2011 年正式使用。建筑总面积为 2 200 平方米，多层住宅楼 10 栋，现代建筑风格，绿化率 25%，有广场、超市、小学、药店等配套设施。通公交车。

文馨家园 371602-I27

[Wénxīn Jiāyuán]

在区境西部。人口 900。总面积 2.8 公顷。以文化知识的寓意命名。2013 年始建，2014 年正式使用。建筑总面积 8 000 平方米，多层住宅楼 10 栋，现代建筑风格，绿化率 15%，有学校、公园、超市、银行配套设施。通公交车。

黄河园 371602-I28

[Huánghé Yuán]

在区境西部。人口 600。总面积 3.7 公顷。因是黄河河务局职工居住的小区而得名。2004 年始建，2006 年正式使用。建筑总面积 40 000 平方米，多层住宅楼 9 栋，现代建筑风格，绿化率 80%，有学校、公园、超市、银行等配套设施。通公交车。

福海家园 371602-I29

[Fúhǎi Jiāyuán]

在区境南部。人口 300。总面积 1.6 公顷。寓意此为幸福深广如海的小区，故名。2001 年始建，2006 年正式使用。建筑总面积 15 840 平方米，多层住宅楼 5 栋，现代建筑风格，绿地面积 2 300 平方米。有超市、小学等配套设施。通公交车。

裕华苑 371602-I30

[Yùhuá Yuàn]

在区境东北部。人口 2 000。总面积 11 公顷。是裕华公司职工宿舍院，故名。一期 2001 年始建，2003 年正式使用；二期 2003 年始建，2006 年正式使用。建筑总面积 130 130 平方米，高层住宅楼 33 栋，现代建筑风格，绿化率 20%，有健身器材等配套设施。通公交车。

吉泰阳光花园 371602-I31

[Jítài Yángguāng Huāyuán]

在区境北部。人口 5 100。总面积 21.1 公顷。取吉祥、安泰之意得名吉泰阳光花园。2003 年始建，2006 年 7 月正式使用。建筑总面积 213 300 平方米，多层住宅楼 52 栋，现代建筑风格，绿地面积 50 000 平方米，有超市、学校、酒店等配套设施。通公交车。

胜鼎新园 371602-I32
[Shèngdǐng Xīnyuán]

在区境北部。人口 800。总面积 3.9 公顷。取"钟鸣鼎食"之意，寓意十分兴盛而得名。2007 年始建，2009 年正式使用。建筑总面积 30 533 平方米，多层住宅 8 栋，现代建筑风格，绿地面积 1 500 平方米，有学校、医院等配套设施。通公交车。

名仕龙城 371602-I33
[Míngshì Lóngchéng]

在区境中部。户数 600。总面积 3.9 公顷。以吉祥嘉言命名。2007 年始建，2010 年正式使用。建筑总面积 10 000 平方米，高层住宅楼 11 栋，现代建筑风格，绿化率 33.2%，有健身广场等配套设施。通公交车。

泰和家园 371602-I34
[Tàihé Jiāyuán]

在区境中部。人口 800。总面积 5 公顷。寓意稳如泰山，和气生财，故名。2003 年始建，2005 年正式使用。建筑总面积 51 800 平方米，多层住宅楼 9 栋、别墅 15 栋，现代建筑风格，绿地面积 8 000 平方米，有超市、学校、医院等配套设施。通公交车。

天成花园 371602-I35
[Tiānchéng Huāyuán]

在区境西部。人口 1 200。总面积 2.3 公顷。取浑然天成之意命名。2007 年始建，2009 年正式使用。建筑总面积 52 000 平方米，高层住宅楼 5 栋，现代建筑风格，绿地面积 3 000 平方米，有超市、学校、医院等配套设施。通公交车。

锦城花园 371602-I36
[Jǐnchéng Huāyuán]

在区境西部。人口 400。总面积 1 公顷。以锦绣前程、物华天宝的寓意命名。2003 年始建，2009 年正式使用。建筑总面积 20 000 平方米，多层住宅楼 5 栋，现代建筑风格，绿化率 40%，有健身广场、健身器材等配套设施。通公交车。

禾香园 371602-I37
[Héxiāng Yuán]

在区境西部。人口 1 100。总面积 4 公顷。取稻苗为禾，丰收之香之意，故名禾香园。2006 年始建，2009 年正式使用。建筑总面积 46 138.8 平方米，高层住宅楼 11 栋，现代建筑风格，绿化率 45%，有超市等配套设施。通公交车。

安康家园 371602-I38
[Ānkāng Jiāyuán]

在区境西部。人口 300。总面积 0.76 公顷。取安定健康之意命名。1993 年始建，1997 年正式使用。建筑总面积 15 200 平方米，多层住宅楼 5 栋，现代建筑风格，绿化率 15%，有超市、学校、医院等配套设施。通公交车。

财政小区 371602-I39
[Cáizhèng Xiǎoqū]

在区境西部。户数 94。总面积 1.8 公顷。是财政局开发居住的小区，故名。1991 年始建，1994 年正式使用。建筑总面积 12 600 平方米，多层住宅楼 2 栋，现代建筑风格，绿化率 23.4%，有超市、幼儿园等配套设施。通公交车。

望海花园 371602-I40
[Wànghǎi Huāyuán]

在区境西部。人口 3 300。总面积 30 公顷。因位于中海北岸，随时随地都能欣赏到中海美景，故名。2006 年始建，2007 年正式使用。建筑总面积 264 000 平方米，住宅楼 44 栋，其中高层 15 栋、多层 29 栋、别墅 5 栋，现代建筑风格，绿化率 40%，有超市、学校、广场等配套设施。通公交车。

圣世嘉苑 371602-I41
[Shèngshì Jiāyuàn]

在区境西部。人口 200。总面积 3 公顷。2005 年始建，2007 年正式使用。建筑总面积 25 760 平方米，别墅 90 栋，别墅建筑风格，绿化率 34%，有超市、学校、广场等配套设施。通公交车。

祥泰新河湾小区 371602-I42
[Xiángtài Xīnhéwān Xiǎoqū]

在区境西部。人口 1 500。总面积 6.8 公顷。为表达开发商对该小区寄予祥和、安泰、家庭和睦的美好愿望，故名。2008 年始建，2010 年正式使用。建筑总面积 7 万平方米，住宅楼 14 栋，其中高层 4 栋、多层 10 栋，别墅 6 栋，现代别墅建筑风格，绿化率 34%，有超市、学校等配套设施。通公交车。

中海豪庭 371602-I43
[Zhōnghǎi Háotíng]

在区境西部。人口 1 100。总面积 9 公顷。因地靠中海，是富贵的象征，故名。2005 年始建，2007 年正式使用。建筑总面积 90 000 平方米，高层住宅楼 10 栋，现代建筑风格，绿化率 70%，有幼儿园、便民超市等配套设施。通公交车。

御景园 371602-I44
[Yùjǐng Yuán]

在区境西部。人口 1 800。总面积 3.8 公顷。2010 年始建，2013 年正式使用。建筑总面积 10 000 平方米，高层住宅楼 3 栋，别墅 14 栋，现代、别墅建筑风格，绿化率 30%，有便民超市等配套设施。通公交车。

新高都小区 371602-I45
[Xīngāodū Xiǎoqū]

在区境西部。人口 2 000。总面积 3.5 公顷。取莱钢建设集团再上一高度之意命名。2012 年始建，2014 年正式使用。建筑总面积 150 000 平方米，高层住宅楼 7 栋。现代建筑风格，绿化率 40%，有超市、学校配套设施。通公交车。

瑞安花园 371602-I46
[Ruì'ān Huāyuán]

在区境东部。人口 700。总面积 3.9 公顷。2008 年始建，2010 年正式使用。建筑总面积 60 000 平方米，多层住宅楼 15 栋。现代、中式建筑特点，绿地面积 5000 平方米，有文化广场、农家书屋、超市等配套设施。通公交车。

园丁小区 371602-I47
[Yuándīng Xiǎoqū]

在区境南部。人口 1 100。总面积 2.6 公顷。此处是原旧镇一中旧址，小区内居民以教师为主，取教师为辛勤的园丁之意命名。建筑总面积 31 000 平方米，多层住宅楼 10 栋，绿化率 30%，有超市、幼儿园、学校等配套设施。通公交车。

安康嘉苑 371602-I48
[Ānkāng Jiāyuàn]

在区境南部。人口 500。总面积 2.2 公顷。取"安居乐业，幸福健康"之意命名。2010 年始建。建筑总面积 41 000 平方米，多层住宅楼 7 栋，绿化率 40%，有超市、幼儿园、学校、等配套设施。通公交车。

金都花园 371602-I49
[Jīndū Huāyuán]

在区境西部。人口 400。总面积 3 公顷。2003年始建，2005年正式使用。建筑总面积40 000平方米，多层住宅楼7栋、别墅12栋，现代、别墅建筑风格，绿化率30%，有超市、学校等配套设施。通公交车。

聚龙花园 371602-I50

[Jùlóng Huāyuán]

在区境西北部。人口2 600。总面积28.8公顷。寓意龙的传人，故名。2008年始建，2010年正式使用。建筑总面积300 000平方米，住宅楼37栋，其中高层5栋、多层32栋，现代建筑风格，绿化率30%，有幼儿园、便民超市、卫生所等配套设施。通公交车。

杏林家园 371602-I51

[Xìnglín Jiāyuán]

在区境西部。人口2 500。总面积6.6公顷。因是滨州市人民医院、滨州市卫生局、滨州市妇幼保健院等单位的职工住宅区，杏林是中医学界的代称，故名。2009年始建，2012年正式使用。建筑总面积12 000平方千米，高层住宅楼10栋，现代建筑风格，绿地面积3 000平方米，有超市、学校等配套设施。通公交车。

金穗佳苑 371602-I52

[Jīnsuì Jiāyuàn]

在区境西部。人口500。总面积4公顷。因该小区是滨州农行系统职工宿舍区，故以"金穗"命名。2006年始建，2008年正式使用。建筑总面积50 000平方米，多层住宅楼15栋，现代建筑风格，绿化率40%，有超市、学校等配套设施。通公交车。

尚清苑 371602-I53

[Shàngqīng Yuàn]

在区境西部。人口100。总面积12.6公顷。2011年始建，2014年正式使用。建筑总面积18 698.08平方米，多层住宅楼7栋，现代建筑风格，绿化率40%，有银行等配套设施。通公交车。

彭集小区 371602-I54

[Péngjí Xiǎoqū]

在区境西部。人口700。总面积7.2公顷。因彭家集得名。2008年始建，2011年正式使用。建筑总面积9 000平方米，多层住宅楼10栋，现代建筑风格，绿化率5%，有超市、学校等配套设施。通公交车。

农村居民点

北蔺 371602-A01-H01

[Běilìn]

在区驻地市东街道西北方向3.2千米。市东街道辖自然村。人口800。明洪武年间，蔺、苏二姓由枣强迁至此村，以姓名村，因依坊子村，又称坊子蔺，为区别于南蔺家，改称北蔺。聚落呈团块状分布。经济以种植业、商贸业为主。有公路经此。

坊子 371602-A01-H02

[Fángzi]

在区驻地市东街道西北方向3.3千米。市东街道辖自然村。人口700。明初，张、赵二姓由枣强迁此立村，命名为八里庄，后更名为坊子。聚落呈团块状分布。经济以种植业、商贸业为主。有公路经此。

天王堂 371602-A01-H03

[Tiānwángtáng]

在区驻地市东街道东南方向4.6千米。市东街道辖自然村。人口1 100。明初，张本、张道兄弟二人自枣强迁此，张本在天王寺旁立村，以庙名村。聚落呈团块状分布。经济以种植业、商贸业为主。有公路经此。

常家 371602-A01-H04
[Chángjiā]

在区驻地市东街道东南方向 5.2 千米。市东街道辖自然村。人口 1 000。1 371 年，常氏由河北枣强迁此，以姓立村。聚落呈团块状分布。经济以种植业、商贸业为主。有公路经此。

毕家 371602-A01-H05
[Bìjiā]

在区驻地市东街道北方向 0.5 千米。市东街道辖自然村。人口 1 300。毕氏三兄弟迁此，以姓名村毕家。聚落呈团块状分布。经济以种植业、商贸业为主。有公路经此。

湾东赵 371602-A01-H06
[Wāndōngzhào]

在区驻地市东街道东南方向 5.5 千米。市东街道辖自然村。人口 400。1371 年，赵姓由直隶深州北街迁此，同宋氏共同立村，立村时因村西有一小庙，故名宋家庙子。乾隆初年，因村西有一大湾，易名湾东赵。聚落呈团块状分布。经济以种植业、商贸业为主。有公路经此。

王兰 371602-A01-H07
[Wánglán]

在区驻地市东街道西南方向 4.3 千米。市东街道辖自然村。人口 600。明洪武年间，王兰由直隶枣强迁此，以名立村。聚落呈团块状分布。经济以种植业、商贸业为主。有公路经此。

西王 371602-A01-H08
[Xīwáng]

在区驻地市东街道西北方向 2.1 千米。市东街道辖自然村。人口 700。王姓最早迁居于此，以姓立村。为别于东王，称之西王。聚落呈团块状分布。经济以种植业、商贸业为主。有公路经此。

北郝 371602-A01-H09
[Běihǎo]

在区驻地市东街道东南方向 1.5 千米。市东街道辖自然村。人口 500。明朝初年，郝氏兄弟三人由河北枣强迁移至此，以姓名村。为别于南郝，称之为北郝。聚落呈团块状分布。经济以种植业、商贸业为主。有公路经此。

张皮 371602-A01-H10
[Zhangpi]

在区驻地市东街道西北方向 2.3 千米。市东街道辖自然村。人口 200。张姓最早迁居于此建村，村民多以制熟皮为业，故名张皮。聚落呈团块状分布。经济以种植业、商贸业为主。有公路经此。

郑家 371602-A01-H11
[Zhèngjiā]

在区驻地市东街道西南方向 2.2 千米。市东街道辖自然村。人口 1 400。明洪武二年（1369），郑氏由河南彭德府迁此，以姓名村。聚落呈团块状分布。经济以种植业、商贸业为主。有公路经此。

屈家 371602-A01-H12
[Qūjiā]

在区驻地市东街道东南方向 5.5 千米。市东街道辖自然村。人口 700。明初，刘氏兄弟二人由河北枣强迁此立村。清初，屈氏迁此，人丁兴旺，且后人中有官至翰林者，易村名屈家。聚落呈团块状分布。经济以养殖业、商贸业为主，生猪养殖、蘑菇种植初具规模。有公路经此。

沙家 371602-A01-H13
［Shājiā］

在区驻地市东街道东南方向 6.3 千米。市东街道辖自然村。人口 1 500。1369 年，沙氏兄弟二人由河北枣强迁此，以姓名村。聚落呈团块状分布。经济以种植业、养殖业、商贸业为主，种植小麦、棉花、玉米等。有公路经此。

北孟 371602-A01-H14
［Běimèng］

在区驻地市东街道东北方向 4.5 千米。市东街道辖自然村。人口 600。1581 年，孟子后裔孟希友夫妇自邹县迁此建村，以姓名村，因村南另有一孟家，改称北孟。聚落呈团块状分布。经济以种植业为主，种植玉米、小麦、蔬菜。有公路经此。

丁家口 371602-A02-H01
［Dīngjiākǒu］

在区驻地市东街道西南方向 10.0 千米。市西街道辖自然村。人口 1 000。明初，丁姓三兄弟由直隶枣强迁此立村，因为此地在黄河渡口，故名丁家口。聚落呈团块状分布。经济以种植业为主，种植玉米、小麦、蔬菜。有公路经此。

东谢 371602-A02-H02
［Dōngxiè］

在区驻地市东街道西南方向 9.3 千米。市西街道辖自然村。人口 300。有名谢表者以卖油为业，习呼谢表家。后因村西另有谢家，更名东谢家，后称东谢。聚落呈团块状分布。经济以种植业为主，种植玉米、小麦、蔬菜。有公路经此。

东韩 371602-A02-H03
［Dōnghán］

在区驻地市东街道西南方向 13.3 千米。市西街道辖自然村。人口 200。1369 年，韩姓靠大清河崖头立村，名崖头韩家，河道北移后改称韩家。因从河南岸去北岸种地不便，又迁回河北。后因在黄河大坝以东，故称东韩。聚落呈团块状分布。经济以种植业为主，种植玉米、小麦、蔬菜。有公路经此。

北孝 371602-A02-H04
［Běixiào］

在区驻地市东街道西南方向 9.2 千米。市西街道辖自然村。人口 300。清代，孝姓从李家口迁此，名小孝家。后因处中孝村北，改称北孝。聚落呈团块状分布。经济以种植业为主，种植玉米、小麦、蔬菜。有公路经此。

北赵 371602-A02-H05
［Běizhào］

在区驻地市东街道西南方向 10.5 千米。市西街道辖自然村。人口 400。赵氏最早迁居于此，因村南有一村名南赵，故名北赵以示区分。聚落呈团块状分布。经济以种植业为主，种植玉米、小麦、蔬菜。有公路经此。

堤东赵 371602-A02-H06
［Dīdōngzhào］

在区驻地市东街道西南方向 14.7 千米。市西街道辖自然村。人口 900。1369 年，赵大成从枣强迁此，于大堤以东立村，故名。聚落呈团块状分布。经济以种植业为主，种植玉米、小麦、蔬菜。有公路经此。

张庄 371602-A02-H07
［Zhāngzhuāng］

在区驻地市东街道西南方向 14.7 千米。市西街道辖自然村。人口 300。张姓迁此立村，名张庄。聚落呈团块状分布。经济以种植业为主，种植玉米、小麦、蔬菜。有公路经此。

张蒋 371602-A02-H08
[Zhāngjiǎng]

在区驻地市东街道西南方向 8.7 千米。市西街道辖自然村。人口 300。明初立村时称张家，清道光年间，蒋氏由里则镇迁入，改称张蒋。聚落呈团块状分布。经济以种植业为主，种植玉米、小麦、蔬菜。有公路经此。

李口 371602-A02-H09
[Lǐkǒu]

在区驻地市东街道西南方向 12.4 千米。市西街道辖自然村。人口 500。清咸丰十一年（1861），孝姓在此地设村，取名为李口。聚落呈团块状分布。经济以种植业为主，种植玉米、小麦、蔬菜。有公路经此。

李茂 371602-A02-H10
[Lǐmào]

在区驻地市东街道西南方向 12.0 千米。市西街道辖自然村。人口 400。1369 年，李仁和从枣强城南李家楼迁此，死后葬于李子树下，树茂果硕，取吉祥之意，名李茂。聚落呈团块状分布。经济以种植业为主，种植玉米、小麦、蔬菜。有公路经此。

杨庄 371602-A02-H11
[Yángzhuāng]

在区驻地市东街道西南方向 12.7 千米。市西街道辖自然村。人口 300。杨姓迁此立村，故名。聚落呈团块状分布。经济以种植业为主，种植玉米、小麦、蔬菜。有公路经此。

洼于 371602-A02-H12
[Wāyú]

在区驻地市东街道西南方向 9.5 千米。市西街道辖自然村。人口 800。明初，于江随其母赵氏从文登大水坡迁此，因村北地洼，习称洼于。聚落呈团块状分布。经济以种植业为主，种植玉米、小麦、蔬菜。有公路经此。

任铁匠 371602-A03-H01
[Réntiějiàng]

在区驻地市东街道南方向 6.0 千米。北镇街道辖自然村。人口 300。1369 年，任氏祖先由直隶枣强迁此，史称任家庄，因家家户户以打铁为业，以姓合业称任铁匠。聚落呈团块状分布。村内有烘炉电气焊厂。有公路经此。

苏家 371602-A03-H02
[Sūjiā]

在区驻地市东街道东方向 6.7 千米。北镇街道辖自然村。人口 2 300。因立村人姓氏得名。聚落呈团块状分布。经济以建筑业为主。有公路经此。

李庄 371602-A03-H03
[Lǐzhuāng]

在区驻地市东街道东南方向 7.0 千米。北镇街道辖自然村。人口 200。明初，有李姓利郎带家人来此地定居，以姓名村。聚落呈团块状分布。有图书室 1 个。经济以种植业为主。有公路经此。

雷家 371602-A03-H04
[Léijiā]

在区驻地市东街道东南方向 8 千米。北镇街道辖自然村。人口 600 人。因村南积水很浅，名曹家浅。后来曹姓迁出，改名雷家口，现名雷家。聚落呈团块状分布。经济以种植业为主。有公路经此。

六街 371602-A03-H05

［Liùjiē］

在区驻地市东街道东南方向 7.5 千米。北镇街道辖自然村。人口 800。老北镇划分为六个街，本村为六街。聚落呈团块状分布。经济以商贸业为主。有公路经此。

刘承业 371602-A03-H06

［Liúchéngyè］

在区驻地市东街道东南方向 6.6 千米。北镇街道辖自然村。人口 200。明洪武二年（1369），刘氏到此定居，立村处有两口井，故名双井刘村。至八世孙刘承业时，家富势大，人丁兴旺，名传遐迩，渐易名刘承业。聚落呈团块状分布。经济以商贸业为主。有公路经此。

南孟 371602-A03-H07

［Nánmèng］

在区驻地市东街道东南方向 8 千米。北镇街道辖自然村。人口 300。1368 年，孟姓自直隶枣强迁此，以姓名村。聚落呈团块状分布。经济以种植业为主，种植小麦、玉米、棉花。有公路经此。

辛家 371602-A03-H08

［Xīnjiā］

在区驻地市东街道东南方向 6.5 千米。北镇街道辖自然村。人口 700。1369 年，辛姓先人从河北枣强迁此。辛姓人丁兴旺，遂以辛姓为村名。聚落呈团块状分布。有图书室 1 个。经济以手工业为主。有公路经此。

贾家 371602-A03-H09

［Jiǎjiā］

在区驻地市东街道东南方向 8 千米。北镇街道辖自然村。人口 700。因贾氏立村，故名。聚落呈团块状分布。经济以种植业为主，种植玉米、小麦。有公路经此。

胜利 371602-A03-H10

［Shènglì］

在区驻地市东街道东南方向 7.7 千米。北镇街道辖自然村。人口 300。为庆祝革命胜利而得名。聚落呈团块状分布。经济以商贸业为主。有公路经此。

东关 371602-A04-H01

［Dōngguān］

在区驻地市东街道南方向 7.3 千米。市中街道辖自然村。人口 400。因在蒲台古城东城门附近，故名。聚落呈团块状分布。经济以种植业为主，种植玉米、小麦、蔬菜。有公路经此。

户家 371602-A04-H02

［Hùjiā］

在区驻地市东街道西南方向 12.2 千米。市中街道辖自然村。人口 400。原名扈家。明洪武二年（1369），董、李二姓由河北枣强迁此，村内还有一姓扈姓老妇，故仍沿旧名，后因书写简便，称户家。聚落呈团块状分布。经济以种植业为主，种植玉米、小麦、蔬菜。有公路经此。

金卜 371602-A04-H03

［Jīnbǔ］

在区驻地市东街道南方向 8.3 千米。市中街道辖自然村。人口 400。原名西关，是明朝起义领袖唐赛儿的出生地，后因唐赛儿起义给明王朝带来沉重打击，明军要赶尽杀绝，他为了保护西关，将村更名为金卜。聚落呈团块状分布。经济以种植业为主，种植玉米、小麦。有公路经此。

三里 371602-A04-H04
［Sānlǐ］

在区驻地市东街道南方向 10.3 千米。市中街道辖自然村。人口 500。明洪武间，常氏、宋氏迁此共同立村，因村距蒲台县城三里，故名。聚落呈团块状分布。经济以种植业为主，种植玉米、小麦。有公路经此。

南关 371602 A04-H05
［Nánguān］

在区驻地市东街道南方向 8.2 千米。市中街道辖自然村。人口 500。明朝年间，建立蒲台县城，因地处南门外，故名南关。聚落呈团块状分布。经济以种植业为主，种植玉米、小麦。有公路经此。

彭庄 371602-A04-H06
［Péngzhuāng］

在区驻地市东街道南方向 9.4 千米。市中街道辖自然村。人口 400。明洪武二年（1369），彭氏由河北枣强迁此，以姓名村。聚落呈团块状分布。经济以种植业为主，种植玉米、小麦。有公路经此。

石门 371602-A04-H07
［Shímén］

在区驻地市东街道西南方向 9.6 千米。市中街道辖自然村。人口 100。明洪武二年（1369），张杏子河北枣强迁此，因村南有旧石亭一座，遂名石门亭，后名石门。聚落呈团块状分布。经济以种植业为主，种植玉米、小麦。有公路经此。

小关 371602-A04-H08
［Xiǎoguān］

在区驻地市东街道南方向 7.8 千米。市中街道辖自然村。人口 400。明初，因蒲台县在此设有蒲关批验所，固有小东关之称，后称小关。聚落呈团块状分布。经济以种植业为主，种植玉米、小麦。有公路经此。

小郭 371602-A04-H09
［Xiǎoguō］

在区驻地市东街道南方向 8.2 千米。市中街道辖自然村。人口 100。因郭姓得名小郭。聚落呈团块状分布。经济以种植业为主，种植玉米、小麦。有公路经此。

张庄 371602-A04-H10
［Zhāngzhuāng］

在区驻地市东街道西南方向 7.9 千米。市中街道辖自然村。人口 500。明洪武年间，张姓迁此立村，得名张庄。聚落呈团块状分布。经济以种植业为主。有公路经此。

纸坊 371602-A04-H11
［Zhǐfáng］

在区驻地市东街道西南方向 9.8 千米。市中街道辖自然村。人口 500。明前名许家井，民以造土纸为业，客商多呼纸坊，故名。聚落呈团块状分布。经济以种植业为主，种植玉米、小麦、蔬菜。有公路经此。

马庙 371602-A04-H12
［Mǎmiào］

在区驻地市东街道西南方向 7.7 千米。市中街道辖自然村。人口 300。早年间有马姓人士于庄头建庙一所，故得名。聚落呈团块状分布。经济以商贸业为主。有公路经此。

大刘 371602-A04-H13
[Dàliú]

在区驻地市东街道东南方向10.0千米。市中街道辖自然村。人口700。明洪武年间，刘氏自山西洪洞迁此，以姓名村。聚落呈团块状分布。经济以种植业为主，种植小麦、棉花、玉米。有公路经此。

牛王 371602-A04-H14
[Niúwáng]

在区驻地市东街道东南方向6.8千米。市中街道辖自然村。人口300。地处黄河北滩区，原为牛、王二姓立村，合姓为村名。聚落呈团块状分布。经济以种植业为主，种植小麦、玉米、蔬菜。有公路经此。

陈台 371602-A04-H15
[Chéntái]

在区驻地市东街道南方向8.2千米。市中街道辖自然村。人口700。因最早陈氏迁入者最多，故名陈台。聚落呈团块状分布。古迹有汉朝二姑台遗址。经济以种植业为主，种植小麦、玉米等。有公路经此。

李庄 371602-A04-H16
[Lǐzhuāng]

在区驻地市东街道南方向7.8千米。市中街道辖自然村。人口600。因为李姓居多，故名李庄。聚落呈团块状分布。经济以建筑业、养殖业为主，养殖蛋鸡。有公路经此。

刘桥 371602-A04-H17
[Liúqiáo]

在区驻地市东街道西南方向10.1千米。市中街道辖自然村。人口200。明洪武二年（1369），刘、李二姓从河北枣强迁此，以种菜为业，村名菜园。居民日子清苦，人丁不旺，因北村名韩声杨（羊），村民认为羊吃菜不吉利，便借村北水沟上有一小木桥，易名刘桥。聚落呈团块状分布。经济以种植业为主，种植小麦、玉米、棉花。有公路经此。

韩声杨 371602-A04-H18
[Hánshēngyáng]

在区驻地市东街道西南方向9.7千米。市中街道辖自然村。人口500。明朝前，村名尹家井，有郭氏居此。明洪武二年（1369），韩声杨、韩明杨兄弟由枣强迁此，仍沿其名。后郭氏寻衅韩，韩声杨武术超群，败郭氏，遂名声大振，村易名韩声杨。聚落呈团块状分布。经济以种植业为主，种植小麦、玉米、棉花。有公路经此。

于家 371602-A05-H01
[Yújiā]

在区驻地市东街道西南方向14.9千米。彭李街道辖自然村。人口500。因早前村东头有一条大沟，村民以于姓为主，称为于大沟，后变更为于家。聚落呈团块状分布。经济以种植业为主。有公路经此。

北侯家 371602-A06-H01
[Běihóujiā]

在区驻地市东街道西北方向18.1千米。滨北街道辖自然村。人口300。1611年，侯氏自枣强迁此，因侯姓人众，称侯家。后因有南侯，为区别，改名北侯家。聚落呈团块状分布。经济以种植业为主，种植粮食、棉花。有公路经此。

崔家集 371602-A06-H02
[Cuījiājí]

在区驻地市东街道西北方向17.1千米。滨北街道辖自然村。人口500。明洪武年间，崔氏自山西汶水县迁此，立村崔庄。明末，其后裔迁出立村，本村称崔老庄，后村中设集，称崔家集。聚落呈团块状分布。有农家书屋1个。经济以种植业为主。有公路经此。

箅子张 371602-A06-H03
[Bìzizhāng]

在区驻地市东街道西北方向9.4千米。滨北街道辖自然村。人口700。明洪武二年（1369），张淮滨自枣强迁双眼井村，其三子德水迁此以卖梳头箅子为生，习称箅子张。聚落呈团块状分布。经济以种植业为主，种植小麦、玉米。有公路经此。

边家庵 371602 A06-H04
[Biānjiā'ān]

在区驻地市东街道西北方向10.3千米。滨北街道辖自然村。人口200。明洪武二年（1369），边氏自枣强迁此，于村西修庙，有尼姑住持，故名边家庵。聚落呈团块状分布。经济以种植业为主，种植粮食、棉花等。有公路经此。

陈哑吧 371602-A06-H05
[Chényǎbā]

在区驻地市东街道西北方向12.2千米。滨北街道辖自然村。人口800。明洪武二年（1369），陈舫占自山西洪洞县迁来，以姓立村，后有在朝为官者回家祭祖，村民视而不言，官怒，咒为哑吧村，故沿称陈哑吧。聚落呈团块状分布。经济以种植业为主，种植小麦、玉米。有公路经此。

国家庵 371602-A06-H06
[Guójiā'ān]

在区驻地市东街道西北方向9.4千米。滨北街道辖自然村。人口300。国氏居此，因村东建观音庵，故名国家庵。聚落呈团块状分布。经济以种植业为主，种植小麦、玉米、棉花。有公路经此。

姑子庵 371602-A06-H07
[Gūzǐ'ān]

在区驻地市东街道西北方向11.8千米。滨北街道辖自然村。人口500。明初，杜氏自枣强迁此，立村杜庄。永乐年间，村西北修庙，有尼姑住持，呼姑慈庵，习为村名。聚落呈团块状分布。经济以种植业为主。有公路经此。

封王庄 371602-A06-H08
[Fēngwángzhuāng]

在区驻地市东街道西北方向17.8千米。滨北街道辖自然村。人口500。明永乐年间，封卫东从山西洪洞县迁来，正德年间，封姓人众家富，自称为"王"，故名封王庄。聚落呈团块状分布。经济以种植业为主，种植小麦、玉米、棉花。有公路经此。

角楼苏 371602-A06-H09
[Jiǎolóusū]

在区驻地市东街道西北方向4.4千米。滨北街道辖自然村。人口200人。苏氏自潍县逃荒至此，因村近旧滨州城东南角楼，故名角楼苏。聚落呈团块状分布。经济以种植业为主，种植小麦、玉米、棉花。有公路经此。

靳家 371602-A06-H10
[Jìnjiā]

在区驻地市东街道西北方向10.4千米。滨北街道辖自然村。人口500。1369年，靳氏自枣强迁此，以姓立村。聚落呈团块状分布。经济以种植业为主，种植小麦、玉米。有公路经此。

前崔家 371602-A06-H11
[Qiáncuījiā]

在区驻地市东街道西北方向17.0千米。

滨北街道辖自然村。人口 200。明洪武二年（1369），崔氏自山西汶水迁今村北立村崔家，后人又迁此立村，因处崔家前，故名前崔家。聚落呈团块状分布。经济以种植业为主，种植小麦、玉米、棉花。有公路经此。

南关 371602-A06-H12
[Nánguān]

在区驻地市东街道西北方向 6.6 千米。滨北街道辖自然村。人口 600。因居蒲台城南门处而得名。聚落呈团块状分布。经济以种植业为主。有公路经此。

吕家 371602-A06-H13
[Lǚjiā]

在区驻地市东街道西北方向 12.0 千米。滨北街道辖自然村。人口 300。明洪武二年（1369），吕氏由三河县迁滨城南于家庄，次子吕澄又迁北十里定居，人称吕撕皮，遂习称为村名，简称吕家。因与北吕村重名，更名南吕家，后复原名吕家。聚落呈团块状分布。经济以种植业为主，种植小麦、玉米。有公路经此。

坡杜 371602-A06-H14
[Pōdù]

在区驻地市东街道西北方向 20.0 千米。滨北街道辖自然村。人口 1 000。1488 年，杜汝自直隶真定府枣强迁秦台乡立村，时居于漫坡中，故名坡杜。聚落呈团块状分布。经济以种植业为主，种植粮食、棉花等。有公路经此。

帽吴 371602-A06-H15
[Màowú]

在区驻地市东街道西北方向 10.5 千米。滨北街道辖自然村。人口 200。明初，吴氏由枣强迁此，以制帽谋生，故名帽吴家，简称帽吴。聚落呈团块状分布。经济以种植业为主，种植粮食、棉花等。有公路经此。

庞家 371602-A06-H16
[Pángjiā]

在区驻地市东街道西北方向 8.5 千米。滨北街道辖自然村。人口 200。明洪武二年（1369），庞氏由枣强迁此，以姓名村。聚落呈团块状分布。经济以种植业为主，种植小麦、玉米。有公路经此。

任王门 371602-A06-H17
[Rénwángmén]

在区驻地市东街道西北方向 11.7 千米。滨北街道辖自然村。人口 300。明初，任氏、王氏由枣强迁此，任姓立村任家，王姓立村王门家，1958 年两村合政，名任王门。聚落呈团块状分布。经济以种植业为主，种植粮食、棉花等。有公路经此。

前打连张 371602-A06-H18
[Qiándǎliánzhāng]

在区驻地市东街道方向 17.3 千米。滨北街道辖自然村。人口 300。1368 年，刘、张二氏自河北武夷县迁此，分立两个村头，因房屋相接，故名搭连张，习称打连张。后村民因在湾中捕鱼斗殴，讼于官，遂另立村刘家湾。1982 年刘家湾更名前打连张。聚落呈团块状分布。经济以种植业为主，种植小麦、玉米、棉花。有公路经此。

北张集前街 371602-A06-H19
[Běizhāngjíqiánjiē]

在区驻地市东街道西北方向 13.5 千米。滨北街道辖自然村。人口 600。明初，张千、张万自枣强迁此，立村张千家，后村中起集，遂称张家集。1982 年，因重名改成北张集。后以村北张集大集为界，根据方位，更名北张集前街。聚落呈团块状分布。经济以种植业为主。有公路经此。

十里堡 371602-A06-H20
［Shílǐpù］

在区驻地市东街道西北方向11.2千米。滨北街道辖自然村。人口200。明初，李氏由枣强迁此，清制十里设一递铺，故名十里铺，后名十里堡。聚落呈团块状分布。经济以种植业为主，种植小麦、玉米。有公路经此。

双刘家 371602-A06-H21
［Shuāngliújiā］

在区驻地市东街道西北方向14.9千米。滨北街道辖自然村。人口500。明初，刘其礼兄弟从刘方策村迁此，以名立村。后弟兄分立两个村头，习称双刘家。聚落呈团块状分布。经济以种植业为主。有公路经此。

双庙张 371602-A06-H22
［Shuāngmiàozhāng］

在区驻地市东街道北方向19.2千米。滨北街道辖自然村。人口200。1369年，张氏从张家集迁来，因有关公、土地二庙，取名双庙张。聚落呈团块状分布。经济以种植业为主，种植粮食、棉花等。有公路经此。

双眼井 371602-A06-H23
［Shuāngyǎnjǐng］

在区驻地市东街道西北方向14.1千米。滨北街道辖自然村。人口700。明初，张氏兄弟二人迁此，因兄弟不睦，各修水井，习呼双眼井，遂为村名。聚落呈团块状分布。经济以种植业为主。有公路经此。

唐家 371602-A06-H24
［Tángjiā］

在区驻地市东街道西北方向11.3千米。

滨北街道辖自然村。人口200。明洪武二年（1369），唐氏兄弟由高唐县迁来，以姓立村。聚落呈团块状分布。经济以种植业为主，种植粮食、棉花等。有公路经此。

唐张 371602-A06-H25
［Tángzhāng］

在区驻地市东街道西北方向11.2千米。滨北街道辖自然村。人口400。明洪武二年（1369），唐、张二姓由枣强迁此，合姓立村，名唐张。聚落呈团块状分布。经济以种植业为主，种植粮食、棉花等。有公路经此。

坦上 371602-A06-H26
［Tǎnshàng］

在区驻地市东街道西北方向8.7千米。滨北街道辖自然村。人口300。清初，李世荣自游李村迁今村东，因地势低洼，取名洼李家。后迁今址，因居高地，名台上，后演化为坦上。聚落呈团块状分布。经济以种植业、养殖业、商贸业为主，种植粮食、棉花等。有公路经此。

孙家庄 371602-A06-H27
［Sūnjiāzhuāng］

在区驻地市东街道西北方向7.7千米。滨北街道辖自然村。人口200。古名南邢庄。后孙氏迁此，因孙氏有名人，遂名孙家庄。聚落呈团块状分布。经济以种植业、养殖业为主，种植粮食、棉花等。有公路经此。

宋徐园 371602-A06-H28
［Sòngxúyuán］

在区驻地市东街道西北方向10.8千米。滨北街道辖自然村。人口200。明初，宋、徐两姓自枣强迁来，各立村头，一名宋家园，一名徐家园，后两村合政，称宋徐园。聚落呈团块状分布。经济以种植业为主，种植小麦、玉米。有公路经此。

沙洼张 371602-A06-H29
[Shāwāzhāng]

在区驻地市东街道西北方向11.8千米。滨北街道辖自然村。人口1 100。明洪武二年（1369），张迈自山西洪县迁来，因靠沙河，地势低洼，故名沙洼张。后五个小庄合政，遂称五庄，后因沙洼张名扬，共称沙洼张。聚落呈团块状分布。经济以种植业为主，种植小麦、玉米。有公路经此。

狮子李 371602-A06-H30
[Shīzilǐ]

在区驻地市东街道西北方向10.4千米。滨北街道辖自然村。人口400。明洪武二年（1369），李汉自枣强迁此，以村西北庙前大石狮子闻名，习呼狮子李。聚落呈团块状分布。经济以种植业为主，种植粮食、棉花等。有公路经此。

田家 371602-A06-H31
[Tiánjiā]

在区驻地市东街道西北方向11.1千米。滨北街道辖自然村。人口100。因是田姓立村，故习称田家。聚落呈团块状分布。经济以种植业为主，种植小麦、玉米。有公路经此。

石桥 371602-A06-H32
[Shíqiáo]

在区驻地市东街道西北方向17.7千米。滨北街道辖自然村。人口500。明初，崔氏自崔家集迁此。明弘治八年（1495），村西土骇河建石桥，故名。聚落呈团块状分布。经济以种植业为主，种植小麦、玉米、棉花。有公路经此。

张豹 371602-A06-H33
[Zhāngbào]

在区驻地市东街道西北方向0.8千米。滨北街道辖自然村。人口500。1369年，张龙、张虎、张豹三兄弟自河北枣强迁来落户，张豹居于此，以名立村。聚落呈团块状分布。经济以种植业为主，种植小麦、玉米、棉花。有公路经此。

东魏 371602-A07-H01
[Dōngwèi]

在区驻地市东街道东方向4.5千米。梁才街道辖自然村。人口400。1369年，魏氏三兄弟、马氏从河北枣强迁来，合姓立村魏家。后因位于区政府东得名东魏。聚落呈团块状分布。古迹有马家遗址。经济以种植业为主，种植小麦、玉米。有公路经此。

北石家 371602-A07-H02
[Běishíjiā]

在区驻地市东街道东方向5.8千米。梁才街道辖自然村。人口400。1369年，先祖石氏从河北枣强迁来，以姓名村。聚落呈团块状分布。经济以种植业为主。有公路经此。

大李 371602-A07-H03
[Dàlǐ]

在区驻地市东街道东方向5.5千米。梁才街道辖自然村。人口200。明初，李氏从河北枣强迁此立村，因姓氏取名为大李。聚落呈团块状分布。经济以种植业为主，种植小麦、玉米、棉花。有公路经此。

宋家庙 371602-A07-H04
[Sòngjiāmiào]

在区驻地市东街道东方向3.2千米。梁才街道辖自然村。人口300。明初，宋海自枣强迁此，于村西建庙，习称宋家庙。聚落呈团块状分布。经济以种植业为主，种植小麦、玉米。有公路经此。

吴家 371602-A07-H05
[Wújiā]

在区驻地市东街道东方向 4.0 千米。梁才街道辖自然村。人口 500。明初，吴登山同魏姓从枣强迁此，以姓命名为吴家。聚落呈团块状分布。经济以种植业为主，种植小麦、玉米。有公路经此。

谷家 371602-A07-H06
[Gǔjiā]

在区驻地市东街道东方向 8.5 千米。梁才街道辖自然村。人口 600。谷氏从河北枣强迁此立村，因姓取名为谷家。聚落呈团块状分布。经济以种植业为主，种植小麦、玉米。有公路经此。

邢家桥 371602-A07-H07
[Xíngjiāqiáo]

在区驻地市东街道东北方向 4.5 千米。梁才街道辖自然村。人口 300。邢氏叔侄从枣强迁此，因村北有古桥，故名邢家桥。聚落呈团块状分布。经济以种植业为主，种植小麦、玉米、棉花。有公路经此。

高清庄 371602-A07-H08
[Gāoqīngzhuāng]

在区驻地市东街道东北方向 5.0 千米。梁才街道辖自然村。人口 400。崇祯年间，高锡杰从枣强迁此，因行三，乳名清，人称三清，故村名高清庄。聚落呈团块状分布。经济以种植业为主，种植小麦、玉米。有公路经此。

东大王 371602-A07-H09
[Dōngdàwáng]

在区驻地市东街道东北方向 13.0 千米。梁才街道辖自然村。人口 600。明永乐二年（1404），王安从沧州迁此，名大王家。后人散居为三村，本村名老庄。人益减，又称东小庄。1913 定为东王庄，1937 年又改名仁和村，后与东小庄、西小庄三村并称东王庄，1982 年更名东大王。聚落呈团块状分布。经济以种植业为主，种植小麦、玉米。有公路经此。

东大赵 371602-A07-H10
[Dōngdàzhào]

在区驻地市东街道东北方向 13.0 千米。梁才街道辖自然村。人口 900。明洪武二年（1369），赵氏先祖从河北枣强迁此立村，以姓定名为赵家。清嘉庆年间，赵氏部分族人南迁另立小赵家村，该村遂名大赵家。1982 年更名东大赵。聚落呈团块状分布。经济以种植业为主，种植小麦、玉米。有公路经此。

东小马 371602-A07-H11
[Dōngxiǎomǎ]

在区驻地市东街道东方向 10.0 千米。梁才街道辖自然村。人口 100。明初，马氏立村，因北有马店大村，故名小马家。聚落呈团块状分布。经济以种植业为主，种植小麦、玉米。有公路经此。

北崔 371602-A07-H12
[Běicuī]

在区驻地市东街道东方向 9.5 千米。梁才街道辖自然村。人口 500。明初，崔渠迁此，以姓名村。为别于南崔，称北崔。聚落呈团块状分布。经济以种植业为主，种植小麦、玉米。有公路经此。

小牛 371602-A07-H13
[Xiǎoniú]

在区驻地市东街道东北方向 10.0 千米。梁才街道辖自然村。人口 100。明初，牛氏从河北枣强迁此立村，因姓取名为小牛家。

聚落呈团块状分布。经济以种植业为主，种植小麦、玉米。有公路经此。

小郑家 371602-A07-H14

[Xiǎozhèngjiā]

在区驻地市东街道东方向 14.0 千米。梁才街道辖自然村。人口 100。明初，郑氏从河北枣强迁此立村，因姓取名郑家，1960 年改称小郑家。聚落呈团块状分布。经济以种植业为主，种植小麦、玉米。有公路经此。

小赵家 371602-A07-H15

[Xiǎozhàojiā]

在区驻地市东街道东方向 13.5 千米。梁才街道辖自然村。人口 200。赵氏由大赵村迁此立村，故名小赵家。聚落呈团块状分布。经济以种植业为主，种植小麦、玉米。有公路经此。

梨园张 371602-A07-H16

[Líyuánzhāng]

在区驻地市东街道东北方向 14.0 千米。梁才街道辖自然村。人口 600。明洪武二年（1369），张氏迁此，村多梨树，故称梨园张。聚落呈团块状分布。古迹有 1883 年修建的皇堤。经济以种植业为主，种植小麦、玉米。有公路经此。

毛里庄 371602-A07-H17

[Máolǐzhuāng]

在区驻地市东街道东北方向 15.0 千米。梁才街道辖自然村。人口 400。明洪武二年（1369），毛氏、李氏从河北枣强迁此落居，立毛李庄，后演变为毛里庄。聚落呈团块状分布。经济以种植业为主，种植小麦、玉米。有公路经此。

崔货郎 371602-A07-H18

[Cuīhuòláng]

在区驻地市东街道东南方向 6.0 千米。梁才街道辖自然村。人口 400。有崔姓枣强人，以挑货郎担谋生，故名。聚落呈团块状分布。经济以种植业为主。有公路经此。

徐庙 371602-A07-H19

[Xúmiào]

在区驻地市东街道东南方向 8.5 千米。梁才街道辖自然村。人口 200。明洪武二年（1369），徐氏自枣强迁此，于村南建庙，故称徐庙。聚落呈团块状分布。经济以种植业为主，种植小麦、玉米、棉花。有公路经此。

方家 371602-A07-H20

[Fāngjiā]

在区驻地市东街道东南方向 5.5 千米。梁才街道辖自然村。人口 100。明洪武二年（1369），方姓从枣强迁此，因姓取名为方家。聚落呈团块状分布。经济以种植业为主，种植小麦、玉米、棉花。有公路经此。

王花 371602-A07-H21

[Wánghuā]

在区驻地市东街道东南方向 6.0 千米。梁才街道辖自然村。人口 300。明洪武二年（1369），王化自枣强迁此，以人名为村名，后演变为王花。聚落呈团块状分布。经济以种植业为主，种植小麦、玉米、棉花。有公路经此。

西赵 371602-A07-H22

[Xīzhào]

在区驻地市东街道东南方向 6.5 千米。梁才街道辖自然村。人口 200。明洪武四年（1371），赵明立村，名赵家，逾十世分两村，本村居西，故称西赵。聚落呈团块状分布。经济以种植业为主，种植小麦、玉米、棉花。有公路经此。

寺后于 371602-A08-H01
[Sìhòuyú]

在区驻地市东街道南方向 13.0 千米。青田街道辖自然村。人口 400。清初，于姓于此立村，名于官寨。后在村南建一庙，逢三月三日，为例会，人多，买卖兴隆，故称寺后头于家，简称寺后于。聚落呈团块状分布。经济以种植业为主，种植小麦、玉米、棉花等。有公路经此。

张龙岗 371602-A08-H02
[Zhānglónggǎng]

在区驻地市东街道西南方向 14.0 千米。青田街道辖自然村。人口 300。1958 年建立大队，以驻地村名定为张龙岗大队，1984 年改为村民委员会至今。聚落呈团块状分布。经济以种植业为主，种植小麦、玉米、棉花等。有公路经此。

彭家沟 371602-A08-H03
[Péngjiāgōu]

在区驻地市东街道南方向 13.0 千米。青田街道辖自然村。人口 100。1420 年，彭姓由枣强迁至黄河北小街村前一大沟旁立村，名彭家沟。聚落呈团块状分布。经济以种植业为主，种植小麦、玉米、棉花等。有公路经此。

彭王庄 371602-A08-H04
[Péngwángzhuāng]

在区驻地市东街道南方向 10.0 千米。青田街道辖自然村。人口 200。明末，彭、王两姓自枣强迁此立村，名彭王庄。聚落呈团块状分布。经济以种植业为主，种植小麦、玉米、棉花等。有公路经此。

蝎子王 371602-A08-H05
[Xiēziwáng]

在区驻地市东街道南方向 18.0 千米。青田街道辖自然村。人口 400。明中，王姓于此立村，因村有一形如蝎子的大湾，故名蝎子王。聚落呈团块状分布。经济以种植业为主，种植小麦、玉米、棉花等。有公路经此。

西刘 371602-A08-H06
[Xīliú]

在区驻地市东街道南方向 15.0 千米。青田街道辖自然村。人口 200。村中有刘姓，且在韩墩总干西，故名。聚落呈团块状分布。经济以种植业为主，种植小麦、玉米、棉花等。有公路经此。

西常庄 371602-A08-H07
[Xīchángzhuāng]

在区驻地市东街道南方向 10.0 千米。青田街道辖自然村。人口 300。明洪武二年（1369），从枣强西常庄迁来的移民于此立村，仍名西常庄。聚落呈团块状分布。经济以种植业为主，种植小麦、玉米、棉花等。有公路经此。

西牛集 371602-A08-H08
[Xīniújí]

在区驻地市东街道南方向 12.0 千米。青田街道辖自然村。人口 200。明初，牛葡径一家自枣强迁此立村，名牛家庄子，后设三集，更名为牛家集。1958 年分为两村，该村在西，故名西牛集。聚落呈团块状分布。经济以种植业为主，种植小麦、玉米、棉花等。有公路经此。

贺家 371602-A08-H09
[Hèjiā]

在区驻地市东街道南方向 17.0 千米。

青田街道辖自然村。人口 700。明初，贺姓自枣强迁于此地安家立村，取名贺家。聚落呈团块状分布。经济以种植业为主，种植小麦、玉米、棉花等。有公路经此。

辛家 371602-A08-H10
[Xīnjiā]

在区驻地市东街道南方向 11.0 千米。青田街道辖自然村。人口 400。明初，辛景安、景太兄弟二人自枣强迁此，景安于黄河以北立村，景太于此立村，取名辛家庄，简称辛家。聚落呈团块状分布。经济以种植业为主，种植小麦、玉米、棉花等。有公路经此。

道门于 371602-A08-H11
[Dàoményú]

在区驻地市东街道南方向 13.0 千米。青田街道辖自然村。人口 500。明洪武二年（1369），自枣强迁来的移民于原村后大道旁立村，名道门于。聚落呈团块状分布。经济以种植业为主，种植小麦、玉米、棉花等。有公路经此。

邪地王 371602-A08-H12
[Xiédìwáng]

在区驻地市东街道南方向 12.0 千米。青田街道辖自然村。人口 200。南宋初，王选、王贵兄弟二人路过此处，在当地一块邪地里休息，后王贵在此立村，而得名邪地王。聚落呈团块状分布。经济以种植业为主，种植小麦、玉米、棉花等。有公路经此。

邱家 371602-A08-H13
[Qiūjiā]

在区驻地市东街道南方向 17.0 千米。青田街道辖自然村。人口 200。明初，邱姓自枣强迁此立村，故名。聚落呈团块状分布。经济以种植业为主，种植小麦、玉米、棉花等。有公路经此。

郑家 371602-A08-H14
[Zhèngjiā]

在区驻地市东街道南方向 11.0 千米。青田街道辖自然村。人口 300。明洪武二年（1369），郑氏由河南彰德府迁此，以姓名村。聚落呈团块状分布。经济以种植业为主，种植小麦、玉米、棉花等。有公路经此。

郭庙 371602-A08-H15
[Guōmiào]

在区驻地市东街道南方向 18.0 千米。青田街道辖自然村。人口 100。明中，郭兴于该地庙旁立村，取名郭家庙。聚落呈团块状分布。经济以种植业为主，种植小麦、玉米、棉花等。有公路经此。

霍家 371602-A08-H16
[Huòjiā]

在区驻地市东街道南方向 17.0 千米。青田街道辖自然村。人口 200。明初，霍姓自枣强迁此立村，故名。聚落呈团块状分布。经济以种植业为主，种植小麦、玉米、棉花等。有公路经此。

高东 371602-A08-H17
[Gāodōng]

在区驻地市东街道南方向 16.0 千米。青田街道辖自然村。人口 300。明初，高姓在此居住，后一孙姓自枣强迁至同住，因近邻一大湾，取名高家湾，简称高家，后更名高东。聚落呈团块状分布。经济以种植业为主，种植小麦、玉米、棉花等。有公路经此。

高官寨 371602-A08-H18
[Gāoguānzhài]

在区驻地市东街道西南方向 14.0 千米。青田街道辖自然村。人口 100。聚落呈团块状分布。经济以种植业为主，种植小麦、玉米、棉花等。有公路经此。

高彭庄 371602-A08-H19

[Gāopéngzhuāng]

在区驻地市东街道西南方向 14.0 千米。青田街道辖自然村。人口 100。原名寨李孙（义不详），在黄河堤内，清光绪二十六年（1900），黄河涨水漫滩，民迁堤外，当时高彭两姓居多，故名高彭庄。聚落呈团块状分布。经济以种植业为主，种植小麦、玉米、棉花等。有公路经此。

高西 371602-A08-II20

[Gāoxī]

在区驻地市东街道南方向 16.0 千米。青田街道辖自然村。人口 200。明初，高姓在此居住，后一孙姓自枣强迁来同住，因近邻一大湾，取名高家湾，简称高家，后更名高西。聚落呈团块状分布。经济以种植业为主，种植小麦、玉米、棉花等。有公路经此。

常园居 371602-A09-H01

[Chángyuánjū]

在区驻地市东街道南方向 14.0 千米。小营街道辖自然村。人口 600。明洪武二年（1369），邱氏自枣强迁此，暂栖常家园屋子，后以为村名。聚落呈团块状分布。经济以种植业为主，种植小麦、玉米、棉花。有公路经此。

张道居 371602-A09-H02

[Zhāngdàojū]

在区驻地市东街道南方向 13.5 千米。小营街道辖自然村。人口 700。明洪武二年（1369），张道自河北枣强迁此，以名立村。聚落呈团块状分布。经济以种植业为主。205 国道经此。

李芳含居 371602-A09-H03

[Lǐfānghánjū]

在区驻地市东街道南方向 13.5 千米。小营街道辖自然村。人口 700。明洪武二年（1369），崔氏由枣强迁此，以姓氏命名。后村中建庙，习称崔家庙，渐为村名。清初，临朐人李芳含避旱至此，后下坡李一在京为官，衣锦还乡，为续谱祭祖，知其亲属落居此地，来此探望并赠宫灯以壮其门，此举震动蒲荷，遂以人名更为村名。聚落呈团块状分布。经济以种植业为主，种植小麦、玉米、棉花。有公路经此。

索家 371602-A09-H04

[Suǒjiā]

在区驻地市东街道南方向 15.0 千米。小营街道辖自然村。人口 500。明洪武八年（1375），索姓由河北枣强迁来，至四世人丁兴旺，渐易呼为索家。聚落呈团块状分布。经济以种植业为主，种植小麦、玉米、棉花。有公路经此。

西皂户居 371602-A09-H05

[Xīzàohùjū]

在区驻地市东街道南方向 14.0 千米。小营街道辖自然村。人口 400。明洪武八年（1375），张明由枣强迁来，因土地贫瘠，官家拨给部分皂户俸银地鼓励垦殖，故名皂户张。后来小张家称为东皂户，遂自名西皂户居。聚落呈团块状分布。经济以种植业为主，种植小麦、玉米、棉花。有公路经此。

许王 371602-A09-H06

[Xǔwáng]

在区驻地市东街道南方向 13.0 千米。小营街道辖自然村。人口 1 400。明前村，名许家，居有许贵荣、韩秀成。明洪武二年（1369），王道由河北枣强迁此落户，人丁兴旺，合姓为今名。聚落呈团块状分布。经济以种植业为主，种植小麦、玉米、棉花。有公路经此。

雅店居 371602-A09-H07
[Yǎdiànjū]

在区驻地市东街道南方向 13.0 千米。小营街道辖自然村。人口 1 100。清道光间，蒲尹视察至此，见殿堂洁净，掌柜和气，遂书赠雅店牌裱其门，因而得名。聚落呈团块状分布。经济以种植业为主，种植小麦、玉米、棉花。有公路经此。

东齐居 371602-A09-H08
[Dōngqíjū]

在区驻地市东街道南方向 16.0 千米。小营街道辖自然村。人口 400。明初，齐氏由河北枣强迁此，以姓名村，因村西原有一齐家，故冠以东字。聚落呈团块状分布。经济以种植业为主，种植小麦、玉米、棉花。有公路经此。

双庙居 371602-A09-H09
[Shuāngmiàojū]

在区驻地市东街道南方向 16.5 千米。小营街道辖自然村。人口 500。明洪武二年（1369），王姓由枣强迁此建村，因原有二座小庙，故名双庙居。聚落呈团块状分布。经济以种植业为主，种植小麦、玉米、棉花。有公路经此。

大营 371602-A09-H10
[Dàyíng]

在区驻地市东街道南方向 17.0 千米。小营街道辖自然村。人口 600。明前立村，因村北有一宋初兵营遗址，故名。聚落呈团块状分布。经济以种植业为主，种植小麦、玉米、棉花。有公路经此。

姜家居 371602-A09-H11
[Jiāngjiājū]

在区驻地市东街道南方向 15.0 千米。小营街道辖自然村。人口 600。明洪武二年（1369），姜氏由枣强迁此，以姓名村。聚落呈团块状分布。经济以种植业为主，种植小麦、玉米、棉花。有公路经此。

小前居 371602-A09-H12
[Xiǎoqiánjū]

在区驻地市东街道南方向 15.0 千米。小营街道辖自然村。人口 800。明洪武二年（1369），王通由枣强迁此，名王家镇。后因村东北有一赵匡胤驻军的小兵营遗址，故名为小营。后分为两村，本村为小营前，简称小前居。聚落呈团块状分布。经济以种植业为主，种植小麦、玉米、棉花。有公路经此。

小后居 371602-A09-H13
[Xiǎohòujū]

在区驻地市东街道南方向 15.0 千米。小营街道辖自然村。人口 900。明洪武二年（1369），王通由枣强迁此，名王家镇。后因村东北有一赵匡胤驻军的小兵营遗址，故名小营。后分为两村，本村为小营后，又称小后居。聚落呈团块状分布。经济以种植业为主，种植小麦、玉米、棉花。有公路经此。

张官居 371602-A09-H14
[Zhāngguānjū]

在区驻地市东街道南方向 15.0 千米。小营街道辖自然村。人口 900。明洪武二年（1369），张迁自河北枣强迁此，以姓名村。聚落呈团块状分布。经济以种植业为主，种植小麦、玉米、棉花。有公路经此。

李前居 371602-A09-H15
[Lǐqiánjū]

在区驻地市东街道南方向 15.0 千米。小营街道辖自然村。人口 600。明前，村名李家屋子。宋哲宗元祐年间领尹李元璋，遭诬革职籍其家，其四子李福、李祐、李祯、李祥闻讯逃离，隐名异乡。明初，朱元璋为其昭雪，赐御葬，恤其后裔重建家园，并名李官庄。后分为两村，本村为李官庄前，后简称李前居。聚落呈团块状分布。经济以种植业为主，种植小麦、玉米、棉花。有公路经此。

李后居 371602-A09-H16
[Lǐhòujū]

在区驻地市东街道南方向 15.0 千米。小营街道辖自然村。人口 600。明前，村名李家屋子。宋哲宗元祐年间领尹李元璋，遭诬革职籍其家，其四子李福、李祐、李祯、李祥闻讯逃离，隐名异乡。明初，朱元璋为其昭雪，赐御葬，恤其后裔重建家园，并名李官庄。后分为两村，本村为李官庄后，后简称李后居。聚落呈团块状分布。经济以种植业为主，种植小麦、玉米、棉花。有公路经此。

潘王居 371602-A09-H17
[Pānwángjū]

在区驻地市东街道南方向 15.0 千米。小营街道辖自然村。人口 600。因潘、王两姓氏建村，得名潘王庄，演称潘王居。聚落呈团块状分布。经济以种植业为主，种植小麦、玉米、棉花。有公路经此。

鲁家居 371602-A09-H18
[Lǔjiājū]

在区驻地市东街道南方向 15.0 千米。小营街道辖自然村。人口 300。明洪武二年（1369），鲁姓由河北枣强迁此，以姓名村。聚落呈团块状分布。经济以种植业为主，种植小麦、玉米、棉花。有公路经此。

三大王 371602-A09-H19
[Sāndàwáng]

在区驻地市东街道南方向 13.0 千米。小营街道辖自然村。人口 400。1933 年，黄河漫滩，住今河道内的大王家、曲家、张宫三村迁出合并建村，以大王家大众，定名三大王。聚落呈团块状分布。经济以种植业为主，种植小麦、玉米、棉花。有公路经此。

刘汤 371602-A09-H20
[Liútāng]

在区驻地市东街道南方向 13.0 千米。小营街道辖自然村。人口 200。明洪武二年（1369），刘谟带家人由枣强迁此立村，以长子刘汤之名名村。聚落呈团块状分布。经济以种植业为主，种植小麦、玉米、棉花。有公路经此。

后张高居 371602-A09-H21
[Hòuzhānggāojū]

在区驻地市东街道南方向 13.0 千米。小营街道辖自然村。人口 200。由后张高、高家合并而成，合姓称后张高居。聚落呈团块状分布。经济以种植业为主，种植小麦、玉米、棉花。有公路经此。

杨家 371602-A09-H22
[Yángjiā]

在区驻地市东街道南方向 14.0 千米。小营街道辖自然村。人口 300。明洪武二年（1369），杨氏由河北枣强迁此，以姓名村。聚落呈团块状分布。经济以种植业为主，种植小麦、玉米、棉花。有公路经此。

王家 371602-A09-H23

[Wángjiā]

在区驻地市东街道西南方向 6.5 千米。小营街道辖自然村。人口 400。因全村有七十二家民间手艺张罗匠得名王罗匠家，后简称王家。聚落呈团块状分布。经济以种植业为主，种植小麦、玉米、棉花。有公路经此。

王祥 371602-A09-H24

[Wángxiáng]

在区驻地市东街道南方向 17.0 千米。小营街道辖自然村。人口 300。因村南有元朝建王祥墓、王祥庙和王祥店，故名王祥。聚落呈团块状分布。经济以种植业为主，种植小麦、玉米、棉花。有公路经此。

范家 371602-A09-H25

[Fànjiā]

在区驻地市东街道南方向 17.0 千米。小营街道辖自然村。人口 500。因立村人姓氏得名。聚落呈团块状分布。经济以种植业为主，种植小麦、玉米、棉花。有公路经此。

西齐居 371602-A09-H26

[Xīqíjū]

在区驻地市东街道南方向 14.0 千米。小营街道辖自然村。人口 600。1369 年，齐姓、孟姓自枣强迁此，以姓名村，因近村另有一齐家，为示区别习呼为西齐居。聚落呈团块状分布。经济以种植业为主，种植小麦、玉米、棉花。有公路经此。

高家 371602-A09-H27

[Gāojiā]

在区驻地市东街道南方向 15.0 千米。小营街道辖自然村。人口 500。明洪武二年

（1369），高氏由直隶枣强迁高官寨，清顺治六年（1649），其东支迁此，以姓命村。聚落呈团块状分布。经济以种植业为主，种植小麦、玉米、棉花。有公路经此。

盘头店 371602-A10-H01

[Pántóudiàn]

在区驻地市东街道西南方向 16.0 千米。杜店街道辖自然村。人口 300。1369 年，李民从枣强迁此，村西与邓家店之间有宋代运粮河，外地运来粮食均在此盘点存放，故名盘头店。聚落呈团块状分布。经济以种植业为主，种植小麦、玉米。有公路经此。

相公庙 371602-A10-H02

[Xiànggōngmiào]

在区驻地市东街道西南方向 20.0 千米。杜店街道辖自然村。人口 300。明朝官李春风卒于此，皇旨赐地 48 亩，在村东南建庙为祀名"相公庙"，村遂称相公庙周家，后简称相公庙。聚落呈团块状分布。经济以种植业为主，种植小麦。有公路经此。

米家 371602-A10-H03

[Mǐjiā]

在区驻地市东街道西南方向 16.0 千米。杜店街道辖自然村。人口 400。1369 年，米元从枣强迁此，以姓名村。聚落呈团块状分布。经济以种植业为主，种植小麦、玉米。有公路经此。

老官赵 371602-A10-H04

[Lǎoguānzhào]

在区驻地市东街道西南方向 20.0 千米。杜店街道辖自然村。人口 300。1369 年，赵六公从枣强迁此，以姓名村。因传闻一官老（死）于此，故名老官赵。聚落呈团块状分布。经济以种植业为主，种植小麦、玉米、棉花等。有公路经此。

胡井 371602-A10-H05

［Hújǐng］

在区驻地市东街道西南方向18.0千米。杜店街道辖自然村。人口800。1369年，胡氏从枣强迁此，因村东南有古井，取名胡井庄，简称胡家。后因重名，1982年6月复名胡井。聚落呈团块状分布。经济以种植业为主，种植小麦、玉米。有公路经此。

蔡家 371602-A10-H06

［Càijiā］

在区驻地市东街道西南方向27.0千米。杜店街道辖自然村。人口300。明末，蔡存、蔡训兄弟迁此，以姓名村。聚落呈团块状分布。经济以种植业为主，种植小麦、玉米、棉花等。有公路经此。

西李 371602-A10-H07

［Xīlǐ］

在区驻地市东街道西南方向8.3千米。杜店街道辖自然村。人口700。1369年，李孟德兄弟自枣强迁西沙河边，立村李家。后其弟又于村西立村，名新发李，本村改称西李。聚落呈团块状分布。经济以种植业为主，种植玉米、棉花。有公路经此。

西杨 371602-A10-H08

［Xīyáng］

在区驻地市东街道西南方向18.0千米。杜店街道辖自然村。人口600。1404年，杨强从枣强迁此，以姓名村。后因重名，更名西杨。聚落呈团块状分布。经济以种植业为主。有公路经此。

西韩 371602-A10-H09

［Xīhán］

在区驻地市东街道西南方向18.0千米。杜店街道辖自然村。人口500。韩信立村，因唐朝建有娘娘庙，故名娘娘庙韩家，后改称西韩。聚落呈团块状分布。经济以种植业为主，种植小麦、玉米、棉花。有公路经此。

赵桐 371602-A10-H10

［Zhàotóng］

在区驻地市东街道西南方向18.0千米。杜店街道辖自然村。人口600。1369年，赵桐从枣强迁此，以姓名村。聚落呈团块状分布。经济以种植业为主，种植小麦、玉米、棉花等。有公路经此。

邵家 371602-A10-H11

［Shàojiā］

在区驻地市东街道西南方向18.0千米。杜店街道辖自然村。人口200。明前，有邵姓居此，以姓名村。聚落呈团块状分布。经济以种植业为主，种植小麦、玉米、棉花。有公路经此。

韩坊 371602-A10-H12

［Hánfāng］

在区驻地市东街道西南方向13.0千米。杜店街道辖自然村。人口100。1404年，明成祖南征，刘安弃职渡江至此，立村刘家寨，因村东有烧黄盆的窑和客店，习称黄盆店。昔有刘田义，能文善武，行霸，有"插翅难过黄盆店"之说，刘田义死后，村民怕受外人报复，改名韩坊。聚落呈团块状分布。经济以种植业为主。有公路经此。

饮马 371602-A10-H13

［Yǐnmǎ］

在区驻地市东街道西南方向18.0千米。杜店街道辖自然村。人口600。1369年，任天柱从枣强迁此，因相传赵匡胤下河东时曾在此饮过马，故取名饮马。聚落呈团块状分布。经济以种植业为主，种植小麦、玉米、棉花。有公路经此。

香坊王 371602-A10-H14
[Xiāngfángwáng]

在区驻地市东街道西南方向 1.0 千米。杜店街道辖自然村。人口 100。1369 年，王姓从枣强迁此，以做敬神烧的香为生，故名香坊王。聚落呈团块状分布。经济以种植业为主。有公路经此。

马坊 371602-A10-H15
[Mǎfāng]

在区驻地市东街道西南方向 13.0 千米。杜店街道辖自然村。人口 1 000。马姓立村，故名。聚落呈团块状分布。经济以种植业为主，种植小麦、玉米、棉花。有公路经此。

马张 371602-A10-H16
[Mǎzhāng]

在区驻地市东街道西南方向 25.0 千米。杜店街道辖自然村。人口 300。聚落呈团块状分布。经济以种植业为主。有公路经此。

和宝苏 371602-A10-H17
[Hébǎosū]

在区驻地市东街道西南方向 19.0 千米。杜店街道辖自然村。人口 600。1404 年，苏道从枣强迁此，以姓立村。民恨其为富不仁，多次纵火烧其宅，人称"火把苏"，1915 年众议"火把苏"字意不雅，改称和宝苏，简称苏家。因有重名村，1982 年复名和宝苏。聚落呈团块状分布。经济以种植业为主。有公路经此。

三甲王 371602-A11-H01
[Sānjiǎwáng]

在区驻地市东街道西南方向 21.3 千米。

沙河街道辖自然村。人口 700。明初，王千从枣强迁此，生三子各立门户，称三家王，又因其三兄弟院落呈三角形居住，亦称三角王，后讹为三甲王。聚落呈团块状分布。经济以种植业为主，种植小麦、玉米、棉花等。有公路经此。

业吉李 371602-A11-H02
[Yèjílǐ]

在区驻地市东街道西南方向 22.1 千米。沙河街道辖自然村。人口 400。村南荒地中有野鸡栖息，人称野鸡李。后人因野鸡字意不雅，改用谐音字称业吉李。聚落呈团块状分布。经济以种植业为主，种植小麦、玉米、棉花等。有公路经此。

于新 371602-A11-H03
[Yúxīn]

在区驻地市东街道西南方向 22.0 千米。沙河街道辖自然村。人口 300。因于氏立新村而得名于新。聚落呈团块状分布。经济以种植业为主，种植小麦、玉米、棉花等。有公路经此。

何家集 371602-A11-H04
[Héjiājí]

在区驻地市东街道西南方向 22.6 千米。沙河街道辖自然村。人口 700。明洪武二年（1369），何龙、何虎、何豹从枣强迁此，以姓立村。聚落呈团块状分布。经济以种植业为主，种植小麦、玉米、棉花等。有公路经此。

吕太占 371602-A11-H05
[Lǚtàizhān]

在区驻地市东街道西南方向 23.3 千米。沙河街道辖自然村。人口 500。明初，李氏从黄河南包袱李村迁此立村，名李家庄。清朝，吕太占、吕万占兄弟从定吕村迁入，

改称吕太占。聚落呈团块状分布。经济以
种植业为主，种植小麦、玉米、棉花等。
有公路经此。

孔家 371602-A11-H06
[Kǒngjiā]

在区驻地市东街道西南方向21.1千米。
沙河街道辖自然村。人口400。1369年，
孔希合从枣强迁此，以姓名村。聚落呈团
块状分布。经济以种植业为主，种植小麦、
玉米、棉花等。有公路经此。

小安定 371602-A11-H07
[Xiǎo'āndìng]

在区驻地市东街道西南方向22.0千米。
沙河街道辖自然村。人口500。1880年，
张克道从黄河南安定村迁此立村，因人口
少，名小安定。聚落呈团块状分布。经济
以种植业为主，种植小麦、玉米、棉花等。
有公路经此。

范集 371602-A11-H08
[Fànjí]

在区驻地市东街道西方向16.2千米。
沙河街道辖自然村。人口1 300。因范氏立
村之后建一集市得名。聚落呈团块状分布。
经济以种植业为主，种植小麦、玉米、棉
花等。有公路经此。

西小王 371602-A11-H09
[Xīxiǎowáng]

在区驻地市东街道西南方向19.1千米。
沙河街道辖自然村。人口400。明洪武二年
（1369），王晋封从台王迁此，以姓立村，
习称小王家。1982年因重名更名为西小王。
聚落呈团块状分布。经济以种植业、商贸
业为主。有公路经此。

邓家店 371602-A11-H10
[Dèngjiādiàn]

在区驻地市东街道西方向14.9千米。
沙河街道辖自然村。人口1 000。1369
年，邓本利从枣强迁此，立村邓家店。
1825年，张、吴二姓迁至，立村张吴庄。
清末，三庄合政，名邓家店。聚落呈团块
状分布。经济以种植业、商贸业为主。
有公路经此。

南段家 371602-A11-H11
[Nánduànjiā]

在区驻地市东街道西南方向17.3千米。
沙河街道辖自然村。人口400。因段氏立村
得名。聚落呈团块状分布。经济以种植业、
商贸业为主。有公路经此。

东街 371602-A12-H01
[Dōngjiē]

在区驻地市东街道西南方向18.0千米。
里则街道辖自然村。人口500。因位于里则
街道的东部而得名。聚落呈团块状分布。
经济以种植业为主，种植小麦、玉米。有
公路经此。

北街 371602-A12-H02
[Běijiē]

在区驻地市东街道西南方向17.3千米。
里则街道辖自然村。人口800。因位于里则
街道的北部而得名。聚落呈团块状分布。
经济以种植业为主，种植小麦、玉米。有
公路经此。

宿家 371602-A12-H03
[Sùjiā]

在区驻地市东街道西南方向17.0千米。
里则街道辖自然村。人口500。有宿氏自枣
强迁入，遂称宿家。聚落呈团块状分布。

经济以种植业为主，种植小麦、玉米。有公路经此。

西南街 371602-A12-H04
[Xīnánjiē]

在区驻地市东街道西南方向19.0千米。里则街道辖自然村。人口600。原为南街，后分为两村，本村为西南街。聚落呈团块状分布。经济以种植业为主，种植小麦、玉米。有公路经此。

西街 371602-A12-H05
[Xījiē]

在区驻地市东街道西南方向18.5千米。里则街道辖自然村。人口800。因位于里则街道的西部而得名。聚落呈团块状分布。经济以种植业为主，种植小麦、玉米。有公路经此。

高赐冠 371602-A12-H06
[Gāocìguān]

在区驻地市东街道西南方向17.0千米。里则街道辖自然村。人口300。明末，高赐冠自枣强迁此，以名立村。聚落呈团块状分布。经济以种植业为主，种植小麦、玉米。有公路经此。

刘宝东 371602-A12-H07
[Liúbǎodōng]

在区驻地市东街道西南方向18.0千米。里则街道辖自然村。人口200。明初，刘宝、刘珠兄弟自枣强迁此，以兄名立村。聚落呈团块状分布。经济以种植业为主，种植小麦、玉米。有公路经此。

刘尚文 371602-A12-H08
[Liúshàngwén]

在区驻地市东街道西南方向19.0千米。里则街道辖自然村。人口300。明初，刘氏自枣强迁此，生三子，以长子刘尚文之名为村名。聚落呈团块状分布。经济以种植业为主，种植小麦、玉米。有公路经此。

南张家集 371602-A12-H09
[Nánzhāngjiājí]

在区驻地市东街道西南方向20.0千米。里则街道辖自然村。人口1 000。1369年，张敬先自枣强迁此，以姓立村。聚落呈团块状分布。经济以种植业为主，种植小麦、玉米。有公路经此。

南林家 371602-A12-H10
[Nánlínjiā]

在区驻地市东街道西南方向19.5千米。里则街道辖自然村。人口400。1369年，林氏自枣强迁此，村东有一盐道，因水小船到此容易搁浅，故名林家浅。1963年黄河改道，复称林家，因重名，更名为南林家。聚落呈团块状分布。经济以种植业为主，种植小麦、玉米。有公路经此。

南齐家 371602-A12-H11
[Nánqíjiā]

在区驻地市东街道西南方向20.0千米。里则街道辖自然村。人口200。齐恩贤、齐保贤迁此，以木匠为业，人称齐木匠。后村民以做锅盖垫为业，习称盖垫齐家，简称齐家，又因重名，更名为南齐家。聚落呈团块状分布。经济以种植业为主，种植小麦、玉米。有公路经此。

圈里孙 371602-A12-H12
[Quānlǐsūn]

在区驻地市东街道西南方向19.5千米。里则街道辖自然村。人口200。1369年，孙氏自枣强迁此，黄河筑堤时，因河堤绕村，故名圈里孙。聚落呈团块状分布。经济以种植业为主，种植小麦、玉米。有公路经此。

圈里尹 371602-A12-H13
[Quānlǐyǐn]

在区驻地市东街道西南方向 19.5 千米。里则街道辖自然村。人口 400。1371 年，尹氏自枣强迁此，因河堤绕村，故名圈里尹。聚落呈团块状分布。经济以种植业为主，种植小麦、玉米。有公路经此。

小阮 371602-A12-H14
[Xiǎoruǎn]

在区驻地市东街道西南方向 19.5 千米。里则街道辖自然村。人口 200。1863 年黄河在村北，因村处黄河渡口处，故名阮家口。1880 年黄河改道村南，以村小人少改称小阮。聚落呈团块状分布。经济以种植业为主，种植小麦、玉米。有公路经此。

新建张 371602-A12-H15
[Xīnjiànzhāng]

在区驻地市东街道西南方向 20.0 千米。里则街道辖自然村。人口 100。1971 年，村民从高青县旧镇公社道堂张村迁此立村，取新建之意，称新建张。聚落呈团块状分布。经济以种植业为主。有公路经此。

新阮 371602-A12-H16
[Xīnruǎn]

在区驻地市东街道西南方向 19.5 千米。里则街道辖自然村。人口 300。原与老阮家为一村，为避河患，清末迁高地另建村，故称新阮。聚落呈团块状分布。经济以种植业为主，种植小麦、玉米。有公路经此。

老阮家 371602-A12-H17
[Lǎoruǎnjiā]

在区驻地市东街道西南方向 19.5 千米。里则街道辖自然村。人口 300。1372 年，阮诚兄弟自枣强铁灶火们迁今村南 0.5 千米处，立村大清河突出处堤背后，名阮家嘴，因有民船渡河点，又名阮家口。后阮诚据此，更名阮家，又名大阮家。清末村民另迁村西北高地处建房，名新阮家，本村遂称老阮家。聚落呈团块状分布。经济以种植业为主，种植小麦、玉米。有公路经此。

茅子王 371602-A12-H18
[Máozǐwáng]

在区驻地市东街道西南方向 19.0 千米。里则街道辖自然村。人口 500。1369 年，王宏业自枣强迁此，因村东有茅草岗，得名茅子王。聚落呈团块状分布。经济以种植业为主，种植小麦、玉米。有公路经此。

西纸坊 371602-A12-H19
[Xīzhǐfáng]

在区驻地市东街道西南方向 20.0 千米。里则街道辖自然村。人口 800。1369 年，张文进自山西洪洞县大槐树下转枣强又迁此，以姓立村，村西南多桑树，民以桑皮造纸，遂称纸坊。后因重名，1982 年更名为西纸坊。聚落呈团块状分布。经济以种植业为主，种植小麦、玉米。有公路经此。

阮阁 371602-A12-H20
[Ruǎngé]

在区驻地市东街道西南方向 19.5 千米。里则街道辖自然村。人口 100。1368 至 1398 年，阮氏自老阮家迁此，村北建阁，故村名阮阁。聚落呈团块状分布。经济以种植业为主，种植小麦、玉米。有公路经此。

小刘家 371602-A12-H21
[Xiǎoliújiā]

在区驻地市东街道西南方向 18.0 千米。里则街道辖自然村。人口 500。1372 年，刘自发自枣强迁此，因村小人少，命名小刘家。聚落呈团块状分布。经济以种植业为主，种植小麦、玉米。有公路经此。

杨柳雪 371602-B01-H01
[Yángliǔxuě]

在区驻地市东街道西北方向6.1千米。杨柳雪镇辖自然村。人口200。明洪武二年（1369），杨柳枝自九户杨迁此，以名立村。后因地碱如雪，人称杨柳雪，故名。聚落呈团块状分布。村西建有缅怀周恩来总理的"怀周祠"，并被批准为山东省爱国主义教育基地。经济以粮棉种植为主，主产小麦、玉米、棉花。有公路经此。

万家 371602-B01-H02
[Wànjiā]

在区驻地市东街道西南方向10.7千米。杨柳雪镇辖自然村。人口400。因明洪武二年（1369），万氏自枣强迁来，以姓立村，故名万家。聚落呈团块状分布。经济以种植业为主，种植粮食、棉花。有公路经此。

业继周 371602-B01-H03
[Yèjìzhōu]

在区驻地市东街道西北方向12.1千米。杨柳雪镇辖自然村。人口300。明初，周氏自枣强迁此，时地广人稀，以饲养野鸡谋生，故名野鸡周。1982年6月改用同音字名业继周。聚落呈团块状分布。经济以种植业为主，种植粮食、棉花。有公路经此。

前李果者 371602-B01-H04
[Qiánlǐguǒzhě]

在区驻地市东街道西北方向11.9千米。杨柳雪镇辖自然村。人口300。明初，李果者自枣强迁此，以人名为村名，后人多村大，分为前、后两村，本村居前，名前李果者。聚落呈团块状分布。经济以种植业为主，种植玉米、小麦。有公路经此。

双庙赵 371602-B01-H05
[Shuāngmiàozhào]

在区驻地市东街道西北方向10.0千米。杨柳雪镇辖自然村。人口100。明初，赵氏自枣强迁此，因村北、东南、西南各有一井，三井呈虎头状，故称虎头赵，清代村西建土地庙、关爷庙，改称双庙赵。聚落呈团块状分布。经济以种植业为主，种植粮食、棉花。有公路经此。

后李果者 371602-B01-H06
[Hòulǐguǒzhě]

在区驻地市东街道西北方向12.0千米。杨柳雪镇辖自然村。人口600。明初，李果者自枣强迁此，以人名为村名，后分为两个村，本村居后，称后李果者。聚落呈团块状分布。经济以种植业为主，种植粮食、棉花。有公路经此。

墨家集 371602-B01-H07
[Mòjiājí]

在区驻地市东街道西北方向11.2千米。杨柳雪镇辖自然村。人口500。明初，张氏自枣强迁此，因东南低洼积水，名水张家。明万历年间，墨氏从密云县迁入，人盛，村中又起集，改称墨家集。聚落呈团块状分布。经济以种植业为主，种植粮食、棉花。有公路经此。

小范 371602-B01-H08
[Xiǎofàn]

在区驻地市东街道西北方向12.0千米。杨柳雪镇辖自然村。人口300。明洪武二年（1369），范世成自范集迁来，立村范家。张姓雍正年间从滨城北街迁来，古称范家、药子范，后演变为小范。聚落呈团块状分布。经济以种植业为主，种植小麦、玉米。有公路经此。

左家 371602-B01-H09

［Zuǒjiā］

在区驻地市东街道西北方向11.9千米。杨柳雪镇辖自然村。人口45。明初左氏自济南刁家桥迁此，立村左家。聚落呈团块状分布。经济以种植业为主，种植粮食、棉花。有公路经此。

褚家 371602-B01-H10

［Chǔjiā］

在区驻地市东街道西北方向11.9千米。杨柳雪镇辖自然村。人口300。明洪武二年（1369），褚氏自枣强迁此，以姓名村。聚落呈团块状分布。经济以种植业为主，种植小麦、玉米、蔬菜。有公路经此。

西夏家 371602-B01-H11

［Xīxiàjiā］

在区驻地市东街道西北方向12.7千米。杨柳雪镇辖自然村。人口300。明洪武二年（1369），夏开先自枣强迁此，以姓名村，故名西夏家。聚落呈团块状分布。经济以种植业为主，种植小麦、玉米、蔬菜。有公路经此。

西苑家 371602-B01-H12

［Xīyuànjiā］

在区驻地市东街道西北方向12.2千米。杨柳雪镇辖自然村。人口100。明初，苑氏自枣强迁此，立村苑家。后为区别于重名村，1982年改称西苑家。聚落呈团块状分布。经济以种植业为主，种植粮食、棉花。有公路经此。

贾王 371602-B01-H13

［Jiǎwáng］

在区驻地市东街道西北方向10.5千米。杨柳雪镇辖自然村。人口700。明洪武二年（1369），贾氏、王氏由河北枣强迁入，以姓氏名村，故名贾王。聚落呈团块状分布。经济以种植业为主，种植粮食、棉花。有公路经此。

赵宏 371602-B01-H14

［Zhàohóng］

在区驻地市东街道西北方向7.3千米。杨柳雪镇辖自然村。人口100。赵氏立村，昔年村南多砖窑，燃时全村映红，故赵红，后书为赵宏。聚落呈团块状分布。经济以种植业为主，种植小麦、玉米、棉花。有公路经此。

大范 371602-B01-H15

［Dàfàn］

在区驻地市东街道西北方向8.2千米。杨柳雪镇辖自然村。人口700。明初，范氏五兄弟自枣强迁此，以地形凹形似马鞍，取名范家鞍，后人众村大，改称大范。聚落呈团块状分布。经济以种植业为主，种植玉米、小麦。有公路经此。

封家 371602-B01-H16

［Fēngjiā］

在区驻地市东街道西北方向7.7千米。杨柳雪镇辖自然村。人口100。封氏立村，故名。聚落呈团块状分布。经济以种植业为主，种植玉米、小麦。有公路经此。

张八 371602-B01-H17

［Zhāngbā］

在区驻地市东街道西北方向5.0千米。杨柳雪镇辖自然村。人口400。清代，张氏自打连张迁此，因在兄弟中行八，习称张八。聚落呈团块状分布。经济以种植业为主，种植玉米、小麦。有公路经此。

徐园 371602-B01-H18
[Xúyuán]

在区驻地市东街道西北方向 5.6 千米。杨柳雪镇辖自然村。人口 400。徐氏在宅后建花园，故名徐家园，后演变为徐园。聚落呈团块状分布。经济以种植业为主，种植玉米、小麦。有公路经此。

杨集 371602-B01-H19
[Yángjí]

在区驻地市东街道西北方向 4.8 千米。杨柳雪镇辖自然村。人口 900。村中以杨姓为主，且村中起集，故名。聚落呈团块状分布。经济以种植业为主，种植玉米、小麦。有公路经此。

王翰林 371602-B01-H20
[Wánghànlín]

在区驻地市东街道西北方向 4.0 千米。杨柳雪镇辖自然村。人口 500。因王姓立村，有官翰林者，故名。聚落呈团块状分布。经济以种植业为主，种植小麦、玉米。有公路经此。

罗家 371602-B01-H21
[Luójiā]

在区驻地市东街道西北方向 5.7 千米。杨柳雪镇辖自然村。人口 400。明初，罗宽兄弟自枣强迁此，兄去沾化县，弟居此，以姓名村。聚落呈团块状分布。经济以种植业为主，种植玉米、小麦。有公路经此。

聂家 371602-B01-H22
[Nièjiā]

在区驻地市东街道西北方向 3.9 千米。杨柳雪镇辖自然村。人口 400。明洪武二年（1369），聂姓从枣强迁此，以姓名村。聚落呈团块状分布。经济以种植业为主，种植小麦、玉米、棉花。有公路经此。

西孟 371602-B01-H23
[Xīmèng]

在区驻地市东街道西北方向 7.1 千米。杨柳雪镇辖自然村。人口 600。明代中，孟氏从东孟村迁此，立村孟新庄，为别于东孟，更名西孟。聚落呈团块状分布。经济以种植业为主，种植小麦、玉米、棉花。有公路经此。

道西张 71602-B01-H24
[Dàoxīzhāng]

在区驻地市东街道西北方向 5.4 千米。杨柳雪镇辖自然村。人口 200。明初，张氏自枣强迁此立村，因距城八里，名八里庄。后因村东有滨城经杜店通黄河的大道，改称道西张。聚落呈团块状分布。经济以种植业为主，种植小麦、玉米、棉花。有公路经此。

大河郭 371602-B01-H25
[Dàhéguō]

在区驻地市东街道西北方向 5.5 千米。杨柳雪镇辖自然村。人口 200。明代，郭氏、朱氏自枣强迁此，村前有宋代运粮河道，故名大河郭。聚落呈团块状分布。经济以种植业为主，种植小麦、玉米、棉花。有公路经此。

刘国梓 371602-B01-H26
[Liúguózǐ]

在区驻地市东街道西北方向 10.1 千米。杨柳雪镇辖自然村。人口 600。明初，刘国梓迁此立村，故名。聚落呈团块状分布。经济以种植业为主，种植小麦、玉米。有公路经此。

刘郑庄 371602-B01-H27
［Liúzhèngzhuāng］

在区驻地市东街道西北方向14.3千米。杨柳雪镇辖自然村。人口800。明洪武二年（1369），刘氏兄弟立村大刘村，郑氏立村郑赶毡家，后两村合为一村，命名为刘郑庄。聚落呈团块状分布。经济以种植业为主，种植玉米、小麦。有公路经此。

前尹 371602-B01-H28
［Qiányǐn］

在区驻地市东街道西北方向25.0千米。杨柳雪镇辖自然村。人口400。明初，尹子正自枣强迁此，立村尹家庄。其子迁村前立村前尹村，为别重名村，1982年6月改称大尹家，1995年改名前尹。聚落呈团块状分布。经济以种植业为主，种植小麦、玉米。有公路经此。

周集 371602-B01-H29
［Zhōují］

在区驻地市东街道西北方向13.8千米。杨柳雪镇辖自然村。人口1 000。明洪武二年（1369），周氏自枣强迁此，当时荒草漫坡，人烟稀少，取名周漫坡家。后村中起集，改称周集。聚落呈团块状分布。经济以种植业为主，种植小麦、玉米。有公路经此。

于家湾 371602-B01-H30
［Yújiāwān］

在区驻地市东街道西北方向13.1千米。杨柳雪镇辖自然村。人口300。于氏在元、明交战时逃村前湾避乱，遂立村，取名于家湾。聚落呈团块状分布。经济以种植业为主，种植粮食、棉花。有公路经此。

南孙 371602-B01-H31
［Nánsūn］

在区驻地市东街道西北方向12.8千米。杨柳雪镇辖自然村。人口300。明初，孙安自枣强迁此，立村孙家。因重名，改称街南孙。因与里则街南孙重名，又改称南孙。聚落呈团块状分布。经济以种植业、养殖业为主，种植粮食、棉花。有公路经此。

西茶棚 371602-B01-H32
［Xīchápéng］

在区驻地市东街道西北方向12.9千米。杨柳雪镇辖自然村。人口400。清朝，徐氏从大道徐迁此，村西有通往京城的大道，徐氏于路旁搭棚开茶馆谋生，故名茶棚。1982年6月改称西茶棚。聚落呈团块状分布。经济以种植业为主。有公路经此。

国家村 371602-B02-H01
［Guójiācūn］

三河湖镇人民政府驻地。在区政府驻地市东街道西北方向16千米。人口700。明前，国氏临大道盖屋，习呼国家屋子。后称国家。聚落呈团块状分布。经济以种植业为主，种植小麦、玉米、棉花等。德大铁路经此。

北常 371602-B02-H02
［Běicháng］

在区驻地市东街道西北方向22.1千米。三河湖镇辖自然村。人口500。明初，常氏自枣强迁此，以人旺更名常家，后又一常姓在南四华里处立村，本村遂称北常。聚落呈团块状分布。经济以种植业为主，种植小麦、玉米、棉花等。有公路经此。

北杨 371602-B02-H03

［Běiyáng］

在区驻地市东街道西北方向24.0千米。三河湖镇辖自然村。人口200。明初，杨氏由枣强迁此，立村北杨。聚落呈团块状分布。经济以种植业为主，种植小麦、玉米、棉花等。有公路经此。

北纸坊 371602-B02-H04

［Běizhǐfáng］

在区驻地市东街道西北方向22.0千米。人口400。明洪武二年（1369），王氏三兄弟由直隶枣强县迁入，以土法造纸为业，自名纸坊，后称纸坊村，因有重名，1982年更名北纸坊。聚落呈团块状分布。经济以种植业为主，种植小麦、玉米、棉花等。有公路经此。

堡集 371602-B02-H05

［Pùjí］

在区驻地市东街道西北方向18.0千米。三河湖镇辖自然村。人口1 000。因村是原堡集镇政府驻地而得名。聚落呈团块状分布。经济以种植业为主，种植小麦、玉米、棉花等。有公路经此。

河东傅 371602-B02-H06

［Hédōngfù］

在区驻地市东街道西北方向19.0千米。三河湖镇辖自然村。人口900。明初，付氏从河北枣强迁入，以姓立村，为河东付，后演变为河东傅。聚落呈团块状分布。经济以种植业为主，种植小麦、玉米、棉花等。有公路经此。

河东朱 371602-B02-H07

［Hédōngzhū］

在区驻地市东街道西北方向21.0千米。

三河湖镇辖自然村。人口400。明初，朱氏自枣强迁此，以姓氏立村，为别重名，1982年更名河东朱。聚落呈团块状分布。经济以种植业为主，种植小麦、玉米、棉花等。有公路经此。

河东李 371602-B02-H08

［Hédōnglǐ］

在区驻地市东街道西北方向18.0千米。三河湖镇辖自然村。人口100。明初，李氏由枣强迁入此地，因李姓取名小李家，因重名，改为河东李。聚落呈团块状分布。经济以种植业为主，种植小麦、玉米、棉花等。有公路经此。

河南郑 371602-B02-H09

［Hénánzhèng］

在区驻地市东街道西北方向25.0千米。三河湖镇辖自然村。人口900。明永乐二年（1404），郑聪由枣强迁入，立村郑家。以种菠菜为生，故名菠菜郑家。因村北有一小水沟，清咸丰年间，白龙窝河决时成今沙河，因在沙河南，称河南郑。聚落呈团块状分布。经济以种植业为主，种植小麦、玉米、棉花等。有公路经此。

河西姜 371602-B02-H10

［Héxījiāng］

在区驻地市东街道西北方向24.0千米。三河湖镇辖自然村。人口600。姜姓自沾化县大姜村迁此立村，为别重名，1982年更名为河西姜。聚落呈团块状分布。经济以种植业为主，种植小麦、玉米、棉花等。有公路经此。

河西孙 371602-B02-H11

［Héxīsūn］

在区驻地市东街道西北方向19.0千米。三河湖镇辖自然村。人口400。明初，村民由山西洪洞县经河北枣强迁来，由于孙姓来得较早，故名孙家村，1987年改为河西孙。聚落呈团块状分布。经济以种植业为主，种植小麦、玉米、棉花等。有公路经此。

河西董 371602-B02-H12
[Héxīdǒng]

在区驻地市东街道西北方向19.0千米。三河湖镇辖自然村。人口100。清康熙年间，董氏自枣强迁此，立村董家。为别重名村，1982年6月更名为河西董。聚落呈团块状分布。经济以种植业为主，种植小麦、玉米、棉花等。有公路经此。

河西褚 371602-B02-H13
[Héxīchǔ]

在区驻地市东街道西北方向20.0千米。三河湖镇辖自然村。人口200。明代，褚氏从褚家村迁来，因姓立村，为别重名，更名河西褚。聚落呈团块状分布。经济以种植业为主，种植小麦、玉米、棉花等。有公路经此。

河西马 371602-B02-H14
[Héxīmǎ]

在区驻地市东街道西北方向24.0千米。三河湖镇辖自然村。人口400。明洪武二年（1369），马氏四兄弟自枣强迁入，村名亲四马，简称马家，为别重名，1982年6月更名河西马。聚落呈团块状分布。经济以种植业为主，种植小麦、玉米、棉花等。有公路经此。

郭家口 371602-B02-H15
[Guōjiākǒu]

在区驻地市东街道西北方向23.0千米。三河湖镇辖自然村。人口1 100。明洪武二年（1369），郭氏立村，故名郭家口。聚落呈团块状分布。经济以种植业为主，种植小麦、玉米、棉花等。有公路经此。

刘甄 371602-B02-H16
[Liúzhēn]

在区驻地市东街道西北方向25.0千米。三河湖镇辖自然村。人口600。明初，刘磊随其兄由枣强迁此，其兄于尚店立村大刘家，弟于此以名立村刘甄。聚落呈团块状分布。经济以种植业为主，种植小麦、玉米、棉花等。有公路经此。

刘集 371602-B02-H17
[Liújí]

在区驻地市东街道西北方向23.0千米。三河湖镇辖自然村。人口400。明朝初年，刘向海自枣强县迁此立村，1932年起集，于1982年6月更名为刘集。聚落呈团块状分布。经济以种植业为主，种植小麦、玉米、棉花等。有公路经此。

前戴 371602-B02-H18
[Qiándài]

在区驻地市东街道西北方向21.0千米。三河湖镇辖自然村。人口500。明洪武四年（1371），原村有孙、代两姓，村名前代村，后演变为前戴。聚落呈团块状分布。经济以种植业为主，种植小麦、玉米、棉花等。有公路经此。

正杨前 371602-B02-H19
[Zhèngyángqián]

在区驻地市东街道西北方向27.0千米。三河湖镇辖自然村。人口200。明洪武二年（1369），杨大温自枣强迁此，因此处为盐碱地且芦蓬丛生，故呼芦蓬杨，简称杨家。后分两村，本村为正杨前。聚落呈团块状分布。经济以种植业为主，种植小麦、玉米、棉花等。有公路经此。

正杨后 371602-B02-H20
［Zhèngyánghòu］

在区驻地市东街道西北方向26.0千米。三河湖镇辖自然村。人口400。明洪武二年（1369），杨大温自枣强迁此，因此处为盐碱地且芦蓬丛生，故呼芦蓬杨，简称杨家。后分两村，本村为正杨后。聚落呈团块状分布。经济以种植业为主，种植小麦、玉米、棉花等。有公路经此。

王立平 371602-B02-H21
［Wánglìpíng］

在区驻地市东街道西北方向21.0千米。三河湖镇辖自然村。人口900。清末年间，赵氏家族迁入，取名小赵村，后有王氏家族迁入，改名为王立平。聚落呈团块状分布。经济以种植业为主，种植小麦、玉米、棉花等。有公路经此。

王素先 371602-B02-H22
［Wángsùxiān］

在区驻地市东街道西北方向19.0千米。三河湖镇辖自然村。人口800。清代，王素先从小王家迁入，因其人闻名乡里，故以名称村。聚落呈团块状分布。经济以种植业为主，种植小麦、玉米、棉花等。有公路经此。

瓦屋聂 371602-B02-H23
［Wǎwūniè］

在区驻地市东街道西北方向25.0千米。三河湖镇辖自然村。人口700。明初，聂海自枣强迁此，后人聂继世、聂继田在村西北盖瓦屋，习称瓦屋聂家。后与土楼子孙家两村并称聂家。1982年6月复名瓦屋聂。聚落呈团块状分布。经济以种植业为主，种植小麦、玉米、棉花等。有公路经此。

田家 371602-B02-H24
［Tiánjiā］

在区驻地市东街道西北方向21.0千米。三河湖镇辖自然村。人口200。明洪武四年（1371），田姓兄弟二人由山西省枣强县迁来立村，故名。聚落呈团块状分布。经济以种植业为主，种植小麦、玉米、棉花等。有公路经此。

肖家 371602-B02-H25
［Xiāojiā］

在区驻地市东街道西北方向23.0千米。三河湖镇辖自然村。人口500。明初，肖氏自枣强迁此，以姓名村。聚落呈团块状分布。经济以种植业为主，种植小麦、玉米、棉花等。有公路经此。

西丛 371602-B02-H26
［Xīcóng］

在区驻地市东街道西北方向23.9千米。三河湖镇辖自然村。人口600。清初，丛氏自文登县迁此，以姓名村，因重名，于1982年6月更名西丛。聚落呈团块状分布。经济以种植业为主。315省道经此。

西宗 371602-B02-H27
［Xīzōng］

在区驻地市东街道西北方向24.0千米。三河湖镇辖自然村。人口500。明初宗姓立村，名宗家。为别重名，1982年6月更名为西宗。聚落呈团块状分布。经济以种植业为主，种植小麦、玉米、棉花等。有公路经此。

西小李 371602-B02-H28
［Xīxiǎolǐ］

在区驻地市东街道西北方向24.7千米。三河湖镇辖自然村。人口300。明初，李氏由枣强迁此，立村小李家，因有两个小李村，1982年6月更名为西小李。聚落呈团块状分布。经济以种植业为主，种植小麦、玉米、棉花等。有公路经此。

单家寺 371602-C01-H01
[Shànjiāsì]

秦皇台乡人民政府驻地。在区驻地市东街道东北方向9.1千米。人口700。唐代建普济寺，主持和尚姓单，故称单家寺。聚落呈散状分布。经济以种植业、养殖业为主，有名优特农产品西瓜、冬枣、鲢鱼、鲤鱼，养殖生猪、肉鸡等。有公路经此。

北小赵家 371602-C01-H02
[Běixiǎozhàojiā]

在区驻地市东街道东北方向15.9千米。秦皇台乡辖自然村。人口300。清乾隆年间，赵天录、天芝兄弟自利津县赵家庄来此垦荒，久居遂立村赵家庄，习称小赵家，因重名，1982年6月20日更名北小赵家。聚落呈团块状分布。经济以种植业为主，种植小麦、玉米、棉花等。有公路经此。

北朱家 371602-C01-H03
[Běizhūjiā]

在区驻地市东街道东北方向10.0千米。秦皇台乡辖自然村。人口300。明末，朱氏由枣强迁此，立村朱家，因重名，1982年6月更名北朱家。聚落呈团块状分布。经济以种植业为主，种植小麦、玉米、棉花等。有公路经此。

北牛王 371602-C01-H04
[Běiniúwáng]

在区驻地市东街道东北方向11.0千米。秦皇台乡辖自然村。人口200。明洪武二年（1369），牛氏自枣强迁此，相传牛氏有牛99头，湾边饮牛时数为百头，以为牛王作怪，故名牛王镇。后以湾为界分东、西两村，本村称东牛王，1943年更名牛王庄，又因重名，1982年6月改名北牛王。聚落呈团块状分布。经济以种植业为主，种植小麦、玉米、棉花等。有公路经此。

北贾家 371602-C01-H05
[Běijiǎjiā]

在区驻地市东街道东北方向10.5千米。秦皇台乡辖自然村。人口200。明初，贾姓由枣强迁此，立村贾家，区内有二贾，本村位北，称北贾家。聚落呈团块状分布。经济以种植业为主，种植小麦、玉米、棉花等。有公路经此。

苍头王 371602-C01-H06
[Cāngtóuwáng]

在区驻地市东街道北方向6.5千米。秦皇台乡辖自然村。人口500。明成化年间，王开山自枣强迁西仓处立村，称仓头王，后演称苍头王。聚落呈团块状分布。经济以种植业为主，种植小麦、玉米、棉花等。有公路经此。

前杜家 371602-C01-H07
[Qiándùjiā]

在区驻地市东街道北方向1.7千米。秦皇台乡辖自然村。人口700。明洪武二年（1369），杜庄携二子自枣强迁此，永乐五年（1407），兄弟分居，此村居前，为前杜家。聚落呈团块状分布。经济以种植业为主，种植小麦、玉米、棉花等。有公路经此。

北籍家 371602-C01-H08
[Běijíjiā]

在区驻地市东街道东北方向3.3千米。秦皇台乡辖自然村。人口300。明初，籍健田、籍顺田自枣强迁里则立村籍家，后因人多地少，难以维持生活，其孙籍成文于正统年间迁今地，亦称籍家。1982年6月因重名改称北籍家。聚落呈团块状分布。经济以种植业为主，种植小麦、玉米、棉花等。有公路经此。

南贾家 371602-C01-H09
[Nánjiǎjiā]

在区驻地市东街道东北方向3.5千米。秦皇台乡辖自然村。人口500。明洪武二年（1369），贾氏三兄弟自枣强迁此，其中一人在此立村名贾家。后因村重名，改称南贾家。聚落呈团块状分布。经济以种植业为主，种植小麦、玉米、棉花等。有公路经此。

台子王 371602-C01-H10
[Táiziwáng]

在区驻地市东街道东北方向4.3千米。秦皇台乡辖自然村。人口700。明初，王荣自枣强迁此，因村西南有一"屯埠"（土台子），故称台子王。聚落呈团块状分布。古迹有建于960年的墩台1座。经济以种植业为主，种植小麦、玉米、棉花等。有公路经此。

后杜家 371602-C01-H11
[Hòudùjiā]

在区驻地市东街道北方向2.1千米。秦皇台乡辖自然村。人口500。明洪武二年（1369），杜庄携二子自枣强迁此，永乐五年（1407），兄弟分居，此村居后，为后杜家。聚落呈团块状分布。经济以种植业为主，种植小麦、玉米、棉花等。有公路经此。

宋大学 371602-C01-H12
[Sòngdàxué]

在区驻地市东街道东北方向4.3千米。秦皇台乡辖自然村。人口900。1369年，张多福、宋大学自枣强迁此，分立张庄、宋庄。后张举、张佃兄弟在隔湾之处填湾盖房，因张宋两庄连接，并称张宋庄。后以立村人为名，称宋大学。聚落呈团块状分布。经济以种植业为主，种植小麦、玉米、棉花等。有公路经此。

干西李 371602-C01-H13
[Gànxīlǐ]

在区驻地市东街道东北方向6.0千米。秦皇台乡辖自然村。人口100。原名朱家罐，后李姓自枣强迁入，因原名不吉，改称小李家。1880年有王姓迁入，因重名，且在韩墩总干渠西侧，1982年6月更名干西李。聚落呈团块状分布。经济以种植业为主，种植小麦、玉米、棉花等。有公路经此。

打油张 371602-C01-H14
[Dǎyóuzhāng]

在区驻地市东街道北方向1.9千米。秦皇台乡辖自然村。人口800。明初，张龙、张虎、张豹兄弟三人由枣强迁今博兴县，后张虎迁此立村打鱼张，后人经营油房，改称打油张。聚落呈团块状分布。经济以种植业为主，种植小麦、玉米、棉花等。有公路经此。

段李家 371602-C01-H15
[Duànlǐjiā]

在区驻地市东街道东北方向3.6千米。秦皇台乡辖自然村。人口300。古名李家，明永乐扫碑时李敖幸存，生八子，曰八虎，家大势凶。明末，李太自河北枣强县迁入，因惧李敖远居建宅，后李敖又于宅西隔地建房，将村子分为数段，故称段李家。聚落呈团块状分布。经济以种植业为主，种植小麦、玉米、棉花等。有公路经此。

洛王家 371602-C01-H16
[Luòwángjiā]

在区驻地市东街道东北方向 3.6 千米。秦皇台乡辖自然村。人口 500。明前村名骆驼王。明末戴姓兄弟三人自枣强迁来，其中一人迁此，因地洼易涝，称涝洼家。后以字义不祥，用谐音名洛王家。聚落呈团块状分布。经济以种植业为主，种植小麦、玉米、棉花等。有公路经此。

王门家 371602-C01-H17
[Wángménjiā]

在区驻地市东街道北方向 1.1 千米。秦皇台乡辖自然村。人口 600。王姓人氏最早迁居于此，后在村南建石门，以此得名。聚落呈团块状分布。经济以种植业为主，种植小麦、玉米、棉花等。有公路经此。

颜家东 371602-C01-H18
[Yánjiādōng]

在区驻地市东街道北方向 0.6 千米。秦皇台乡辖自然村。人口 300。明嘉靖年间，颜姓自枣强迁于沾化颜家口，又从颜家口迁入现在村址，故称颜家，1959 年分为两个大队，因此大队位于东部，故称颜家东。聚落呈团块状分布。经济以种植业为主，种植小麦、玉米、棉花等。有公路经此。

颜家西 371602-C01-H19
[Yánjiāxī]

在区驻地市东街道北方向 0.6 千米。秦皇台乡辖自然村。人口 500。明嘉靖年间，颜姓自枣强迁于沾化颜家口，又从颜家口迁入现在村址，故称颜家，1959 年分为两个大队，因此大队位于西部，故称颜家西。聚落呈团块状分布。经济以种植业为主，种植小麦、玉米、棉花等。有公路经此。

马士举东 371602-C01-H20
[Mǎshìjǔdōng]

在区驻地市东街道北方向 2.1 千米。秦皇台乡辖自然村。人口 300。马士举以武艺闻名，为念其人，以名命村。亦传村民马氏，棋艺精湛，与宋大学弈棋，一举赢之，故名。1974 年分立两个大队，本村为马士举东。聚落呈团块状分布。经济以种植业为主，种植小麦、玉米、棉花等。有公路经此。

马士举西 371602-C01-H21
[Mǎshìjǔxī]

在区驻地市东街道北方向 2.1 千米。秦皇台乡辖自然村。人口 400。马士举以武艺闻名，为念其人，以名命村。亦传村民马氏，棋艺精湛，与宋大学弈棋，一举赢之，故名。1974 年分立两个大队，本村为马士举西。聚落呈团块状分布。经济以种植业为主，种植小麦、玉米、棉花等。有公路经此。

东石家 371602-C01-H22
[Dōngshíjiā]

在区驻地市东街道北方向 8.6 千米。秦皇台乡辖自然村。人口 500。明初，石奉西、石原明自枣强大石家迁此，石奉西立村东石家。聚落呈团块状分布。经济以种植业、养殖业为主，种植小麦、玉米、花生等。有公路经此。

湾赵家 371602-C01-H23
[Wānzhàojiā]

在区驻地市东街道东北方向 8.0 千米。秦皇台乡辖自然村。人口 600。明洪武二年（1369），赵山、赵岩兄弟由河北枣强迁此，因当地已有齐家和王家庄，三家相连，故称齐王赵。后因村西北角有一大湾，故名湾赵家。聚落呈团块状分布。经济以种植业、养殖业为主，种植小麦、玉米、花生等，养殖生猪、肉鸡。有公路经此。

齐家 371602-C01-H24
[Qíjiā]

在区驻地市东街道东北方向 8.3 千米。秦皇台乡辖自然村。人口 300。元中期，李有信立村，后因齐姓有举人，改称齐家王姓，以此名齐家。聚落呈团块状分布。经济以种植业、养殖业为主，种植小麦、玉米、花生等，养殖生猪、肉鸡。有公路经此。

沾化区

城市居民点

沿河小区 371603-I01
[Yánhé Xiǎoqū]

在区境东南部。人口 1 900。总面积 3.76 公顷。因位于沿河路以东而得名。1993 年始建，2003 年投入使用。建筑总面积 37 200 平方米，多层住宅楼 15 栋，中式建筑风格，有健身器材等配套设施。通公交车。

气象局宿舍院 371603-I02
[Qìxiàngjú Sùshèyuàn]

在区境东南部。人口 16。总面积 0.8 公顷。该小区主要是气象局职工居住，因此命名为气象局宿舍院。1999 年始建，2000 年 7 月正式使用。建筑总面积 7 679 平方米，住宅楼 1 栋，中式建筑风格，绿地面积 360 平方米，有健身器材、文化长廊等配套设施。通公交车。

农村居民点

富国 371603-A01-H01
[Fùguó]

在区驻地富国街道北方向 1.1 千米。富国街道辖自然村。人口 3 200。元大德年间，在此建一富国盐场，故名富国。聚落沿徒骇河呈带状分布。有文化广场 1 个。经济以种植业为主。有公路经此。

打磨李 371603-A01-H02
[Dǎmòlǐ]

在区驻地富国街道西方向 7.0 千米。富国街道辖自然村。人口 1 300。明洪武年间，李峥从河北省枣强县迁此立村，因李峥会打石磨，故名打磨李家村，后称打磨李。聚落呈团块状分布。有文化广场 1 个。经济以种植业为主，种植棉花、冬枣。有公路经此。

丁家 371603-A01-H03
[Dīngjiā]

在区驻地富国街道东北方向 3.2 千米。富国街道辖自然村。人口 1 700。因此处曾有丁姓居住，故名丁家。聚落呈团块状分布。有文化广场 1 个。经济以种植业为主，种植棉花、冬枣。有公路经此。

郭刘 371603-A01-H04
[Guōliú]

在区驻地富国街道西北方向 1.1 千米。富国街道辖自然村。人口 1 800。明洪武二年（1369），郭荣先与刘丛生由山西洪洞县迁此立村，故名郭刘。聚落呈带状分布。有文化广场 1 个。经济以种植业为主，种植棉花、冬枣。有公路经此。

刘彦虎 371603-A01-H05
［Liúyànhǔ］

在区驻地富国街道东方向 1.0 千米。富国街道辖自然村。人口 1 100。明永乐年间，刘彦、刘虎兄弟二人从河北省枣强县迁此立村，故名刘彦虎。聚落呈带状分布。有文化广场 1 个。有公路经此。

花家 371603-A01-H06
［Huājiā］

在区驻地富国街道西南方向 3.1 千米。富国街道辖自然村。人口 2 000。明永乐年间，花峰春、花峰云等从山西洪洞县迁此立村，故名花家。聚落呈带状分布。有文化广场 1 个。经济以种植业为主，种植棉花、冬枣。有公路经此。

刚家 371603-A01-H07
［Gāngjiā］

在区驻地富国街道西南方向 7.2 千米。富国街道辖自然村。人口 1 800。明嘉靖二十九年（1550），韩姓一家从山西洪洞县迁此立村，因此处有块磨盘形洼地，故名磨穴庄村。清初，刚姓从山东省德平县迁此定居，人丁兴旺，改称刚家。聚落呈带状分布。有文化广场 1 个。经济以种植业为主，种植棉花、冬枣。有公路经此。

宿牙桥 371603-A01-H08
［Sùyáqiáo］

在区驻地富国街道南方向 3.5 千米。富国街道辖自然村。人口 1 400。明永乐年间，赵邦玺从山西洪洞县杏花村迁此立村，因村东泽河桥下有窝野鸭，故名宿鸭桥村。后改称宿牙桥。聚落呈带状分布。有文化广场 1 个。经济以种植业为主，种植棉花、冬枣。有公路经此。

东杨 371603-A01-H09
［Dōngyáng］

在区驻地富国街道北方向 4.9 千米。富国街道辖自然村。人口 1 300。清代，杨景端自山西洪洞县迁至西杨村东安家落户，命名东杨。聚落呈团块状分布。有文化广场 1 个。经济以种植业为主，种植棉花、冬枣。有公路经此。

王皮 371603-A02-H01
［Wángpí］

在区驻地富国街道东南方向 2.9 千米。富源街道辖自然村。人口 2 200。明永乐年间，王计支由河北省枣强县迁此居住，后因王姓出一皮匠，故名王皮匠家，简称王皮。聚落呈带状分布。有学校 1 所、幼儿园 1 所。经济以种植业为主，种植棉花、冬枣。有公路经此。

苏王 371603-A02-H02
［Sūwáng］

在区驻地富国街道东南方向 3.9 千米。富源街道辖自然村。人口 1 900。明永乐年间，苏敬吾从山西省洪洞县迁此居住，后王姓也迁此，故名苏王庄，后称苏王。聚落呈团块状分布。经济以种植业为主，种植棉花、冬枣。有公路经此。

车王 371603-A02-H03
［Chēwáng］

在区驻地富国街道东南方向 8.1 千米。富源街道辖自然村。人口 2 000。明永乐年间，车、王两姓从山西省洪洞县迁此，故称车王庄，简称车王。聚落呈带状分布。经济以种植业为主，种植棉花、冬枣。有公路经此。

张王 371603-A02-H04
[Zhāngwáng]

在区驻地富国街道东方向 9.1 千米。富源街道辖自然村。人口 1 700。明永乐十五年（1417），张义从河北省枣强县李家寺迁此定居，王同由河南省迁此立村，称张王庄。1982 年因沾化县重名较多，故更名东张王，后改称张王。聚落呈团块状分布。经济以种植业为主，种植棉花、冬枣。有公路经此。

董卜堂 371603-A02-H05
[Dǒngbotáng]

在区驻地富国街道东北方向 5.0 千米。富源街道辖自然村。人口 1 900。唐太宗东征，亲董部伍，驻师于此，故称董部堂，后称董卜堂。聚落呈团块状分布。经济以种植业为主，种植棉花、冬枣。有公路经此。

大王 371603-A02-H06
[Dàwáng]

在区驻地富国街道东北方向 5.1 千米。富源街道辖自然村。人口 1 900。明洪武二年（1369），王铎从河北省枣强县迁此立村，故名大王家，后称大王。聚落呈带状分布。经济以种植业为主，种植棉花、冬枣。有公路经此。

杏行 371603-A02-H07
[Xìngháng]

在区驻地富国街道东北方向 5.1 千米。富源街道辖自然村。人口 1 400。明朝初期，张建从利津县张窝村迁此立村，因此处早有大王家王东岭的杏树园子，故名杏行。聚落呈带状分布。经济以种植业为主，种植棉花、冬枣。有公路经此。

西孔 371603-A02-H08
[Xīkǒng]

在区驻地富国街道东北方向 9.5 千米。富源街道辖自然村。人口 1 300。明崇祯十三年（1640），孔星桂、孔星邦兄弟二人由曲阜花佃户迁此，分别建房定居，人口逐年增多，形成两村落，本村居西，故名西孔家屋子村，简称西孔家，后称西孔。聚落呈团块状分布。经济以种植业为主，种植棉花、冬枣。有公路经此。

齐鄻 371603-A02-H09
[Qíquān]

在区驻地富国街道东北方向 6.9 千米。富源街道辖自然村。人口 2 300。明朝永乐年间，齐姓渔翁由河北省驾船顺原潆河北至此，抛锚居住。当时河道弯曲如圈，故立村名齐圈，又称齐家圈。后世将"圈"改为"鄻"，称齐鄻。聚落呈带状分布。经济以种植业为主，种植棉花、冬枣。有公路经此。

大下洼 371603-B01-H01
[Dàxiàwā]

下洼镇人民政府驻地。在区驻地富国街道西方向 22.1 千米。下洼镇辖自然村。人口 2 100。因此外地低夏季积水，故称夏洼村。又因该村大于周围村，惯称大夏洼，为书写方便后改称大下洼。聚落呈带状分布。有小学 1 所、中学 1 所、幼儿园 1 所、图书室 1 个。经济以种植业为主，种植冬枣、番石榴、沙果、葡萄、豌豆等。有公路经此。

东平 371603-B01-H02
[Dōngpíng]

在区驻地富国街道西方向 21.0 千米。下洼镇辖自然村。人口 800。1914 年，有赵姓十余户从平家迁往秦口河东汉河以东居住，形成村庄，故名小平家，1984 年称东平。聚落呈带状分布。经济以种植业为主，种植棉花、冬枣。有公路经此。

前下洼 371603-B01-H03
[Qiánxiàwā]

在区驻地富国街道西方向 22.1 千米。下洼镇辖自然村。人口 1 100。明永乐年间，冯姓由河北省武邑县迁此居住，称冯家沟。后尹姓由滨县尹家集迁此居住，称尹家沟。又因黄河决口，冯、尹两姓合并一起立村，因村北有大下洼，故称前下洼。聚落呈带状分布。有文化广场 1 个。经济以种植业为主，种植冬枣。有公路经此。

大王庄 371603-B01-H04
[Dàwángzhuāng]

在区驻地富国街道西方向 12.9 千米。下洼镇辖自然村。人口 1 700。明永乐年间，王世、王乐兄弟由山西省洪洞县迁此分别立村，兄王世居此，故名大王庄。聚落呈带状分布。有幼儿园 1 所、农家书屋 1 个。经济以种植业为主，种植冬枣。有公路经此。

堤子 371603-B01-H05
[Dīzi]

在区驻地富国街道西方向 12.9 千米。下洼镇辖自然村。人口 700。明永乐年间，王姓一家由山西省洪洞县迁此立村，当时村西有一大堤，故名堤子。聚落呈带状分布。有文化广场 1 个、幼儿园 1 所、中学 1 所。经济以种植业为主，种植冬枣。有公路经此。

西贾营 371603-B01-H06
[Xījiǎyíng]

在区驻地富国街道西方向 12.1 千米。下洼镇辖自然村。人口 800。明洪武年间，贾辛一家由山西省洪洞县迁此立村。时值燕王扫北，其部将花云率领"花子军"至此。

各村为防其骚扰，筑墙围村，叫营盘，本村亦筑有营盘，故称贾家营。1963 年，分为两个村，本村居西，称西贾营。聚落呈带状分布。经济以种植业为主，种植冬枣。有公路经此。

前路王 371603-B01-H07
[Qiánlùwáng]

在区驻地富国街道西方向 12.9 千米。下洼镇辖自然村。人口 1 100。明正德年间，路九阡、路九陌兄弟由山东省临淄县迁此，南北相距里许各建村落，因当时此处有一片芦苇，故分别称前、后芦洼庄。因两村均系路氏所建，后改为前、后路旺庄，本村居前，遂演变为前路王庄。2001 年改名前路王。聚落呈带状分布。有幼儿园 1 所。经济以种植业为主，种植冬枣。有公路经此。

后路王 371603-B01-H08
[Hòulùwáng]

在区驻地富国街道西方向 12.9 千米。下洼镇辖自然村。人口 1 200。明正德年间，路九阡、路九陌兄弟由山东省临淄县迁此，南北相距里许各建村落。当时此处有一片芦苇，故分别称前、后芦洼庄。因两村均系路氏所建，后改为前、后路旺庄，本村居后，遂演变为后路王庄，2001 年改称后路王。聚落呈带状分布。有文化书屋 1 个。经济以种植业为主，种植冬枣。有公路经此。

杨家营 371603-B01-H09
[Yángjiāyíng]

在区驻地富国街道西方向 10.1 千米。下洼镇辖自然村。人口 800。宋朝，杨鸽一家从山东省梁山县迁此立村，称杨家村。明初，燕王扫北时，其部将花云率领"花子军"至此，各村为防其骚扰，筑墙围村，称为"营盘"，本村也筑有营盘，故改称杨家营。聚落呈带状分布。有幼儿园 1 所。经济以种植业为主，种植冬枣。有公路经此。

毛家 371603-B01-H10

[Máojiā]

在区驻地富国街道西方向 10.1 千米。下洼镇辖自然村。人口 1 300。明洪武二年（1369），毛嵩从河北省武邑、枣强一带迁此立村，故称毛家村。聚落呈带状分布。有文化广场 1 个、文化书屋 1 个。经济以种植业为主，种植冬枣。有公路经此。

卢家 371603-B01-H11

[Lújiā]

在区驻地富国街道西方向 18.1 千米。下洼镇辖自然村。人口 1 400。元至正二十六年（1366），卢姓由河北省卢台镇迁此立村，名卢家庄科村。明朝中期，黄河决口成灾，房屋倒塌，村民在原村西一里高阜上新建家园，称卢家。聚落呈带状分布。有农家书屋 1 个、图书室 1 个、阅览室 1 个。经济以种植业为主，种植冬枣。有公路经此。

孟家 371603-B01-H12

[Mèngjiā]

在区驻地富国街道西方向 16.1 千米。下洼镇辖自然村。人口 1 300。明永乐年间，孟颜殿由河北省枣强县迁此立村，故名孟家。聚落呈带状分布。有文化广场 1 个。经济以种植业为主，种植冬枣。有公路经此。

大郑家 371603-B01-H13

[Dàzhèngjiā]

在区驻地富国街道西南方向 15.9 千米。下洼镇辖自然村。人口 1 100。明成化二年（1466），郑和、郑西兄弟二人由直隶省宝坻县五里村迁此，兄郑和于此立村，取名郑家。1982 年，更名大郑家。聚落呈带

状分布。有农家书屋 1 个、图书室 1 个。经济以种植业为主，种植冬枣。有公路经此。

韩家 371603-B01-H14

[Hánjiā]

在区驻地富国街道西南方向 14.9 千米。下洼镇辖自然村。人口 1 100。明永乐年间，韩姓由山西省洪洞县迁此立村，故名韩家。聚落呈带状分布。有图书室 1 个、阅览室 1 个、幼儿园 1 所。经济以种植业为主，种植冬枣。有公路经此。

石家营 371603-B01-H15

[Shíjiāyíng]

在区驻地富国街道西南方向 14.1 千米。下洼镇辖自然村。人口 900。明洪武年间，石打燕从山西省平阳府洪洞县迁此立村。时至燕王扫北，其部将花云率领"花子军"至此。各村为防其骚扰，筑墙围村，称为"营盘"，本村亦筑有营盘，故称石家营。聚落呈团块状分布。有图书室 1 个、阅览室 1 个。经济以种植业为主，种植冬枣。有公路经此。

尚泊头 371603-B01-H16

[Shàngbótóu]

在区驻地富国街道西北方向 22.1 千米。下洼镇辖自然村。人口 1 300。明成化元年（1465），樊、张二姓先后至此定居，因此处有一运粮河，并没有码头，故称上码头，后演称尚泊头。聚落呈团块状分布。有农家书屋 1 个、图书室 1 个。经济以种植业为主，种植冬枣。有公路经此。

北陈家 371603-B01-H17

[Běichénjiā]

在区驻地富国街道西北方向 22.1 千米。下洼镇辖自然村。人口 1 400。明永乐年间，陈姓由惠民县葫芦头陈家迁此，因沿荒洼

立村，故称洼沿陈家，后演变为洼尔陈家，为区别大下洼以南的陈家村，改称北陈家。聚落呈团块状分布。有幼儿园 1 所、农家书屋 1 个、图书室 1 个。经济以种植业为主，种植冬枣。有公路经此。

哈喇 371603-B01-H18
[Hǎlá]

在区驻地富国街道西方向 23.9 千米。下洼镇辖自然村。人口 1 700。明朝初年，此处有张姓居住，名小张庄。燕王扫北领兵至此，见庄外香火缭绕，庄内灯火通明，燕王认为此庄有神保护，举鞭指前高喊："哈喇！（继续前进的意思）"带兵绕道前往，村民免遭灾难，后为纪念此事，改村名为哈喇庄，后称哈喇。聚落呈团块状分布。有农家书屋 1 个。经济以种植业为主，种植冬枣。有公路经此。

曹庙 371603-B01-H19
[Cáomiào]

在区驻地富国街道西北方向 21.9 千米。下洼镇辖自然村。人口 1 900。明永乐年间，曹、刘两家从山西省洪洞县迁此定居，分别建屋庙立村，取名曹家庙村、刘家庙村。后魏姓亦迁此，居两村之间，使两村连成一片，因曹姓居早，故名曹家庙，后称曹庙。聚落呈团块状分布。有幼儿园 1 所、小学 1 所、农家书屋 1 个、图书室 1 个。经济以种植业为主，种植冬枣。有公路经此。

王家 371603-B01-H20
[Wángjiā]

在区驻地富国街道西方向 24.9 千米。下洼镇辖自然村。人口 1 200。明永乐年间，王强一家由江苏省扬州迁此立村，称王家。聚落呈带状分布。有幼儿园 1 所、小学 1 所。经济以种植业为主，种植冬枣。有公路经此。

赵山 371603-B01-H21
[Zhàoshān]

在区驻地富国街道西方向 24.9 千米。下洼镇辖自然村。人口 1 600。明初，鲁、赵两姓由河北省武邑、枣强迁此立村，称鲁赵庄。明末清初，有一响马赵山，从山东省莱阳县迁来，遂改称赵山。聚落呈团块状分布。有幼儿园 1 所。经济以种植业为主，种植冬枣。有公路经此。

平家 371603-B01-H22
[Píngjiā]

在区驻地富国街道西方向 20.9 千米。下洼镇辖自然村。人口 2 100。明永乐年间，平姓一家由河北省迁安县太平村迁此立村，称平家。聚落呈团块状分布。有非物质文化遗产沾化福寿长拳。经济以种植业为主，种植冬枣。有公路经此。

北关 371603-B02-H01
[Běiguān]

古城镇人民政府驻地。在区驻地富国街道西方向 28.9 千米。人口 900。因位于沾城古城北侧而得名。聚落呈团块状分布。有小学 1 所、幼儿园 1 所。经济以种植业为主，种植冬枣、棉花。有公路经此。

班家 371603-B02-H02
[Bānjiā]

在区驻地富国街道西北方向 29.9 千米。古城镇辖自然村。人口 400。明万历年间，班姓在此立村，故名班家。聚落呈团块状分布。经济以种植业为主，种植冬枣、棉花。有公路经此。

北耿家 371603-B02-H03
[Běigěngjiā]

在区驻地富国街道西方向 29.1 千米。

古城镇辖自然村。人口1 300。明弘治年间，耿延德由山东省寿光县侯镇街迁此，故名耿家。因位于原县城之北，又称城北耿家，简称北耿家。聚落呈团块状分布。经济以种植业为主，种植冬枣、棉花。有公路经此。

北三里 371603-B02-H04
[Běisānlǐ]

在区驻地富国街道西方向27.9千米。古城镇辖自然村。人口500。金明昌六年（1195）建村，因该村距原县城北约三华里，故名北三里庄，简称北三里。聚落呈团块状分布。经济以种植业为主，种植冬枣、棉花。有公路经此。

城西吴家 371603-B02-H05
[Chéngxīwújiā]

在区驻地富国街道西方向28.9千米。古城镇辖自然村。人口500。清顺治十六年（1659），吴姓从河北省迁此立村，故名吴家庄村，简称吴家。1982年，更名城西吴家。聚落呈团块状分布。经济以种植业为主，种植冬枣、棉花。有公路经此。

大范 371603-B02-H06
[Dàfàn]

在区驻地富国街道西南方向32.9千米。古城镇辖自然村。人口700。明永乐年间，范姓妇女率三子由河北省武邑、枣强一带迁此立村，故名大范庄，又称大范家，简称大范。聚落呈团块状分布。经济以种植业为主，种植冬枣、棉花。有公路经此。

东三里 371603-B02-H07
[Dōngsānlǐ]

在区驻地富国街道西方向26.9千米。古城镇辖自然村。人口1 300。明永乐年间，时、卢、王三姓从河北省枣强县迁此立村。因村址在原县城之东三华里处，故名东三里庄，简称东三里。聚落呈团块状分布。有县第三批非物质文化遗产项目大秧歌表演。经济以种植业为主，种植冬枣、棉花。有公路经此。

管家庄 371603-B02-H08
[Guǎnjiāzhuāng]

在区驻地富国街道西方向27.9千米。古城镇辖自然村。人口900。明永乐年间，李姓由河北省枣强县迁此立村，后李姓充任丁府的管家，故名丁家管庄，简称管家庄。聚落呈团块状分布。经济以种植业为主，种植冬枣、棉花。有公路经此。

郝家沟 371603-B02-H09
[Hǎojiāgōu]

在区驻地富国街道西方向31.9千米。古城镇辖自然村。人口600。清康熙三年（1664），郝姓迁此立村，因该处有一水沟，故名郝家沟。聚落呈带状分布。经济以种植业为主，种植冬枣、棉花。有公路经此。

李彦 371603-B02-H10
[Lǐyàn]

在区驻地富国街道西方向29.9千米。古城镇辖自然村。人口700。明宣德年间，李彦由河北省武邑县迁此定居，故名李彦家，后称李彦。聚落呈团块状分布。经济以种植业为主，种植冬枣、棉花。有公路经此。

罗场 371603-B02-H11
[Luóchǎng]

在区驻地富国街道西方向29.9千米。古城镇辖自然村。人口700。明永乐二年（1404），罗姓由山西省洪洞县迁此定居，并设一打谷场，故名罗家场，后称罗场。聚落呈团块状分布。经济以种植业为主，种植冬枣、棉花。有公路经此。

迷马 371603-B02-H12

[Mímǎ]

在区驻地富国街道西方向 31.9 千米。古城镇辖自然村。人口 300。相传因该地"土腴林茂，地势纤回"，金主完颜亮骑马迷道于此，故名迷马庄，后称迷马。聚落呈团块状分布。经济以种植业为主，种植冬枣、棉花。有公路经此。

王见南 371603-B02-H13

[Wángjiànnán]

在区驻地富国街道西方向 31.9 千米。古城镇辖自然村。人口 700。明永乐年间，王响明（字见南）由河北省献县迁此定居。因其"素有义行于乡，子孙世传好义，乡民感怀其德"，故以王之字命村名王见南。聚落呈团块状分布。有小学 1 所、幼儿园 1 所。经济以种植业为主，种植冬枣、棉花。有公路经此。

西范 371603-B02-H14

[Xīfàn]

在区驻地富国街道西南方向 31.9 千米。古城镇辖自然村。人口 500。明永乐年间，范姓妇女率其三子由河北省武邑、枣强一带迁来立村，故名大范。后其长子在大范村西另立小村，取名西小范，后称西范。聚落呈团块状分布。经济以种植业为主，种植冬枣、棉花。有公路经此。

西孙 371603-B02-H15

[Xīsūn]

在区驻地富国街道西南方向 32.9 千米。古城镇辖自然村。人口 700。明永乐二年（1404），王姓铁匠由河北省武邑、枣强一带迁此立村，取名铁匠家。后孙姓迁来，子孙兴旺，又因村位于原县城之西，故改名西孙。聚落呈团块状分布。经济以种植业为主，种植冬枣、棉花。有公路经此。

冯家 371603-B03-H01

[Féngjiā]

冯家镇人民政府驻地。在区驻地富国街道西北方向 17.9 千米。人口 900。明永乐元年（1402），冯姓建村，故名冯家。聚落呈团块状分布。有中学 1 所、小学 1 所、幼儿园 1 所、农家书屋 1 个。经济以种植业为主，种植棉花、冬枣，有盐及盐化工、棉花深加工和海产品精深加工等企业，有鲁北水产品批发市场。秦滨高速经此。

傅家 371603-B03-H02

[Fùjiā]

在区驻地富国街道西北方向 15.9 千米。冯家镇辖自然村。人口 3 500。明永乐二年（1404），傅正、傅通兄弟二人迁此立村，故名傅家。聚落呈团块状分布。有农家书屋 1 个、幼儿园 2 所。经济以种植业、商贸业为主，种植棉花、冬枣，有渔业生产、海产品经营等产业。有公路经此。

大流 371603-B03-H03

[Dàliú]

在区驻地富国街道西北方向 16.9 千米。冯家镇辖自然村。人口 2 400。明永乐年间，张英由燕东乐亭县迁此立村，因位于水流湍急的沟盘河边，故名大流。聚落呈团块状分布。有农家书屋 1 个。经济以种植业、商贸业为主，种植棉花、冬枣，有渔业、海产品经营业等。有公路经此。

久山 371603-B03-H04

[Jiǔshān]

在区驻地富国街道北方向 13.9 千米。冯家镇辖自然村。人口 2 500。因附近有土山九座，故名玖山村，后演变为久山。聚落呈团块状分布。有农家书屋 1 个，有泰山老奶奶传说。经济以种植业、商贸业为主，种植棉花、冬枣，有渔业生产、海产品经营等产业。有公路经此。

李家 371603-B03-H05

[Lǐjiā]

在区驻地富国街道西北方向 14.9 千米。冯家镇辖自然村。人口 2 600。明永乐元年（1403），李姓由山西省洪洞县迁此立村，故名李家。聚落呈带状分布。有农家书屋 1 个、幼儿园 2 所、小学 1 所、中学 1 所。经济以种植业、商贸业为主，种植棉花、冬枣，有渔业、海产品经营业等。有公路经此。

南集 371603-B03-H06

[Nánjí]

在区驻地富国街道西北方向 16.9 千米。冯家镇辖自然村。人口 2 000。明朝初年，辛氏在北集村南定居，后人丁兴旺，立一小集，故名南辛集。后辛氏户绝，改称南集。聚落呈团块状分布。有幼儿园 1 所、小学 1 所、农家书屋 1 个。经济以种植业、商贸业为主，种植棉花、冬枣，有渔业、海产品经营业等。有公路经此。

南赵 371603-B03-H07

[Nánzhào]

在区驻地富国街道西北方向 12.9 千米。冯家镇辖自然村。人口 2 000。明永乐年间，有赵姓兄弟二人从山西省洪洞县迁此，在一河沟两侧分别建房立村，本村位南，故名南赵。聚落呈团块状分布。有幼儿园 3 所、农家书屋 1 个。经济以种植业、商贸业为主，种植棉花、冬枣，有渔业、海产品经营业等。有公路经此。

三官庙 371603-B03-H08

[Sānguānmiào]

在区驻地富国街道西北方向 13.9 千米。冯家镇辖自然村。人口 1 600。清末，李姓在此建村，因此处有三官庙，故名三官庙。聚落呈团块状分布。有农家书屋 1 个。经济以种植业、商贸业为主，种植棉花、冬枣，有渔业、海产品经营业等。有公路经此。

商家 371603-B03-H09

[Shāngjiā]

在区驻地富国街道西北方向 16.9 千米。冯家镇辖自然村。人口 2 100。明永乐二年（1404），商姓迁此立村，故名商家。聚落呈团块状分布。有农家书屋 1 个、幼儿园 1 所。经济以种植业、商贸业为主，种植棉花、冬枣，有渔业、海产品经营业等。有公路经此。

孙王 371603-B03-H10

[Sūnwáng]

在区驻地富国街道西北方向 16.9 千米。冯家镇辖自然村。人口 2 000。明永乐年间，孙、王两姓迁此立村，故名孙王庄，简称孙王。聚落呈团块状分布。有农家书屋 1 个。经济以种植业、商贸业为主，种植棉花、冬枣，有渔业、海产品经营业等。有公路经此。

下鄻 371603-B03-H11

[Xiàquān]

在区驻地富国街道西北方向 15.9 千米。冯家镇辖自然村。人口 1 900。明永乐年间，郭、巴两姓由山西省洪洞县迁此立村，因此地洼下，故名下鄻。聚落呈团块状分布。有农家书屋 1 个、幼儿园 1 所、小学 1 所。经济以种植业、商贸业为主，种植棉花、冬枣，有渔业、海产品经营业等。有公路经此。

庄科　371603-B03-H12
[Zhuāngkē]

在区驻地富国街道西北方向 17.9 千米。冯家镇辖自然村。人口 1 700。明成化年间，高姓立村，故名高家庄科（意指人稀庄稼少），后简称庄科。聚落呈团块状分布。有农家书屋 1 个。有滨州市第一批非物质文化遗产项目沾化东路梆子。经济以种植业、商贸业为主，种植棉花、冬枣，有渔业、海产品经营业等。有公路经此。

泊头　371603-B04-H01
[Bótóu]

泊头镇人民政府驻地。在区驻地富国街道西南方向 8.5 千米。人口 1 700。明永乐年间，朱、常两姓来此共立村庄，因徒骇河中往来船只在此停泊，故名泊头。聚落呈带状分布。有中学 1 所、小学 1 所、幼儿园 1 所。经济以种植业为主，种植冬枣、棉花、小麦、玉米，饲养生猪、牛、羊等。有蔬菜加工、苗木生产等企业。有山东沾化金宇建工有限公司。有公路经此。

冯王　371603-B04-H02
[Féngwáng]

在区驻地富国街道西南方向 9.9 千米。泊头镇辖自然村。人口 1 700。明永乐年间，冯、王两姓由山西省洪洞县迁此立村，取名冯王庄，简称冯王。聚落呈带状分布。经济以种植业为主，种植棉花、小麦、玉米、冬枣。有公路经此。

屈牟　371603-B04-H03
[Qūmù]

在区驻地富国街道西南方向 12.9 千米。泊头镇辖自然村。人口 1 600。明永乐年间，牟姓由山西省洪洞县迁此立村，取名小牟家。后贾、屈、韩等姓来居住，称屈牟。

聚落呈带状分布。经济以种植业为主，种植冬枣、棉花、小麦、玉米。有公路经此。

大牟　371603-B04-H04
[Dàmù]

在区驻地富国街道西南方向 10.9 千米。泊头镇辖自然村。人口 1 500。明洪武二年（1369），牟大中从山西省洪洞县迁此居住，后牟姓人丁兴旺，因有小牟家，故名大牟家，后简称大牟。聚落呈团块状分布。经济以种植业为主，种植冬枣、棉花、小麦、玉米。有公路经此。

道口　371603-B04-H05
[Dàokǒu]

在区驻地富国街道西南方向 12.9 千米。泊头镇辖自然村。人口 1 600。明洪武年间，张、陈两姓由山西省洪洞县迁来，立村时村旁有一道口，故名岳家道口，简称道口。聚落呈团块状分布。经济以种植业为主，种植冬枣、棉花、小麦、玉米。有公路经此。

明家　371603-B04-H06
[Míngjiā]

在区驻地富国街道西南方向 10.9 千米。泊头镇辖自然村。人口 1 200。明朝末年，明登进由山东省利津县明集迁此立村，取名明家。聚落呈团块状分布。经济以种植业为主，种植蔬菜、棉花、小麦、玉米、冬枣。滨港铁路经此。

季姜　371603-B04-H07
[Jìjiāng]

在区驻地富国街道西南方向 7.9 千米。泊头镇辖自然村。人口 1 200。明洪武年间，季、姜两姓由河北省枣强县迁此定居，取名季姜堂，简称季姜。聚落呈团块状分布。有小学 1 所、幼儿园 1 所。经济以种植业为主，种植冬枣、棉花、小麦、玉米。有公路经此。

东吕 371603-B04-H08
[Dōnglǚ]

在区驻地富国街道西南方向 8.9 千米。泊头镇辖自然村。人口 1 400。明永乐年间，吕姓由山西省洪洞县黑鹊窝迁往滨县吕家桥，后迁此立村。因附近有一太公庙，太公名吕望，故名吕望庄。1960 年，因自然村扩大，划分为两个村，本村居东，故称东吕。聚落呈团块状分布。经济以种植业为主，种植蔬菜、棉花、小麦、玉米。滨沾铁路经此。

鲍家 371603-B04-H09
[Bàojiā]

在区驻地富国街道西南方向 8.9 千米。泊头镇辖自然村。人口 1 000。明永乐年间，鲍姓由河北省枣强县迁此立村。附近有一沙岗，有人见岗上有两喜鹊斗一小青蛇，称"二凤戏青龙"，主吉祥，谓宝地，取宝之意，用宝（鲍）之音，故称鲍家。聚落呈团块状分布。经济以种植业为主，种植蔬菜、棉花、小麦、玉米。滨港铁路经此。

南徐 371603-B04-H10
[Nánxú]

在区驻地富国街道西南方向 10.9 千米。泊头镇辖自然村。人口 1 400。明永乐年间，徐恕由江苏省昆山县迁此立村，取名徐家。1958 年与徐万粮村划为一个公社，为避免两个村名混淆，改名南徐家，简称南徐。聚落呈团块状分布。经济以种植业为主，种植冬枣、棉花、小麦、玉米。滨沾铁路、滨港铁路经此。

大高 371603-B05-H01
[Dàgāo]

在区驻地富国街道西南方向 27.9 千米。大高镇辖自然村。人口 700。明朝，高姓迁此立村，故名高家。后在本乡另有一小高家，因本村人多，故名大高。聚落呈团块状分布。有文体广场 1 个、小学 1 所、幼儿园 2 所。经济以种植业为主，种植冬枣、棉花、小麦、玉米，饲养肉牛、奶牛、生猪、家禽等。有生物科技公司、保温厂等。有公路经此。

边家 371603-B05-H02
[Biānjiā]

在区驻地富国街道西南方向 27.9 千米。大高镇辖自然村。人口 1 200。明洪武年间，边姓来此立村，故名边家。聚落呈带状分布。有文体广场 1 个、幼儿园 1 所。经济以种植业为主，种植冬枣、棉花、小麦、玉米。有公路经此。

八里庄 371603-B05-H03
[Bālǐzhuāng]

在区驻地富国街道西南方向 24.9 千米。大高镇辖自然村。人口 1 100。清乾隆年间，官府规定，凡距城十华里村庄均设驿站。村人刘科为免官方骚扰，将十里谎报八里，故名八里庄。聚落呈带状分布。有文体广场 1 个。经济以种植业为主，种植冬枣、棉花。有公路经此。

灰堆刘 371603-B05-H04
[Huīduīliú]

在区驻地富国街道西南方向 21.9 千米。大高镇辖自然村。人口 1 000。元代，刘姓迁此定居，因见此地有灰一堆，故名灰堆刘。聚落呈带状分布。有文体广场 1 个。经济以种植业为主，种植冬枣。有公路经此。

何家桥 371603-B05-H05
[Héjiāqiáo]

在区驻地富国街道西南方向35.9千米。大高镇辖自然村。人口1 200。明洪武二年（1369），何姓由蒲台南关迁此立村，故名何家。1982年4月，更名何家桥。聚落呈带状分布。有文体广场1个。有滨州市第一批非物质文化遗产渤海大鼓。经济以种植业为主，种植冬枣、棉花、小麦、苹果、玉米。有公路经此。

郭家庙 371603-B05-H06
[Guōjiāmiào]

在区驻地富国街道西南方向29.9千米。大高镇辖自然村。人口800。元朝末年建村，名九楼郭村，后因村周围建有庙宇，郭姓居多，故改名郭家庙。聚落呈带状分布。有文体广场1个、幼儿园1所。经济以种植业为主，种植冬枣、棉花、小麦、玉米。有公路经此。

流钟 371603-B05-H07
[Liúzhōng]

在区驻地富国街道西南方向21.9千米。大高镇辖自然村。人口1 800。明初，蔺、李两姓由山西省洪洞县迁此立村。因处于九条水汇入徒骇河处，故名九流口。后徒骇河水涨时，漂来一口钟，停于此口，遂改名流钟口，后又称流钟。聚落呈团块状分布。有文体广场1个、小学1所、幼儿园1所。经济以种植业为主，种植冬枣、棉花、小麦、玉米。有公路经此。

王主史 371603-B05-H08
[Wángzhǔshǐ]

在区驻地富国街道西南方向19.9千米。大高镇辖自然村。人口700。明洪武年间，因该村人王铭由"人才"进授工部主事，故名王主史。聚落呈带状分布。有文体广场1个。经济以种植业为主，种植冬枣、棉花、小麦、玉米。有公路经此。

西官庄 371603-B05-H09
[Xīguānzhuāng]

在区驻地富国街道西南方向21.9千米。大高镇辖自然村。人口700。清朝康熙二十三年（1685），赵姓迁此居住，梁姓官员来此立村，故称官庄。1982年4月更名西官庄。聚落呈带状分布。有文体广场1个。经济以种植业为主，种植冬枣、棉花、小麦、玉米。有公路经此。

大楼 371603-B05-H10
[Dàlóu]

在区驻地富国街道西南方向20.9千米。大高镇辖自然村。人口900。明洪武年间，吴氏由沾化县皂户王家迁此立村，并建一土楼，故名大楼。聚落呈团块状分布。有文体广场1个。经济以种植业为主，种植冬枣、棉花、小麦、玉米。有公路经此。

沙洼 371603-B05-H11
[Shāwā]

在区驻地富国街道西南方向19.9千米。大高镇辖自然村。人口900。明洪武二年（1369），李姓从河北省枣强县迁此立村，因地洼、土沙，故名沙洼。聚落呈带状分布。有文体广场1个、幼儿园1所。经济以种植业为主，种植冬枣、棉花、小麦、玉米。有公路经此。

楼子庄 371603-B05-H12
[Lóuzizhuāng]

在区驻地富国街道西南方向18.9千米。大高镇辖自然村。人口1 500。明永乐年间，河北省永平府迁安县铁瓦楼子庄村人迁此，用原籍名去"铁瓦"二字，名楼子庄。

聚落呈团块状分布。有文体广场1个、幼儿园1所。经济以种植业为主，种植冬枣、棉花、小麦、玉米。有公路经此。

火把张 371603-B05-H13
[Huǒbǎzhāng]

在区驻地富国街道西南方向20.9千米。大高镇辖自然村。人口1 300。明永乐年间，张姓从山西省洪洞县迁此落户。至清朝雍正年间，张姓出了大胡子、二胡子兄弟，他们夜出打劫，为回归辨向，于院内设一高杆，让其母按时燃火把作为目标，故乡人称该村为火把张家，后称火把张。聚落呈带状分布。有文体广场1个。经济以种植业为主，种植冬枣、棉花、小麦、玉米。有公路经此。

修家 371603-B05-H14
[Xiūjiā]

在区驻地富国街道西南方向23.9千米。大高镇辖自然村。人口1 300。明末清初，修姓从山西省洪洞县迁此立村，取名修家。聚落呈团块状分布。有文体广场1个。经济以种植业为主，种植冬枣、棉花、小麦、玉米。有公路经此。

薛家 371603-B05-H15
[Xuējiā]

在区驻地富国街道西南方向20.9千米。大高镇辖自然村。人口1 000。明洪武二年（1369），薛姓由山西省迁此立村，取名薛家。聚落呈团块状分布。有文体广场1个、幼儿园1所。经济以种植业为主，种植冬枣、棉花、小麦、玉米。有公路经此。

中韩 371603-B05-H16
[Zhōnghán]

在区驻地富国街道西南方向20.9千米。大高镇辖自然村。人口800。明洪武二年（1369），韩傲由山西省洪洞县迁此立村，取名韩家。因处于南、北韩两村之间，故改名中韩。聚落呈团块状分布。有文体广场1个。经济以种植业为主，种植冬枣、棉花、小麦、玉米。有公路经此。

河东韩家 371603-B05-H17
[Hédōnghánjiā]

在区驻地富国街道西南方向20.9千米。大高镇辖自然村。人口800。明洪武元年（1368），韩、张二氏迁此建房于湾畔，一日，有对金黄美丽的鸭子同游于湾中，以为祥兆。立村时韩众张寡，故取名鸭子韩家村，简称韩家。因北有北韩、中韩两村，故亦名南韩。又因在徒骇河东岸，更名河东韩家。聚落呈团块状分布。有文体广场1个、幼儿园1所。经济以种植业为主，种植冬枣、棉花、小麦、玉米。有公路经此。

黄升店 371603-B06-H01
[Huángshēngdiàn]

黄升镇人民政府驻地。在区驻地富国街道西南方向16.9千米。人口2 600。明永乐年间，李姓由河北省枣强县迁此定居，继有黄姓来此开店。立村时以黄姓之店，再加吉祥的"升"字，名黄升店。聚落呈团块状分布。有文化大院1个、中学1所、小学1所、幼儿园1所等。经济以种植业为主，种植冬枣、棉花。有粗布家纺、布绒玩具、食品加工、盐业化工等企业。有公路经此。

大新 371603-B06-H02
[Dàxīn]

在区驻地富国街道西南方向16.9千米。黄升镇辖自然村。人口1 100。明洪武六年（1373），毕、刘、姜等姓从河北枣强县迁此分别立村为沟刘家、庄户顶子、桥子、坐地户四处。清顺治年间，四村合并成一较大新村，故名大新庄，简称大新。聚落呈团块状分布。经济以种植业为主，种植冬枣、棉花。有公路经此。

颜家口 371603-B06-H03

［Yánjiākǒu］

在区驻地富国街道西南方向14.9千米。黄升镇辖自然村。人口1 200。明洪武元年（1368），颜姓从山东省曲阜迁此立村，因村附近徒骇河有一渡口，故名颜家口。聚落呈团块状分布。经济以种植业为主，种植冬枣、棉花。有公路经此。

王侯 371603-B06-H04

［Wánghóu］

在区驻地富国街道西南方向12.9千米。黄升镇辖自然村。人口1 200。明洪武元年（1368），侯姓从河北枣强迁此定居，后王姓来此与侯姓共同立村，故名王侯。后村子渐大，并立集市，遂称王侯镇，后称王侯。聚落呈团块状分布。经济以种植业为主，种植冬枣、棉花。有公路经此。

牛家 371603-B06-H05

［Niújiā］

在区驻地富国街道西南方向16.9千米。黄升镇辖自然村。人口1 300。明永乐年间，牛姓从山西省洪洞县迁此立村，故名牛家。聚落呈团块状分布。经济以种植业为主，种植冬枣、棉花。有公路经此。

大姜 371603-B06-H06

［Dàjiāng］

在区驻地富国街道西南方向17.9千米。黄升镇辖自然村。人口1 700。明洪武六年（1373），姜有财从山西省洪洞县迁此落户，当时已有魏姓在此建村，名小魏家。后姜姓人丁兴旺，魏姓迁往别处，改名大姜家，简称大姜。聚落呈带状分布。有幼儿园1所。

经济以种植业为主，种植冬枣、棉花。有公路经此。

枣园 371603-B06-H07

［Zǎoyuán］

在区驻地富国街道西南方向18.9千米。黄升镇辖自然村。人口1 100。明洪武二年（1369），郭姓几家由山西省洪洞县迁此，分别立村，称前郭庄、后郭庄。不久韩姓一家从阳信县吴家辛庄迁此定居。韩姓到第三代时，考取了进士，任官后曾返里省亲，见枣树围村，冬枣尤多，于是前郭庄、后郭庄与韩姓人家合为一村，名帑枣园，后称枣园。聚落呈带状分布。经济以种植业为主，种植冬枣、棉花。有公路经此。

堤圈 371603-B06-H08

［Dīquān］

在区驻地富国街道西南方向18.9千米。黄升镇辖自然村。人口1 600。明永乐年间，陶姓自山西省洪洞县迁此立村。村南有徒骇河绕村北去，为防止河水泛滥，沿河修筑堤坝呈半圈形，故取村名堤圈。聚落呈团块状分布。有复圣颜回传统文化、红色教育基地1个。经济以种植业为主，种植冬枣、棉花。有公路经此。

邓王 371603-B06-H09

［Dèngwáng］

在区驻地富国街道西南方向13.9千米。黄升镇辖自然村。人口1 300。明洪武二年（1369），邓、王二姓由山西省洪洞县迁此立村，因村北有荒洼，取名邓洼庄。1945年改名邓王庄，简称邓王。聚落呈团块状分布。有幼儿园1所。经济以种植业为主，种植冬枣、棉花。有公路经此。

吴村寺 371603-B06-H10

[Wúcūnsì]

在区驻地富国街道西南方向14.9千米。黄升镇辖自然村。人口1 400。唐朝时期，周姓从河北枣强迁此定居，名周家屋子。不久，吴姓等相继迁于周家屋子以北落户，并建白马寺庙一座，立村名白马寺。后两村合并，取名吴村寺。聚落呈团块状分布。经济以种植业为主，种植冬枣、棉花。有公路经此。

商家 371603-B06-H11

[Shāngjiā]

在区驻地富国街道西南方向13.1千米。黄升镇辖自然村。人口800。明洪武四年（1371），商姓从山西省洪洞县迁此立村，故名商家。聚落呈团块状分布。经济以种植业为主，种植冬枣、棉花。有公路经此。

场直 371603-B07-H01

[Chǎngzhí]

滨海镇人民政府驻地。在区驻地富国街道东北方向13.1千米。人口700。1957年，为徒骇河农场总部驻地，故名总场。2001年，撤销徒骇河农场设立滨海乡，因总场位于政府机关驻地，更名场直。聚落呈团块状分布。有学校1所。经济以养殖业、种植业为主，种植棉花，养殖对虾、三疣梭子蟹、文蛤、牡蛎、毛蛤等，咸水鱼类有鲈鱼、梭鱼等，淡水鱼类有鲤鱼、鲫鱼、鳝鱼、黑鱼、泥鳅等。有油盐化工、节能环保产业集群。有公路经此。

耿局 371603-B07-H02

[Gěngjú]

在区驻地富国街道北30.1千米。滨海镇辖自然村。人口600。1928年，沾化县南耿家耿乃喜在此养兵立局子，称耿家局子。后局子逐渐形成村落，名耿家局子，简称耿局。聚落呈团块状分布。有农家书屋1个。经济以种植业、养殖业为主，种植棉花，养殖水产。有公路经此。

何鄼 371603-B07-H03

[Héquān]

在区驻地富国街道东北方向25.2千米。滨海镇辖自然村。人口700。1922年黄河决口，此处为良田，山东省乐陵县贺光耀在此圈地租佃，故名贺家圈。1926年有沾化县何家村殷、杨两姓迁此定居，遂演变为何家鄼，后称何鄼。聚落呈团块状分布。有文化大院1个、文化广场1个。经济以种植业、养殖业为主，种植棉花，养殖水产。有公路经此。

河西 371603-B07-H04

[Héxī]

在区驻地富国街道东北方向21.2千米。滨海镇辖自然村。人口1 000。1930年郭才一迁此居住，因此处有一坨子，故名坨子。1965年，因村址位于潮河以西，故改名河西。聚落呈团块状分布。有文化大院1个、农家书屋1个。经济以种植业为主，种植冬枣、棉花。有公路经此。

河贵 371603-B07-H05

[Héguì]

在区驻地富国街道东北方向18.9千米。滨海镇辖自然村。人口600。1922年黄河决口，此处被黄河冲有很多水沟，人称河溃。1953年郭印文迁此立村，以地名命村名。后因"溃"字不祥，故改名河贵。聚落呈团块状分布。有文化大院1个、农家书屋1个。经济以种植业为主，种植棉花。有公路经此。

垛鄤 371603-B07-H06

[Duòquān]

在区驻地富国街道北16.9千米。滨海镇辖自然村。人口700。明永乐年间，刘凤鸣从山西洪洞县迁此立村，当时该村盛产鱼虾，商贩多用驴、骡往外驮运，因驼运工具均用"垛架"，故名垛鄤。聚落呈团块状分布。有农家书屋1个。经济以种植业、养殖业为主，种植棉花，养殖水产。有公路经此。

西刘 371603-C01-H01

[Xīliú]

下河乡人民政府驻地。在区驻地富国街道东北方向20.9千米。人口600。明建文年间，刘思忠从河北省枣强县窑户刘家迁此立村，取名刘家庄。后因村位徒骇河西，改称西刘。聚落呈团块状分布。经济以种植业为主，主要农作物有棉花、冬枣、芦笋、西瓜等。有公路经此。

下河 371603-C01-H02

[Xiàhé]

在区驻地富国街道东北方向20.9千米。下河乡辖自然村。人口900。明万历年间，王子合夫妇从河北省枣强县迁此定居，因位于沙河岸边，故名沙河。后因沙河下游淤塞，该村居于沙河下端，故改名下河。聚落呈团块状分布。有幼儿园1所。经济以种植业为主，种植棉花。有公路经此。

楼子 371603-C01-H03

[Lóuzi]

在区驻地富国街道东北方向20.9千米。下河乡辖自然村。人口800。明洪武年间，王子和从河北省枣强县迁此立村，当时村西约三百米处有一井，井旁有一古楼，故名楼子。聚落呈团块状分布。经济以种植业为主，种植棉花。有公路经此。

官灶 371603-C01-H04

[Guānzào]

在区驻地富国街道东北方向20.9千米。下河乡辖自然村。人口800。明朝年间，张姓从山西省迁此立村，因此处为古官灶城遗址，故取名官灶。聚落呈团块状分布。经济以种植业为主，种植棉花。有公路经此。

小王 371603-C01-H05

[Xiǎowáng]

在区驻地富国街道东北方向18.9千米。下河乡辖自然村。人口700。清道光年间，王利、王礼兄弟二人从沾化县流口村迁此立村，取名小王庄，简称小王。聚落呈团块状分布。经济以种植业为主，种植棉花。有公路经此。

流口 371603-C01-H06

[Liúkǒu]

在区驻地富国街道东北方向21.9千米。下河乡辖自然村。人口1 700。明洪武二年（1369），李、王二姓从河北省枣强县迁此立村，当时地处滨海，海水冲击流口较多，故有东流口、腰流口、西流口之说，故取名流口。聚落呈团块状分布。有幼儿园1所。经济以种植业为主，种植棉花。有公路经此。

东李 371603-C01-H07

[Dōnglǐ]

在区驻地富国街道东北方向23.9千米。下河乡辖自然村。人口800。1930年，李贺元等从沾化县李家庄子迁此定居，因村西有李家屋子，故名东李家屋子。1982年更名东李庄，简称东李。聚落呈团块状分布。有幼儿园1所。经济以种植业为主，种植棉花。有公路经此。

西李 371603-C01-H08

[Xīlǐ]

在区驻地富国街道东北方向22.9千米。下河乡辖自然村。人口700。1923年，李如元等从沾化县李家庄子迁此定居，故名李家屋子。1936年，因村东建有东李家屋子，遂改名西李家屋子，简称西李庄，后称西李。聚落呈带状分布。经济以种植业为主，种植棉花。有公路经此。

大邵 371603-C01-H09

[Dàshào]

在区驻地富国街道东北方向11.9千米。下河乡辖自然村。人口1 700。明万历年间，邵邦举、邵邦晋从河北省枣强县迁此立村，名邵家。后因村北有北邵，该村较大，故改名大邵。聚落呈团块状分布。经济以种植业为主，种植棉花。有公路经此。

北邵 371603-C01-H10

[Běishào]

在区驻地富国街道东北方向12.9千米。下河乡辖自然村。人口1 100。清同治年间，邵源率领二子邵方龙、邵方叶从沾化县大邵迁此立村，取名邵家屋子，后因该村位于邵家村北，故改名北邵。聚落呈团块状分布。有幼儿园1所。经济以种植业为主，种植棉花。有公路经此。

北韩 371603-C01-H11

[Běihán]

在区驻地富国街道东北方向16.9千米。下河乡辖自然村。人口800。清康熙年间，韩姓由沾化县丰民迁此定居，取名韩家屋子。1921年，黄河决口，村庄被淹。水退后，一部分村民在原处重建家园，另一部分村民迁于村南建村，名南韩。本村居北，故称北韩。聚落呈团块状分布。经济以种植业为主，种植棉花。有公路经此。

孙户 371603-C02-H01

[Sūnhù]

利国乡人民政府驻地。在区驻地富国街道东方向10.1千米。人口1 100。明永乐年间，孙氏由河北省迁此立村，因其后人孙祥荫封千户，而得村名孙千户，后简称孙户。聚落呈带状分布。经济以种植业、养殖业为主，种植棉花。有公路经此。

利国 371603-C02-H02

[Lìguó]

在区驻地富国街道东方向14.9千米。利国乡辖自然村。人口500。元朝曾在此设利国盐场，明永乐初年立村，以原盐场名命村名。聚落呈带状分布。有中学1所、小学2所、幼儿园3所。有沾化县第二批非物质文化遗产项目舞蹈莲花落、车子灯。经济以种植业、养殖业为主，种植棉花、冬枣、小麦，沾化冬枣、利国羊肉为当地特色产品。有公路经此。

崔铺 371603-C02-H03

[CuīPù]

在区驻地富国街道东南方向10.9千米。利国乡辖自然村。人口1 300。明朝中期，崔姓迁此立村，取名崔铺。聚落呈带状分布。有市级非物质文化遗产"虎斗牛"。经济以种植业、养殖业为主，种植棉花。有公路经此。

来刘 371603-C02-H04

[Láiliú]

在区驻地富国街道东方向12.1千米。利国乡辖自然村。人口1 200。清朝初年，陈姓一家在此定居，人称陈家庄子。后来刘姓来此形成村落，取名来刘家，简称来刘。聚落呈带状分布。经济以种植业、养殖业为主，种植棉花。有公路经此。

裴家 371603-C02-H05

[Péijiā]

在区驻地富国街道东方向 14.1 千米。利国乡辖自然村。人口 1 000。清乾隆年间，裴丰记一家从山西太原府迁此立村，名裴家。聚落呈带状分布。经济以种植业、养殖业为主，种植棉花。有公路经此。

利国一村 371603-C02-H06

[Lìguóyīcūn]

在区驻地富国街道东方向 14.9 千米。利国乡辖自然村。人口 500。元朝曾在此设利国盐场。以原盐场名命名村名，称利国村。1955 年分为五个村，本村为利国一村。聚落呈带状分布。有县级非物质文化遗产莲花落、车子灯。经济以种植业、养殖业为主，种植小麦、棉花。有公路经此。

曹坨 371603-C02-H07

[Cáotuó]

在区驻地富国街道东方向 11.9 千米。利国乡辖自然村。人口 900。明朝末年，高志祥由利津北关迁此定居，因此处四周洼、中间高，形成坨子，又曾是曹姓人家土地，故取名曹坨。聚落呈团块状分布。经济以种植业、养殖业为主，种植棉花。有公路经此。

惠民县

城市居民点

香格里拉小区 371621-I01

[Xiānggélǐlā Xiǎoqū]

在县境南部。户数 1 272。总面积 9.3 公顷。以小说《消失的地平线》中"美好的世外桃源"香格里拉命名，寓意小区可

以成为居民美好的家园。2012 年始建，2013 年正式使用。建筑总面积 180 000 平方米，高层住宅楼 12 栋，现代建筑风格，绿地面积 30 000 平方米，有幼儿园、超市等配套设施。通公交车。

世纪花园 - 景园 371621-I02

[Shìjì Huāyuánèjǐngyuán]

在县境东南部。户数 2 000。总面积 22.3 公顷。因于 21 世纪之初建设而得名，寓意新世纪美丽的家园。2001 年始建，2003 年正式使用。建筑总面积 250 000 平方米，多层住宅楼 77 栋，现代建筑风格，绿地面积 80 000 平方米，有休闲广场、篮球场、老年公寓、幼儿园等配套设施。通公交车。

金领华庭 371621-I03

[Jīnlǐng Huátíng]

在县境东部。户数 480。总面积 8.3 公顷。因吉祥佳言而得名。2009 年始建，2010 年正式使用。建筑总面积 110 000 平方米，多层住宅楼 21 栋，现代建筑风格，绿地面积 30 000 平方米，有休闲广场、老年公寓等配套设施。通公交车。

东景豪庭 371621-I04

[Dōngjǐng Háotíng]

在县境东部。户数 895。总面积 27.2 公顷。以县城东部豪华的家园之意命名。2010 年始建，2012 年正式使用。建筑总面积 520 000 平方米，高层住宅楼 6 栋，现代建筑风格，绿地面积 90 000 平方米，有休闲广场等配套设施。通公交车。

国泰花苑 371621-I05

[Guótài Huāyuàn]

在县境东部。户数 510。总面积 8.9 公

顷。以"国泰民安"之意命名。2010年始建，2012年正式使用。建筑总面积60 000平方米，多层住宅楼19栋，现代建筑风格，绿地面积30 000平方米，有休闲广场等配套设施。通公交车。

怡水龙城小区 371621-I06
[Yíshuǐ Lóngchéng Xiǎoqū]

在县境南部。户数540。总面积7.3公顷。以水边怡然自得的生活之意命名。2009年始建，2010年正式使用。建筑总面积70 000平方米，住宅楼25栋，其中高层9栋、多层16栋，现代建筑风格，绿地面积20 000平方米，有休闲广场、篮球场等配套设施。通公交车。

幸福时光佳苑 371621-I07
[Xìngfú Shíguāng Jiāyuàn]

在县境南部。户数569。总面积7.2公顷。以希望小区居民可以拥有幸福的生活之意命名。2010年始建，2012年正式使用。建筑总面积50 000平方米，多层住宅楼10栋，现代建筑风格，绿地面积15 000平方米，有休闲广场、老年公寓等配套设施。通公交车。

温泉文化博览园 371621-I08
[Wēnquán Wénhuà Bólǎnyuán]

在县境东南部。户数500。总面积36.8公顷。以"温泉文化"为建设主题而得名。2009年始建，2011年正式使用。建筑总面积400 000平方米，高层住宅楼36栋，现代建筑风格，绿地面积120 000平方米，有幼儿园、休闲广场等配套设施。通公交车。

康和苑 371621-I09
[Kānghé Yuàn]

在县境东部。户数256。总面积3.5公顷。以健康和谐之意而得名。2010年始建，

2012年正式使用。建筑总面积40 000平方米，高层住宅楼5栋，现代建筑风格，绿地面积20 000平方米，有休闲广场等配套设施。通公交车。

望都花园 371621-I10
[Wàngdū Huāyuán]

在县境南部。户数200。总面积6.6公顷。因李庄镇"绳网之都"称号取谐音而得名。2007年始建，2009年正式使用。建筑总面积70 000平方米，多层住宅楼8栋，现代建筑风格，绿地面积20 000平方米，有休闲广场、健身场所等配套设施。有公路经此。

新城花园 371621-I11
[Xīnchéng Huāyuán]

在县境中部。户数160。总面积1.6公顷。因位于麻店镇开发区而得名。2010年始建，2011年正式使用。建筑总面积20 000平方米，多层住宅楼4栋，现代建筑风格，绿地面积5 000平方米，有休闲广场及健身场所等配套设施。有公路经此。

清馨苑 371621-I12
[Qīngxīn Yuàn]

在县境南部。户数120。总面积1.5公顷。以希望业主在小区内住的清馨之意命名。2008年始建，2010年正式使用。建筑总面积14 000平方米，多层住宅楼5栋，现代建筑风格，绿地面积5 000平方米，有休闲广场、健身场所等配套设施。有公路经此。

缘馨园领袖城 371621-I13
[Yuánxīn Yuán Lǐngxiù Chéng]

在县境南部。户数500。总面积8.1公顷。以人缘、温馨之意命名。2006年始建，2008年正式使用。建筑总面积66 000平方

米，多层住宅楼 16 栋，现代建筑风格，绿地面积 28 000 平方米，有休闲广场、健身场所等配套设施。有公路经此。

幸福家苑 371621-I14
[Xìngfú Jiāyuàn]

在县境南部。户数 198。总面积 0.7 公顷。因寓意追求幸福生活而得名。2011 年始建，2014 年正式使用。建筑总面积 11 000 平方米，多层住宅楼 5 栋，现代建筑风格，绿地面积 2 000 平方米，有健身场所等配套设施。有公路经此。

天福园 371621-I15
[Tiānfú Yuán]

在县境南部。户数 350。总面积 3.4 公顷。因寓意天下幸福安康而得名。2011 年始建，2013 年正式使用。建筑总面积 48 000 平方米，多层住宅楼 6 栋，现代建筑风格，绿地面积 7 000 平方米，有健身场所等配套设施。有公路经此。

农村居民点

大孙 371621-A01-H01
[Dàsūn]

在县驻地孙武街道西方向 2.2 千米。孙武街道辖自然村。人口 900。明宣德年间，始祖孙景然由枣强迁此立村，因后来规模大于周围邻村，被称大孙。聚落呈团块状分布。有农家书屋 1 个、小学 1 所。经济以种植业为主，种植小麦、玉米、棉花等。有公路经此。

孙武 371621-A01-H02
[Sūnwǔ]

在县驻地孙武街道南方向 0.8 千米。孙武街道辖自然村。人口 1 200。又因孙姓在此立村，人丁兴旺，故取名孙家庙，后因先人孙武，故名孙武。聚落呈团块状分布。有文化大院 1 个、农家书屋 1 个。经济以种植业为主，种植小麦、玉米、棉花等。有公路经此。

吴家花园 371621-A01-H03
[Wújiāhuāyuán]

在县驻地孙武街道东南方向 2.1 千米。孙武街道辖自然村。人口 200。明德年间，吴姓始祖由河北枣强迁于县城内的苏家角。后有吴姓人由苏家角迁于此地为官府培植花木，即名吴家花园。后因村小，当地惯称小吴。1985 年，为避重名，遂复名吴家花园。聚落呈团块状分布。有农家书屋 1 个。经济以种植业为主，种植小麦、玉米、棉花等。有公路经此。

马家堤口 371621-A01-H04
[Mǎjiādīkǒu]

在县驻地孙武街道西方向 0.5 千米。孙武街道辖自然村。人口 300。明嘉靖年间，马姓始祖由河北清河迁此。这里曾有一长堤，立村于堤口旁，故名马家堤口。聚落呈团块状分布。有农家书屋 1 个。经济以种植业为主，种植小麦、玉米等。有公路经此。

钓马杨 371621-A01-H05
[Diàomǎyáng]

在县驻地孙武街道北方向 5.6 千米。孙武街道辖自然村。人口 900。明宣德年间，杨姓始祖由河北枣强迁此立村杨家。清康熙年间，曾在此屯军，士兵常到村南八方泊钓鱼、放马，故被称为钓马杨。聚落呈团块状分布。有农家书屋 1 个。经济以种植业为主，种植小麦、玉米等。有公路经此。

赵奢孟 371621-A01-H06
［Zhàoshēmèng］

在县驻地孙武街道西北方向 6.7 千米。孙武街道辖自然村。人口 500。传说该村系战国时期名将赵奢的故乡，故名赵奢庄，后因北与孟家庄为邻，年久，两村连为一体，遂改名为赵奢孟。聚落呈团块状分布。有农家书屋 1 个。经济以种植业为主，种植小麦、玉米等。有公路经此。

南邓 371621-A01-H07
［Nándèng］

在县驻地孙武街道北方向 3.5 千米。孙武街道辖自然村。人口 400。明宣德年间，邓姓始祖由河北枣强迁立村邓家。因北与台子崔村为邻，曾称台子邓。1985 年，因重名，更名为南邓，以其在原乡驻地南侧，故名。聚落呈团块状分布。有农家书屋 1 个。经济以种植业为主，种植小麦、玉米等。有公路经此。

桃王 371621-A01-H08
［Táowáng］

在县驻地孙武街道北方向 3.7 千米。孙武街道辖自然村。人口 300。因村北曾有一桃园，在当地较知名，属王姓所有，遂称其村名为桃王。聚落呈团块状分布。有农家书屋 1 个。经济以种植业为主，种植小麦、玉米等。有公路经此。

东成 371621-A01-H09
［Dōngchéng］

在县驻地孙武街道北方向 4.7 千米。孙武街道辖自然村。人口 400。明宣德年间，始祖成严由河北枣强迁此立村成家。1985 年，因重名，以其在原乡驻地东，更名东成。聚落呈团块状分布。有农家书屋 1 个。经济以种植业为主，种植小麦、玉米等。有公路经此。

省屯 371621-A01-H10
［Shěngtún］

在县驻地孙武街道北方向 6.7 千米。孙武街道辖自然村。人口 1 800。明宣德年间，始祖刘古斌由河北枣强迁此立村。因在立村前，明成祖朱棣为平藩王之乱曾屯兵于此，故取名屯里。清康熙年间，平"三藩之乱"时，省城发兵亦屯于此，遂改名省屯。聚落呈团块状分布。有文化大院 1 个、农家书屋 1 个。有省级文物保护单位泰山行宫。经济以种植业为主，种植小麦、玉米等。有公路经此。

城北肖 371621-A01-H11
［Chéngběixiāo］

在县驻地孙武街道北方向 3.2 千米。孙武街道辖自然村。人口 300。明永乐年间，肖姓始祖由河北枣强迁此立村肖家，1985 年，因避重名，以其在县城之北更名城北肖。聚落呈团块状分布。有农家书屋 1 个。有省级文物保护单位肖家遗址。经济以种植业为主，种植小麦、玉米等。有公路经此。

城北于 371621-A01-H12
［Chéngběiyú］

在县驻地孙武街道北方向 2.2 千米。孙武街道辖自然村。人口 300。明永乐年间，于姓始祖由河北枣强迁此立村于家，1985 年，因避重名，以其在县城之北更名城北于。聚落呈团块状分布。有农家书屋 1 个。经济以种植业为主，种植小麦、玉米等。有公路经此。

陈王 371621-A01-H13
［Chénwáng］

在县驻地孙武街道东北方向 4.1 千米。孙武街道辖自然村。人口 400。始祖王虎，字守义，明宣德年间，由河北枣强迁此，以字名村。明成化年间，赵子良由河北枣强迁此立村，至正德时有陈姓迁入，在其成为主姓后更名陈家。后因村北有后陈，该村又曾名前陈。1990年因两村邻近故合并，命名陈王。聚落呈团块状分布。有农家书屋1个。经济以种植业为主，种植小麦、玉米等。有公路经此。

小阎家　371621-A01-H14
[Xiǎoyánjiā]

在县驻地孙武街道东北方向3.4千米。孙武街道辖自然村。人口200。明永乐年间，阎姓始祖由河北枣强迁此立村阎家。1985年，因避重名，以其小于邻村更名小阎家。聚落呈团块状分布。有农家书屋1个。经济以种植业为主，种植小麦、玉米等。有公路经此。

郝家　371621-A01-H15
[Hǎojiā]

在县驻地孙武街道西北方向1.7千米。孙武街道辖自然村。人口200。清康熙年间，始祖郝久煌由河北枣强迁此立村郝家。聚落呈团块状分布。有农家书屋1个。有省级文物保护单位郝家遗址。经济以种植业为主，种植小麦、玉米等。有公路经此。

朱老虎　371621-A01-H16
[Zhūlǎohǔ]

在县驻地孙武街道西方向1.3千米。孙武街道辖自然村。人口400。明洪武年间，朱姓始祖由河北枣强县迁于此，以安家落户之意，取名朱落户，后讹传为朱老虎。聚落呈团块状分布。有农家书屋1个。经济以种植业为主，种植小麦、玉米等。有公路经此。

刘安庄　371621-A01-H17
[Liú'ānzhuāng]

在县驻地孙武街道西方向1.8千米。孙武街道辖自然村。人口300。刘氏先祖遂明宣宗讨伐汉王之乱迁此定居，初居城内武家营，后迁移至此。村名初为刘定乡家，意为刘氏定居之家，后更名刘安庄，意为刘氏安家的村庄。聚落呈团块状分布。有农家书屋1个。经济以种植业为主，种植小麦、玉米等。

高家　371621-A01-H18
[Gāojiā]

在县驻地孙武街道西北方向2.9千米。孙武街道辖自然村。人口200。明成化年间，始祖高浩然由河北枣强迁此立村高家。清朝中叶，村内有一朱姓者，在县衙内当"司斗"，其村名亦被称朱斗子高家，1945年复名高家。聚落呈团块状分布。有农家书屋1个。经济以种植业为主，种植小麦、玉米等。有公路经此。

南史家　371621-A01-H19
[Nánshǐjiā]

在县驻地孙武街道西北方向2.4千米。孙武街道辖自然村。人口200。明永乐年间，始祖史连登由河北枣强迁此立村史家。因村中有一较大的庙宇，曾被称史家庙，1945年复名史家，1985年，因避重名，以其位于原乡驻地南更为南史家。聚落呈团块状分布。有农家书屋1个。经济以种植业为主，种植小麦、玉米等。有公路经此。

十方院　371621-A01-H20
[Shífāngyuàn]

在县驻地孙武街道南方向1.4千米。孙武街道辖自然村。人口100。早年周围村在此建庙，以东、西、南、北等十个方位为庙取名十方院，又含"十方万灵，神通广大"之意。至清康熙年间，阁老李之芳的守墓人一家在此居住，年久成村，故十方院亦成村名。聚落呈团块状分布。经济以种植业为主，种植小麦、玉米等。有公路经此。

冯家庙 371621-A01-H21
[Féngjiāmiào]

在县驻地孙武街道北方向 3.9 千米。孙武街道辖自然村。人口 200。明正德年间，冯姓始祖由河北枣强迁此立村冯家。至万历年间，在村东建三皇庙，遂更名冯家庙。聚落呈团块状分布。有农家书屋 1 个。经济以种植业为主，种植小麦、玉米。有公路经此。

刘德玉 371621-A01-H22
[Liúdéyù]

在县驻地孙武街道东北方向 1.6 千米。孙武街道辖自然村。人口 200。始祖刘德玉与其弟刘德贤于明宣德年间，由河北枣强迁居于此，以大道为界，分别于南北各自立村，村以人称，名刘德玉、刘德贤，后因刘德玉比刘德贤兴旺发达，刘德贤亦称刘德玉。聚落呈团块状分布。有农家书屋 1 个。经济以种植业为主，种植小麦、玉米等。有公路经此。

王牛 371621-A01-H23
[Wángniú]

在县驻地孙武街道西南方向 3.1 千米。孙武街道辖自然村。人口 400。明宣德年间，王姓始祖兄弟二人，乳名大牛、二牛，由河北枣强迁此立村王牛。聚落呈团块状分布。有农家书屋 1 个。经济以种植业为主，种植小麦、玉米等。有公路经此。

王辛庄 371621-A01-H24
[Wángxīnzhuāng]

在县驻地孙武街道西北方向 7.1 千米。孙武街道辖自然村。人口 500。明万历年间，王姓始祖由邻村王家集迁此，立村王家集新庄。后来"新"误写作"辛"，简称王辛庄。聚落呈团块状分布。有农家书屋 1 个。经济以种植业为主，种植小麦、玉米。有公路经此。

房家 371621-A01-H25
[Fángjiā]

在县驻地孙武街道南方向 1.8 千米。孙武街道辖自然村。人口 300。明嘉靖年间，始祖房太初由河北枣强迁此立村，村名以姓称，取名房家。聚落呈团块状分布。有农家书屋 1 个、小学 1 所。经济以种植业为主，种植小麦、玉米等。有公路经此。

堡马 371621-A01-H26
[Pùmǎ]

在县驻地孙武街道西北方向 4.2 千米。孙武街道辖自然村。人口 200。明宣德年间，马姓始祖由河北枣强迁此立村马家，1985 年，因避重名，以其靠近十里堡更名堡马。聚落呈团块状分布。有农家书屋 1 个。经济以种植业为主，种植小麦、玉米。有公路经此。

李封侯 371621-A01-H27
[Lǐfēnghóu]

在县驻地孙武街道西北方向 1.9 千米。孙武街道辖自然村。人口 200。明永乐年间，张姓始祖由河北枣强迁此立村张家。后村中有一叫李封侯的人，家业兴旺，在当地颇有声誉，遂于清顺治四年（1647）更名李封侯。聚落呈团块状分布。有农家书屋 1 个。经济以种植业为主，种植小麦、玉米等。有公路经此。

李景全 371621-A01-H28

[Lǐjǐngquán]

在县驻地孙武街道西南方向 3.9 千米。孙武街道辖自然村。人口 200。明宣德年间，始祖李景全由河北枣强迁此立村，村以人称，名李景全，因村小，被称小李，1985 年，为避重名，复名李景全。聚落呈团块状分布。有农家书屋 1 个。经济以种植业为主，种植小麦、玉米等。有公路经此。

台子崔 371621-A01-H29

[Táizicuī]

在县驻地孙武街道西北方向 4.1 千米。孙武街道辖自然村。人口 300。明宣德年间，崔姓始祖由河北枣强迁此立村，因村址紧靠"驻跸台"，故名台子崔。聚落呈团块状分布。有农家书屋 1 个、小学 1 所。有县级文物保护单位驻跸台。经济以种植业为主，种植小麦、玉米等。有公路经此。

陈侯 371621-A01-H30

[Chénhóu]

在县驻地孙武街道西北方向 4.2 千米。孙武街道辖自然村。人口 200。明永乐年间，始祖侯永贵由河北枣强迁此立村侯家，1985 年，因避重名，以其主要姓氏更名陈侯。聚落呈团块状分布。有农家书屋 1 个。经济以种植业为主，种植小麦、玉米等。有公路经此。

王道仁 371621-A01-H31

[Wángdàorén]

在县驻地孙武街道东北方向 1.7 千米。孙武街道辖自然村。人口 200。明洪武年间，王姓始祖由外地移此，当时曾暂住庙中，如佛道人家，故立村后被称为王道人，后"人"改为"仁"，取道德仁义之意。聚落呈团块状分布。有农家书屋 1 个。

经济以种植业为主，种植小麦、玉米等。有公路经此。

郭尹二 371621-A01-H32

[Guōyǐn'èr]

在县驻地孙武街道西北方向 2.7 千米。孙武街道辖自然村。人口 200。明宣德年间，始祖郭其祥由河北枣强迁居于此，因村西柳林成行，故名郭家柳行。清顺治年间，村中姓氏增多，郭、尹二姓已成大户人家，遂改村名为郭尹二家，简称郭尹二。聚落呈团块状分布。有农家书屋 1 个。经济以种植业为主，种植小麦、玉米等。有公路经此。

小于 371621-A01-H33

[Xiǎoyú]

在县驻地孙武街道西方向 0.7 千米。孙武街道辖自然村。人口 100。清顺治年间，于姓始祖由当地大于村迁居于此，因系大于村分支，故名小于。聚落呈团块状分布。有农家书屋 1 个。经济以种植业为主，种植小麦、玉米等。有公路经此。

苏李 371621-A01-H34

[Sūlǐ]

在县驻地孙武街道北方向 0.9 千米。孙武街道辖自然村。人口 400。明永乐年间，始祖苏美占由河北枣强迁此立村苏家。1985 年，为避重名，又因村中李姓最多，故更名苏李。聚落呈团块状分布。有农家书屋 1 个。经济以种植业为主，种植小麦、玉米等。有公路经此。

小田 371621-A01-H35

[Xiǎotián]

在县驻地孙武街道南方向 0.6 千米。孙武街道辖自然村。人口 100。清顺治年间，田姓始祖由河北省枣强县迁此立村田家，因村小，惯称小田。聚落呈团块状分布。有农家书屋 1 个。经济以种植业为主，种植小麦、玉米等。有公路经此。

堤上李家 371621-A01-H36
[Dīshànglǐjiā]

在县驻地孙武街道西北方向 6.9 千米。孙武街道辖自然村。人口 600。清康熙年间，李姓始祖由当地史家庄迁此立村李家。至光绪年间，因避水患，村民移于沟盘河北大堤上，遂改名堤上李家。聚落呈团块状分布。有农家书屋 1 个。经济以种植业为主，种植小麦、玉米等。有公路经此。

后娘娘坟 371621-A01-H37
[Hòuniángniángfén]

在县驻地孙武街道南方向 2.2 千米。孙武街道辖自然村。人口 700。唐代有两位皇子，先后受封于棣州为棣王，二人各有一妃子死后葬于此，其墓称娘娘坟。该村建于娘娘坟北侧，即以后娘娘坟为村名。聚落呈团块状分布。有农家书屋 1 个。经济以种植业为主，种植小麦、玉米等。有公路经此。

水波杨 371621-A01-H38
[Shuǐbōyáng]

在县驻地孙武街道西北方向 4.8 千米。孙武街道辖自然村。人口 400。明宣德年间，杨姓始祖杨光沛与王姓始祖王玉兰，由河北枣强迁此立村杨王庄。清光绪十五年（1889），大水成灾，村周一片汪洋，水波连天，村名遂称水波杨。聚落呈团块状分布。有农家书屋 1 个。经济以种植业为主，种植小麦、玉米等。有公路经此。

黑楼 371621-A02-H01
[Hēilóu]

在县驻地孙武街道东北方向 2.7 千米。武定府街道辖自然村。人口 500。明宣德年间，始祖张黑楼由河北枣强县迁此立村，村以人名，即名黑楼。聚落呈团块状分布。有农家书屋 1 个。经济以种植业为主，种植小麦、玉米等。有公路经此。

西寨子 371621-A02-H02
[Xīzhàizi]

在县驻地孙武街道东方向 5.2 千米。武定府街道辖自然村。人口 1 000。原名屯子，曾有十八里寨子之称。相传，战国时期，赵将廉颇曾屯兵于此，故名屯子。"七七事变"后，分东、西两段建起两个土围子，当地称寨，此村在西故名西寨子。聚落呈团块状分布。有农家书屋 1 个。经济以种植业为主，种植小麦、玉米等。有公路经此。

福田 371621-A02-H03
[Fútián]

在县驻地孙武街道东方向 2.6 千米。武定府街道辖自然村。人口 1 100。明永乐年间，始祖田斯哲由河北枣强迁此立村。因村中多以草盖顶的圆形房屋称"蒲"，遂取村名蒲田家。至清初，有官员经此村，见村内外尽是柴堆草垛，断定此系一富庶之村，遂找来村政和绅士交谈，建议改蒲田为富田，以后又把富田误传为福田。聚落呈团块状分布。有农家书屋 1 个。经济以种植业为主，种植小麦、玉米等。有公路经此。

小郭 371621-A02-H04
[Xiǎoguō]

在县驻地孙武街道东方向 1.4 千米。武定府街道辖自然村。人口 300。明宣德年间，始祖郭桂芬携子由河北枣强迁此立村郭家，因村小被称小郭。聚落呈团块状分布。有农家书屋 1 个。经济以种植业为主，种植小麦、玉米等。有公路经此。

头堡 371621-A02-H05

[Tóupù]

在县驻地孙武街道东方向 2.6 千米。武定府街道辖自然村。人口 900。明永乐年间，刘姓始祖由河北枣强迁此立村。因此处曾是驿站，亦称为堡，且位于州城东十华里处，是第一个堡，名为头堡，村名按此称。聚落呈团块状分布。有农家书屋 1 个。经济以种植业为主，种植小麦、玉米等。有公路经此。

东寨子 371621-A02-H06

[Dōngzhàizi]

在县驻地孙武街道东方向 5.6 千米。武定府街道辖自然村。人口 800。相传，战国时期，赵将廉颇曾屯兵于此，故名屯子。"七七事变"后，分东、西两段建起两个土围子，当地称寨，此村在东故名东寨子。聚落呈团块状分布。有农家书屋 1 个。经济以种植业为主，种植小麦、玉米等。有公路经此。

张百户 371621-A02-H07

[Zhāngbǎihù]

在县驻地孙武街道东方向 6.4 千米。武定府街道辖自然村。人口 800。明成化年间，始祖张宗由河北景县迁此立村，生三子，做百户官，故名张百户。聚落呈团块状分布。有农家书屋 1 个。经济以种植业为主，种植小麦、玉米等。有公路经此。

高官 371621-A02-H08

[Gāoguān]

在县驻地孙武街道东方向 0.7 千米。武定府街道辖自然村。人口 1 300。始祖高迁于明成化年间，由江西九江府湖口县石门寨迁东关街，其后人由东关街迁此，立村高家。因官府曾在村西建窑一座，其村名亦随之被称官窑。1945 年后，更名高官。聚落呈团块状分布。有文化大院 1 个、农家书屋 1 个、小学 1 所。经济以种植业为主，种植小麦、玉米等。有公路经此。

刘集 371621-A03-H01

[Liújí]

在县驻地孙武街道东北方向 5.0 千米。何坊街道辖自然村。人口 600。原系前刘集、后刘集、古世里三个自然村。因三村较小，1990 年并为一村名刘集。聚落呈团块状分布。有农家书屋 1 个、小学 1 所。经济以种植业为主，种植小麦、玉米等。有公路经此。

何坊 371621-A03-H02

[Héfāng]

在县驻地孙武街道东北方向 6.9 千米。何坊街道辖自然村。人口 1 200。明洪武年间，何姓始祖由河北枣强迁此立村何家庄。至明崇祯时，何姓一富翁，立起了一块牌坊，遂改称何家坊，简称何坊。聚落呈团块状分布。有农家书屋 1 个、小学 1 所、中学 1 所。经济以种植业为主，种植小麦、玉米等。村内有港华服饰、恒旭纺织等企业。有公路经此。

蔚家 371621-A03-H03

[Wèijiā]

在县驻地孙武街道东南方向 3.2 千米。何坊街道辖自然村。蔚姓始祖于宣德四年（1429）随军驻武定州城，年老定居于此，立村蔚家。聚落呈团块状分布。有农家书屋 1 个。经济以种植业为主，种植小麦、玉米等。有公路经此。

前娘娘坟 371621-A03-H04

[Qiánniángniángfén]

在县驻地孙武街道南方向 2.9 千米。何坊街道辖自然村。人口 300。一左姓者，早年在此种菜，遂以左家园称之。因村北有后娘娘坟村名，左家园渐为前娘娘坟之名所代替。聚落呈团块状分布。有农家书屋 1 个。有县级文物保护单位娘娘坟。经济以种植业为主，种植小麦、玉米等。有公路经此。

邢何 371621-A03-H05
[Xínghé]

在县驻地孙武街道东南方向 5.2 千米。何坊街道辖自然村。人口 700。明成化年间，邢、何两姓始祖由河北枣强迁此立村邢家、何家。邢、何两村是多年的近邻。1985 年又同建一个村民委员会，如今两村已连为一体，故合并为邢何。聚落呈团块状分布。有农家书屋 1 个。经济以种植业为主，种植小麦、玉米等。有公路经此。

李许 371621-A03-H06
[Lǐxǔ]

在县驻地孙武街道东北方向 7.6 千米。何坊街道辖自然村。人口 600。明洪武年间，李姓始祖建村李梅林，许姓始祖建村许家。两村邻近，1990 年两村合为一村，村名李许。聚落呈团块状分布。有农家书屋 1 个。经济以种植业为主，种植小麦、玉米等。有公路经此。

伏家 371621-A03-H07
[Fújiā]

在县驻地孙武街道东方向 8.4 千米。何坊街道辖自然村。人口 300。明嘉靖十九年（1540），始祖伏乾忠由河北枣强迁此立村伏家。聚落呈团块状分布。有农家书屋 1 个。经济以种植业为主，种植小麦、玉米等。有公路经此。

南沈 371621-A03-H08
[Nánshěn]

在县驻地孙武街道东方向 7.0 千米。何坊街道辖自然村。人口 700。明成化年间，沈姓始祖由河北枣强迁此立村沈家。1985 年建村委会时，因避重名，更为南沈。聚落呈团块状分布。有农家书屋 1 个。经济以种植业为主，种植小麦、玉米等。有公路经此。

毕顾 371621-A03-H09
[Bìgù]

在县驻地孙武街道东北方向 5.4 千米。何坊街道辖自然村。人口 300。明代，毕氏、顾氏由河北枣强迁来，以姓氏为村名，立毕家、顾家。两村是近邻，1990 年两村合并，村名毕顾。聚落呈团块状分布。有农家书屋 1 个。经济以种植业为主，种植小麦、玉米等。有公路经此。

大商 371621-A03-H10
[Dàshāng]

在县驻地孙武街道东北方向 9.2 千米。何坊街道辖自然村。人口 400。明宣德年间，始祖商希仁由河北枣强迁此立村商家。至清咸丰年间，因有一分支迁出另立村小商，该村即名大商。聚落呈团块状分布。有农家书屋 1 个。有省级文物保护单位村西南大商遗址。经济以种植业为主，种植小麦、玉米。有公路经此。

西高 371621-A03-H11
[Xīgāo]

在县驻地孙武街道东北方向 6.7 千米。何坊街道辖自然村。人口 400。明洪武年间，高姓始祖由河北枣强迁此立村高家。因是何坊村的西邻，被称西高。有农家书屋 1 个。聚落呈团块状分布。经济以种植业为主，种植小麦、玉米等。有公路经此。

展家 371621-A03-H12
［Zhǎnjiā］

在县驻地孙武街道东北方向 8.3 千米。何坊街道辖自然村。人口 400。明永乐年间，展姓始祖由河北枣强迁此立村展家。聚落呈团块状分布。有农家书屋 1 个、小学 1 所。经济以种植业为主，种植小麦、玉米等。有公路经此。

郭马 371621-A03-H13
［Guōmǎ］

在县驻地孙武街道东南方向 5.1 千米。何坊街道辖自然村。人口 500。郭姓始祖郭嘉资由河北枣强迁居于此，村以人名，后讹传为郭架子。马姓始祖于明天顺年间迁此立村，因村小，称小马家。1985 年两村合并，更村名为郭马。聚落呈团块状分布。有农家书屋 1 个。经济以种植业为主，种植小麦、玉米等。有公路经此。

胡家庄 371621-A03-H14
［Hújiāzhuāng］

在县驻地孙武街道东方向 7.7 千米。何坊街道辖自然村。人口 200。始祖胡直，早年由河北枣强迁此立村胡家。1985 年，为避重名，原名后加一"庄"字，即名胡家庄。聚落呈团块状分布。有农家书屋 1 个。经济以种植业为主，种植小麦、玉米等。有公路经此。

李洪 371621-A03-H15
［Lǐhóng］

在县驻地孙武街道东方向 8.6 千米。何坊街道辖自然村。人口 300。明崇祯年间，始祖李洪由河北枣强迁此立村，村以人名，即名李洪。聚落呈团块状分布。有农家书屋 1 个。经济以种植业为主，种植小麦、玉米等。有公路经此。

二郎堂 371621-A03-H16
［Èrlángtáng］

在县驻地孙武街道东北方向 9.2 千米。何坊街道辖自然村。人口 200。清乾隆年间，因建庙供奉二郎神像，改称二郎堂。聚落呈团块状分布。有农家书屋 1 个。经济以种植业为主，种植小麦、玉米等。有公路经此。

苑家 371621-A03-H17
［Yuànjiā］

在县驻地孙武街道东北方向 5.3 千米。何坊街道辖自然村。人口 300。明成化年间，苑姓始祖由河北枣强迁此立苑家。聚落呈团块状分布。有农家书屋 1 个。经济以种植业为主，种植小麦、玉米等。有公路经此。

钦风 371621-A03-H18
［Qīnfēng］

在县驻地孙武街道东南方向 7.7 千米。何坊街道辖自然村。人口 1 400。据传为西汉武帝太中大夫东方朔故乡，后人为纪念东方朔其人其事，遂以当地人称赞东方朔的"其风可钦"，为村子命名为钦风。聚落呈团块状分布。有农家书屋 1 个。经济以种植业为主，种植小麦、玉米等。有公路经此。

王里 371621-A03-H19
［Wánglǐ］

在县驻地孙武街道东北方向 9.2 千米。何坊街道辖自然村。人口 400，明宣德年间，始祖王之德由河北枣强迁此立王里，"里"即乡里，其含义是王姓者的家乡。聚落呈团块状分布。有农家书屋 1 个。经济以种植业为主，种植小麦、玉米等。有公路经此。

孙铁匠 371621-A03-H20
[Sūntiějiàng]

在县驻地孙武街道东北方向 6.5 千米。何坊街道辖自然村。人口 400。明宣德年间，孙姓始祖由河北枣强迁此立村，因村人多做铁匠，其村即名孙铁匠。聚落呈团块状分布。有农家书屋 1 个。经济以种植业为主，种植小麦、玉米等。有公路经此。

南董 371621-A03-H21
[Nándǒng]

在县驻地孙武街道东北方向 6.5 千米。何坊街道辖自然村。人口 400。明宣德年间，董姓始祖由河北枣强迁此立村董家，因避重名，更为南董。聚落呈团块状分布。有农家书屋 1 个。经济以种植业为主，种植小麦、玉米等。有公路经此。

侯李 371621-B01-H01
[Hóulǐ]

石庙镇人民政府驻地。在县驻地孙武街道西方向 7.5 千米。人口 700。明万历年间，侯姓始祖由河北枣强迁此立村侯家，1985 年，因避重名，以其主要姓氏更为侯李。聚落呈团块状分布。有文化广场 1 个。经济以种植业为主，种植小麦、玉米、棉花、果蔬。村内有果树种植专业合作社。有公路经此。

石庙董 371621-B01-H02
[Shímiàodǒng]

在县驻地孙武街道西方向 9.5 千米。石庙镇辖自然村。人口 1 200。明成化年间，董姓始祖由河北枣强迁至孟王庄。后董姓人丁兴旺，故改村名为董家。至清代，其村与邻村李、赵村在一座石庙前订盟，自此三村名均冠以石庙为记，村名董家遂更为石庙董。聚落呈团块状分布。有文化大院 1 个、农家书屋 1 个、幼儿园 1 所、小学 1 所、中学 1 所。经济以种植业为主，种植小麦、玉米等。有联盟机械、乾元面粉等企业。有公路经此。

石庙李 371621-B01-H03
[Shímiàolǐ]

在县驻地孙武街道西方向 12.2 千米。石庙镇辖自然村。人口 1 200。明万历末年，始祖李靖祖、李敬臣由京西栾州城男锁李家迁于本镇境坡李村，二世祖李坦又由坡李村居于此，因与颜姓同住一村，故村名颜李。至清代，其村与邻村董、赵村在一座石庙前订盟，自此三村名均冠以石庙为记，村名遂更为石庙李。聚落呈团块状分布。有农家书屋 1 个。经济以种植业为主，种植小麦、玉米等。有公路经此。

石庙赵 371621-B01-H04
[Shímiàozhào]

在县驻地孙武街道西方向 12.1 千米。石庙镇辖自然村。人口 1 200。明成化年间，赵姓始祖由河北省枣强县迁居于此。至清代，其村与邻村李、董村在一座石庙前订盟，自此三村名均冠以石庙为记，故名石庙赵。聚落呈团块状分布。有农家书屋 1 个。经济以种植业为主，种植小麦、玉米等。有公路经此。

屯里街 371621-B01-H05
[Túnlǐjiē]

在县驻地孙武街道西方向 9.7 千米。石庙镇辖自然村。人口 1 200。北宋初，驻有宋军，名军屯，北宋崇宁元年（1102），工部尚书牛保奉命督修棣州城，病故于此，为纪念其功绩，为其筑衣冠冢。因此村名牛保家屯，后因立有集市，更名屯里街。聚落呈团块状分布。有农家书屋 1 个。有市级文物保护单位牛保冢。经济以种植业为主，种植小麦、玉米等。有公路经此。

御史街 371621-B01-H06
[Yùshǐjiē]

在县驻地孙武街道西南方向12.8千米。石庙镇辖自然村。人口1 000。元末，始祖李克敬随其父迁此。克敬隐居于乐安西南三十里逐家，至五世李浚，因平汉王之乱有功，晋职左佥都御史，明正统十一年（1446）病故于家，村东南有御史墓，故其村更名御史街。聚落呈团块状分布。有农家书屋1个、小学1所。经济以种植业为主，种植小麦、玉米等。有公路经此。

石头孙 371621-B01-H07
[Shítousūn]

在县驻地孙武街道西北方向5.9千米。石庙镇辖自然村。人口400。明宣德年间，孙姓由山西省喜鹊窝村迁居于此立村，在一次大水灾中，随水漂来一大石槽，当时传为奇闻，故村名孙家庄改为石槽孙，后讹传为石头孙。聚落呈团块状分布。有农家书屋1个。经济以种植业为主，种植小麦、玉米等。有公路经此。

沙窝路 371621-B01-H08
[Shāwōlù]

在县驻地孙武街道西北方向14.5千米。石庙镇辖自然村。人口200。明宣德年间，始祖路光、路珍兄弟二人由青州府临淄县路家山子迁居于此，因建村于一片沙地中，故名沙窝路。聚落呈团块状分布。有农家书屋1个。有省级森林公园孙子故里森里公园。经济以种植业为主，种植小麦、玉米等。有公路经此。

归化 371621-B01-H09
[Guīhuà]

在县驻地孙武街道西方向18.0千米。石庙镇辖自然村。人口1 800。1972年在村北挖出晋建兴年间石馆一口，棺盖有"沧州乐陵归化罗汉院丁光佛舍利棺"铭文，据此，归化为佛教用语，为一寺院名称，后其驻地村借此为名。聚落呈团块状分布。有文化大院1个、农家书屋1个。经济以种植业为主，种植小麦、玉米等。有公路经此。

大霹雳庄 371621-B01-H10
[Dàpīlìzhuāng]

在县驻地孙武街道西方向8千米。石庙镇辖自然村。人口1 300。该村建于明永乐年间，因当时附近有一古庙，内供霹雳神像，再一次雷雨天气中，庙的一角被雷击毁，霹雳寺之名遂广为流传，该村即名霹雳庄，后又因村大姓多，故名大霹雳庄。聚落呈团块状分布。有农家书屋1个。经济以种植业为主，种植小麦、玉米等。有公路经此。

小霹雳庄 371621-B01-H11
[Xiǎopīlìzhuāng]

在县驻地孙武街道西方向9.5千米。石庙镇辖自然村。人口1 000。该村杨姓系土著居民，名杨格庄。后与他村交恶，为避报复，因其邻村有一大霹雳庄，故改村名为小霹雳庄。聚落呈团块状分布。有农家书屋1个。经济以种植业为主，种植小麦、玉米等。有公路经此。

青阳店 371621-B01-H12
[Qīngyángdiàn]

在县驻地孙武街道西方向9.7千米。石庙镇辖自然村。人口1 200。明永乐年间，该村始祖范龙由河北枣强迁居于此，为求兴旺发达，遇事吉利，即取佛教中的三阳（青阳、红阳、白阳）之说，选青阳为名首，并以店代村，故村名青阳店。聚落呈团块状分布。有文化大院 1 个、农家书屋 1 个、小学 1 所。经济以种植业为主，种植小麦、玉米等。有公路经此。

谷家市 371621-B01-H13
[Gǔjiāshì]

在县驻地孙武街道西南方向 9.3 千米。石庙镇辖自然村。人口 300。明宣德年间，始祖谷宗松由河北枣强迁此立村谷家。至万历年间，因村内有一短工市，遂称谷家市。聚落呈团块状分布。有农家书屋 1 个。经济以种植业为主，种植小麦、玉米等。有公路经此。

张不信 371621-B01-H14
[Zhāngbùxìn]

在县驻地孙武街道西南方向 13.1 千米。石庙镇辖自然村。人口 200。始祖张姓，建村于南宋时期，村东南不远处曾有一大集镇名太平店，其村址原是太平店缝补破鞋的市面，故该村曾名张破鞋家。1971 年绘制县地图时，因名字不雅故更名为张不信。聚落呈团块状分布。经济以种植业为主，种植小麦、玉米等。有公路经此。

马铁头 371621-B01-H15
[Mǎtiětóu]

在县驻地孙武街道西南方向 12.2 千米。石庙镇辖自然村。人口 500。明宣德年间，马姓始祖由河北枣强迁此立村，因村址附近太平店有一铁头市，故其村名马铁头。中华人民共和国成立前，该村曾以在沙河堤西为由，改村名为马堤头，后复名马铁头。聚落呈团块状分布。有农家书屋 1 个。经济以种植业为主，种植小麦、玉米等。有公路经此。

东罗 371621-B01-H16
[Dōngluó]

在县驻地孙武街道西方向 3.4 千米。石庙镇辖自然村。人口 100。明嘉靖年间，该村罗、商两姓始祖由河北枣强迁此立村罗商。后因罗家姓兴旺，更名罗家。1983 年全县地名普查时，因避重名，以其在原乡境东部更为东罗。聚落呈团块状分布。有农家书屋 1 个。经济以种植业为主，种植小麦、玉米等。有公路经此。

后陈 371621-B01-H17
[Hòuchén]

在县驻地孙武街道西南方向 4.8 千米。石庙镇辖自然村。人口 200。明洪武年间，始祖陈杜昂由河北枣强迁此立村陈家。至万历年间，村内一支人迁于村前，建村前陈，原陈家遂改后陈。聚落呈团块状分布。有农家书屋 1 个。经济以种植业为主，种植小麦、玉米等。有公路经此。

前陈 371621-B01-H18
[Qiánchén]

在县驻地孙武街道西南方向 5.1 千米。石庙镇辖自然村。人口 300。明万历年间，陈家村的一支人迁此立村，因其位于原陈家村之南，故村名前陈。聚落呈团块状分布。有农家书屋 1 个。经济以种植业为主，种植小麦、玉米等。有公路经此。

簸箕田 371621-B01-H19
[Bòjītián]

在县驻地孙武街道西方向 6.7 千米。石庙镇辖自然村。人口 200。明万历年间，田姓始祖由河北枣强迁此立村田家。后因村民多会柳编技术，制作簸箕、筐箩等家具，故更名簸箕田。聚落呈团块状分布。有农家书屋 1 个。经济以种植业为主，种植小麦、玉米等。有公路经此。

北袁家 371621-B01-H20
[Běiyuánjiā]

在县驻地孙武街道西方向 5.4 千米。石庙镇辖自然村。人口 400。明永乐年间，始祖袁林由河北枣强迁此立村袁家。1985 年建村委会时，因避重名，以其在原乡政府驻地之北更为北袁家。聚落呈团块状分布。有农家书屋 1 个。经济以种植业为主，种植小麦、玉米等。有公路经此。

西杜 371621-B01-H21
[Xīdù]

在县驻地孙武街道西南方向 13.7 千米。石庙镇辖自然村。人口 600。明崇祯年间，杜姓始祖由河北枣强迁此立村杜家，1985 年，因避重名，以其在乡境西部更名为西杜。聚落呈团块状分布。有农家书屋 1 个。经济以种植业为主，种植小麦、玉米等。有公路经此。

桑落墅 371621-B02-H01
[Sāngluòshù]

桑落墅镇人民政府驻地。在县驻地孙武街道东方向 16.2 千米。人口 3 300。据载，秦始皇东巡时驻跸于此，桑偶落枝，故名。聚落呈团块状分布。有文化广场 1 个、中学 1 所、小学 1 所、幼儿园 1 所。经济以种植业为主，兼营个体工商业，种植小麦、玉米、棉花，是当地土、副、特产品集散地。西部有镇工业园，以食品加工业、金属制品加工业为主，有富瑞工贸、东岳纺织、通泰棉业等企业。有公路经此。

刘家店 371621-B02-H02
[Liújiādiàn]

在县驻地孙武街道东方向 18.5 千米。桑落墅镇辖自然村。人口 300。始祖刘曰义于明朝末年由诸城县迁此，至清顺治时，二世祖刘士琪经营"通顺布店"，生意兴隆，颇有声誉，俗称刘家店。聚落呈团块状分布。有农家书屋 1 个。经济以种植业为主，种植小麦、玉米等。有公路经此。

大道张 371621-B02-H03
[Dàdàozhāng]

在县驻地孙武街道东方向 20.2 千米。桑落墅镇辖自然村。人口 100。明万历年间，始祖徐彬由河北枣强迁此立村张家。1985 年，因避重名，以其村东有一条古马官大道更名大道张。聚落呈团块状分布。有农家书屋 1 个。经济以种植业为主，种植小麦、玉米等。有公路经此。

河南刘 371621-B02-H04
[Hénánliú]

在县驻地孙武街道东方向 20.3 千米。桑落墅镇辖自然村。人口 600。明永乐年间，始祖刘成由河北枣强迁居于此，因立村于沙河南岸，故名河南刘。聚落呈团块状分布。有农家书屋 1 个。经济以种植业为主，种植小麦、玉米等。有公路经此。

后闫 371621-B02-H05
[Hòuyán]

在县驻地孙武街道东方向 17.1 千米。桑落墅镇辖自然村。人口 200。明宣德年间，始祖闫高、闫峰兄弟由河北枣强迁此立村闫家。后因居住分散，房屋建造形成前后两段，因此村在东面，故称后闫。聚落呈团块状分布。有农家书屋 1 个。经济以种植业为主，种植小麦、玉米等。有公路经此。

伙刘 371621-B02-H06
[Huǒliú]

在县驻地孙武街道东南方向 16.8 千米。桑落墅镇辖自然村。人口 200。明洪武二年（1369），始祖刘杰等六人由河北枣强迁居于此，因大伙结伴而来，故取村名伙刘为记。聚落呈团块状分布。有农家书屋1个。经济以种植业为主，种植小麦、玉米等。有公路经此。

牟家 371621-B02-H07
[Móujiā]

在县驻地孙武街道东方向13.8千米。桑落墅镇辖自然村。人口700。清顺治年间，牟怀仁、牟怀亮兄弟二人，由沾化县大牟家村迁此立村牟家。聚落呈团块状分布。有农家书屋1个。经济以种植业为主，种植小麦、玉米等。有公路经此。

东程家 371621-B02-H08
[Dōngchéngjiā]

在县驻地孙武街道东南方向20.5千米。桑落墅镇辖自然村。人口700。明洪武年间，始祖程希奎由河北枣强迁此立村，又因该村位于沟东，故名东程家。聚落呈团块状分布。有农家书屋1个。经济以种植业为主，种植小麦、玉米等。有公路经此。

总司庙 371621-B02-H09
[Zǒngsīmiào]

在县驻地孙武街道东南方向15.9千米。桑落墅镇辖自然村。人口400。附近村庄在此建庙，名为总司庙，村借庙名，故名总司庙。聚落呈团块状分布。有农家书屋1个。经济以种植业为主，种植小麦、玉米等。有公路经此。

河北张 371621-B02-H10
[Héběizhāng]

在县驻地孙武街道东方向15.5千米。桑落墅镇辖自然村。人口400。明宣德年间，桑姓始祖由河北枣强迁此立村桑家。后又有尹、张二姓亦由枣强县迁入。后来桑姓逃亡，村中以张姓为主，曾有河岸张之称，

后仍惯称张家。1985年，因重名，以其在沙河北岸，更名河北张。聚落呈团块状分布。有农家书屋1个。经济以种植业为主，种植小麦、玉米等。有公路经此。

堤口杨 371621-B02-H11
[Dīkǒuyáng]

在县驻地孙武街道东方向18.9千米。桑落墅镇辖自然村。人口800。明天顺二年（1458），杨姓四兄弟由河北枣强迁此，因立村处东临河堤，西有一破旧的道口，遂以堤口杨为村名。聚落呈团块状分布。有农家书屋1个。经济以种植业为主，种植小麦、玉米等。有公路经此。

洼西刘 371621-B02-H12
[Wāxīliú]

在县驻地孙武街道东方向23.6千米。桑落墅镇辖自然村。人口200。明宣德年间，刘姓始祖由河北枣强迁此立村刘家。三世祖刘文合是有名望的医生，也称刘先生家。后因该村位于低洼处之西，故名洼西刘。聚落呈团块状分布。有农家书屋1个。经济以种植业为主，种植小麦、玉米等。有公路经此。

前闫 371621-B02-H13
[Qiányán]

在县驻地孙武街道东方向17.1千米。桑落墅镇辖自然村。人口300。明宣德年间，始祖闫高、闫峰兄弟由河北枣强迁此立村闫家。后因居住分散，房屋建造形成前后两段，此村在西面，故称前闫。聚落呈团块状分布。有农家书屋1个。经济以种植业为主，种植小麦、玉米等。有公路经此。

辛店街 371621-B02-H14
[Xīndiànjiē]

在县驻地孙武街道东方向22.5千米。

桑落墅镇辖自然村。人口 800。建村于明，始祖刘茂、刘盛由河北枣强迁此立村辛庄，后村中曾设集市，即名辛店街。聚落呈团块状分布。有农家书屋 1 个。经济以种植业为主，种植小麦、玉米等。有公路经此。

门楼王 371621-B02-H15
[Ménlóuwáng]

在县驻地孙武街道东方向 19.7 千米。桑落墅镇辖自然村。人口 300。明成化年间，王姓始祖由河北枣强迁此立王家。后有村人为居民修建门楼，故村名改为门楼王。聚落呈团块状分布。有农家书屋 1 个。经济以种植业为主，种植小麦、玉米等。有公路经此。

李黄头 371621-B02-H16
[Lǐhuángtóu]

在县驻地孙武街道东方向 17.2 千米。桑落墅镇辖自然村。人口 500。明宣德年间，有李姓兄弟黄头、青头二人，由河北枣强迁出后，黄头在此立村，村名李黄头。聚落呈团块状分布。有农家书屋 1 个。经济以种植业为主，种植小麦、玉米等。有公路经此。

街南陈 371621-B02-H17
[Jiēnánchén]

在县驻地孙武街道东方向 18.4 千米。桑落墅镇辖自然村。人口 700。陈姓始祖陈涣由潍县迁此，其家业日盛，故称陈家。后因重名，1983 年，以其位于桑落墅街之南更名街南陈。聚落呈团块状分布。有农家书屋 1 个。经济以种植业为主，种植小麦、玉米等。有公路经此。

韩龙章 371621-B02-H18
[Hánlóngzhāng]

在县驻地孙武街道东方向 21.6 千米。

桑落墅镇辖自然村。人口 900。原名毕家府，后改称刘存毕家。明万历年间，村人韩龙章为村子争回了被霸占的土地，村中人为纪念此事，遂以韩龙章为村名。聚落呈团块状分布。有农家书屋 1 个。经济以种植业为主，种植小麦、玉米等。有公路经此。

哨马张 371621-B02-H19
[Shàomǎzhāng]

在县驻地孙武街道东方向 21.5 千米。桑落墅镇辖自然村。人口 1 000。明永乐年间，张姓始祖在此立村。因过去此处曾有哨所，故名哨马张。聚落呈团块状分布。有农家书屋 1 个。经济以种植业为主，种植小麦、玉米等。有公路经此。

淄角 371621-B03-H01
[Zījiǎo]

淄角镇人民政府驻地。在县驻地孙武街道西南方向 11.4 千米。人口 2 400。《金史》载"厌次有脂角镇"即此，后演变为今名。聚落呈团块状分布。有文化广场 1 处、中学 1 处、小学 1 处、幼儿园 1 处。古迹有抗战烈士陵园、文昌阁商周遗址。经济以种植业、食品加工业、制造业为主。有公路经此。

东杨 371621-B03-H02
[Dōngyáng]

在县驻地孙武街道西南方向 6.0 千米。淄角镇辖自然村。人口 400。明宣德年间，始祖杨印由河北枣强迁地立村杨家。1983 年地名普查时，为避免重名，以其在镇境东部，更名东杨。聚落呈团块状分布。有文化广场 1 处、农家书屋 1 处。经济以种植业为主，主要农作物有小麦、玉米等。有公路经此。

踩鼓宋 371621-B03-H03
[Cǎigǔsòng]

在县驻地孙武街道西南方向15.5千米。淄角镇辖自然村。人口200。明永乐年间，宋姓始祖由河北枣强迁居于此，立村宋家。1985年建立村民委员会时，因避重名，以村内踩鼓工艺比较出名为由，更名为踩鼓宋。聚落呈团块状分布。有文化广场1处、农家书屋1处。有滨州市级非物质文化遗产项目踩鼓工艺。经济以种植业为主，主要农作物有小麦、玉米等。有公路经此。

陈家湾 371621-B03-H04
[Chénjiāwān]

在县驻地孙武街道西南方向15.8千米。淄角镇辖自然村。人口300。相传，明宣德年间，陈姓始祖由河南枣强迁此立村，因村址靠近一大水湾，故名陈家湾。聚落呈团块状分布。有文化广场1处、农家书屋1处。经济以种植业为主，主要农作物有小麦、玉米等。有公路经此。

铁角李 371621-B03-H05
[Tiějiǎolǐ]

在县驻地孙武街道西南方向15.4千米。淄角镇辖自然村。人口200。明崇祯四年（1631），始祖李学智由河北枣强迁此立村。为取村名，见东有垛脚李，是因靠牲口驮垛脚搬运来而命名的，本村靠两只脚步行搬运来的，遂取村名铁脚李，以示脚板坚硬如铁。后人将"脚"字写作"角"字，沿用至今。聚落呈团块状分布。有文化广场1处、农家书屋1处。经济以种植业为主，主要农作物有小麦、玉米等。有公路经此。

三李周 371621-B03-H06
[Sānlǐzhōu]

在县驻地孙武街道西南方向20.1千米。淄角镇辖自然村。人口600。明弘治十五年（1502），始祖周立强、王本周由河北枣强迁此立村，因二人均占一周字，故村名周家。1985年建村委会时，为避重名，因村东临有三个村均带"李"字，更名三李周。聚落呈团块状分布。有文化广场1处、农家书屋1处。经济以种植业为主，主要农作物有小麦、玉米等。有公路经此。

大魏 371621-B03-H07
[Dàwèi]

在县驻地孙武街道西南方向12.4千米。淄角镇辖自然村。人口200。明永乐十二年（1414），始祖魏双怀、魏双庆，由河北枣强迁此立村魏家。后因村南有小魏家，该村即名大魏。聚落呈团块状分布。有文化广场1处、农家书屋1处。经济以种植业为主，主要农作物有小麦、玉米等。有公路经此。

小沙窝 371621-B03-H08
[Xiǎoshāwō]

在县驻地孙武街道西南方向14.7千米。淄角镇辖自然村。人口100。明宣德年间，始祖李清朗由河北枣强迁此立村李家胡同。西邻原是小沙窝村，后因其户绝村废，李家胡同亦位于沙窝之中，故得名小沙窝。聚落呈团块状分布。有文化广场1处、农家书屋1处。经济以种植业为主，主要农作物有小麦、玉米等。有公路经此。

傅户庄 371621-B03-H09
[Fùhùzhuāng]

在县驻地孙武街道西南方向14.9千米。淄角镇辖自然村。人口100。明成化年间，始祖傅殷由河北枣强迁此立村傅家。1985年建村委会时，为避重名，因其村均为傅姓，故更名为傅户庄。聚落呈团块状分布。有文化广场1处、农家书屋1处。经济以种植业为主，主要农作物有小麦、玉米等。有公路经此。

魏北武 371621-B03-H10
[Wèiběiwǔ]

在县驻地孙武街道西南方向14.9千米。淄角镇辖自然村。人口400。明成化年间，始祖武逊由河北枣强迁此立村武家。与近邻郭家村曾有郭武之合称。1985年建村委会时，因避重名，以其在大魏村北，故改名为魏北武。聚落呈团块状分布。有文化广场1处、农家书屋1处。经济以种植业为主，主要农作物有小麦、玉米等。有公路经此。

后李 371621-B03-H11
[Hòulǐ]

在县驻地孙武街道西南方向20.1千米。淄角镇辖自然村。人口500。据《李氏族谱》记载，明成化年间，始祖李九华由河北枣强迁此立村李家。至嘉靖年间，村前又建一李家村（今西李集），此村即名后李。聚落呈团块状分布。有文化广场1处、农家书屋1处。经济以种植业为主，主要农作物有小麦、玉米等。有公路经此。

邬家庙 371621-B03-H12
[Wūjiāmiào]

在县驻地孙武街道西南方向14.5千米。淄角镇辖自然村。人口200。相传，早有邬姓居此，村名邬家。至明宣德年间，有孙氏迁入。后有孙氏村人被邬姓村人所救，特为邬氏建了一座庙，村名遂称邬家庙。聚落呈团块状分布。有文化广场1处、农家书屋1处。经济以种植业为主，主要农作物有小麦、玉米等。有公路经此。

闫家河 371621-B03-H13
[Yánjiāhé]

在县驻地孙武街道西南方向17.8千米。淄角镇辖自然村。人口400。据《闫氏族谱》记载，始祖闫湖，于明成化六年（1470），由河北枣强迁此立村，因村前有一小河，故村名闫家河。聚落呈团块状分布。有文化广场1处、农家书屋1处。经济以种植业为主，主要农作物有小麦、玉米等。有公路经此。

街北孟 371621-B03-H14
[Jiēběimèng]

在县驻地孙武街道西南方向14.1千米。淄角镇辖自然村。人口300。明成化年间，孟姓始祖孟纯一由河北枣强迁此立村孟家。1985年建村委会时，因避重名，以其村在淄角街北，更名为街北孟。聚落呈团块状分布。有文化广场1处、农家书屋1处。经济以种植业为主，主要农作物有小麦、玉米等。有公路经此。

路马 371621-B03-H15
[Lùmǎ]

在县驻地孙武街道西南方向14.4千米。淄角镇辖自然村。人口300。明末，始祖路庆明由河北枣强迁此立村路家。1985年建村民委员会时，因避重名，以其主姓氏更名路马。聚落呈团块状分布。有文化广场1处、农家书屋1处。经济以种植业为主，主要农作物有小麦、玉米等。有公路经此。

鞠家 371621-B03-H16
[Jūjiā]

在县驻地孙武街道西南方向19.6千米。淄角镇辖自然村。人口300。明成化年间，始祖鞠安由河北枣强迁居于此，立村鞠家。聚落呈团块状分布。有文化广场1处、农家书屋1处。经济以种植业为主，主要农作物有小麦、玉米等。有公路经此。

东李集 371621-B03-H17
[Dōnglǐjí]

在县驻地孙武街道西南方向20.2千米。淄角镇辖自然村。人口300。据《李氏族谱》记载，明嘉靖年间，始祖李廷花由河北枣强迁此立村，因西临有一李家村（今西李集）而取名东李。后李家村更名为西李集，该村亦更名东李集。聚落呈团块状分布。有文化广场1处、农家书屋1处、小学1处。经济以种植业为主，主要农作物有小麦、玉米等。有公路经此。

小魏 371621-B03-H18
[Xiǎowèi]

在县驻地孙武街道西南方向12.8千米。淄角镇辖自然村。人口300。明宣德年间，始祖魏树由河北枣强迁此立村魏家庄。因小于北邻魏家村（今大魏村），故又被称小魏。聚落呈团块状分布。有文化广场1处、农家书屋1处。经济以种植业为主，主要农作物有小麦、玉米等。有公路经此。

大道吴 371621-B03-H19
[Dàdàowú]

在县驻地孙武街道西南方向11.7千米。淄角镇辖自然村。人口200。明宣德年间，始祖吴俊由河北枣强迁此立村吴家。后因靠近一条由府城到省城的大道，故村被称大道吴。聚落呈团块状分布。有文化广场1处、农家书屋1处。经济以种植业为主，主要农作物有小麦、玉米等。有公路经此。

靠河桑 371621-B03-H20
[Kàohésāng]

在县驻地孙武街道西南方向20.5千米。淄角镇辖自然村。人口600。明成化年

间，史祖桑世淮由河北枣强迁此立村桑家。1985年建村委会时，因避重名，以其南靠徒骇河，更名靠河桑。聚落呈团块状分布。有文化广场1处、农家书屋1处。经济以种植业为主，主要农作物有小麦、玉米等。有公路经此。

大沙窝 371621-B03-H21
[Dàshāwō]

在县驻地孙武街道西南方向20.5千米。淄角镇辖自然村。人口600。明嘉靖年间，始祖王世珍由河北枣强迁此立村，因村建于一片沙地之中，故名沙窝。后来村东北有后沙窝村，该村亦称前沙窝。后沙窝改小沙窝后，该村亦改称大沙窝。聚落呈团块状分布。有文化广场1处、农家书屋1处。经济以种植业为主，主要农作物有小麦、玉米等。有公路经此。

胡集 371621-B04-H01
[Hújí]

胡集镇人民政府驻地。在县驻地孙武街道东南方向21.9千米。人口1 100。始建于明初，以姓氏与集日名村。聚落呈团块状分布。有文化广场1处、中学1处、小学1处、幼儿园1处。有中国北方最大的、自发的、民间的、单纯的中国曲艺交流集会——国家级非物质文化遗产项目胡集灯节书会，于每年农历正月十二至十七举行。经济以商贸业为主，兼有食品加工业、纺织业、种植业，主要农作物有小麦、玉米、棉花。220国道经此。

西于 371621-B04-H02
[Xīyú]

在县驻地孙武街道东南方向24.6千米。胡集镇辖自然村。人口200。据《于氏族谱》记载，始祖于宝、于才秀，在明宣德年间，由河北枣强迁此立村于家。1985年建村民

委员会时，为避重名，因邻村有东杜，该村即更名西于。聚落呈团块状分布。有文化广场 1 处、农家书屋 1 处。经济以种植业为主，主要农作物有小麦、玉米等。有公路经此。

张家集 371621-B04-H03
[Zhāngjiājí]

在县驻地孙武街道东南方向 28.2 千米。胡集镇辖自然村。人口 700。明嘉靖年间，始祖张强、张孟、张阶由河北枣强迁此立村张家。清顺治年间，村中曾立集市，遂改村名张家集。聚落呈团块状分布。有文化广场 1 处、农家书屋 1 处。经济以种植业为主，主要农作物有小麦、玉米等。有公路经此。

河套孙 371621-B04-H04
[Hétàosūn]

在县驻地孙武街道东南方向 18.9 千米。胡集镇辖自然村。人口 1 500。据《孙氏族谱》记载，明嘉靖年间，孙姓始祖于由河北枣强迁居于此，因立村于一条南北河河套两侧，故取名河套孙。聚落呈团块状分布。有文化广场 1 处、农家书屋 3 处。经济以种植业为主，主要农作物有小麦、玉米等。有公路经此。

东张 371621-B04-H05
[Dōngzhāng]

在县驻地孙武街道东南方向 19.4 千米。胡集镇辖自然村。人口 300。明洪武四年（1371），始祖张振山由河北枣强迁此立村河沟张。因其小于周围邻村，被称为小张家。1983 年全县地名普查时，因避重名，以其所在方位，更为东张。聚落呈团块状分布。有文化广场 1 处、农家书屋 1 处。经济以种植业为主，主要农作物有小麦、玉米等。有公路经此。

陈大鼓 371621-B04-H06
[Chéndàgǔ]

在县驻地孙武街道东南方向 17.6 千米。胡集镇辖自然村。人口 200。明末，始祖陈大虎由河北武邑迁此立村陈家。后因村中有人有制作大鼓的手艺，遂呼其村为陈大鼓。聚落呈团块状分布。有文化广场 1 处、农家书屋 1 处。经济以种植业为主，主要农作物有小麦、玉米等。有公路经此。

东营 371621-B04-H07
[Dōngyíng]

在县驻地孙武街道东南方向 19.6 千米。胡集镇辖自然村。人口 400。明洪武五年（1372），始祖魏澍由河北枣强迁此立村魏家庄。后因在战乱年代里，这一代曾驻兵营，该村是最东端的驻军营盘，名谓东营。久呼成习，遂成村名。聚落呈团块状分布。有文化广场 1 处、农家书屋 1 处。经济以种植业为主，主要农作物有小麦、玉米等。有公路经此。

成兴庄 371621-B04-H08
[Chéngxīngzhuāng]

在县驻地孙武街道东南方向 27.9 千米。胡集镇辖自然村。人口 200。相传，该村原为毕姓居此，曾名毕家庄。1925 年，成氏家族由邻村成官庄迁来，此后毕姓不如成姓兴旺，"成兴庄"遂为村名。聚落呈团块状分布。有文化广场 1 处、农家书屋 1 处。经济以种植业为主，主要农作物有小麦、玉米等。220 国道经此。

谦李 371621-B04-H09
[Qiānlǐ]

在县驻地孙武街道东南方向 23.0 千米。胡集镇辖自然村。人口 300。明洪武年间，李姓始祖由河北枣强迁此立村。因村东有后李村，该村即名前李。又因与麻店镇前李村重名，遂改为谦李。"谦"字为谦让之意，因把村名让与他人，故名。聚落呈团块状分布。有文化广场1处、农家书屋1处。经济以种植业为主，主要农作物有小麦、玉米等。有公路经此。

成官庄 371621-B04-H10
[Chéngguānzhuāng]

在县驻地孙武街道东南方向26.3千米。胡集镇辖自然村。人口1 600。明洪武二年（1369），始祖成严亮由河北枣强迁居于此，因其后人有在山西为官者，遂更名为成官庄。聚落呈团块状分布。有文化广场1处、农家书屋1处。经济以种植业为主，主要农作物有小麦、玉米等。220国道经此。

镇东刘 371621-B04-H11
[Zhèndōngliú]

在县驻地孙武街道东南方向26.3千米。胡集镇辖自然村。人口500。明宣德年间，始祖刘月中由河北枣强迁此立村刘家。1985年，因避重名，以其在镇境东部，更名为镇东刘。聚落呈团块状分布。有文化广场1处、农家书屋1处。经济以种植业为主，主要农作物有小麦、玉米等。220国道经此。

大范 371621-B04-H12
[Dàfàn]

在县驻地孙武街道东南方向22.3千米。胡集镇辖自然村。人口1 000。明洪武二年（1369），宋姓始祖由枣强迁于滨州西宋家，之后转迁于此。明洪武四年（1371），范姓始祖由河北枣强迁来。范宋为邻，各自立村，范姓繁衍快于宋姓，故范姓取名大范，宋姓取名小宋。后两村连为一体，遂以大范为村名。聚落呈团块状分布。有文化广场1处、农家书屋1处。经济以种植业为主，主要农作物有小麦、玉米等。有公路经此。

西营 371621-B04-H13
[Xīyíng]

在县驻地孙武街道东南方向18.9千米。胡集镇辖自然村。人口1 100。因战乱年间这一带曾驻兵营，该村是最西端的军营，故名。聚落呈团块状分布。有文化广场1处、农家书屋1处。经济以种植业为主，主要农作物有小麦、玉米等。有公路经此。

邓王 371621-B04-H14
[Dèngwáng]

在县驻地孙武街道东南方向15.4千米。胡集镇辖自然村。人口200。据《邓氏族谱》载，明嘉靖十五年（1536），始祖邓可教由滨县邓家庙迁居于此，立村邓家。至清乾隆年间，又有王姓始祖迁入，遂改名邓王。聚落呈团块状分布。有文化广场1处、农家书屋1处。经济以种植业为主，主要农作物有小麦、玉米等。有公路经此。

杨子学 371621-B04-H15
[Yángzǐxué]

在县驻地孙武街道东南方向19.8千米。胡集镇辖自然村。人口600。据《杨氏族谱》记载，始祖杨福，字子学，明洪武二年（1369）由滨县驻地孙武街道东方向杨大王村迁此立村，因其字子学扬名于外，遂以杨子学为村名。聚落呈团块状分布。有文化广场1处、农家书屋1处。经济以种植业为主，主要农作物有小麦、玉米等。有公路经此。

伊封山 371621-B04-H16
[Yīfēngshān]

在县驻地孙武街道东南方向14.4千米。胡集镇辖自然村。人口200。明宣德年间，始祖伊封山由河北枣强迁此，以人名名村。

聚落呈团块状分布。有文化广场1处、农家书屋1处。经济以种植业为主，主要农作物有小麦、玉米等。有公路经此。

小范 371621-B04-H17
［Xiǎofàn］

在县驻地孙武街道东南方向21.3千米。胡集镇辖自然村。人口800。明洪武四年（1371），始祖刘曰宝由河北枣强迁居于此，为避水患，村西移后恰与南邻大范村相对，故名小范。聚落呈团块状分布。有文化广场1处、农家书屋1处。经济以种植业为主，主要农作物有小麦、玉米等。有公路经此。

双人徐 371621-B04-H18
［Shuāngrénxú］

在县驻地孙武街道东南方向28.5千米。胡集镇辖自然村。人口400。据《徐氏族谱》载，明成化年间，始祖徐世凤由枣强迁此，立村徐茅庄。后村中人厌此名不雅，更为徐家。1985年，为与同音村许家区别，改村名为双人徐。聚落呈团块状分布。有文化广场1处、农家书屋1处。经济以种植业为主，主要农作物有小麦、玉米等。220国道经此。

陈集 371621-B04-H19
［Chénjí］

在县驻地孙武街道东南方向21.1千米。胡集镇辖自然村。人口1 800。明洪武五年（1372），始祖陈二由河北枣强迁来。崇祯二年（1629），村中有了集市，遂名陈家集。1983年地名普查中，为区别于本县同名村，遂改为陈集。聚落呈团块状分布。有中学1所、小学1所、幼儿园1所。经济以种植业、商业为主，主产小麦、玉米等。有公路经此。

镇东郭 371621-B04-H20
［Zhèndōngguō］

在县驻地孙武街道东南方向25.9千米。胡集镇辖自然村。人口200。明宣德年间，始祖郭门昌迁此立村郭家。因与白庙刘村是近邻，亦被称白庙郭，后复称郭家。1985年建村民委员会时，因避重名，以其位于镇境东部，更村名为镇东郭。聚落呈团块状分布。有文化广场1处、农家书屋1处。经济以种植业为主，主要农作物有小麦、玉米等。220国道经此。

小李家 371621-B04-H21
［Xiǎolǐjiā］

在县驻地孙武街道东南方向25.9千米。胡集镇辖自然村。人口900。清康熙年间，始祖李安吉由本县茅根李家（今魏集镇李家庄）迁居于此，村名张李家村。1985年建村委会时改名为小李家。聚落呈团块状分布。有文化广场1处、农家书屋1处。经济以种植业为主，主要农作物有小麦、玉米等。有公路经此。

李庄 371621-B05-H01
［Lǐzhuāng］

李庄镇人民政府驻地。在县驻地孙武街道南方向21.6千米。人口1700。明洪武年间，李姓始祖由河北枣强迁此立村李家庄，简称李庄。聚落呈团块状分布。有文化广场1处、小学1处。经济以商贸业、种植业和加工业为主，主要农作物有小麦、玉米、棉花，加工业以化纤绳网加工为主。220国道经此。

后苏 371621-B05-H02
［Hòusū］

在县驻地孙武街道南方向19.8千米。李庄镇辖自然村。人口300。相传，明成化九年（1473），始祖苏设由河北枣强迁至苏家庄（今苏家集），在此立村后苏。聚落呈团块状分布。有文化广场 1 处、农家书屋 1 处。经济以种植业、商贸业为主，主要农作物有小麦、玉米等。有公路经此。

大周 371621-B05-H03
[Dàzhōu]

在县驻地孙武街道南方向 20.8 千米。李庄镇辖自然村。人口 1 000。明宣德年间，始祖周思义由寿光县迁居于此，即以周家为命名。后因人丁兴旺，成为大村，故村名大周。聚落呈团块状分布。有文化广场 1 处、农家书屋 1 处。经济以种植业为主，主要农作物有小麦、玉米等。有公路经此。

塔子 371621-B05-H04
[Tǎzi]

在县驻地孙武街道南方向 23.1 千米。李庄镇辖自然村。人口 200。据《陈氏谱记》载，明正统年间，始祖陈文利由河北枣强迁此立村，因村址西侧靠近一座古塔，故名塔子。聚落呈团块状分布。有文化广场 1 处、农家书屋 1 处。经济以种植业、商贸业为主，主要农作物有小麦、玉米等。有公路经此。

王集 371621-B05-H05
[Wángjí]

在县驻地孙武街道南方向 27.1 千米。李庄镇辖自然村。人口 500。清乾隆年间，始祖王福由河北枣强迁此立村王家。因该村制作的皮、线货质量高，销量广，其贸易交往如同集市，故被称为王家集。当地人简称其王集，遂为村名。聚落呈团块状分布。有文化广场 1 处、农家书屋 1 处、小学 1 处。经济以种植业、商贸业为主，主要农作物有小麦、玉米等。有公路经此。

茶棚张 371621-B05-H06
[Chápéngzhāng]

在县驻地孙武街道南方向 26.4 千米。李庄镇辖自然村。人口 800。明宣德年间，张姓始祖由河北枣强迁此。因曾在村西十字路口设茶棚，供过路人饮茶，村遂被称茶棚张。聚落呈团块状分布。有文化广场 1 处、农家书屋 1 处。经济以种植业为主，主要农作物有小麦、玉米等。有公路经此。

马家口 371621-B05-H07
[Mǎjiākǒu]

在县驻地孙武街道南方向 21.9 千米。李庄镇辖自然村。人口 600。相传，该村原名朱家口。明末，马姓始祖马本道由河北枣强迁此。后因马姓成为大户，并重修村北徒骇河上的马家桥，受到当地村民称赞，遂改村名为马家口。聚落呈团块状分布。有文化广场 1 处、农家书屋 1 处。经济以种植业为主，主要农作物有小麦、玉米等。有公路经此。

张佩环 371621-B05-H08
[Zhāngpèihuán]

在县驻地孙武街道南方向 28.9 千米。李庄镇辖自然村。人口 400。明成化年间，张姓始祖由河北枣强迁来大清河西建村张家湾，二世祖由张家湾迁出后，此建东张家村。至清代，九世祖张盛德，字佩环，在济南为官，扬名于外，遂以人名，称张佩环。聚落呈团块状分布。有文化广场 1 处、农家书屋 1 处。经济以种植业为主，主要农作物有小麦、玉米等。有公路经此。

聂索 371621-B05-H09
[Nièsuǒ]

在县驻地孙武街道南方向 20.1 千米。

李庄镇辖自然村。人口 600。古称聂埽（sào），即古聂家口，此地为古时埽的加工点。因在本地方言中"埽"与"索"同音，"聂埽"逐渐改称聂索。聚落呈团块状分布。有文化广场 1 处、农家书屋 1 处。经济以种植业为主，主要农作物有小麦、玉米等。有公路经此。

归仁　371621-B05-H10
[Guīrén]

在县驻地孙武街道南方向 29.8 千米。李庄镇辖自然村。人口 300。北宋在此置镇。后因村中有一美女，被选为皇妃，遂尊称为贵人，人称贵人镇。后借孔子"克己复礼，天下归仁焉"之言将村名雅化为归仁。聚落呈团块状分布。有文化广场 1 处、农家书屋 1 处。经济以种植业为主，主要农作物有小麦、玉米等。有公路经此。

道岔李　371621-B05-H11
[Dàochàlǐ]

在县驻地孙武街道南方向 21.3 千米。李庄镇辖自然村。人口 400。明成化年间，李姓始祖由河北枣强迁此立村李家。因村西曾有九股道的道岔，故亦称道岔李。后又简称李家。1985 年建村委会时，因避重名，复名道岔李。聚落呈团块状分布。有文化广场 1 处、农家书屋 1 处。经济以种植业为主，主要农作物有小麦、玉米等。有公路经此。

大巩家　371621-B05-H12
[Dàgǒngjiā]

在县驻地孙武街道南方向 24.1 千米。李庄镇辖自然村。人口 800。明洪武二年（1369），始祖巩启杰由本县巩家村（今辛店镇）迁居于此，村名南巩。后亦惯称巩家。1985 年，因避重名，更为大巩家。聚落呈团块状分布。有文化广场 1 处、农

家书屋 1 处。有县级文物保护单位清代庙宇 1 处。经济以种植业为主，主要农作物有小麦、玉米等。220 国道经此。

郭翰林　371621-B05-H13
[Guōhànlín]

在县驻地孙武街道南方向 29.4 千米。李庄镇辖自然村。人口 800。相传，这里早有高姓居住，村名曾称高家。明朝末年，郭姓始祖郭进由河北省枣强县迁居此村，后因高姓绝嗣，改村名为郭家。清朝晚期，村人郭文林曾官居翰林，村名遂改郭翰林。聚落呈团块状分布。有文化广场 1 处、农家书屋 1 处。经济以种植业为主，主要农作物有小麦、玉米等。有公路经此。

沙珠邢　371621-B05-H14
[Shāzhūxíng]

在县驻地孙武街道南方向 24.0 千米。李庄镇辖自然村。人口 1 600。据《邢氏族谱》记载，明永乐年间，始祖邢香由河北枣强迁此立村邢家。后因村中屠户较多，被称杀猪邢。村人嫌"杀猪"二字不雅，于清光绪十三年（1887）改"杀猪"为"沙珠"。由此即以沙珠邢为村名。聚落呈团块状分布。有文化广场 1 处、农家书屋 1 处。经济以商贸业、种植业为主，主要农作物有小麦、玉米等。220 国道经此。

大王庄　371621-B05-H15
[Dàwángzhuāng]

在县驻地孙武街道南方向 27.0 千米。李庄镇辖自然村。人口 700。明成化年间，王姓始祖自河北枣强迁此，因盼望发展成为大村，故取村名为大王庄。聚落呈团块状分布。有文化广场 1 处、农家书屋 1 处。经济以种植业为主，主要农作物有小麦、玉米等。有公路经此。

洼里吴 371621-B05-H16
[Wālǐwú]

在县驻地孙武街道南方向 21.3 千米。李庄镇辖自然村。人口 900。明永乐年间，吴姓始祖由河北枣强迁居于此，因地势低洼，故称洼里吴。聚落呈团块状分布。有文化广场 1 处、农家书屋 1 处。经济以种植业为主，主要农作物有小麦、玉米等。有公路经此。

狗皮苏 371621-B05-H17
[Gǒupísū]

在县驻地孙武街道南方向 23.3 千米。李庄镇辖自然村。人口 500。始祖苏文由本县苏家庄（今李庄镇苏家集）迁此。因村人多年经营制革业，又以制作狗皮货为主，故被称狗皮苏。聚落呈团块状分布。有文化广场 1 处、农家书屋 1 处。经济以种植业为主，主要农作物有小麦、玉米等。220 国道经此。

苏家集 371621-B05-H18
[Sūjiājí]

在县驻地孙武街道南方向 19.9 千米。李庄镇辖自然村。人口 500。明成化九年（1473 年），始祖苏设由河北枣强大营镇迁居武定府城南五十里苏家庄。后自立集市，改村名苏家集。聚落呈团块状分布。有文化广场 1 处、农家书屋 1 处。经济以商贸业、种植业为主，主要农作物有小麦、玉米等。有公路经此。

西沟刘 371621-B05-H19
[Xīgōuliú]

在县驻地孙武街道南方向 19.9 千米。李庄镇辖自然村。人口 700。明天顺年间，祖刘文、刘武兄弟由河北枣强迁此立村。因村址在徒骇河西北的低洼地带，故取村名西沟刘。聚落呈团块状分布。有文化广场 1 处、农家书屋 1 处。经济以种植业为主，主要农作物有小麦、玉米等。有公路经此。

新庄 371621-B05-H20
[Xīnzhuāng]

在县驻地孙武街道南方向 19.1 千米。李庄镇辖自然村。人口 400。明朝末年，田、史、张三姓人由徒骇河南史田庄迁此，取新立之庄之意命名。1967 年徒骇河展宽，村北移今址，村名沿用至今。聚落呈团块状分布。有文化广场 1 处、农家书屋 1 处。经济以种植业为主，主要农作物有小麦、玉米等。有公路经此。

东牛 371621-B05-H21
[Dōngniú]

在县驻地孙武街道南方向 24.7 千米。李庄镇辖自然村。人口 700。明永乐年间，始祖牛清由河北枣强迁此立村牛家。后因村西 1 千米处有西牛村，该村即称东牛。聚落呈团块状分布。有文化广场 1 处、农家书屋 1 处。经济以种植业为主，主要农作物有小麦、玉米等。有公路经此。

王家店子 371621-B06-H01
[Wángjiādiànzi]

麻店镇人民政府驻地。在县驻地孙武街道东南方向 8.1 千米。人口 900。明代王姓立村王家，曾名千丁王。后村中白布店生意兴隆，改王家店子。聚落呈团块状分布。有文化广场 1 处、小学 1 处。古迹有民国时期所建教堂 1 处。经济以种植业为主，主要种植粮棉作物。有镇工业园区，以纺织业、金属加工业、生物科技为主。有公路经此。

麻店 371621-B06-H02
[Mádiàn]

在县驻地孙武街道东南方向 8.7 千米。麻店镇辖自然村。人口 1 100。明洪武年间，穆、丁、马三姓始祖由河北枣强迁此，马姓者以开店兼营卖麻为业，买卖兴隆，商贾慕名来投，一度"麻店"之名扬声于外，遂借以为名。聚落呈团块状分布。有中学 1 处。经济以商贸业、种植业为主，主要农作物有小麦、玉米等。有国科棉业、安达纺织、连鑫棉业等企业。有公路经此。

窦家 371621-B06-H03
[Dòujiā]

在县驻地孙武街道东南方向 16.9 千米。麻店镇辖自然村。人口 300。明洪武年间，始祖窦同由河北枣强迁此，以其姓氏立村窦家。聚落呈团块状分布。有文化广场 1 处、农家书屋 1 处。经济以种植业为主，主要农作物有小麦、玉米等。有公路经此。

朱家坊 371621-B06-H04
[Zhūjiāfāng]

在县驻地孙武街道东南方向 18.2 千米。麻店镇辖自然村。人口 500。相传，早有土著赵姓居此，村名赵家。后因建一牌坊，遂改赵家坊。明成化三年（1467），朱姓始祖朱仲科，由河北枣强迁此，其家业日盛，人丁兴旺，而赵姓日衰，故改赵家坊为朱家坊。聚落呈团块状分布。有文化广场 1 处、农家书屋 1 处。经济以种植业为主，主要农作物有小麦、玉米等。有公路经此。

大郭 371621-B06-H05
[Dàguō]

在县驻地孙武街道东南方向 9.6 千米。麻店镇辖自然村。人口 400。据传，该村之郭姓系两支宗脉，一支为土著，其居住年代失远，详细情况失考；另一支于明宣德年间，始祖郭元由河北枣强迁此。因以前规模较大，故名大郭。聚落呈团块状分布。有文化广场 1 处、农家书屋 1 处。古迹有省级文物保护单位大郭遗址，为商代墓葬。经济以种植业为主，主要农作物有小麦、玉米等。有公路经此。

金家 371621-B06-H06
[Jīnjiā]

在县驻地孙武街道东南方向 11.2 千米。麻店镇辖自然村。人口 500。明万历年间，金、王两姓始祖均由河北枣强迁此立村，金姓立村金家，王姓立村王鬏髻家。1983 年地名普查时，因有生僻字，遂王鬏髻家改名为王记匠。因两村邻近，1990 年地名普查时，王记匠并入金家。聚落呈团块状分布。有文化广场 1 处、农家书屋 1 处。经济以种植业为主，主要农作物有小麦、玉米等。有公路经此。

东班 371621-B06-H07
[Dōngbān]

在县驻地孙武街道东南方向 13.4 千米。麻店镇辖自然村。人口 400。明洪武年间，班氏兄弟四人由河北枣强迁此，各自择地建村，因该村在其他班姓村之东，故取村名东班。聚落呈团块状分布。有文化广场 1 处、农家书屋 1 处。经济以种植业为主，主要农作物有小麦、玉米等。有公路经此。

班曹王 371621-B06-H08
[Bāncáowáng]

在县驻地孙武街道东南方向 13.9 千米。麻店镇辖自然村。人口 200。明洪武年间，该村班姓始祖由河北枣强迁此立班家村，后来又有曹、王两姓氏迁入，遂以迁来之先后为序，取三姓氏班曹王为名。聚落呈团块状分布。有文化广场 1 处、农家书屋 1

处。经济以种植业为主，主要农作物有小麦、玉米等。有公路经此。

王朋马 371621-B06-H09
［Wángpéngmǎ］

在县驻地孙武街道东南方向12.7千米。麻店镇辖自然村。人口100。明嘉靖年间，始祖王朋马由河北枣强迁此立村，以名命村，称王朋马。聚落呈团块状分布。有文化广场1处、农家书屋1处。经济以种植业为主，主要农作物有小麦、玉米等。有公路经此。

崔杜 371621-B06-H10
［Cuīdù］

在县驻地孙武街道东南方向9.8千米。麻店镇辖自然村。人口700。崔家、杜家、韩家、贾家四村始祖于明初先后由河北枣强迁此，以姓为名各自建村。1985年，崔家、杜家并为一村，村名崔杜。1990年地名普查时，韩家、贾家并入崔杜，村名仍为崔杜。聚落呈团块状分布。有文化广场1处、农家书屋1处。经济以种植业为主，主要农作物有小麦、玉米等。有公路经此。

周吴 371621-B06-H11
［Zhōuwú］

在县驻地孙武街道东南方向13.2千米。麻店镇辖自然村。人口500。相传，吴姓系土著，村名吴家。因村小，称小吴。因村小常受欺，明嘉靖年间，小吴村村民请周子潘相助，自此不再受欺。后来周子潘定居小吴，遂成为大户，遂改名周家。1985年，因避重名，更为周吴。聚落呈团块状分布。有文化广场1处、农家书屋1处。经济以种植业为主，主要农作物有小麦、玉米等。有公路经此。

筍家 371621-B06-H12
［Sǔnjiā］

在县驻地孙武街道东南方向13.3千米。麻店镇辖自然村。人口200。明永乐年间，始祖筍刚由河北枣强迁居于此，村以姓称，立村筍家。聚落呈团块状分布。有文化广场1处、农家书屋1处。经济以种植业为主，主要农作物有小麦、玉米等。有公路经此。

刘家桥 371621-B06-H13
［Liújiāqiáo］

在县驻地孙武街道东南方向18.7千米。麻店镇辖自然村。人口1300。此村原有刘姓土著，明代另一刘姓始祖由河北枣强迁来。因西边还有刘姓村落，因此更名东刘。至清代，村南徒骇河上架一石桥，桥址在东刘和西刘之间，名为刘家桥。自此，东刘村借用桥名亦称刘家桥。聚落呈团块状分布。有文化广场1处、农家书屋1处。经济以商贸业、种植业为主，主要农作物有小麦、玉米等。有公路经此。

富杨 371621-B06-H14
［Fùyáng］

在县驻地孙武街道东南方向13.8千米。麻店镇辖自然村。人口300。明洪武年间，杨姓始祖由河北武邑迁此，以姓氏立村杨家。1985年建村民委员会时，为避重名，更名富杨。因村民已脱贫，借"富"字，以示脱贫致富。聚落呈团块状分布。有文化广场1处、农家书屋1处。经济以种植业为主，主要农作物有小麦、玉米等。有公路经此。

赵李 371621-B06-H15
［Zhàolǐ］

在县驻地孙武街道东南方向8.6千米。麻店镇辖自然村。人口200。明成化十八年

（1482），始祖梁占才由河北枣强迁此立村，按其姓氏，取名梁家。1983年地名普查时，为避重名，因村中已无梁姓，赵、李为其主姓，故更为赵李。聚落呈团块状分布。有文化广场1处、农家书屋1处。经济以种植业为主，主要农作物有小麦、玉米等。有公路经此。

寇家 371621-B06-H16
[Kòujiā]

在县驻地孙武街道东南方向14.9千米。麻店镇辖自然村。人口200。明嘉靖年间，始祖寇立贞由河北枣强迁此，以姓立村寇家。聚落呈团块状分布。有文化广场1处、农家书屋1处。经济以种植业为主，主要农作物有小麦、玉米等。有公路经此。

孙家沟 371621-B06-H17
[Sūnjiāgōu]

在县驻地孙武街道东南方向9.1千米。麻店镇辖自然村。人口300。明永乐年间，始祖孙赋由河北枣强迁此，因靠近一条大水沟，遂名孙家沟。聚落呈团块状分布。有文化广场1处、农家书屋1处。古迹有县级文物保护单位商周遗址1处。经济以种植业为主，主要农作物有小麦、玉米等。有公路经此。

前张家 371621-B06-H18
[Qiánzhāngjiā]

在县驻地孙武街道东南方向15.1千米。麻店镇辖自然村。人口300。明正德年间，张姓始祖由河北枣强迁来立村张家。后又有马、胡二姓迁来，遂称张马胡家。后张姓一支迁此另立村庄，因位于原村址之南，故取名前张家。聚落呈团块状分布。有文化广场1处、农家书屋1处。经济以种植业为主，主要农作物有小麦、玉米等。有公路经此。

毛许 371621-B06-H19
[Máoxǔ]

在县驻地孙武街道东南方向14.4千米。麻店镇辖自然村。人口200。据《许氏族谱》载：明成化五年（1469），始祖许士泽由江西九江府德化县（今九江县）许家堰迁此，以姓取名许家，后改名毛许。聚落呈团块状分布。有文化广场1处、农家书屋1处。经济以种植业为主，主要农作物有小麦、玉米等。有公路经此。

续家 371621-B06-H20
[Xùjiā]

在县驻地孙武街道东南方向14.4千米。麻店镇辖自然村。人口300。明洪武二年（1369），先有周姓始祖由河北枣强迁来，随之又有曹、张、程、于、杨、刘、李、朱等连续迁来，遂以续家为名。聚落呈团块状分布。有文化广场1处、农家书屋1处。经济以种植业为主，主要农作物有小麦、玉米等。有公路经此。

自新王 371621-B06-H21
[Zìxīnwáng]

在县驻地孙武街道东南方向14.3千米。麻店镇辖自然村。人口400。原名窝狗王。据载，清末，村内王、李两姓因不当钱财发生诉讼。县令对其进行责罚，并将钱财充作村内义学。后县令召集两姓管事调解，两人深感愧疚，遂将村名更为自新王，以示改过自新。聚落呈团块状分布。有文化广场1处、农家书屋1处。经济以种植业为主，主要农作物有小麦、玉米等。有公路经此。

魏集 371621-B07-H01
[Wèijí]

魏集镇人民政府驻地。在县驻地孙武

街道东南方向25.7千米。人口1 300。据《魏氏族谱》记载，明洪武四年（1371），始祖魏自显由河北省枣强县迁此，因立有集市，即取村名魏家集，简称魏集。聚落呈团块状分布。有文化广场1处、幼儿园1所、小学1所、中学1所。有国家级重点文物保护单位魏氏庄园。经济以种植业和旅游业为主，主要农作物有小麦、玉米、棉花。有镇工业园区，以棉麻纺织业为主。

铁匠魏 371621-B07-H02
[Tiějiàngwèi]

在县驻地孙武街道东南方向32.2千米。魏集镇辖自然村。人口800。据《魏氏族谱》载，明洪武二年（1369），始祖魏吉元由河北枣强迁此，因他是个手艺高超的铁匠，故村被称作铁匠魏。聚落呈团块状分布。有文化广场1处、农家书屋1处。经济以种植业为主，主要农作物有小麦、玉米等。有公路经此。

阮家道 371621-B07-H03
[Ruǎnjiādào]

在县驻地孙武街道东南方向33.2千米。魏集镇辖自然村。人口300。芦姓始祖由河北枣强迁此，立村芦家。后有阮姓迁来，且黄河渡口设此，故村名阮家道口。聚落呈团块状分布。有文化广场1处、农家书屋1处。经济以种植业为主，主要农作物有小麦、玉米等。有公路经此。

曹家集 371621-B07-H04
[Cáojiājí]

在县驻地孙武街道东南方向32.2千米。魏集镇辖自然村。人口1 400。明洪武二年（1369），始祖曹伯汉由山西洪桐迁此，立村曹家。1985年建村民委员会时，因避重名，以逢阴历三、八有集市，故更名曹家集。聚落呈团块状分布。有文化广场1

处、农家书屋1处。经济以种植业、商贸业为主，主要农作物有小麦、玉米等。有公路经此。

双庙杨 371621-B07-H05
[Shuāngmiàoyáng]

在县驻地孙武街道东南方向31.6千米。魏集镇辖自然村。人口500。相传，建村于明，杨姓始祖由河北枣强迁此立村杨家，后因村中建起两座相邻的神庙，遂改为双庙杨。聚落呈团块状分布。有文化广场1处、农家书屋1处。经济以种植业、商贸业为主，主要农作物有小麦、玉米等。有公路经此。

苏家庄 371621-B07-H06
[Sūjiāzhuāng]

在县驻地孙武街道东南方向31.9千米。魏集镇辖自然村。人口300。始祖苏雄自本县苏家庄（李庄镇苏家集）迁至茅根李（魏集镇李家庄），后迁此立村苏家庄。聚落呈团块状分布。有文化广场1处、农家书屋1处。经济以种植业为主，主要农作物有小麦、玉米等。有公路经此。

前刘 371621-B07-H07
[Qiánliú]

在县驻地孙武街道东南方向28.9千米。魏集镇辖自然村。人口200。明成化年间，始祖刘恩由河北枣强迁居于此，因有制作皮鼓的技术，遂取名踩鼓刘。正德年间，因黄河决口，把村冲为两段，北段名后刘，南段名前刘。聚落呈团块状分布。有文化广场1处、农家书屋1处。有市级非物质文化遗产项目踩鼓工艺。经济以种植业为主，主要农作物有小麦、玉米等。有公路经此。

木匠景 371621-B07-H08

[Mùjiàngjǐng]

在县驻地孙武街道东南方向32.1千米。魏集镇辖自然村。人口500。明宣德年间，始祖景卜由河北枣强迁居于此，立村景家。因其村民有木工技术，1985年建村委会时，为避重名，更名木匠景。聚落呈团块状分布。有文化广场1处、农家书屋1处。经济以种植业为主，主要农作物有小麦、玉米等。有公路经此。

老君堂 371621-B07-H09

[Lǎojūntáng]

在县驻地孙武街道东南方向33.3千米。魏集镇辖自然村。人口2 200。因从前村中多古刹，以太上老君庙最壮观，名老君堂，遂以此名村。聚落呈团块状分布。有文化广场1处、农家书屋1处、小学1处。经济以种植业、商贸业为主，主要农产品有小麦、玉米等。有公路经此。

宫家 371621-B07-H10

[Gōngjiā]

在县驻地孙武街道东南方向31.8千米。魏集镇辖自然村。人口1 200。明洪武元年（1368），始祖宫清，由河北枣强迁此，因村址在三面环堤的半圈之中，遂名宫家圈。年久环堤已无，改称宫家。聚落呈团块状分布。有文化广场1处、农家书屋1处、小学1处。经济以种植业、商贸业为主，主要农作物有小麦、玉米等。有公路经此。

贾家集 371621-B07-H11

[Jiǎjiājí]

在县驻地孙武街道东南方向31.4千米。魏集镇辖自然村。人口700。明洪武二年（1369），始祖贾丕福由河北枣强迁此，立村贾家。1985年建村民委员会时，因避重名，更名贾家集。聚落呈团块状分布。有文化广场1处、农家书屋1处、小学1处。经济以种植业、商贸业为主，主要农作物有小麦、玉米等。有公路经此。

杨王 371621-B07-H12

[Yángwáng]

在县驻地孙武街道东南方向33.1千米。魏集镇辖自然村。人口400。明洪武二年（1369），杨姓始祖由河北枣强迁此立村杨家。清嘉庆年间，又有王姓始祖由高青段王村迁来，杨、王两姓同住一村，遂村以杨王为名。聚落呈团块状分布。有文化广场1处、农家书屋1处。经济以种植业为主，主要农作物有小麦、玉米等。有公路经此。

谭梁许 371621-B07-H13

[Tánliángxǔ]

在县驻地孙武街道东南方向29.6千米。魏集镇辖自然村。人口800。明成化年间，谭姓始祖由河北枣强迁此立谭家。后有梁、许两家相继迁来，在谭家村一左一右定居下来，三姓同住一村，故改名为谭梁许。聚落呈团块状分布。有文化广场1处、农家书屋1处。经济以种植业、商贸业为主，主要农作物有小麦、玉米等。有公路经此。

三合李 371621-B07-H14

[Sānhélǐ]

在县驻地孙武街道东南方向33.3千米。魏集镇辖自然村。人口700。明宣德年间，始祖李兆先由河北枣强迁此，曾以经营粉条为业，取名粉李。西邻曾有一小村，因种植地瓜被称为地瓜李。清末，黄河决口，粉李被截成两段，与地瓜李呈三足鼎立状。1945年后三村合并，取名三合李。聚落呈团块状分布。有文化广场1处、农家书屋1

处。经济以种植业、商贸业为主，主要农作物有小麦、玉米等。有公路经此。

谭家 371621-B07-H15
[Tánjiā]

在县驻地孙武街道东南方向33.4千米。魏集镇辖自然村。人口300。明成化年间，始祖谭仁履由河北枣强迁居于此，立村谭家。聚落呈团块状分布。经济以种植业为主，主要农作物有小麦、玉米等。有公路经此。

丁河圈 371621-B07-H16
[Dīnghéquān]

在县驻地孙武街道东南方向29.1千米。魏集镇辖自然村。人口1 200。元至正年间，始祖丁从政由河北枣强迁此。因建村处河道弯曲，村周三面环水，如同河围圈，故名丁河圈。聚落呈团块状分布。有文化广场1处、农家书屋1处、小学1处。古迹有省级文物保护单位清代民居建筑丁氏故居。经济以种植业、商贸业为主，主要农作物有小麦、玉米、食用菌等。有春生食用菌、禧龙建材等企业。有公路经此。

西董口 371621-B07-H17
[Xīdǒngkǒu]

在县驻地孙武街道东南方向33.6千米。魏集镇辖自然村。人口300。明洪武年间，始祖董大文、董次文二人由河北省枣强县迁此，因建村在黄河渡口处，名董家口。原村形东西狭长，中间隔离，形成两村，该村在西，称西董口。聚落呈团块状分布。有文化广场1处、农家书屋1处。经济以种植业为主，主要农作物有小麦、玉米等。有公路经此。

孙家圈 371621-B07-H18
[Sūnjiāquān]

在县驻地孙武街道东南方向32.9千米。

魏集镇辖自然村。人口600。据《孙氏族谱》载，明天顺五年（1461），始祖孙江、孙海由河北枣强迁此立村孙家庄。后因河道变迁，该村正处于黄河转折的半环形包围圈中，遂改名孙家圈。聚落呈团块状分布。有文化广场1处、农家书屋1处。经济以商贸业、种植业为主，主要农作物有小麦、玉米等。有公路经此。

清河镇 371621-B08-H01
[Qīnghézhèn]

清河镇人民政府驻地。在县驻地孙武街道东南方向23.7千米。人口4 200。县内古镇之一。《金史》载："厌次（惠民县旧称），有五镇，曰归化（今石庙），曰清河，曰达多（今址不明），曰永利（今桑落墅），曰脂角（今淄角）"。因临近原大清河（今黄河）而得名。有中学1处、小学1处、幼儿园1处。有山东省级非物质文化遗产项目清河镇木版年画。有市非物质文化遗产项目白龙湾传说。经济以商贸业、种植业为主，主要农作物有小麦、玉米、棉花。有镇工业园区，以建材制造、食品加工、成衣制造为主。220国道经此。

古城马 371621-B08-H02
[Gǔchéngmǎ]

在县驻地孙武街道东南方向20.4千米。清河镇辖自然村。人口1 000。五代后梁乾化四年（914），棣州治所迁于此，称小新城。北宋时治所迁走。后马姓立村，因位于小新城遗址附近，故名古城马。聚落呈团块状分布。有文化广场1处、农家书屋1处。有县级文物保护单位古棣州小新城遗址。经济以种植业、商贸业为主，主要农作物有小麦、玉米。有公路经此。

韩泽环 371621-B08-H03

［Hánzéhuán］

在县驻地孙武街道东南方向21.7千米。清河镇辖自然村。人口200。明朝末年，始祖韩泽环由沾化县黄升店迁居于此，村以人称，亦为韩泽环。聚落呈团块状分布。有文化广场1处、农家书屋1处。经济以种植业为主，主要农作物有小麦、玉米等。有公路经此。

堤上刘 371621-B08-H04

［Dīshàngliú］

在县驻地孙武街道东南方向30.6千米。清河镇辖自然村。人口500。据《刘氏族谱》记载，明嘉靖年间，始祖刘尚礼由本县刘家店子村（在今胡集镇）迁此，因建村于一带高坡的古堤（古名秦堤）之上，故取村名堤上刘。聚落呈团块状分布。有文化广场1处、农家书屋1处。经济以种植业为主，主要农作物有小麦、玉米等。有公路经此。

牛王店 371621-B08-H05

［Niúwángdiàn］

在县驻地孙武街道东南方向25.9千米。清河镇辖自然村。人口2 100。据《王氏族谱》载，明洪武二年（1369），始祖王燧由河北枣强迁此立村。因村内有神牛传说，因此得名牛王店。聚落呈团块状分布。有文化广场1处、农家书屋1处。经济以种植业、商贸业为主，主要农产品有小麦、玉米等。有公路经此。

索家 371621-B08-H06

［Suǒjiā］

在县驻地孙武街道东南方向23.3千米。清河镇辖自然村。人口500。明洪武年间，索姓始祖由河北枣强迁此立村，村以姓称，取名索家。聚落呈团块状分布。有文化广场1处、农家书屋1处。经济以种植业为主，主要农作物有小麦、玉米等。有公路经此。

古城李 371621-B08-H07

［Gǔchénglǐ］

在县驻地孙武街道东南方向23.3千米。清河镇辖自然村。人口500。五代后梁乾化四年（914），棣州治所迁于此，称小新城。北宋时治所迁走。后李姓立村，因位于小新城遗址附近，故名古城李。聚落呈团块状分布。有文化广场1处、农家书屋1处。经济以种植业为主，主要农作物有小麦、玉米等。有公路经此。

考童王 371621-B08-H08

［Kǎotóngwáng］

在县驻地孙武街道东南方向23.1千米。清河镇辖自然村。人口800。明洪武年间，始祖王景祥由河北枣强迁此立村王家。明成化年间，村中曾连年有童生考中秀才的喜事，当时声誉很高，村名即被称考童王。聚落呈团块状分布。有文化广场1处、农家书屋1处。经济以种植业、商贸业为主，主要农作物有小麦、玉米等。220国道经此。

杜家桥 371621-B08-H09

［Dùjiāqiáo］

在县驻地孙武街道东南方向21.3千米。清河镇辖自然村。人口1 300。明洪武年间，始祖杜强由河北枣强迁此立村。因近村处的徒骇河上有桥梁，遂取名杜家桥。1990年地名普查时，邻村小王并入杜家桥，村名杜家桥不变。聚落呈团块状分布。有文化广场1处、农家书屋1处。经济以种植业和食品加工业为主，主产小麦、玉米、豆腐制品等。有公路经此。

高庙魏 371621-B08-H10

[Gāomiàowèi]

在县驻地孙武街道东南方向25.1千米。清河镇辖自然村。人口400。明永乐二年（1404），始祖魏忠从安徽凤阳迁此，因村中建有玉皇阁庙，遂取名阁庙魏。由于神庙高大，又建于高台之上，故更名高庙魏。聚落呈团块状分布。有文化广场1处、农家书屋1处。经济以种植业为主，主要农作物有小麦、玉米等。220国道经此。

董家 371621-B08-H11

[Dǒngjiā]

在县驻地孙武街道东南方向27.1千米。清河镇辖自然村。人口300。明洪武年间，始祖董汉由河北枣强迁此立村，村以姓称，取名董家。聚落呈团块状分布。有文化广场1处、农家书屋1处。经济以种植业为主，主要农作物有小麦、玉米等。有公路经此。

吕王庄 371621-B08-H12

[Lǚwángzhuāng]

在县驻地孙武街道东南方向24.7千米。清河镇辖自然村。人口300。该村之吕、王、贾、翟四姓均系土著，因吕姓人最多，故原名吕家。1985年建村民委员会时，为避重名，以其主要姓氏更名吕王庄。聚落呈团块状分布。有文化广场1处、农家书屋1处。经济以种植业为主，主要农作物有小麦、玉米等。有公路经此。

樊家 371621-B08-H13

[Fánjiā]

在县驻地孙武街道东南方向20.5千米。清河镇辖自然村。人口2 200。明洪武二年（1369），始祖樊子诚由河北枣强迁此立村樊家。聚落呈团块状分布。有文化广场1处、农家书屋1处、小学1处。经济以种植业、商贸业为主，主要农作物有小麦、玉米等。有公路经此。

马庄 371621-B08-H14

[Mǎzhuāng]

在县驻地孙武街道东南方向26.5千米。清河镇辖自然村。人口200。据载，马姓始祖于明初由河北枣强迁此，村以姓名，即名马庄。聚落呈团块状分布。有文化广场1处、农家书屋1处。经济以种植业为主，主要农作物有小麦、玉米等。有公路经此。

跑马刘 371621-B08-H15

[Pǎomǎliú]

在县驻地孙武街道东南方向25.6千米。清河镇辖自然村。人口700。明永乐年间，马氏始祖与刘姓始祖刘士武，由河北枣强迁此，立村马刘。后因两姓人不睦，马姓迁于他乡，刘姓人改村名为跑马刘，寓意马姓已跑，只有刘姓。聚落呈团块状分布。有文化广场1处、农家书屋1处。经济以种植业为主，主要农作物有小麦、玉米等。220国道经此。

南乔 371621-B08-H16

[Nánqiáo]

在县驻地孙武街道东南方向27.8千米。清河镇辖自然村。人口200。明成化年间，始祖乔文泰由河北枣强迁此，立村乔家。后因黄河不断决口，部分居民北迁后取村名北乔，原乔家村在南，遂名南乔。聚落呈团块状分布。有文化广场1处、农家书屋1处。经济以种植业为主，主要农作物有小麦、玉米等。有公路经此。

尚家 371621-B08-H17

[Shàngjiā]

在县驻地孙武街道东南方向23.6千米。

清河镇辖自然村。人口 100。明崇祯九年（1636），始祖尚锡顺由滨州大尚庄迁此，立村尚家。后因在村中建有神庙，故又被称尚家庙。神庙拆除后，村名复为尚家。聚落呈团块状分布。有文化广场 1 处、农家书屋 1 处。经济以种植业为主，主要农作物有小麦、玉米等。220 国道经此。

陈大律 371621-B09-H01
[Chéndàlù]

姜楼镇人民政府驻地。在县驻地孙武街道南方向 23.9 千米。人口 500。陈姓始祖，于明末由河北枣强迁此立村，因陈氏先祖中有人对法律很有研究，素有"大律师"之称，故村名为陈大律。聚落呈团块状分布。有中学 1 处、小学 1 处、幼儿园 1 处。经济以种植业、加工业为主，主要农作物有小麦、玉米、棉花，加工业以化纤绳网加工、机械制造为主。220 国道经此。

姜楼 371621-B09-H02
[Jiānglóu]

在县驻地孙武街道南方向 25.6 千米。姜楼镇辖自然村。人口 600。清康熙年间，始祖姜元由河北枣强迁此立村姜家。至清末，外国神甫到此传播天主教，设教堂，村名遂改称姜楼，亦称姜家楼。聚落呈团块状分布。有小学 1 所。古迹有县级文物保护单位姜楼天主教堂。经济以商贸业、种植业为主，主要农作物有小麦、玉米等。有合力劳保制品等企业。220 国道经此。

王家集 371621-B09-H03
[Wángjiājí]

在县驻地孙武街道南方向 21.2 千米。姜楼镇辖自然村。人口 400。明永乐年间，王姓始祖由河北枣强迁居于此，立村王家。后因村中设有集市，故改名王家集。聚落呈团块状分布。有文化广场 1 处、农家书屋 1 处。经济以种植业为主，主要农作物有小麦、玉米等。有公路经此。

萧圣庙 371621-B09-H04
[Xiāoshèngmiào]

在县驻地孙武街道南方向 22.3 千米。姜楼镇辖自然村。人口 1 300。相传，此村建于唐代以前，名梁家。后因村人在村中建萧圣庙，奉救难之神，遂更村名为萧圣庙。聚落呈团块状分布。有文化广场 1 处、农家书屋 1 处。经济以商贸业、种植业为主，主要农作物有小麦、玉米等。有公路经此。

刘冲还 371621-B09-H05
[Liúchōnghuán]

在县驻地孙武街道南方向 24.5 千米。姜楼镇辖自然村。人口 800。明成化年间，刘姓始祖由河北枣强迁此立村刘家。明末，村人刘冲战死于疆场，村人为祈祷其亡灵还家，遂更名刘冲还家，后简称刘冲还。聚落呈团块状分布。有文化广场 1 处、农家书屋 1 处。经济以商贸业、种植业为主，主要农作物有小麦、玉米等。有公路经此。

武家 371621-B09-H06
[Wǔjiā]

在县驻地孙武街道南方向 30.2 千米。姜楼镇辖自然村。人口 800。据《武姓族谱》记载，明永乐年间，始祖武金、武银兄弟由河北枣强迁居于此，立村武家。聚落呈团块状分布。有文化广场 1 处、农家书屋 1 处。经济以商贸业、种植业为主，主要农作物有小麦、玉米等。有公路经此。

三岔口 371621-B09-H07
[Sānchàkǒu]

在县驻地孙武街道南方向 26.1 千米。姜楼镇辖自然村。人口 1 300。相传，自明、清至民国初期，该村分属三县，西街属商河县，南街属济阳县，东街和北街属惠民县，故名三岔口。聚落呈团块状分布。有文化广场1处、农家书屋1处。经济以商贸业、种植业为主，主要农作物有小麦、玉米等。有公路经此。

沙窝赵 371621-B09-H08

[Shāwōzhào]

在县驻地孙武街道南方向27.8千米。姜楼镇辖自然村。人口1 000。据清道光六年（1826）编修《赵氏族谱》载"祖茂翁，由明成化七年（1471），由枣强县驻地孙武街道南康帮赵家庄，迁居惠邑"。原名赵家。后因黄河几次决口，此处积沙甚多，故村被称沙窝赵。聚落呈团块状分布。有文化广场1处、农家书屋1处、小学1所。经济以商贸业、种植业为主，主要农作物有小麦、玉米等。220国道经此。

新唐家 371621-B09-H09

[Xīntángjiā]

在县驻地孙武街道南方向34.0千米。姜楼镇辖自然村。人口800。清光绪年间，始祖唐增业由今大年陈乡老唐家迁居于此，建房种地，即成村落，故名新唐家。聚落呈团块状分布。有文化广场1处、农家书屋1处。经济以种植业为主，主要农作物有小麦、玉米等。有公路经此。

西坡刘 371621-B09-H10

[Xīpōliú]

在县驻地孙武街道南方向23.8千米。姜楼镇辖自然村。人口700。据《刘氏族谱》载，明成化年间，始祖刘天容由河北省枣强县迁此立村，因建村于漫坡之中，故名坡刘。1985年建村民委员会时，因避重名，以其在幸福河西，更名西坡刘。聚落呈团块状分布。有文化广场1处、农家书屋1处。

经济以种植业为主，主要农作物有小麦、玉米等。有公路经此。

王判镇 371621-B09-H11

[Wángpànzhèn]

在县驻地孙武街道南方向28.9千米。姜楼镇辖自然村。人口1 900。明成化年间，冯、李两姓始祖由河北枣强迁此立村冯李镇。清初，因与他村打官司，并由济南府王审判官做了公正的判决。由此，冯李镇改名为王判镇。聚落呈团块状分布。有文化广场1处、农家书屋4处、小学1处。经济以商贸业、种植业为主，主要农作物有小麦、玉米等。有公路经此。

前河沟崔 371621-B09-H12

[Qiánhégōucuī]

在县驻地孙武街道南方向24.6千米。姜楼镇辖自然村。人口200。据《崔氏族谱》载，明成化年间，始祖崔洪仁、崔洪义兄弟由河北枣强迁此，分南北在一条古河道旁各自立村。该村在南，故名前河沟崔。聚落呈团块状分布。有文化广场1处、农家书屋1处。经济以种植业为主，主要农作物有小麦、玉米等。有公路经此。

杨柳庄 371621-B09-H13

[Yángliǔzhuāng]

在县驻地孙武街道南方向24.9千米。姜楼镇辖自然村。人口800。明代，杨、李两姓始祖由河北枣强迁此立村杨李庄。清光绪年间，县衙的银两账上，把杨李庄误写成杨柳庄，遂沿用此名。聚落呈团块状分布。有文化广场1处、农家书屋1处。经济以种植业为主，主要农作物有小麦、玉米等。有公路经此。

小梁家 371621-B09-H14

[Xiǎoliángjiā]

在县驻地孙武街道南方向29.1千米。

姜楼镇辖自然村。人口 200。明成化年间，始祖梁士新由河北枣强迁此，立村梁家。1985 年建村民委员会时，因避重名，更名小梁家。聚落呈团块状分布。有文化广场 1 处、农家书屋 1 处。经济以种植业为主，主要农作物有小麦、玉米等。有公路经此。

后河沟崔　371621-B09-H15
[Hòuhégōucuī]

在县驻地孙武街道南方向 24.6 千米。姜楼镇辖自然村。人口 300。明成化年间，始祖崔洪仁、崔洪义兄弟由河北枣强迁此，分南北在一条古河道旁各自立村。此村在北，故名后河沟崔。聚落呈团块状分布。有文化广场 1 处、农家书屋 1 处。历史建筑有清末民初所建天主教堂 1 座。经济以种植业为主，主要农作物有小麦、玉米等。有公路经此。

三皇庙　371621-B09-H16
[Sānhuángmiào]

在县驻地孙武街道南方向 27.9 千米。姜楼镇辖自然村。人口 400。明宣德年间，始祖张子谭由河北枣强迁此立村，因村后有以茅草盖顶的庙，故称草庙张。清康熙年间，草庙拆除，另建新庙，内供天、地、人三皇神像，故更名三皇庙。聚落呈团块状分布。有文化广场 1 处、农家书屋 1 处、小学 1 处。经济以种植业为主，主要农作物有小麦、玉米等。有公路经此。

北侯　371621-B09-H17
[Běihóu]

在县驻地孙武街道南方向 23.6 千米。姜楼镇辖自然村。人口 400。明成化年间，侯姓始祖由河北枣强迁此立村侯家。1983 年地名普查时，因避重名，以其在乡境北部，更名北侯。聚落呈团块状分布。有文化广场 1 处、农家书屋 1 处。经济以种植业为主，主要农作物有小麦、玉米等。有公路经此。

郭郎王　371621-B09-H18
[Guōlángwáng]

在县驻地孙武街道南方向 25.8 千米。姜楼镇辖自然村。人口 300。元末，郭姓始祖由河北枣强迁此立村，因其有十子，取名十子郎庄。明朝，村中有一人官至郎中，遂更名郭郎中庄。民国时期，村中有一王姓货郎，知其人者很多，即借货郎与郭郎之谐音，更名郭郎王。聚落呈团块状分布。有文化广场 1 处、农家书屋 1 处。经济以种植业为主，主要农作物有小麦、玉米等。有公路经此。

张杠子　371621-B09-H19
[Zhānggàngzi]

在县驻地孙武街道南方向 26.9 千米。姜楼镇辖自然村。人口 400。建村于宋，有康姓始祖在此立村康家。至明代，有张姓从河北枣强迁入，后康姓迁走，遂更名张杠子。聚落呈团块状分布。有文化广场 1 处、农家书屋 1 处。经济以种植业为主，主要农作物有小麦、玉米等。有公路经此。

小宋　371621-B09-H20
[Xiǎosòng]

在县驻地孙武街道南方向 21.6 千米。姜楼镇辖自然村。人口 200。明嘉靖年间，宋姓始祖由河北枣强迁此立村宋家。因村小，被称小宋。聚落呈团块状分布。有文化广场 1 处、农家书屋 1 处。经济以种植业为主，主要农作物有小麦、玉米等。有公路经此。

联五于　371621-B09-H21
[Liánwǔyú]

在县驻地孙武街道南方向 28.1 千米。姜楼镇辖自然村。人口 800。明崇祯年间，始祖于游康由山东省青城大于庄（今属高青县）迁此立村于家。因于、赵、梁、郝、八大户五村相连，早有联五庄之称，1985年建村民委员会时，为避重名，遂以联五于为村名。聚落呈团块状分布。有文化广场1处、农家书屋1处。经济以种植业、商贸业为主，主要农产品有小麦、玉米等。有公路经此。

联五梁 371621-B09-H22
[Liánwǔliáng]

在县驻地孙武街道南方向27.1千米。姜楼镇辖自然村。人口900。据传，梁姓始祖迁此立村梁家。1985年建村民委员会时，更名联五梁。聚落呈团块状分布。有文化广场1处、农家书屋1处。经济以种植业、商贸业为主，主要农产品有小麦、玉米等。有公路经此。

联五赵 371621-B09-H23
[Liánwǔzhào]

在县驻地孙武街道南方向27.9千米。姜楼镇辖自然村。人口900。明代，赵姓始祖由河北枣强迁此立村，因与邻村常孙贾联名，故称常孙赵。因于、赵、梁、郝、八大户五村相连，早有联五庄之称，故又称联五赵，惯称赵家。1985年，因避家重名，复名联五赵。聚落呈团块状分布。有文化广场1处、农家书屋1处、小学1处。经济以种植业、商贸业为主，主要农产品有小麦、玉米等。有公路经此。

黄赵 371621-B10-H01
[Huángzhào]

辛店镇人民政府驻地。在县驻地孙武街道东南方向10.3千米。人口400。据载，该村建于明代，原名陈家坊。清代，村人黄永清，字立九，中进士，且村中有赵姓多家，遂更名黄立九赵家，简称黄九赵。

1945年后，改称黄赵。聚落呈团块状分布。有文化广场1处。经济以种植业、商贸业为主，主要农作物有小麦、玉米、棉花等。有公路经此。

偶家 371621-B10-H02
[Màjiā]

在县驻地孙武街道南方向13.4千米。辛店镇辖自然村。人口900。明洪武二年（1369），始祖偶军佐、偶军佑由即墨崂山偶家洼迁此立村偶家。聚落呈团块状分布。有文化广场1处、农家书屋1处。2007年，偶家村作为全国唯一的偶姓村庄被收录进滨州市首批非物质文化遗产名录。有县级文物保护单位明代建筑"偶家神庙"。经济以种植业为主，主要农作物有小麦、玉米、棉花等。有公路经此。

先棣州 371621-B10-H03
[Xiāndìzhōu]

在县驻地孙武街道东南方向13.5千米。辛店镇辖自然村。人口700。唐贞观年间建古棣州、厌次故城。因城被大水冲陷，称陷棣州，1920年改为先棣州。聚落呈团块状分布。有文化广场1处、农家书屋1处。有县级文物保护单位古棣州、厌次县城遗迹，古迹有通天台遗址。有市非物质文化遗产名录项目"陷棣州传说"。经济以种植业为主，主要农作物有小麦、玉米、棉花等。有公路经此。

辛店 371621-B10-H04
[Xīndiàn]

在县驻地孙武街道南方向14.1千米。辛店镇辖自然村。人口1 800。明洪武年间，巩姓始祖巩佐、巩佑和王姓始祖王泰，由河北枣强携同迁此，辛勤创业，遂名辛民镇。后来村民沿大路开店的渐多，辛民镇改称辛店。聚落呈团块状分布。有小学1所、中学 1 所。经济以种植业、商贸业为主，主要农作物有小麦、玉米等。有公路经此。

第三堡 371621-B10-H05

［Dìsānpù］

在县驻地孙武街道南方向 11.7 千米。辛店镇辖自然村。人口 1 000。据载，这里曾设驿站，驿馆亦名堡。此堡距武定州城 30 华里，属于第三个驿站，故名第三堡。明代，刘姓始祖由河北枣强迁此立村，遂以第三堡为名。聚落呈团块状分布。有文化广场 1 处、农家书屋 1 处、小学 1 处。经济以种植业、商贸业为主，主要农作物有小麦、玉米等。有公路经此。

赵马营 371621-B10-H06

［Zhàomǎyíng］

在县驻地孙武街道南方向 18.1 千米。辛店镇辖自然村。人口 600。明正德年间，赵姓始祖由河北枣强迁此立村赵家，后因此地曾驻扎兵营，遂名赵家营。明崇祯年间，马姓始祖由本县马家口村迁此，立村马家营。两村是近邻，于 1985 年合建为一个村民委员会。1990 年，两村合并为赵马营。聚落呈团块状分布。有文化广场 1 处、农家书屋 1 处。经济以种植业为主，主要农作物有小麦、玉米、棉花等。有公路经此。

宋家桥 371621-B10-H07

［Sòngjiāqiáo］

在县驻地孙武街道南方向 19.2 千米。辛店镇辖自然村。人口 800。明洪武年间，始祖宋思明由外地迁此立村，因村址靠近徒骇河上的广济桥（旧桥早废，即今宋家桥址），遂取村名宋家桥。聚落呈团块状分布。有文化广场 1 处、农家书屋 1 处。经济以种植业为主，主要农作物有小麦、玉米、棉花等。有公路经此。

东王营 371621-B10-H08

［Dōngwángyíng］

在县驻地孙武街道南方向 16.7 千米。辛店镇辖自然村。人口 500。明宣德年间，始祖王富贵由河北枣强迁此立村。因建村于后王营和前王营的东侧，故名东王家营，简称东王营。聚落呈团块状分布。有文化广场 1 处、农家书屋 1 处。经济以种植业为主，主要农作物有小麦、玉米、棉花等。有公路经此。

西赵营 371621-B10-H09

［Xīzhàoyíng］

在县驻地孙武街道南方向 16.9 千米。辛店镇辖自然村。人口 700。南宋时期，始祖赵永芳由外地迁此，立村赵家，因曾为兵营，遂称为赵家营。1983 年时，因有重名，更名为西赵营。聚落呈团块状分布。有文化广场 1 处、农家书屋 1 处。经济以种植业为主，主要农作物有小麦、玉米、棉花等。有公路经此。

西肖营 371621-B10-H10

［Xīxiāoyíng］

在县驻地孙武街道南方向 17.6 千米。辛店镇辖自然村。人口 600。据载，明宣德年间，始祖肖龙、肖虎由河北枣强迁来后各立一村，肖龙立村于西，取村名西肖家。这一带曾为兵营，故后改称西肖家营，简称西肖营。聚落呈团块状分布。有文化广场 1 处、农家书屋 1 处。经济以种植业为主，主要农作物有小麦、玉米、棉花等。有公路经此。

东肖营 371621-B10-H11

［Dōngxiāoyíng］

在县驻地孙武街道南方向 16.4 千米。辛店镇辖自然村。人口 800。据载，明宣德年间，始祖肖龙、肖虎由河北枣强迁来后各立一村，肖虎立村为东，取名为东肖家。这一带曾为兵营，故后改称东肖家营，简称东肖营。聚落呈团块状分布。有文化广场1处、农家书屋1处。经济以种植业为主，主要农作物有小麦、玉米、棉花等。有金赛世纪工贸等企业。有公路经此。

文家寨 371621-B10-H12
[Wénjiāzhài]

在县驻地孙武街道南方向11.4千米。辛店镇辖自然村。人口400。明嘉靖年间，文姓始祖迁此立村，因军兵曾在此安营扎寨，故名文家寨。聚落呈团块状分布。有文化广场1处、农家书屋1处。经济以种植业为主，主要农作物有小麦、玉米、棉花等。有公路经此。

钟家营 371621-B10-H13
[Zhōngjiāyíng]

在县驻地孙武街道南方向16.1千米。辛店镇辖自然村。人口900。明宣德年间，始祖钟万章由河北枣强迁此立村钟家，因战乱时期这一带曾为兵营，故改称为钟家营。聚落呈团块状分布。有文化广场1处、农家书屋1处、小学1处。经济以种植业为主，主要农作物有小麦、玉米、棉花等。有公路经此。

刘家营 371621-B10-H14
[Liújiāyíng]

在县驻地孙武街道南方向17.2千米。辛店镇辖自然村。人口400。明宣德年间，始祖刘耀东由河北枣强迁此立村刘家，因战乱时期这一带曾为兵营，故改称刘家营。聚落呈团块状分布。有文化广场1处、农家书屋1处。经济以种植业为主，主要农作物有小麦、玉米、棉花等。有公路经此。

前王营 371621-B10-H15
[Qiánwángyíng]

在县驻地孙武街道南方向16.6千米。辛店镇辖自然村。人口400。明洪武年间，始祖王福利由河北省枣强县迁居于此，立村王家。后因北邻有后王营，该村在前，即名前王家营，简称前王营。聚落呈团块状分布。有文化广场1处、农家书屋1处。经济以种植业为主，主要农作物有小麦、玉米、棉花等。有公路经此。

后王营 371621-B10-H16
[Hòuwángyíng]

在县驻地孙武街道南方向16.7千米。辛店镇辖自然村。人口1 000。据载，明洪武年间，王姓始祖由河北枣强迁此立村。后因这一带村庄曾为兵营，故村名王家营。明宣德年间，村南立前王家营，遂更名后王家营，简称后王营。聚落呈团块状分布。有文化广场1处、农家书屋1处。经济以种植业为主，主要农作物有小麦、玉米、棉花等。有公路经此。

大胡营 371621-B10-H17
[Dàhúyíng]

在县驻地孙武街道东南方向17.6千米。辛店镇辖自然村。人口1 700。胡姓始祖早年由河北枣强迁此，立村胡家。因这一带村庄在明朝战乱时期曾设过军营，此村又大于邻村，故名大胡营。聚落呈团块状分布。有文化广场1处、农家书屋1处、小学1处。经济以种植业、商贸业为主，主要农作物有小麦、玉米、棉花等。有公路经此。

小胡营 371621-B10-H18
[Xiǎohúyíng]

在县驻地孙武街道东南方向17.5千米。辛店镇辖自然村。人口200。明宣德年间，胡始祖胡彰由河北枣强迁此立村。因村东北有大胡营，该村较小，即名小胡营。聚落呈团块状分布。有文化广场1处、农家书屋1处。经济以种植业为主，主要农作物有小麦、玉米、棉花等。有公路经此。

兴旺苏 371621-B10-H19
[Xīngwàngsū]

在县驻地孙武街道南方向12.9千米。辛店镇辖自然村。人口200。明宣德年间，始祖苏东来由河北枣强迁此立村苏家，1985年建村民委员会时，为避免重名，更名兴旺苏，寓意兴旺发达。聚落呈团块状分布。有文化广场1处、农家书屋1处。经济以种植业为主，主要农作物有小麦、玉米、棉花等。有公路经此。

樊家桥 371621-B10-H20
[Fánjiāqiáo]

在县驻地孙武街道东南方向20.1千米。辛店镇辖自然村。人口300。明正德十三年（1518），始祖樊子能、樊子义由河北枣强迁此立村，因村址靠近徒骇河上的一座桥，村以桥称，即名樊家桥。聚落呈团块状分布。有文化广场1处、农家书屋1处。经济以种植业为主，主要农作物有小麦、玉米、棉花等。有公路经此。

朱家庙 371621-B10-H21
[Zhūjiāmiào]

在县驻地孙武街道南方向10.7千米。辛店镇辖自然村。人口300。明宣德年间，始祖朱兴邦由河北枣强迁此立村朱家。清乾隆年间，村中建一座神庙，遂更名朱家庙。聚落呈团块状分布。有文化广场1处、农家书屋1处。经济以种植业为主，主要农作物有小麦、玉米、棉花等。有公路经此。

盛家营 371621-B10-H22
[Shèngjiāyíng]

在县驻地孙武街道南方向17.4千米。辛店镇辖自然村。人口300。据《盛氏族谱》载，始祖盛大政于明朝嘉靖年间，由济阳迁居于此，立村盛家。相传，在战乱时期这一带曾为兵营，故称盛家营。聚落呈团块状分布。有文化广场1处、农家书屋1处。经济以种植业为主，主要农作物有小麦、玉米、棉花等。有公路经此。

李家寨 371621-B10-H23
[Lǐjiāzhài]

在县驻地孙武街道南方向14.4千米。辛店镇辖自然村。人口400。据传，北宋时，这一带曾驻扎兵营，其营垒称寨。明朝弘治年间，始祖李福、李祥兄弟由河北枣强迁于营寨旧址为家，取名李家寨。聚落呈团块状分布。有文化广场1处、农家书屋1处。经济以种植业为主，主要农作物有小麦、玉米、棉花等。有公路经此。

大年陈 371621-B11-H01
[Dàniánchén]

大年陈镇人民政府驻地。在县驻地孙武街道南方向29.3千米。人口1 400。元至正年间始建。以陈姓村中有一大石碾，名大碾陈，后以谐音改今名。聚落呈团块状分布。有中学1处、小学1处、幼儿园1处。经济以种植业、商贸业为主，主要种植粮棉作物，盛产苹果、蜜桃等。有公路经此。

逯家堰 371621-B11-H02
[Lùjiāyàn]

在县驻地孙武街道南方向35.7千米。大年陈镇辖自然村。人口300。明嘉靖年间，始祖逯峨由河北枣强迁此立村逯家。其村址原系黄河故堤，故又称逯家堰。1985年建村委会时，因逯家有重名，遂更名逯家堰。聚落呈团块状分布。有文化广场1处、农家书屋1处。经济以种植业为主，主要农作物有小麦、玉米等。有公路经此。

赵家坊 371621-B11-H03

[Zhàojiāfáng]

在县驻地孙武街道南方向37.9千米。大年陈镇辖自然村。人口200。明洪武年间，于姓始祖由河北枣强迁此立村于池庄。后又有赵姓三兄弟迁此落户。于姓迁走后，遂改名赵家。因村多豆腐坊，得名赵家坊。聚落呈团块状分布。有文化广场1处、农家书屋1处。经济以种植业为主，主要农作物有小麦、玉米等。有公路经此。

西榆林 371621-B11-H04

[Xīyúlín]

在县驻地孙武街道南方向35.6千米。年陈镇辖自然村。人口500。明宣德年间，始祖李自亮、李自石兄弟二人由河北枣强迁此各立一村。李自亮在此立村榆林，后和与其村首尾相连的洪福寺、阚尹庄并为一村，总称西榆林。聚落呈团块状分布。有文化广场1处、农家书屋1处。经济以种植业为主，主要农作物有小麦、玉米等。有公路经此。

东榆林 371621-B11-H05

[Dōngyúlín]

在县驻地孙武街道南方向36.7千米。大年陈镇辖自然村。人口300。明洪武年间，先有吕姓始祖由山西迁此立村，后又有于、张等姓迁入。因其村址有一片榆树林，遂取名榆林。以其邻村有一西榆林，故改为东榆林。聚落呈团块状分布。有文化广场1处、农家书屋1处。经济以种植业为主，主要农作物有小麦、玉米等。有公路经此。

扶拉李 371621-B11-H06

[Fúlālǐ]

在县驻地孙武街道南方向31.2千米。大年陈镇辖自然村。人口700。明天顺年间，李姓始祖由河北枣强迁此。因其全家是用独轮车搬迁而来，故名扶拉子李，后简称扶拉李。聚落呈团块状分布。有文化广场1处、农家书屋1处。经济以种植业为主，主要农作物有小麦、玉米等。有公路经此。

张旺庄 371621-B11-H07

[Zhāngwàngzhuāng]

在县驻地孙武街道南方向34.6千米。大年陈镇辖自然村。人口600。明洪武年间，张姓始祖由河北枣强迁此立村。后世张旺，在村中较有名望，即以其名为村名，名张旺庄。聚落呈团块状分布。有文化广场1处、农家书屋1处。经济以种植业为主，主要农作物有小麦、玉米等。有公路经此。

冯仙华 371621-B11-H08

[Féngxiānhuá]

在县驻地孙武街道南方向31.2千米。大年陈镇辖自然村。人口300。明朝年间，始祖冯仙华由河北枣强迁此立村。村以人名命名，即名冯仙华。聚落呈团块状分布。有文化广场1处、农家书屋1处。经济以种植业为主，主要农作物有小麦、玉米等。有公路经此。

斜郭 371621-B11-H09

[Xiéguō]

在县驻地孙武街道南方向31.2千米。大年陈镇辖自然村。人口400。明弘治年间，先有刘姓始祖由河北枣强迁居于此。至清代，又有郭姓由本县郭翰林村迁入。后郭姓人丁兴旺，故更名郭家。又因村中街道曲斜不正，被称为斜郭。聚落呈团块状分布。

有文化广场 1 处、农家书屋 1 处。经济以种植业为主，主要农作物有小麦、玉米等。有公路经此。

毛旺庄 371621-B11-H10
[Máowàngzhuāng]

在县驻地孙武街道南方向 34.6 千米。大年陈镇辖自然村。人口 1 700。明宣德年间，毛姓始祖兄弟二人由河北枣强迁居于此。以毛姓立村，名毛旺庄。"旺"取兴旺发达之意。聚落呈团块状分布。有文化广场 1 处、农家书屋 1 处。经济以种植业、商贸业为主，主要农作物有小麦、玉米等。有公路经此。

簸箕李 371621-B11-H11
[Bòjilǐ]

在县驻地孙武街道南方向 37.9 千米。大年陈镇辖自然村。人口 200。明洪武年间，始祖李予信由河北枣强迁此立村李家。因村内有一大水湾，村民在水湾处建了个泄洪道，名曰水簸箕，其村名遂被称为簸箕李。聚落呈团块状分布。有文化广场 1 处、农家书屋 1 处。经济以种植业为主，主要农作物有小麦、玉米等。有公路经此。

河上禹王口 371621-B11-H12
[Héshàngyǔwángkǒu]

在县驻地孙武街道南方向 33.6 千米。大年陈镇辖自然村。人口 300。该村始建于明初，原在堤内。至 1951 年，村民均迁到堤外建房。因西有小禹王口，故称该村东禹王口，今小禹王口已并入。1985 年，因邻村为河下禹王口，更名河上禹王口，聚落呈团块状分布。有文化广场 1 处、农家书屋 1 处。经济以种植业为主，主要农作物有小麦、玉米等。有公路经此。

河下禹王口 371621-B11-H13
[Héxiàyǔwángkǒu]

在县驻地孙武街道南方向 33.7 千米。大年陈镇辖自然村。人口 700。该村建于明初，名禹王口。其村旧址原在黄河堤内。为防水患，1977 年春，村民在堤外建房居住，立村新禹王口。1985 年，因邻村有一河上禹王口，更名河下禹王口，聚落呈团块状分布。有文化广场 1 处、农家书屋 1 处。经济以种植业为主，主要农作物有小麦、玉米等。有公路经此。

许王庄 371621-B11-H14
[Xǔwángzhuāng]

在县驻地孙武街道南方向 33.4 千米。大年陈镇辖自然村。人口 400。明初，许姓始祖由河北枣强迁此立村许家。1985 年建立村民委员会时，为避重名，因许、王二姓是该村的主姓，故名为许王庄。故名。聚落呈团块状分布。有文化广场 1 处、农家书屋 1 处。经济以种植业为主，主要农作物有小麦、玉米等。有公路经此。

洼里孙 371621-B11-H15
[Wālǐsūn]

在县驻地孙武街道南方向 32.3 千米。大年陈镇辖自然村。人口 800。明洪武年间，孙姓始祖由河北枣强迁此立村孙家。1985 年建立村民委员会时，因避重名，以其村西有一柳权大洼，更为洼里孙。聚落呈团块状分布。有文化广场 1 处、农家书屋 1 处。经济以种植业、商贸业为主，主要农作物有小麦、玉米等。有公路经此。

南段王 371621-B11-H16
[Nánduànwáng]

在县驻地孙武街道南方向 31.6 千米。大年陈镇辖自然村。人口 500。明末，王姓始祖由河北枣强迁此，立村王枣。清末因水灾，村民均由堤内迁于堤外。后因地势条件，居民分为三段，形成三个自然村，此村位于南，故村名南段王。聚落呈团块状分布。有文化广场1处、农家书屋1处。经济以种植业为主，主要农作物有小麦、玉米等。有公路经此。

崔常 371621-B11-H17
[Cuīcháng]

在县驻地孙武街道南方向35.7千米。大年陈镇辖自然村。人口400。清初，崔、常两姓均由河北枣强迁此立村。村址原在黄河堤内，为避水患，村民曾迁居堤顶，1950年因修黄河大堤迁于今址，村以崔、常两姓命名，称崔常。聚落呈团块状分布。有文化广场1处、农家书屋1处。经济以种植业为主，主要农作物有小麦、玉米等。有公路经此。

蒋郑 371621-B11-H18
[Jiǎngzhèng]

在县驻地孙武街道南方向33.4千米。大年陈镇辖自然村。人口300。明洪武年间，蒋姓始祖由河北枣强迁此立村蒋家。清初，又有韩姓迁来。1985年，更为蒋韩庄。明万历年间，郑姓始祖由河北枣强迁此立村郑家。因其村车辆较多，故称车子郑。后因蒋韩庄、郑家两村首尾相连，1990年并为一村，取名蒋郑。聚落呈团块状分布。有文化广场1处、农家书屋1处。经济以种植业为主，主要农作物有小麦、玉米等。有公路经此。

王西池 371621-B11-H19
[Wángxīchí]

在县驻地孙武街道南方向31.3千米。大年陈镇辖自然村。人口1 000。明朝万历年间，王姓始祖王有仁由河北枣强迁此立

村王家，后因村西有一大水池，故更名王西池。聚落呈团块状分布。有文化广场1处、农家书屋1处。经济以种植业、商贸业为主，主要农作物有小麦、玉米等。有公路经此。

苏巢 371621-B11-H20
[Sūcháo]

在县驻地孙武街道南方向33.4千米。大年陈镇辖自然村。人口600。明永乐年间，苏姓始祖由河北枣强迁此立村苏家。清康熙年间，巢姓始祖巢旺由河北枣强迁此，立村巢旺庄。因两村首尾相连，于1982年并为一村，取名苏巢。聚落呈团块状分布。有文化广场1处、农家书屋1处。经济以种植业为主，主要农作物有小麦、玉米等。有公路经此。

小胡家 371621-B11-H21
[Xiǎohújiā]

在县驻地孙武街道南方向35.6千米。大年陈镇辖自然村。人口100。明洪武年间，始祖胡自来由河北枣强迁此立村胡家。因村子小，又被称为小胡家。1985年建村委会时，因避重名，遂以小胡家为名。聚落呈团块状分布。有文化广场1处、农家书屋1处、小学1处。经济以种植业为主，主要农作物有小麦、玉米等。有公路经此。

皂户李 371621-B12-H01
[Zàohùlǐ]

皂户李镇人民政府驻地。在县驻地孙武街道西南方向3.2千米。人口1 200。据载，明宣德元年（1426），村始祖李署于安徽凤阳府迁此。因有战功，封食地5顷，名皂地，免征赋税，故村名皂户李。聚落呈团块状分布。有中学1处、小学1处、幼儿园1处。经济以种植业、商贸业为主，主要农作物有小麦、玉米，兼有苗木种植。

有镇工业园区，以生物科技、农副产品加工为主。有公路经此。

火把李 371621-B12-H02
[Huǒbǎlǐ]

在县驻地孙武街道西南方向 6.2 千米。皂户李镇辖自然村。人口 900。元朝末年，始祖李忠、李孝由河北枣强迁此，因村址靠近长春寺（已废），故村名长春寺。后因夜间常见村周围磷火闪闪，状如火把，其村遂又被称火把李。聚落呈团块状分布。有文化广场 1 处、农家书屋 1 处。每年农历二月二有火把李庙会。经济以种植业为主，主要农作物有小麦、玉米等。有公路经此。

河南张 371621-B12-H03
[Hénánzhāng]

在县驻地孙武街道西方向 2.0 千米。皂户李镇辖自然村。人口 400。明洪武年间，始祖张祥迁居于此，因建村于沙河南岸，故名。聚落呈团块状分布。有文化广场 1 处、农家书屋 1 处。有国家级非物质文化遗产扩展项目河南张泥塑。经济以种植业为主，主要农作物有小麦、玉米，兼有苗木种植。有公路经此。

王玉甫 371621-B12-H04
[Wángyùfǔ]

在县驻地孙武街道西南方向 7.0 千米。皂户李镇辖自然村。人口 400。明永乐年间，王姓始祖由河北枣强迁此立村，因村小被称为捏王家。万历年间，村人王玉甫在当地享有声望，遂以王玉甫为村名。聚落呈团块状分布。有文化广场 1 处、农家书屋 1 处。经济以种植业为主，主要农作物有小麦、玉米，兼有苗木种植。有公路经此。

秘家 371621-B12-H05
[Bìjiā]

在县驻地孙武街道西南方向 6.2 千米。皂户李镇辖自然村。人口 300。明永乐年间，始祖秘所由山西岳阳秘家坊迁此，立村秘家。聚落呈团块状分布。有文化广场 1 处、农家书屋 1 处。经济以种植业为主，主要农作物有小麦、玉米，兼有苗木种植。有公路经此。

天丁 371621-B12-H06
[Tiāndīng]

在县驻地孙武街道西南方向 6.2 千米。皂户李镇辖自然村。人口 100。明天启七年（1627），杜姓始祖由本地大杜村迁此立村，因天启七年属丁卯年，遂以两种年号的第一个字为村名，即名天丁。聚落呈团块状分布。有文化广场 1 处、农家书屋 1 处。经济以种植业为主，主要农作物有小麦、玉米等。有公路经此。

袁家庙 371621-B12-H07
[Yuánjiāmiào]

在县驻地孙武街道西南方向 4.9 千米。皂户李镇辖自然村。人口 900。明洪武年间，袁姓始祖由河北枣强迁此立村袁家。后来村东建一神庙，遂更名袁家庙。聚落呈团块状分布。有文化广场 1 处、农家书屋 1 处。经济以种植业为主，主要农作物有小麦、玉米，兼有苗木种植。有公路经此。

石庙 371621-B12-H08
[Shímiào]

在县驻地孙武街道西南方向 5.1 千米。皂户李镇辖自然村。人口 300。据《赵氏族谱》载，始祖赵毅，河北枣强人，明宣德七年（1432）迁居于此，立村赵家小庄，后因村西用石料建一神庙，遂以石庙命名。

聚落呈团块状分布。有文化广场 1 处、农家书屋 1 处。经济以种植业为主，主要农作物有小麦、玉米，兼有苗木种植。有公路经此。

幸福郑 371621-B12-H09
[Xìngfúzhèng]

在县驻地孙武街道西南方向 5.0 千米。皂户李镇辖自然村。人口 400。明洪武年间，郑姓始祖郑三、郑四由河北枣强迁此，后因村中建了一座神庙，故村名郑家庙，简称郑家。1985 年建村民委员会时，因重名，以其东邻幸福河更名幸福郑。聚落呈团块状分布。有文化广场 1 处、农家书屋 1 处。经济以种植业为主，主要农作物有小麦、玉米，兼有苗木种植。有公路经此。

后屯街 371621-B12-H10
[Hòutúnjiē]

在县驻地孙武街道西南方向 8.1 千米。皂户李镇辖自然村。人口 1 000。明宣德年间，王姓始祖兄弟二人由河北枣强迁此，分居一道口两侧，取名王家道口。至清代，道口消失，其村名随之改变。因该村位于北，即名后屯。1985 年因重名，更名后屯街。聚落呈团块状分布。有文化广场 1 处、农家书屋 1 处。经济以种植业、商贸业为主，主要农作物有小麦、玉米，兼有苗木种植。有公路经此。

菜园刘 371621-B12-H11
[Càiyuánliú]

在县驻地孙武街道南方向 5.1 千米。皂户李镇辖自然村。人口 700。明嘉靖年间，始祖刘君美由刘窑货村（今属何坊街道）迁此，因以打拳卖艺谋生，故村名刘把式家。后来村中人种菜的多，遂更名菜园刘。聚落呈团块状分布。有文化广场 1 处、农家书屋 1 处。经济以种植业为主，主要农

作物有小麦、玉米，兼有苗木种植。有公路经此。

歇马亭 371621-B12-H12
[Xiēmǎtíng]

在县驻地孙武街道西南方向 8.6 千米。皂户李镇辖自然村。人口 1 000。明洪武十九年（1386），始祖王泉在此建村王家。清康熙时，在村头道边建一亭子，为过路官差乘凉歇马之处，名歇马凉亭，遂王家更名歇马亭。聚落呈团块状分布。有文化广场 1 处、农家书屋 1 处。经济以种植业、商贸业为主，主要农作物有小麦、玉米，兼有苗木种植。有公路经此。

张枣棍 371621-B12-H13
[Zhāngzǎogùn]

在县驻地孙武街道西南方向 7.4 千米。皂户李镇辖自然村。人口 400。明永乐年间，始祖张朱、张太由河北枣强迁此立村，因村周围枣树多，故村名张枣棍。聚落呈团块状分布。有文化广场 1 处、农家书屋 1 处。经济以种植业为主，主要农作物有小麦、玉米，兼有苗木种植。有公路经此。

西吕家 371621-B12-H14
[Xīlǔjiā]

在县驻地孙武街道西南方向 7.7 千米。皂户李镇辖自然村。人口 500。明洪武年间，始祖吕帮黄由河北枣强迁此，立村吕家。雷姓迁入后，曾名吕雷庄，后复名吕家。1985 年建村民委员会时，因重名，以其在镇政府驻地西更名为西吕家。聚落呈团块状分布。有文化广场 1 处、农家书屋 1 处、小学 1 处。经济以种植业、商贸业为主，主要农作物有小麦、玉米，兼有苗木种植。有公路经此。

张尹 371621-B12-H15

［Zhāngyǐn］

在县驻地孙武街道西南方向 8.1 千米。皂户李镇辖自然村。人口 500。明崇祯年间，始祖张武功与尹谋由河北枣强迁此立村，村以两姓称，故名张尹，沿用至今。聚落呈团块状分布。有文化广场 1 处、农家书屋 1 处。经济以种植业为主，主要农作物有小麦、玉米，兼有苗木种植。有公路经此。

李栋 371621-B12-H16

［Lǐdòng］

在县驻地孙武街道西南方向 7.2 千米。皂户李镇辖自然村。人口 900。明永乐年间，始祖李栋由河北古城原西乡四长林村迁此，以人名村李栋。聚落呈团块状分布。有文化广场 1 处、农家书屋 1 处。经济以种植业为主，主要农作物有小麦、玉米，兼有苗木种植。有公路经此。

岔路 371621-B12-H17

［Chàlù］

在县驻地孙武街道西南方向 7.6 千米。皂户李镇辖自然村。人口 100。明隆庆年间，始祖张大士，由河北枣强迁居于此。因有一条南北大道在村头分岔，遂以岔路为村名。聚落呈团块状分布。有文化广场 1 处。经济以种植业为主，主要农作物有小麦、玉米，兼有苗木种植。有公路经此。

幸福赵 371621-B12-H18

［Xìngfúzhào］

在县驻地孙武街道西南方向 6.9 千米。皂户李镇辖自然村。人口 500。明洪武年间，始祖赵先龙由河北枣强迁此，村名赵先龙。永乐年间，因村南有前找李，该村即名后赵，1985 年建村民委员会，因重名，以其靠近幸福河更名幸福赵。聚落呈团块状分布。有文化广场 1 处、农家书屋 1 处。经济以种植业、商贸业为主，主要农作物有小麦、玉米，兼有苗木种植。有公路经此。

后找李 371621-B12-H19

［Hòuzhǎolǐ］

在县驻地孙武街道西南方向 6.9 千米。皂户李镇辖自然村。人口 500。明永乐年间，李姓始祖兄弟二人由河北枣强来此，寻找以前从家乡迁来的李姓者，二人分前后定居于此，其弟在后，村名后找李。聚落呈团块状分布。有文化广场 1 处、农家书屋 1 处。经济以种植业为主，主要农作物有小麦、玉米，兼有苗木种植。有公路经此。

李六家 371621-B12-H20

［Lǐliùjiā］

在县驻地孙武街道西南方向 10.1 千米。皂户李镇辖自然村。人口 400。据《李氏族谱》载，明崇祯年间，始祖李六、李七兄弟二人由河北省枣强县迁居于此，以兄长之名为村名，即名李六家。聚落呈团块状分布。有文化广场 1 处、农家书屋 1 处。经济以种植业为主，主要农作物有小麦、玉米，兼有苗木种植。有公路经此。

闫曹庄 371621-B12-H21

［Yáncáozhuāng］

在县驻地孙武街道西南方向 10.1 千米。皂户李镇辖自然村。人口 500。明宣德年间，闫姓始祖闫起和曹姓始祖曹澄同由河北枣强迁此，合建一村，取名闫曹庄。聚落呈团块状分布。有文化广场 1 处、农家书屋 1 处。经济以种植业为主，主要农作物有小麦、玉米，兼有苗木种植。有公路经此。

阳信县

城市居民点

金羚美景良城 371622-I01
[Jīnlíng Měijǐng Liángchéng]

在县城西部。住户 960 户。总面积 15.1 公顷。以开发单位名称（滨州金羚置业有限公司）和景色优美、建筑优良的城市住宅的寓意命名。2006 年始建，2008 年正式使用。建筑总面积 170 000 平方米，多层住宅楼 41 栋，现代简约建筑风格。绿化面积 74000 平方米。有幼儿园、文化广场、超市、学校等配套设施。通公交车。

阳光嘉苑 371622-I02
[Yángguāng Jiāyuàn]

在县城东南部。住户 1 355 户。总面积 15.9 公顷。取阳光普照万物生长之意命名。2008 年始建，2009 年正式使用。总建筑面积 250 000 平方米，住宅楼 46 栋，其中多层 37 栋、高层 9 栋，现代简约建筑风格。绿化面积 21 722 平方米。有文化广场、文化长廊、业主活动中心、超市、学校、医院、车站、公园等配套设施。通公交车。

豪门庄园 371622-I03
[Hámén Zhuāngyuán]

在县城南部。住户 203 户。总面积 2.6 公顷。以开发企业名称（山东长河豪门置业有限公司）而得名。2006 年始建，2007 年正式使用。建筑总面积 20 000 平方米，多层住宅楼 4 栋，现代简约建筑风格。绿化面积 23 409 平方米。有休闲广场、健身场所、学校、超市等配套设施。通公交车。

梨乡嘉园 371622-I04
[Líxiāng Jiāyuán]

在县城西北部。住户 1 488 户。总面积 15.9 公顷。以阳信梨乡文化加吉祥嘉言命名。2008 年始建，2009 年正式使用。建筑总面积 130 000 平方米，多层住宅楼 47 栋，现代简约建筑风格。绿地面积 46 666.2 平方米。有幼儿园、超市、休闲广场及健身场所等配套设施。通公交车。

农村居民点

东关 371622-A01-H01
[Dōngguān]

在县驻地信城街道西方向 0.2 千米。信城街道辖自然村。人口 600。因该村所在地理位置在城门以东而得名。聚落呈团块状分布。经济以种植业、商贸业为主，主要农作物有玉米、棉花。有公路经此。

北关 371622-A01-H02
[Běiguān]

在县驻地信城街道北方向 0.5 千米。信城街道辖自然村。人口 800。因所处地理位置在县城北门而得名。聚落呈团块状分布。经济以种植业、商贸业为主，主要农作物有玉米、棉花。有公路经此。

东程子坞 371622-A01-H03
[Dōngchéngziwù]

在县驻地信城街道西方向 3.9 千米。信城街道辖自然村。人口 700。明天启年间，程衍如靠水边高地（称坞）立村，取名程子坞。后来程姓两个儿子分家，大儿子在庄东立村，取村名东程子坞。聚落呈团块状分布。经济以种植业为主，主要农作物有玉米、棉花。有公路经此。

北园子 371622-A01-H04
[Běiyuánzi]

在县驻地信城街道北方向 0.6 千米。信城街道辖自然村。人口 600。明朝末年，李姓从山东昌邑县迁来立村，因村北种有菜园子，故名北园子。聚落呈团块状分布。经济以种植业为主，主要农作物有玉米、棉花。有公路经此。

段赵 371622-A01-H05
[Duànzhào]

在县驻地信城街道西方向 4.1 千米。信城街道辖自然村。人口 700。明末，赵连成立村赵连成家，相继又有毛、张等姓迁来，赵姓后代赵虎为非作歹，异姓人望其断子绝后，更村名为断赵，后用"断"的同音字"段"代替，称段赵。聚落呈团块状分布。经济以种植业为主，主要农作物有鸭梨。有公路经此。

行宫庙 371622-A01-H06
[Xínggōngmiào]

在县驻地信城街道东南方向 1.5 千米。信城街道辖自然村。人口 800。明正德年间，吕姓人立村，因西修有泰山行宫庙，故取名行宫庙。聚落呈团块状分布。经济以商贸业为主。有公路经此。

牛王堂 371622-A01-H07
[Niúwángtáng]

在县驻地信城街道西北方向 3.8 千米。信城街道辖自然村。人口 1 100。以为纪念名医牛天齐而修建的冢庙得名。聚落呈团块状分布。有省级文物保护单位牛王堂古墓。经济以种植业为主，主要农作物有鸭梨。有公路经此。

皮户 371622-A01-H08
[Píhù]

在县驻地阳信县信城街道东北方向 2.1 千米。信城街道辖自然村。人口 400。明永乐年间，刘姓人迁此立村，因该户在院内挖了不少银子，误以为"狐仙"帮助，遂称刘皮狐家，后演写为今名。聚落呈团块状分布。经济以种植业、商贸业为主，主要农作物有玉米、小麦、棉花。有公路经此。

王孟良家 371622-A01-H09
[Wángmèngliángjiā]

在县驻地信城街道东南方向 1.5 千米。信城街道辖自然村。人口 100。明宣德年间，有位叫王孟良的医生来此立村，他医术高明，德高望重，人们为纪念他，即以其姓名作为村名。聚落呈团块状分布。经济以商贸业为主。有公路经此。

文家纸坊 371622-A01-H10
[Wénjiāzhǐfáng]

在县驻地信城街道北方向 1.5 千米。信城街道辖自然村。人口 1 200。明天顺年间，文姓兄弟三人由本县今河流镇、刘庙、小文家（现无此村）迁此立村，因以造纸谋生，故称今名。聚落呈团块状分布。经济以商贸业为主。有公路经此。

西北村 371622-A01-H11
[Xīběicūn]

在县驻地信城街道西方向 1.1 千米。信城街道辖自然村。人口 700。因所处地理位置得名。聚落呈团块状分布。有古迹永宁寺、金湾、吴帝庙、文庙、城黄庙，有县级文物保护单位西北村战国墓。经济以种植业、商贸业为主，主要农作物有玉米、小麦、棉花。有公路经此。

赵家胡同 371622-A01-H12

[Zhàojiāhútong]

在县驻地信城街道西北方向 0.8 千米。信城街道辖自然村。人口 300。明泰昌年间，韩、赵二姓人由今河北省武邑、枣强一带迁此立村，因村东有座九孔桥，故以桥命村名。后因赵姓村民建房，取东西向排列，形成一条胡同，故称今名。聚落呈团块状分布。有阳信县工人文化宫。经济以种植业为主。有公路经此。

接官亭 371622-A01-H13

[Jiēguāntíng]

在县驻地信城街道南方向 1.1 千米。信城街道辖自然村。人口 400。因县官接任时在该村办理任、退交接手续而得名。聚落呈团块状分布。经济以种植业为主。有公路经此。

南双庙 371622-A01-H14

[Nánshuāngmiào]

在县驻地信城街道西北方向 1.1 千米。信城街道辖自然村。人口 500。明嘉靖年间，因在村内大道旁建起倒坐观音大土庙和关帝庙，遂名双庙，后改称南双庙。聚落呈团块状分布。古迹有北牛王土地庙、南观音庙。经济以种植业、商贸业为主，主要农作物有玉米、小麦、棉花。有公路经此。

宋百块 371622-A01-H15

[Sòngbǎikuài]

在县驻地信城街道西北方向 1.1 千米。信城街道辖自然村。人口 500。明永乐年间，宋氏从河北省武邑、枣强一带迁入此村，因村内姓宋的财主有一百块地，故得此名。聚落呈团块状分布。经济以种植业、商贸业为主，主要农作物有玉米、小麦、棉花。有公路经此。

银高 371622-A02-H01

[Yíngāo]

在县驻地信城街道西方向 5.1 千米。金阳街道辖自然村。人口 800。1583 年，因村中有一大官，名高财广，故名。聚落呈团块状分布。有小学 1 所、中学 1 所。经济以种植业为主，主要农作物有鸭梨、媚梨。有公路经此。

张玉芝 371622-A02-H02

[Zhāngyùzhī]

在县驻地信城街道西北方向 6.1 千米。金阳街道辖自然村。人口 200。明宣德年间，张玉芝从滨县张家集迁来立村，以人名得村名。聚落呈团块状分布。有梨祖杜母、甘泉驻跸等景点。经济以种植业为主，主要农作物有鸭梨、媚梨。有公路经此。

北香坊 371622-A02-H03

[Běixiāngfáng]

在县驻地信城街道西北方向 4.9 千米。金阳街道辖自然村。人口 700。1410 年，王姓人立村。1635 年，有黄道士在村旁建庙。当地人和过路客商每逢节日进庙烧香，故改村名香坊。1980 年地名普查时，本镇有重名村，因本村位居城北，故改名北香坊。聚落呈团块状分布。经济以种植业为主，主要农作物有鸭梨、媚梨。有公路经此。

蔡王店 371622-A02-H04

[Càiwángdiàn]

在县驻地信城街道西南方向 4.3 千米。金阳街道辖自然村。人口 500。1420 年，蔡姓迁此立村，因在此开店，故名蔡店。后因该村曾有帝王临此，更名为蔡王店。聚落呈团块状分布。古迹有薄姑祠遗址。经济以种植业为主，主要农作物有小麦、玉米、梨、棉花等。有公路经此。

陈本仁 371622-A02-H05
［Chénběnrén］

在县驻地信城街道西北方向 5.6 千米。金阳街道辖自然村。人口 200。1526 年，秉性忠厚仁义的陈本定居于此，故得名陈本仁。聚落呈团块状分布。经济以种植业为主，主要农作物有鸭梨、媚梨。有公路经此。

东大寨 371622-A02-H06
［Dōngdàzhài］

在县驻地信城街道北方向 7.1 千米。金阳街道辖自然村。人口 1 600。1408 年，干姓迁来立村。据传，明洪武年间，燕王曾在此扎营，得名大寨。1946 年，村以关帝庙为界，分为东大寨和西大寨。聚落呈团块状分布。有幼儿园 1 所。经济以种植业为主，主要农作物有鸭梨、媚梨。有公路经此。

郭当子 371622-A02-H07
［Guōdāngzi］

在县驻地信城街道西南方向 4.1 千米。金阳街道辖自然村。人口 400。明永乐年间，郭荡子（人名）由今河北省武邑、枣强一带迁此立村，以人名得村名郭荡子。1940 年，因讳"荡"字，改为"当"字，成为郭当子家，俗称郭当子，沿用至今。聚落呈团块状分布。经济以种植业为主，主要农作物有鸭梨、媚梨。有公路经此。

界河 371622-A02-H08
［Jièhé］

在县驻地信城街道西北方向 5.0 千米。金阳街道辖自然村。人口 200。明洪武年间，祖先从河北武邑、枣强迁来，因村南有一条小河，像是一条界限，遂取名界河流，后俗称界河。聚落呈团块状分布。有仙女授梨、仙女湖等景点。经济以种植业为主，主要农作物有鸭梨、媚梨。有公路经此。

梨园郭 371622-A02-H09
［Líyuánguō］

在县驻地信城街道西北方向 5.1 千米。金阳街道辖自然村。人口 700。以姓得村名郭家，后因该村是阳信鸭梨的主产地，改名为梨园郭。聚落呈团块状分布。有名胜古迹皇落台。经济以种植业为主，主要农作物有鸭梨、媚梨。有公路经此。

刘王庄 371622-A02-H10
［Liúwángzhuāng］

在县驻地信城街道西方向 9.2 千米。金阳街道辖自然村。人口 300。刘茂由今河北省开邑、枣强一带迁此立村，后来王姓迁来同居，更名为刘王庄。聚落呈团块状分布。经济以种植业为主，主要农作物有鸭梨、媚梨。有公路经此。

梅家 371622-A02-H11
［Méijiā］

在县驻地信城街道西北方向 8.3 千米。金阳街道辖自然村。人口 200。明天顺年间，梅姓人由今河北省武邑、枣强一带迁此，村中有一贞烈女叫梅贵，故名梅贵家，简称梅家。聚落呈团块状分布。经济以种植业为主，主要农作物有鸭梨、媚梨。有公路经此。

皮户刘 371622-A02-H12
［Píhùliú］

在县驻地信城街道西北方向 12.2 千米。金阳街道辖自然村。人口 500。1412 年刘姓人迁此居住，因该村刘家坟地里住有"皮狐子"，又称皮户刘。聚落呈团块状分布。经济以种植业为主，主要农作物有鸭梨、媚梨。有公路经此。

坡埡 371622-A02-H13
［Pōyá］

在县驻地信城街道西北方向 7.3 千米。金阳街道辖自然村。人口 200。明正德年间，史姓人建村于邻村魏家湾所堆积的土坡上，故取名坡埡。聚落呈团块状分布。经济以种植业为主，主要农作物有鸭梨、媚梨。有公路经此。

稍瓜张 371622-A02-H14
［Shāoguāzhāng］

在县驻地信城街道西北方向 12.2 千米。金阳街道辖自然村。人口 400。1509 年，张姓迁此居住。清初，村中诸户种稍瓜致富，故更名稍瓜张，沿用至今。聚落呈团块状分布。经济以种植业为主，主要农作物有鸭梨、媚梨。有公路经此。

十里堡 371622-A02-H15
［Shílǐpù］

在县驻地信城街道北方向 4.3 千米。金阳街道辖自然村。人口 300。因距阳信、无棣均为十华里，故名十里堡。聚落呈团块状分布。经济以种植业为主，主要农作物有鸭梨、媚梨。有公路经此。

王家楼 371622-A02-H16
［Wángjiālóu］

在县驻地信城街道西北方向 7.1 千米。金阳街道辖自然村。人口 900。明万历年间，王姓从沾化北关迁来立村，因该处有灵觉寺，楼阁雄伟，故取名王家楼。聚落呈团块状分布。经济以种植业为主，主要农作物有鸭梨、媚梨。有公路经此。

王木匠 371622-A02-H17
［Wángmùjiàng］

在县驻地信城街道西南方向 5.1 千米。金阳街道辖自然村。人口 100。明泰昌年间，王姓木匠由今河北省武邑、枣强一带迁此立村，故名王木匠。聚落呈团块状分布。经济以种植业为主，主要农作物有鸭梨、媚梨。有公路经此。

王兴功 371622-A02-H18
［Wángxīnggōng］

在县驻地信城街道西北方向 6.1 千米。金阳街道辖自然村。人口 400。明天顺年间，王兴公、王盘公兄弟从河北武邑、枣强迁此，其弟在惠民城东北建村，兴公在此立村，名王兴公，后逐渐演变为今名。聚落呈团块状分布。经济以种植业为主，主要农作物有鸭梨、媚梨。有公路经此。

王芝龙 371622-A02-H19
［Wángzhīlóng］

在县驻地信城街道正北方向 4.2 千米。金阳街道辖自然村。人口 300。明天顺年间，王姓从河北武邑、枣强迁来立村小王家。该村多年人口不旺，一村长用"芝龙"二字表示人口兴旺，故改名王芝龙。聚落呈团块状分布。经济以种植业为主，主要农作物有鸭梨、媚梨。有公路经此。

魏家湾 371622-A02-H20
［Wèijiāwān］

在县驻地信城街道西北方向 6.1 千米。金阳街道辖自然村。人口 500。1579 年，一张姓考生进京赶考，途中被孔孟和尚劫走，后其名列皇榜，将此事奏于皇帝，挖其庙址为大湾，故得名魏家湾。聚落呈团块状分布。经济以种植业为主，主要农作物有鸭梨、媚梨。有公路经此。

吴贵家 371622-A02-H21
［Wúguìjiā］

在县驻地信城街道正西方向 5.1 千米。

金阳街道辖自然村。人口 400。明永乐年间，吴姓迁此居住，本村地形为龟状，取"龟"字谐音"贵"，故得名吴贵家。聚落呈团块状分布。经济以种植业为主，主要农作物有鸭梨、媚梨。有公路经此。

五霸营 371622-A02-H22
［Wǔbàyíng］

在县驻地信城街道西北方向 8.1 千米。金阳街道辖自然村。人口 400。明永乐二年（1404），赵姓由河北武邑、枣强迁来立村，根据五霸王在高台营地相会，故名五霸营。聚落呈团块状分布。经济以种植业为主，主要农作物有鸭梨、媚梨。有公路经此。

武庙 371622-A02-H23
［Wǔmiào］

在县驻地信城街道西方向 8.1 千米。金阳街道辖自然村。人口 600。明永乐二年（1404），武秀甫自山西省洪洞县迁此，暂居村东北三官庙内。1578 年重修三官庙，供奉三官，又因武姓为本村大姓，故名武庙。聚落呈团块状分布。经济以种植业为主，主要农作物有鸭梨、媚梨。有公路经此。

西边 371622-A02-H24
［Xībiān］

在县驻地信城街道西北方向 9.1 千米。金阳街道辖自然村。人口 800。明永乐年间，因地处冀鲁边界，故名边家。1958 年成立西边大队，故名西边。聚落呈团块状分布。经济以种植业为主，主要农作物有鸭梨、媚梨。有公路经此。

斜角王 371622-A02-H25
［Xiéjiǎowáng］

在县驻地信城街道西南方向 8.1 千米。金阳街道辖自然村。人口 400。明成化年间，王姓由武邑、枣强一带迁此立村，因村子坐落在斜形高地上，故取村名斜角王，沿用至今。聚落呈团块状分布。经济以种植业为主，主要农作物有鸭梨、媚梨。有公路经此。

杨户头 371622-A02-H26
［Yánghùtóu］

在县驻地信城街道西北方向 11.1 千米。金阳街道辖自然村。人口 300。明初，杨姓最早迁此居住，因杨姓在先，其余各姓共尊杨姓为"户头"，故名杨户头。聚落呈团块状分布。经济以种植业为主，主要农作物有鸭梨、媚梨。有公路经此。

大辛庄 371622-A02-H27
［Dàxīnzhuāng］

在县驻地信城街道西南方向 4.1 千米。金阳街道辖自然村。人口 900。1408 年，辛姓迁此居住，取名辛庄。1951 年，又以区别于小辛庄，更名为大辛庄。聚落呈团块状分布。经济以种植业为主，主要农作物有鸭梨、媚梨。有公路经此。

赵家集 371622-A02-H28
［Zhàojiājí］

在县驻地信城街道西方向 8.1 千米。金阳街道辖自然村。人口 1 000。1410 年，赵姓迁此居住。清末，该村立集，更名为赵家集。聚落呈团块状分布。经济以种植业为主，主要农作物有鸭梨、媚梨。有公路经此。

商店街 371622-B01-H01
［Shāngdiànjiē］

商店镇人民政府驻地。在县驻地信城街道东南方向 14.5 千米。人口 1 700。元至正元年（1341），商姓在沿通往京津的大道开店为业，得名商店街。聚落呈团块状分布。有文化站 1 处、小学 1 处、幼儿园 1 处。

经济以种植业、商贸业为主，主要农作物有小麦、玉米、苹果、鸭梨。有公路经此。

大邱 371622-B01-H02
[Dàqiū]

在县驻地信城街道东南方向22.7千米。商店镇辖自然村。人口900。明永乐年间，邱姓人从河北枣强一带迁此至今，立村邱家。聚落呈团块状分布。有县级重点文物保护单位邱家遗址。经济以种植业为主，主要农作物有小麦、玉米。有公路经此。

桑西 371622-B01-H03
[Sāngxī]

在县驻地信城街道东南方向22.5千米。商店镇辖自然村。人口400。因村庄坐落于小桑落墅以西而得名。聚落呈团块状分布。经济以种植业为主，主要农作物有小麦、玉米。有公路经此。

大董 371622-B01-H04
[Dàdǒng]

在县驻地信城街道东南方向21.5千米。商店镇辖自然村。人口700。元末，董姓人从本县黑潦坡（今水落坡）迁来，立村董家。明嘉靖年间，村庄扩大，改称大董家。聚落呈团块状分布。有市级重点文物保护单位董琦墓。经济以种植业为主，主要农作物有小麦、玉米。有公路经此。

梨行 371622-B01-H05
[Líháng]

在县驻地信城街道东南方向24.7千米。商店镇辖自然村。人口400。明永乐年间，张姓人由河北武邑、枣强一带迁来，因植有很多梨树而闻名，故得村名梨行。聚落呈团块状分布。经济以种植业为主，主要农作物有小麦、玉米。有公路经此。

燕店 371622-B01-H05
[Yāndiàn]

在县驻地信城街道东南方向17.5千米。商店镇辖自然村。人口900。明永乐年间，始祖燕姓人士由河北省武邑、枣强一带迁来，以姓立村。因靠南北通行大道，以开店为生，故名燕家店，后简称燕店。聚落呈团块状分布。经济以种植业为主，主要农作物有小麦、玉米。315省道经此。

蒋梁 371622-B01-H06
[Jiǎngliáng]

在县驻地信城街道东南方向12.1千米。商店镇辖自然村。人口700。元期末年，李、张二姓立村李家。明洪武二年（1369），蒋姓人由江宁府江宁县固定村迁入，被李姓招为赘婿后生二子，长子姓李，次子归宗姓蒋。数十年后，村中张姓绝嗣，也由蒋姓继承。自此该村蒋、张、李三姓后裔，皆系蒋姓所传。村西一沟之隔还有一小村梁家村。宣德初年，变更李家为蒋梁，沿用至今。聚落呈团块状分布。经济以种植业为主，主要农作物有小麦、玉米。有公路经此。

孙寨 371622-B01-H07
[Sūnzhài]

在县驻地信城街道东南方向17.1千米。商店镇辖自然村。人口600。明成化年间，孙士堂从山西洪洞县迁来，立村孙家。后因黄巾军曾在此安营扎寨，得名孙家寨，简称孙寨。聚落呈团块状分布。有县级文物保护单位孙寨遗址，内有一古墓"黄巾冢"。经济以种植业为主，主要农作物有小麦、玉米。有公路经此。

王彬王 371622-B01-H08
[Wángbīnwáng]

在县驻地信城街道东南方向17.9千米。

商店镇辖自然村。人口 700。明永乐年间，王姓人从河北省武邑、枣强一带迁来，立村王家。清初，王姓七世孙王彬任河北省保定府座县县令，为官廉洁，民众爱戴。康熙十五年（1676），有土匪作乱，王彬负责剿除，遭匪恨，故居被流匪捣毁，王家村被辱为贼子庄。王彬奉旨缉拿而乱平，为表彰王彬，更村名为王彬王。聚落呈团块状分布。经济以种植业为主，主要农作物有小麦、玉米。有公路经此。

西吕 371622-B01-H09
[Xīlǚ]

在县驻地信城街道东南方向18.2千米。商店镇辖自然村。人口 500。明崇祯三年（1630），始祖吕士功由河南洛阳市新安迁来，以姓立村，始祖死于此地，筑有大坟，故名吕家坟。1955年成大社时，因住西边，故名西吕。聚落呈团块状分布。经济以种植业为主，主要农作物有小麦、玉米。有公路经此。

老观王 371622-B01-H10
[Lǎoguānwáng]

在县驻地信城街道东南方向 20 千米。商店镇辖自然村。人口 600。明洪武年间，王姓人从河北省武邑、枣强一带迁来立村。时有大鸟栖落村北高台上，人称老鹳，故村名称老鹳王。明中期，把"鹳"更为"观"字，故称老观王。聚落呈团块状分布。有渤海教导旅成立旧址。经济以种植业为主，主要农作物有小麦、玉米。有公路经此。

花牛王 371622-B01-H11
[Huāniúwáng]

在县驻地信城街道东南方向19.3千米。商店镇辖自然村。人口 500。明永乐年间，王志从河北省武邑、枣强一带迁此，立村王家。据说王志勤苦，一日在田间以人力独耙，饥饿疲劳，偶见二叟于此边吃桃边下棋。王志观棋，并拣桃核漱之，立觉愈除饥解。欲复耙，偶见一大花牛入套。惊回首，二叟突然而逝。晚归，视村巨变。故村名称花牛王。聚落呈团块状分布。经济以种植业为主，主要农作物有小麦、玉米。有公路经此。

都府刘 371622-B01-H12
[Dūfǔliú]

在县驻地信城街道东南方向23.3千米。商店镇辖自然村。人口 400。元末，刘颜迁来立村，因只居刘氏独户，人称独户刘。后户数增多，改称十户刘，又称胜户刘。清中期，刘墉续刘氏家谱时到此地，取官高名显之意，更名都府刘。聚落呈团块状分布。经济以种植业为主，主要农作物有小麦、玉米。有公路经此。

道门王 371622-B01-H13
[Dàoménwáng]

在县驻地信城街道东南方向17.2千米。商店镇自然村。人口 600。元代，王、牛二姓立村，信奉天主，人呼此村为道门王。聚落呈团块状分布。经济以种植业为主，主要农作物有小麦、玉米。有公路经此。

小韩 371622-B01-H14
[Xiǎohán]

在县驻地信城街道东南方向20.4千米。商店镇辖自然村。人口 700。明弘治八年（1495），韩锦从邻村韩家迁来立村，取名小韩。聚落呈团块状分布。有省级重点文物保护单位小韩遗址，是一处大汶口文化、龙山文化和商周文化三期并存的重要遗址。经济以种植业为主，主要农作物有小麦、玉米。有公路经此。

黄巾寨 371622-B01-H15

[Huángjīnzhài]

在县驻地信城街道东南方向 19.4 千米。商店镇辖自然村。人口 700。因此处系东汉末年张角领导的黄巾军安营扎寨之故址，为纪念此事，取名黄巾寨。聚落呈团块状分布。古迹有黄巾冢，是东汉末年黄巾农民起义英雄们的聚葬墓。经济以种植业为主，主要农作物有小麦、玉米。有公路经此。

打磨王 371622-B01-H16

[Dǎmòwáng]

在县驻地信城街道东南方向 19.4 千米。商店镇辖自然村。人口 400。明永乐年间，石匠王义从王家枣庄迁此立村，因以打磨营生，人称打磨王。聚落呈团块状分布。经济以种植业、纺织业为主，主要农作物有小麦、玉米。有公路经此。

大司 371622-B01-H17

[Dàsī]

在县驻地信城街道东南方向 21.7 千米。商店镇辖自然村。人口 600。明永乐年间，司姓从河北武邑、枣强一带迁此立村司家。明中期，因村中人迁出者于村西 2 里立村小司家，此村称大司。聚落呈团块状分布。经济以种植业为主，主要农作物有小麦、玉米。有公路经此。

新安 371622-B01-H18

[Xīn'ān]

在县驻地信城街道东南方向 11.8 千米。商店镇辖自然村。人口 1 100。明永乐年间，张姓人从河北省武邑、枣强一带迁此，立村张家，开店为生。清中期，赵姓多人迁此，新建不少客店，遂取新安家之意改称新安。聚落呈团块状分布。经济以种植业为主，主要农作物有小麦、玉米。315 省道经此。

冯店 371622-B01-H19

[Féngdiàn]

在县驻地信城街道东南方向 13.6 千米。商店镇辖自然村。人口 500。明永乐年间，冯姓人从河北省武邑、枣强一带迁来，立村冯家，又因村内有南至黄河，北通京津的官道，冯姓人以开店为生，故得名冯家店，俗称冯店。聚落呈团块状分布。经济以种植业、纺织业为主，主要农作物有小麦、玉米。315 省道经此。

温店 371622-B02-H01

[Wēndiàn]

温店镇人民政府驻地。在县驻地信城街道西南方向 20.0 千米。人口 700。明永乐年间，温姓人由河北省武邑、枣强一带迁此，于东西交通大道旁开店营生，取名温店。聚落呈团块状分布。有中学 2 所、小学 6 所。经济以种植业为主，主要农作物有小麦、玉米、棉花。有公路经此。

中闫张 371622-B02-H02

[Zhōngyánzhāng]

在县驻地信城街道正西方向 28.0 千米。温店镇辖自然村。人口 700。明永乐年间，张、闫两姓人从河北省枣强一带迁来，因姓氏得村名闫张。明末分为三村，本村因居于前、后闫张之间，故称中闫张。聚落呈团块状分布。有县级文物保护单位中闫张遗址。经济以种植业为主，主要农作物有小麦、玉米。有公路经此。

王杠子 371622-B02-H03

[Wánggàngzi]

在县驻地信城街道西方向 24.0 千米。温店镇辖自然村。人口 700。明永乐年间，王姓人从河北省武邑、枣强一带迁来居住，立村小王家。清光绪年间，县令焦维霖到该村验水灾，对群众灾难置若罔闻，激起民愤，被该村人用杠子击跑，人称王杠子家，简称王杠子。聚落呈团块状分布。古迹有燕王扫北时被毁的长庄村遗址。经济以种植业为主，主要农作物有小麦、玉米。239省道经此。

大营 371622-B02-H04
[Dàyíng]

在县驻地信城街道西方向22.0千米。温店镇辖自然村。人口900，民族构成为回族。明永乐年间，张姓人从历城县迁此，立村张家。因是回族，与其族人结营武装自卫，防备大民族的欺负，故更名为大营，至今未变。聚落呈团块状分布。经济以种植业为主，主要农作物有小麦、玉米、棉花。有公路经此。

高浪头 371622-B02-H05
[Gāolàngtóu]

在县驻地信城街道西方向22.0千米。温店镇辖自然村。民族构成为回族。明末清初，高姓老头带家眷从河北省武邑、枣强一带迁此立村，村名高老头家，后讹传为高浪头家，简称高浪头。聚落呈团块状分布。古迹有清真寺1座。经济以种植业为主，主要农作物有小麦、玉米、棉花。有公路经此。

张圣还 371622-B02-H06
[Zhāngshènghuán]

在县驻地信城街道西南方向21.0千米。温店镇辖自然村。人口900。明永乐年间，张公、张健二人从河北省武邑、枣强一带迁来，喜种果树，得村名张园子家。清初，该村有强盗，无恶不作，群众恨之。村人张圣善武，为群众除此大害，故将村名更为张圣还家，简称张圣还。聚落呈团块状分布。

分布。经济以种植业为主，主要农作物有小麦、玉米、棉花。239省道经此。

大卜杨 371622-B02-H07
[Dàbǔyáng]

在县驻地信城街道西方向23.0千米。温店镇辖自然村。人口1 000。明永乐年间，杨姓人立村，此地南靠大洼，野草茂盛，宜养牛，古村名全牛场。明末清初，此地地势洼，长积水，招来一些大鸟，更名为大鸼杨，后人流传为大卜杨。聚落呈团块状分布。经济以种植业为主，主要农作物有小麦、玉米、棉花。有公路经此。

刘厨 371622-B02-H08
[Liúchú]

在县驻地信城街道西南方向22.0千米。温店镇辖自然村。人口600。明永乐年间，李姓人从河北省武邑、枣强一带迁来立村。清中期，又有刘氏兄弟三人由庆云县尚堂迁此，后来刘姓有善烹饪者，闻名四方，故改村名刘厨子家，简称刘厨。聚落呈团块状分布。经济以种植业为主，主要农作物有小麦、玉米。239省道经此。

齐寨 371622-B02-H09
[Qízhài]

在县驻地信城街道西南方向22.0千米。温店镇辖自然村。人口600。明永乐年间，齐姓人从河北省武邑、枣强一带迁来，立村齐家。清顺治年间，齐姓修一大宅院，因而人称齐寨。聚落呈团块状分布。经济以种植业为主，主要农作物有小麦、玉米。239省道经此。

双庙杨 371622-B02-H10
[Shuāngmiàoyáng]

在县驻地信城街道西南方向21.0千米。

温店镇辖自然村。人口 500。明中期,董大、董林、杨风高三人从河北省武邑、枣强一带迁来,立村董杨家。明末,村东修了泰山庙和天齐庙,更名为双庙董家。清乾隆年间,又更名为双庙杨。聚落呈团块状分布。经济以种植业为主,主要农作物有小麦、玉米。239 省道经此。

孙扣 371622-B02-H11
[Sūnkòu]

在县驻地信城街道南方向 22.0 千米。温店镇辖自然村。人口 100。明永乐年间,孙姓人从河北省武邑、枣强一带迁此定居,以做衣服扣子为生,得村名孙扣至今。聚落呈团块状分布。经济以种植业为主,主要农作物有小麦、玉米。有公路经此。

信家 371622-B02-H12
[Xìnjiā]

在县驻地信城街道西南方向 23.0 千米。温店镇辖自然村。人口 100。明永乐年间,信姓人从河北省武邑、枣强一带迁此定居,立村信家。聚落呈团块状分布。经济以种植业为主,主要农作物有小麦、玉米。有公路经此。

油王庄 371622-B02-H13
[Yóuwángzhuāng]

在县驻地信城街道西南方向 25.0 千米。温店镇辖自然村。人口 2 200。明永乐年间,王姓人从河北省武邑、枣强一带迁此定居,以榨油为生,得村名油王庄,沿用至今。聚落呈团块状分布。经济以种植业为主,主要农作物有小麦、玉米。有公路经此。

范家阁 371622-B02-H14
[Fànjiāgé]

在县驻地信城街道东南方向 22.0 千米。温店镇辖自然村。人口 700。唐朝时,此村东头有一大阁,姓范的在此居住,得村名范家阁。聚落呈团块状分布。有县级文物保护单位范家阁古墓。经济以种植业为主,主要农作物有小麦、玉米。有公路经此。

冯楼 371622-B02-H15
[Fénglóu]

在县驻地信城街道西南方向 20.0 千米。温店镇辖自然村。人口 200。明永乐年间,刘、冯二人从河北省武邑、枣强一带迁来,冯姓日子兴旺,修楼一座,得村名冯楼。清末,商赵等姓相继迁入,楼已废,故不称冯楼,而称冯家,后恢复原名冯楼。聚落呈团块状分布。经济以种植业为主,主要农作物有小麦、玉米。有公路经此。

栗家 371622-B02-H16
[Lìjiā]

在县驻地信城街道西南方向 23.0 千米。温店镇辖自然村。人口 400。明永乐年间,栗姓人从河北省武邑、枣强一带迁来,立村栗家。聚落呈团块状分布。经济以种植业为主,主要农作物有小麦、玉米。有公路经此。

大杨 371622-B02-H17
[Dàyáng]

在县驻地信城街道西南方向 25.0 千米。温店镇辖自然村。人口 1 100。明中期,杨姓人从山西省迁来,立村杨家。明末,为区别其他杨家,更改村名大杨家,简称大杨。聚落呈团块状分布。有小学 1 所。经济以种植业为主,主要农作物有小麦、玉米。有公路经此。

河流店 371622-B03-H01
[Héliúdiàn]

河流镇人民政府驻地。在县驻地信城街道东南方向 5.5 千米。人口 1 200。明永乐年间，张、宋二姓人从河北省武邑、枣强一带迁来，以开客店为主，因地处沟盘河南岸，故取名河流店。聚落呈团块状分布。有文化广场2处、小学1所、中学1所。古迹有姑嫂墓。经济以商贸业为主。有公路经此。

陈词林　371622-B03-H02

［Chéncílín］

在县驻地信城街道东南方向4.8千米。河流镇辖自然村。人口800。明洪武年间，沈、史两姓人先后从河北省武邑、枣强迁此立村沈家。明中期，陈词林又迁入此村，其人凶恶霸道，并以自己的名字命名该村。聚落呈团块状分布。经济以种植业为主，主要农作物有粮食作物和果蔬。有公路经此。

大寺杨　371622-B03-H03

［Dàsìyáng］

在县驻地信城街道东南方向5.4千米。河流镇辖自然村。人口1 000。民族全部为回族。明朝永乐年间，杨姓人从河北及南京二郎风迁来，因此村比东、西杨都大，故取名大杨。1985年地名普查时，因重名，为便于区分，改为大寺杨。聚落呈团块状分布。经济以种植业为主，主要农作物有小麦、玉米。有公路经此。

董家佛堂　371622-B03-H04

［Dǒngjiāfótáng］

在县驻地信城街道东南方向5.7千米。河流镇辖自然村。人口700。明永乐年间，董姓人从河北省武邑、枣强一带迁此居住，村有佛祠，故取名董家佛堂。聚落呈团块状分布。古迹有佛堂1处。经济以种植业为主，主要农作物有小麦、玉米、棉花。有公路经此。

豆腐店　371622-B03-H05

［Dòufudiàn］

在县驻地信城街道东南方向8.2千米。河流镇辖自然村。人口600。明永乐年间，张姓人迁来立村。在官道（登州、莱州、青州三府通往北京的交通大道）两侧设有若干客店，饭菜尤盛，特以豆腐出名，故此村得名豆腐店。聚落呈团块状分布。有省级重点文物保护单位狼丘冢遗址。经济以种植业为主，主要农作物有小麦、玉米、棉花。有公路经此。

栗家皋　371622-B03-H06

［Lìjiāgāo］

县驻地信城街道东南方向2.8千米。河流镇辖自然村。人口600。因始祖姓氏而得名。聚落呈团块状分布。古迹有栗家皋遗址、栗家冢。经济以种植业为主，主要农作物有小麦、玉米。有公路经此。

刘庙　371622-B03-H07

［Liúmiào］

在县驻地信城街道东南方向4.8千米。河流镇辖自然村。人口1 000。民族全部为回族。明洪武年间，村为刘姓所立，因村中有一关帝庙，故名。聚落呈团块状分布。有中学1所。经济以种植业为主，主要农作物有小麦、玉米、棉花。有公路经此。

刘同智　371622-B03-H08

［Liútóngzhì］

在县驻地信城街道东南方向5.8千米。河流镇辖自然村。人口900。明永乐年间，刘、赵、吕姓人从河北省武邑、枣强迁入立村。清中，本村刘同智在东北某县做县令，自此该村以刘同智之名为村名。聚落呈团块状分布。有县级保护单位刘同智遗址。经济以种植业为主，主要农作物有小麦、玉米、棉花。有公路经此。

马丰河 371622-B03-H09
[Mǎfēnghé]

在县驻地信城街道东南方向 2.3 千米。河流镇辖自然村。人口 500。因该村有马丰河，村民在阳信城内开设商店，商号亦称马丰河，在城乡颇有名声，故称该村为马丰河。聚落呈团块状分布。经济以商贸业为主。有公路经此。

史家围子 371622-B03-H10
[Shǐjiāwéizi]

在县驻地信城街道东南方向 6.9 千米。河流镇辖自然村。人口 1 500。明洪武七年（1374），史山迁来，立村史家庄。清咸丰年间，捻军起义，该村因防乱筑起土围子，自此更名史家围子，简称史家。聚落呈团块状分布。经济以商贸业、种植业为主，主要农作物有小麦、玉米、棉花等。有公路经此。

王姑庵 371622-B03-H11
[Wánggū'ān]

在县驻地信城街道东南方向 4.8 千米。河流镇辖自然村。人口 300。明永乐年间，王姓姑子从河北迁来，在寺之稍西修尼姑庵居住，自此，永照寺改称王姑庵。聚落呈团块状分布。经济以种植业为主，主要农作物有小麦、玉米。有公路经此。

王鸿道 371622-B03-H12
[Wánghóngdào]

在县驻地信城街道东南方向 2.8 千米。河流镇辖自然村。人口 500。明永乐年间，王姓人从河北武邑、枣强一带迁来立村，因村东有三府（登、莱、青州）通京津的大道，商旅络绎不绝，故名王鸿道。聚落呈团块状分布。经济以商贸业为主。有公路经此。

王下马 371622-B03-H13
[Wángxiàmǎ]

在县驻地信城街道东南方向 3.5 千米。河流镇辖自然村。人口 400。明永乐年间，王姓人从河北武邑、枣强一带迁来立村，一说因唐太宗平"东妖"时在此处下马得名王下马。另一说因王家出一"响马"（即土匪），得名王响马，后为讳响马之称，改名王下马。聚落呈团块状分布。经济以商贸业、种植业为主，主要农作物有香椿等。有公路经此。

西七里坦 371622-B03-H14
[Xīqīlǐtǎn]

在县驻地信城街道东南方向 4.0 千米。河流镇辖自然村。人口 300。因距离县城七里，昔年又有高台和庙宇，每年端午节，邻村人都到此摆坛祭祀，故取村名七里坦。后因村内矛盾较多，分为两村，本村为西七里坦。聚落呈团块状分布。经济以种植业为主，主要农作物有小麦、玉米、棉花。有公路经此。

烟花陈 371622-B03-H15
[Yānhuāchén]

在县驻地信城街道东南方向 3.6 千米。河流镇辖自然村。人口 800。明永乐年间，陈姓兄弟二人，从河北省武邑、枣强一带迁来立村陈家。1980 年地名普查时，根据村人制作鞭炮之特点，更陈家为烟花陈。聚落呈团块状分布。有小学 1 所。经济以商贸业、种植业为主。有公路经此。

张家集 371622-B03-H16
[Zhāngjiājí]

在县驻地信城街道东南方向 6.7 千米。河流镇辖自然村。人口 400。明中期，张克善由海丰牛岚庄迁此立村张家。明正德年间，张古风、红庙等六村共议，将张古风村集市移至张家，遂称村张家集。聚落呈团块状分布。有省级革命文物保护单位毛岸英纪念堂。经济以种植业为主，主要农作物有小麦、棉花和玉米。有公路经此。

张荆杨 371622-B03-H17
[Zhāngjīngyáng]

在县驻地信城街道东南方向8.5千米。河流镇辖自然村。人口600。明永乐年间，张荆杨从无棣大山第四街迁此，将周家庄改为张荆杨。聚落呈团块状分布。经济以种植业为主，主要农作物有小麦、玉米、棉花。有公路经此。

户李 371622-B03-H18
[Hùlǐ]

在县驻地信城街道东南方向5.3千米。河流镇辖自然村。人口800。明永乐年间，李聪带家眷从河北省武邑、枣强一带迁来，立村户李，至今未变。聚落呈团块状分布。有县级文物保护单位碑林。经济以种植业为主，主要农作物有小麦、玉米、棉花。有公路经此。

大耿家 371622-B03-H19
[Dàgěngjiā]

在县驻地信城街道东南方向6.1千米。河流镇辖自然村。人口900。明永乐年间，耿姓人从河北省武邑、枣强一带迁此，立村耿家。清初，因村大人多，且东邻小耿，故称大耿家，至今未变。聚落呈团块状分布。有县级文物保护单位韩建墓。经济以种植业为主，主要农作物有小麦、玉米、棉花。有公路经此。

翟王 371622-B04-H01
[Zháiwáng]

在县驻地信城街道西南方向14.0千米。翟王镇辖自然村。人口1 300。明末，泽（方言读zhái）、王两姓人从河北省武邑、枣强一带迁来，立村泽王庄，后沿革为翟王。聚落呈团块状分布。经济以种植业为主，主要农作物有小麦、玉米、棉花。有公路经此。

韩桥 371622-B04-H02
[Hánqiáo]

在县驻地信城街道西南方向10.0千米。翟王镇辖自然村。人口900。明末，韩姓人从河北省武邑、枣强一带迁来立村，因于村北沟盘河上建桥一座，故得村名韩家桥，简称韩桥。聚落呈团块状分布。经济以种植业为主，主要农作物有小麦、玉米等。有公路经此。

后刘 371622-B04-H03
[Hòuliú]

在县驻地信城街道西南方向10.0千米。翟王镇辖自然村。人口400。明末，刘姓人从河北省枣强县迁入此地，因养有狂犬，犬似牛犊出名，得村名刘大狗家。1958年，刘大狗、高庙合建刘大狗大队，1980年地名普查时更名为后刘。聚落呈带状分布。经济以种植业为主，主要农作物有小麦、玉米等。有公路经此。

二十里堡 371622-B04-H04
[Èrshílǐpù]

在县驻地信城街道西南方向8.0千米。翟王镇辖自然村。人口400。明初，武定州与阳信县城相距四十里，其间有一条南北官道，途中设官方传信堡（每十里一堡），因该村至两城各二十里，且在堡旁立村，故取村名二十里堡，沿用至今。聚落呈团块状分布。经济以种植业为主，主要农作物有小麦、棉花、玉米等。有鲁珠水泥厂。有公路经此。

南董 371622-B04-H05
[Nándǒng]

在县驻地信城街道西南方向11.0千米，翟王镇辖自然村。人口600。明末，董姓三人、刘姓四人、王姓一人，同时从河北省武邑、枣强一带迁来，以董、刘两姓立村董刘家。刘姓当世无后嗣，遂更董刘家为董家，1985年地名普查改为南董。聚落呈团块状分布。经济以种植业为主，主要农作物有小麦、玉米等。有公路经此。

李青芝 371622-B04-H06
[Lǐqīngzhī]

在县驻地信城街道西南方向6.0千米。翟王镇辖自然村。人口200。明末，李青芝从河北省武邑县、枣强一带迁此立村，以人名取村名李青芝村，至今未变。聚落呈团块状分布。经济以种植业为主，主要农作物有小麦、玉米、棉花。有公路经此。

魏家枣行 371622-B04-H07
[Wèijiāzǎoháng]

在县驻地信城街道西南方向7.0千米。翟王镇辖自然村。人口800。明末，魏姓人从河北省武邑县枣强一带迁此，在行行枣树处立村，得村名魏家枣行。聚落呈团块状分布。经济以种植业为主，主要农作物有小麦、玉米、棉花。有公路经此。

粉刘 371622-B04-H08
[Fěnliú]

在县驻地信城街道西南方向7.0千米。翟王镇辖自然村。人口800。明末，刘姓人从河北省武邑县迁此，该村兴起粉条业，自此人称粉刘。聚落呈团块状分布。经济以种植业为主，主要农作物有小麦、玉米、棉花。有公路经此。

李桥 371622-B04-H09
[Lǐqiáo]

在县驻地信城街道西南方向8.0千米。翟王镇辖自然村。人口1 200。明末，李姓人从河北省武邑、枣强一带迁来立村，因村西建一桥，故村名李家桥，简称李桥至今。聚落呈团块状分布。经济以种植业为主，主要农作物有小麦、玉米、棉花。有公路经此。

王架 371622-B04-H10
[Wángjià]

在县驻地信城街道西南方向8.0千米。翟王镇辖自然村。人口300。明末清初，王姓人从河北武邑县迁来，立村王家。后人将王家改称王架子村，简称王架，沿用至今。聚落呈团块状分布。经济以种植业为主，主要农作物有小麦、玉米、棉花。有公路经此。

苇子高 371622-B04-H11
[Wěizigāo]

在县驻地信城街道西南方向9.0千米。翟王镇辖自然村。人口400。明末，高姓人从河北武邑、枣强一带迁来立村，得名苇子高。聚落呈团块状分布。经济以种植业为主，主要农作物有小麦、玉米。有公路经此。

雹泉庙 371622-B04-H12
[Báoquánmiào]

在县驻地信城街道西南方向11.0千米。翟王镇辖自然村。人口700。明末，从河北省武邑、枣强一带迁来，立村名沙河姚家，后更沙河姚为雹泉庙至今。聚落呈团块状分布。有小学 1 所。经济以种植业为主,主要农作物有小麦、玉米。有公路经此。

北极店 371622-B04-H13
[Běijídiàn]

在县驻地信城街道西南方向 12.0 千米。翟王镇辖自然村。人口 500。明初,仇姓人从诸城县迁来立村仇。清中期,该村因东依南北大道,故而立集设店,并修有北极星庙,自此更名为北极店。聚落呈团块状分布。经济以种植业为主,主要农作物有小麦、玉米。有公路经此。

韩打箔 371622-B04-II14
[Hándǎbó]

在县驻地信城街道西南方向 11.0 千米。翟王镇辖自然村。人口 400。明永乐年间,韩姓人从河北省武邑、枣强一带迁来立村韩家。万年历间,西邻雹泉庙村立起香火会,贸易昌盛,苇箔市场大,买卖好。该地人就地兴起打箔业。自此,太平庄、三义韩、韩家三村合成一个大村,取村名韩打箔。聚落呈团块状分布。经济以种植业为主,主要农作物有小麦、玉米。有公路经此。

黄河堐 371622-B04-H15
[Huánghéyái]

在县驻地信城街道西南方向 11.0 千米。翟王镇辖自然村。人口 800。因前村址靠小河,屡遭水患故徙今址——沟盘河(古为黄河分支,亦有黄河之称)旁,且在南岸之高堐上,得村名黄河堐。聚落呈团块状分布。经济以种植业为主,主要农作物有小麦、玉米。有公路经此。

刘全仁 371622-B04-H16
[Liúquánrén]

在县驻地信城街道西南方向 9.0 千米。翟王镇辖自然村。人口 500。明中期,刘全仁从河北省武邑、枣强一带迁此立村刘全仁家,简称刘全仁。聚落呈团块状分布。经济以种植业为主,主要农作物有小麦、玉米。有公路经此。

老观姚 371622-B04-H17
[Lǎoguānyáo]

在县驻地信城街道西南方向 8.0 千米。翟王镇辖自然村。人口 700。明末,姚姓从河北省武邑、枣强一带迁此立村,老鸹、喜鹊常来栖落此地,故被称为老鸹姚,后人称为老观姚,沿用至今。聚落呈团块状分布。经济以种植业为主,主要农作物有小麦、玉米、棉花等。有公路经此。

张宋 371622-B04-H18
[Zhāngsòng]

在县驻地信城街道西南方向 9.0 千米。翟王镇辖自然村。人口 1 000。明末,张姓先人张玺与宋姓先人从河北省武邑、枣强一带迁此立村,张姓在河旁建村取名张家河涯,宋姓因以井灌种菜为业取名宋家井。1985 年,合为一村,改称张宋。聚落呈团块状分布。经济以种植业为主,主要农作物有小麦、棉花、玉米等。有公路经此。

流坡坞 371622-B05-H01
[Liúpōwù]

在县驻地信城街道西 13.0 千米。流坡坞镇辖自然村。人口 4 400。其中回族占55%。唐初,因东邻圣寿寺,北靠古鬲津河,中部高突,坡度很大,凡粮船、乘船的游客和祈祷者均在此停泊,故名。聚落成团块状分布。古迹有南街清真寺。经济以畜牧业、种植业和商贸业为主,主要农作物有小麦、玉米等。有公路经此。

大王庄 371622-B05-H02

[Dàwángzhuāng]

在县驻地信城街道西方向 14.0 千米。流坡坞镇辖自然村。人口 600。明末，岳文举从山西洪洞县迁此立村。因村前有大寺，故取村名寺后。至民国初，将村名改为大王庄，大王指老虎，取威吓邪气不受侵犯之意。聚落呈团块状分布。经济以种植业为主，主要农作物有小麦、玉米。有公路经此。

前营 371622-B05-H03

[Qiánjiān]

在县驻地信城街道西北方向 18.0 千米。流坡坞镇辖自然村。人口 1 400。元末明初，营仲礼兄弟二人从河北省柏乡一带迁来，各立一村，均以姓氏得村名。本村居前，故名前营。聚落呈团块状分布。有县级文物保护单位德安寺遗址，有市级非物质文化遗产项目"哈拉虎"。经济以种植业为主，主要农作物有小麦、玉米、棉花。

幽家 371622-B05-H04

[Yōujiā]

在县驻地信城街道西方向 11.0 千米。流坡坞镇辖自然村。人口 300。明末清初，始祖从河北武邑、枣强一带迁来建村，取名幽家。聚落呈团块状分布。有县级文物保护单位幽家遗址。经济以种植业为主，主要农作物有小麦、玉米、棉花。

风台吕 371622-B05-H05

[Fēngtáilǚ]

在县驻地信城街道西南方向 17.0 千米。流坡坞镇辖自然村。人口 500。明永乐年间，吕姓人从河北武邑、枣强一带迁此立村，因村边有烽火台，故得村名烽台吕，后改名风台吕。聚落呈团块状分布。有县级文物保护单位风台吕遗址。经济以种植业为主，主要农作物有小麦、玉米。有公路经此。

陈菜 371622-B05-H06

[Chéncài]

在县驻地信城街道西方向 17.0 千米。流坡坞镇辖自然村。人口 400。清中期，康家村因大水村周围长满扫帚菜，改名菜王村。后因陈菜大队建在本村，改名陈菜，沿用至今。聚落呈团块状分布。经济以种植业为主，主要农作物有小麦、玉米、棉花。

东李昂 371622-B05-H07

[Dōnglǐ'áng]

在县驻地信城街道西南方向 18.0 千米。流坡坞镇辖自然村。人口 400。明初，李天佐、李天佑兄弟二人，从山西省大同县迁来立村东李家和西李家。李氏第三世中有人叫李昂，很有名望，受到两村认可、尊重，为纪念他，此村根据地理位置，取名东李昂。聚落呈团块状分布。经济以种植业为主，主要农作物有小麦、玉米。有公路经此。

后孙 371622-B05-H08

[Hòusūn]

在县驻地信城街道西方向 20.0 千米。流坡坞镇辖自然村。人口 600。明永乐年间，孙、郭两姓人自河北武邑枣强一带迁此立村邓王庄。明正德年间，该村孙姓一人官至长史，自此村名更为孙长史家。后分成两村，本村为后孙。聚落呈团块状分布。经济以种植业为主，主要农作物有小麦、玉米、棉花。

黄家井 371622-B05-H09

[Huángjiājǐng]

在县驻地信城街道西南方向 19.0 千米。流坡坞镇辖自然村。人口 1 300。明宣德年间，村内挖了两眼甜水井，自此，更村名为黄家井，至今未变。聚落呈团块状分布。经济以种植业为主，主要农作物有小麦、玉米。

水牛李 371622-B05-H10
[Shuǐniúlǐ]

在县驻地信城街道西北方向19.0千米。流坡坞镇辖自然村。人口300。明末清初，李姓始祖从河北武邑枣强迁来建村，据传村内湾里有个神牛，故起村名神牛李，后改后水牛李。聚落呈团块状分布。经济以种植业为主，主要农作物有小麦、玉米、棉花。

王凤豪 371622-B05-H11
[Wángfènghǎo]

在县驻地信城街道西南方向19.0千米。流坡坞镇辖自然村。人口500。明末，王凤豪自河北武邑、枣强一带迁此立村，以人名命村名王凤豪，沿用至今。聚落呈团块状分布。经济以种植业为主，主要农作物有小麦、玉米。有公路经此。

阎家围子 371622-B05-H12
[Yánjiāwéizi]

在县驻地信城街道西南方向22.0千米。流坡坞镇辖自然村。人口1 400。为防水、防盗，村民在村边筑了围子墙，高大坚固，自此，村名改称阎家围子。聚落呈团块状分布。经济以种植业为主，主要农作物有小麦、玉米。有公路经此。

杨大夫 371622-B05-H13
[Yángdàifu]

在县驻地信城街道西方向17.0千米。流坡坞镇辖自然村。人口400。明永乐年间，始祖杨灿周由山西迁往诸城，后又迁于此，因其给皇后治好病，故被赐名杨大夫，以此为村名。聚落呈团块状分布。经济以种植业为主，主要农作物有小麦、玉米、棉花。

杨玉头 371622-B05-H14
[Yángyùtóu]

在县驻地信城街道西南方向17.5千米。流坡坞镇辖自然村。人口300。明末，杨姓人从河北武邑枣强一带迁此，以养牛发家，立村杨牛头。后因该村名带有污辱之意，更名为杨玉头（玉象征美好之意）。聚落呈团块状分布。经济以种植业为主，主要农作物有小麦、玉米。

张举人 371622-B05-H15
[Zhāngjǔrén]

在县驻地信城街道西北方向16.5千米。流坡坞镇辖自然村。人口500。原名孙家。因康熙年间张铨考中举人，以此更村名为张举人。聚落呈团块状分布。经济以种植业为主，主要农作物有小麦、玉米、棉花。

逯王 371622-B05-H16
[Lùwáng]

在县驻地信城街道西北方向18.5千米。流坡坞镇辖自然村。人口500。明末清初，逯、王两姓从河北武邑枣强迁居于此，逯姓在前，王姓在后，故村名为逯王。聚落呈团块状分布。经济以种植业为主，主要农作物有小麦、玉米、棉花。

四户王 371622-B05-H17
[Sìhùwáng]

在县驻地信城街道西北方向21.5千米。流坡坞镇辖自然村。人口600。明末清初，卞、王、张、刘四姓从河北武邑、枣强迁来，故名四户王。聚落呈团块状分布。经济以种植业为主，主要农作物有小麦、玉米、棉花。

水落坡 371622-B06-H01

[Shuǐluòpō]

水落坡镇人民政府驻地。在县驻地信城街道东方向 22.5 千米。人口 1 500。明永乐年间，侯氏兄弟三人从河北武邑、枣强一带迁入此村立村黑老鸹窝。后来因连年大水，一片汪洋，改村名黑潦（涝的意思）坡。光绪年间发大水，淹了魏集，集市南移三里于高地之上、水落坡下，故有今名。聚落呈团块状分布。有中学 1 所、小学 1 所、幼儿园 1 所。经济以种植业为主，主要农作物有小麦、玉米、棉花。有公路经此。

台子杨 371622-B06-H02

[Táiziyáng]

在县驻地信城街道东南方向 20.5 千米。水落坡镇辖自然村。人口 500。明永乐年间，杨姓人从河北武邑、枣强一带迁此定居，借台状遗址，取名台子杨。聚落呈团块状分布。有市级重点文物保护单位台子杨遗址。经济以商贸业、种植业为主，主要农作物有小麦、棉花、玉米等。有公路经此。

棒槌刘 371622-B06-H03

[Bàngchuíliú]

在县驻地信城街道东北方向 20.5 千米。水落坡镇辖自然村。人口 100。明永乐年间，有镟棒槌手艺的刘王岗、刘王能、刘王绪兄弟三人从河北武邑、枣强一带迁来，立村棒槌刘。聚落呈团块状分布。古迹有棒槌刘遗址 1 处。经济以种植业为主，主要农作物有小麦、玉米、棉花。有公路经此。

毕家 371622-B06-H04

[Bìjiā]

在县驻地信城街道东南方向 22.5 千米。水落坡镇辖自然村。人口 700。明永乐末年（1424），毕姓人从河北武邑、枣强一带迁此立村，称村杏花村。明中期，杏林消失，村名更为毕家，至今未变。聚落呈团块状分布。经济以种植业为主，主要农作物有小麦、玉米、棉花。

菜园刘 371622-B06-H05

[Càiyuánliú]

在县驻地信城街道东南方向 19.5 千米。水落坡镇辖自然村。人口 500。明永乐年间，刘姓人从河北武邑、枣强一带迁来立村，因该村有人干过响马（今译土匪），村被称响马刘。后因"响马"二字不雅，据该村善种菜园的特点，改村名为菜园刘。聚落呈团块状分布。经济以种植业为主，主要农作物有小麦、玉米、棉花。

大刘家 371622-B06-H06

[Dàliújiā]

在县驻地信城街道东南方向 23.5 千米。水落坡镇辖自然村。人口 1 200。明燕王扫北后，刘姓人从河北武邑、枣强一带迁此立村刘家，后因村子增大，叫成大刘家，至今未变。聚落呈团块状分布。经济以种植业为主，主要农作物有小麦、玉米、棉花。

大宋 371622-B06-H07

[Dàsòng]

在县驻地信城街道东南方向 17.2 千米。水落坡镇辖自然村。人口 400。明永乐年间，宋姓人从河北武邑、枣强一带迁来立村，因在村西北 0.5 千米有宋王塚，故取村名大宋。聚落呈团块状分布。有市级保护单位大宋遗址，名胜古迹徽王塚。经济以种植业为主，主要农作物有小麦、玉米、棉花。

大尹家 371622-B06-H08

[Dàyǐnjiā]

在县驻地信城街道东南方向 20.3 千米。水落坡镇辖自然村。人口 600。明成化年间，尹姓人立村，以开油坊为生，得村名油坊尹。清初，又因村前有一尹家，村小，故将本村称为大尹家。聚落呈团块状分布。经济以种植业为主，主要农作物有小麦、玉米、棉花。

道王 371622-B06-H09
[Dàowáng]

在县驻地信城街道东南方向 28.4 方向千米。水落坡镇辖自然村。人口 400。明永乐年间，信奉道门佛教的王姓人从河北武邑、枣强一带迁来立村道王，至今未变。聚落呈团块状分布。有小学 1 所。经济以种植业为主，主要农作物有小麦、玉米、棉花。有公路经此。

东魏 371622-B06-H10
[Dōngwèi]

在县驻地信城街道东方向 22.9 千米。水落坡镇辖自然村。人口 600。明永乐年间，魏林从山西省凤凰县迁此立村魏家。清道光年间，该村立集，村名更为魏集。清光绪年间，集市移到水落坡，因此村位于魏集东部，称东魏至今。聚落呈团块状分布。有县级保护单位东魏遗址。经济以种植业为主，主要农作物有小麦、玉米、棉花。

东綦 371622-B06-H11
[Dōngqí]

在县驻地信城街道东方向 25.1 千米。水落坡镇辖自然村。人口 200。清初，綦姓人从邻村大马道迁来立村。因西有同音村祁家，故取村名东綦，沿用至今。聚落呈团块状分布。经济以种植业为主，主要农作物有小麦、玉米、棉花。

范沾槐 371622-B06-H12
[Fànzhānhuái]

在县驻地信城街道东方向 31.6 千米。水落坡镇辖自然村。人口 700。明永乐年间，吴天保立村吴家。明末更为大吴庄。清初，范辉来该村教书，落户于此，生三子，其一名范沾槐。该子性情刚烈，好打不平，名扬四方，村名遂以其人名代之，简称范家。1980 年地名普查中，因有重名，故调曾用名范沾槐为标准名称。聚落呈团块状分布。经济以种植业为主，主要农作物有小麦、玉米、棉花。

侯家坞 371622-B06-H13
[Hóujiāwù]

在县驻地信城街道东方向 20.3 千米。水落坡镇辖自然村。人口 600。明永乐年间，侯姓人立村，该地在雾宿洼东沿，高突有台，是燕王扫北时扎营筑坞之址，故取村名侯家坞。聚落呈团块状分布。经济以种植业为主，主要农作物有小麦、玉米、棉花。有公路经此。

雷家 371622-B06-H14
[Léijiā]

在县驻地信城街道东南方向 19.5 千米。水落坡镇辖自然村。人口 1 400。明永乐年间，雷姓人从河北武邑、枣强一带迁来立村雷家，至今未变。聚落呈团块状分布。有中学 1 所、小学 1 所、幼儿园 1 所。古迹有富平城。经济以种植业为主，主要农作物有小麦、玉米、棉花。

李屋 371622-B06-H15
[Lǐwū]

在县驻地信城街道东方向 29.8 千米。水落坡镇辖自然村。人口 400。清乾隆年间，李宗生立村于大洼之北，在村南开垦荒洼，故称村名南洼李，又名李家屋子，简称李屋。聚落呈团块状分布。有市级重点文物保护单位李屋遗址。经济以种植业为主，主要农作物有小麦、玉米、棉花。有公路经此。

皮店 371622-B06-H16

［Pídiàn］

在县驻地信城街道东方向26.2千米。水落坡镇辖自然村。人口900。唐贞观年间，道号"皮老仙"的老僧从浙江绍兴一带迁此地兴福寺内，皮僧为近地各寺僧首，寺之大殿宏观，故称皮殿。明初，樊、桂二姓（已绝）久居寺之东北附近，即以皮店为村名。"店"由"殿"演变而来。聚落呈团块状分布。有小学1所、幼儿园1所。经济以种植业为主，主要农作物有小麦、玉米、棉花。有公路经此。

秦家 371622-B06-H17

［Qínjiā］

在县驻地信城街道东南方向20.4千米。水落坡镇辖自然村。人口500。明永乐年间，秦姓人从河北武邑、枣强一带迁来立村秦家庄，简称秦家。聚落呈团块状分布。有省级重点文物保护单位秦家遗址，遗址中有一台，俗称秦台。经济以种植业为主，主要农作物有小麦、玉米、棉花。有公路经此。

三崔 371622-B06-H18

［Sāncuī］

在县驻地信城街道东方向20.7千米。水落坡镇辖自然村。人口400。明中期，崔姓始祖从沾化县流钟口崔家老庄迁入此村，因有官道靠村，称崔家马道。后因崔姓人口兴旺，东头称东崔，西头称西崔。1956年合作化后，与东、西崔统一办社，因崔姓占优势，取名三崔。聚落呈团块状分布。有县级文物保护单位三崔遗址。经济以种植业为主，主要农作物有小麦、玉米、棉花。

石刘 371622-B06-H19

［Shíliú］

在县驻地信城街道东方向22.7千米。水落坡镇辖自然村。人口400。明永乐年间，做石槽的匠人刘志学从河北枣强县迁此立村石槽刘家，俗称石刘至今。聚落呈团块状分布。经济以种植业为主，主要农作物有小麦、玉米、棉花。

顺合吴 371622-B06-H20

［Shùnhéwú］

在县驻地信城街道东南方向36.1千米。水落坡镇辖自然村。人口200。清初，吴姓人从滨县丁家道口迁来立村小吴家。清同治年间，该庄人吴天胜为多吃赈济粮，虚报了三个村名：新吴庄、义和吴、顺合吴。民国年间，又因庄头多，纳税多，该村人吴天瀛把他名撤销，仅留顺合吴，沿用至今。聚落呈团块状分布。经济以种植业为主，主要农作物有小麦、玉米、棉花。

台子刘 371622-B06-H21

［Táiziliú］

在县驻地信城街道东南方向24.1千米。水落坡镇辖自然村。人口400。明永乐年间，刘姓人从河北武邑、枣强一带迁此立村，因村旁有一台子，故得村名台子刘，至今未变。聚落呈团块状分布。经济以种植业为主，主要农作物有小麦、玉米、棉花。有公路经此。

洼里赵 371622-B06-H22

［Wālǐzhào］

在县驻地信城街道东方向30.1千米。水落坡镇辖自然村。人口600。明永乐年间，赵学寿从河北武邑、枣强一带迁此，于皮店东大洼中立村，得村名洼里赵。聚落呈团块状分布。经济以种植业为主，主要农作物有小麦、玉米、棉花。

吴家坊 371622-B06-H23

[Wújiāfáng]

在县驻地信城街道东南方向23.1千米。水落坡镇辖自然村。人口600。明永乐年间，吴姓人从河北武邑、枣强一带迁来立村，因以开油坊为生，故得村名吴家坊。聚落呈团块状分布。经济以种植业为主，主要农作物有小麦、玉米、棉花。

五支刘 371622-B06-H24

[Wǔzhīliú]

在县驻地信城街道正东方向23.8千米。水落坡镇辖自然村。人口1 100。明永乐年间，刘姓人从河北武邑县迁来，二人在惠民县立村，因分为五支，故得名五支刘至今。聚落呈团块状分布。经济以种植业为主，主要农作物有小麦、玉米、棉花。

银子刘 371622-B06-H25

[Yínziliú]

在县驻地信城街道正东方向24.9千米。水落坡镇辖自然村。人口300。明永乐年间，刘聚从南京金陵迁此立村刘家，清末，村数遭兵焚，该村有一女，来不及逃，藏匿于大地窖里，免遭祸，自此，刘家大地窖子闻名遐迩，故村名为窖子刘，后讹为银子刘。聚落呈团块状分布。有县级保护单位烈女坟。经济以种植业为主，主要农作物有小麦、玉米、棉花。

灶户董 371622-B06-H26

[Zàohùdǒng]

在县驻地信城街道东南方向19.8千米。水落坡镇辖自然村。人口600。明永乐年间，董元从河北武邑、枣强一带迁此立村，因此人是北京灶校的炊事员，故得村名灶户董。聚落呈团块状分布。经济以种植业为主，主要农作物有小麦、玉米、棉花。

张锢镥 371622-B06-H27

[Zhānggùlǔ]

在县驻地信城街道正东方向23.1千米。水落坡镇辖自然村。人口600。明嘉靖年间，锢镥子张修业从寿光县北楼迁此立村，靠手工艺为生，得村名张锢镥至今。聚落呈团块状分布。经济以种植业为主，主要农作物有小麦、玉米、棉花。

张平 371622-B06-H28

[Zhāngpíng]

在县驻地信城街道正东方向13.6千米。水落坡镇辖自然村。人口500。明永乐年间，平姓始祖由枣强县迁来，得村名平家。因平、张两姓人口平衡变化，改名为张平。聚落呈团块状分布。经济以种植业为主，主要农作物有小麦、玉米、棉花。

赵吴 371622-B06-H29

[Zhàowú]

在县驻地信城街道正东方向22.7千米。水落坡镇辖自然村。人口400。明永乐年间，赵抓虎从河北武邑县迁此立村赵家，赵抓虎喜武术，与邻村范沽槐搏斗，因力大机智取胜，故以其名为村名——赵抓虎。1956年，成高级社时，该村与邻村吴家合并，故又更名赵吴家，简称赵吴，沿用至今。聚落呈团块状分布。经济以种植业为主，主要农作物有小麦、玉米、棉花。

楚家 371622-B06-H30

[Chǔjiā]

在县驻地信城街道正东方向28.7千米。水落坡镇辖自然村。人口700。明崇祯年间，楚花峦从河北武邑、枣强一带迁此立村楚家。聚落呈团块状分布。经济以种植业为主，主要农作物有小麦、玉米、棉花。

李截半 371622-B06-H31

［Lǐjiébàn］

在县驻地信城街道东南方向22.6千米。水落坡镇辖自然村。人口500。明永乐年间，李洁白从河北武邑、枣强一带迁来立村，以姓名为村名李洁白，后取谐音为李截半，至今未变。聚落呈团块状分布。经济以种植业为主，主要农作物有小麦、玉米、棉花。

劳店 371622-B07-H01

［Láodiàn］

劳店镇人民政府驻地。在县驻地信城街道东方向7.6千米。人口1 300。唐代，范姓、劳姓人自河南洛阳迁来立村，因范姓早来，得名东范家。至宋朝，范姓人烟不旺，此时劳姓在交通要道之侧开店为生，生意兴隆，名扬四方，故村得名劳家店，也称劳店街，简称劳店。聚落呈团块状分布。有文化广场1处、小学1所、中学1所。经济以种植业为主，主要农作物有小麦、玉米、棉花。

南朱 371622-B07-H02

［Nánzhū］

在县驻地信城街道东南方向13.0千米。劳店镇辖自然村。人口300。明永乐年间，朱姓人由河北省真定府枣强一带迁此，立村朱家。1921年，更村北六千米的朱家为北朱，此村更为南朱至今。聚落呈团块状分布。有县级文物保护单位雾宿洼遗址。经济以种植业为主，主要农作物有小麦、玉米。有公路经此。

斜庄 371622-B07-H03

［Xiézhuāng］

在县驻地信城街道东方向7.6千米。劳店辖自然村。人口1 000。明永乐年间，赵姓人由今河北省武邑、枣强一带迁此，于现村址东北立村，取村名永安寨。明中期，原村址被淹，迁村于此，因村址呈西北—东南走向，故改称斜庄。聚落呈团块状分布。经济以种植业为主，主要农作物有小麦、玉米、棉花。有公路经此。

坡牛李 371622-B07-H04

［Pōniúlǐ］

在县驻地信城街道东方向8.1千米。劳店镇辖自然村。人口400。明洪武年间，李姓人由山西洪洞县迁此，因传说命村名为坡牛李，沿用至今。聚落呈团块状分布。经济以种植业为主，主要农作物有小麦、玉米、棉花。有公路经此。

崔家 371622-B07-H05

［Cuījiā］

在县驻地信城街道东方向7.5千米。劳店镇辖自然村。人口500。明成化年间，崔姓人由本乡崔家寨迁此，立村崔家，沿用至今。聚落呈团块状分布。经济以种植业为主，主要农作物有小麦、玉米、棉花。有公路经此。

毛家寨 371622-B07-H06

［Máojiāzhài］

在县驻地信城街道东北方向13.0千米。劳店镇辖自然村。人口1 800。明永乐年间，毛姓人由今河北省武邑、枣强一带迁此立村，因在四周筑起寨墙，故取名毛家寨。聚落呈团块状分布。经济以种植业为主，主要农作物有小麦、玉米、棉花。有公路经此。

王生坞 371622-B07-H07

［Wángshēngwù］

在县驻地信城街道东北方向11.0千米。劳店镇辖自然村。人口600。唐武德年间，王姓人由河南省洛阳迁此建村，以开店为业，人称王师傅店。据传，贞观年间，薛礼征东时，李世民携皇后御驾亲征，在此生下太子李治，适值浓雾笼罩，不见天日，故更村名为王生雾，后演写为今名。聚落呈团块状分布。经济以种植业为主，主要农作物有小麦、玉米、棉花。有公路经此。

福盛庄 371622-B07-H08
［Fúshèngzhuāng］

在县驻地信城街道东北方向 6.9 千米。劳店镇辖自然村。人口 200。明永乐年间，张姓人由山西省洪洞县迁此立村，以吉祥语取村名福盛庄。聚落呈团块状分布。经济以种植业为主，主要农作物有小麦、玉米、棉花。有公路经此。

玉皇庙 371622-B07-H09
［Yùhuángmiào］

在县驻地信城街道东北方向 6.6 千米。劳店镇辖自然村。人口 700。明永乐三年（1405），苏氏人由今山西省迁此，以姓命村为苏庄。清光绪十三年（1887），因村有玉皇庙宇，改村名为玉皇庙。聚落呈团块状分布。有历史遗迹玉皇庙。经济以种植业为主，主要农作物有小麦、玉米、棉花。有公路经此。

棘林 371622-B07-H10
［Jílín］

在县驻地信城街道东北方向 8.0 千米。劳店镇辖自然村。人口 600。明永乐年间，文、王二姓由山西省洪洞县迁此立村，周围酸枣树丛生，茎上多刺，故名棘林。聚落呈团块状分布。经济以种植业为主，主要农作物有小麦、玉米、棉花。有公路经此。

五龙堂 371622-B07-H11
［Wǔlóngtáng］

在县驻地信城街道东北方向 17 千米。劳店镇辖自然村。人口 100。明成化二十一年（1485），王姓人从河北省武邑、枣强一带迁来，立村王家。明末，村内建有画有五条龙的大庙，名五龙堂，遂改村名为五龙堂。聚落呈团块状分布。经济以种植业为主，主要农作物有小麦、玉米、棉花。有公路经此。

三台张 371622-B07-H12
［Sāntáizhāng］

在县驻地信城街道东北方向 16.0 千米。劳店镇辖自然村。人口 600。明永乐年间，刘、张两姓人从山西洪洞县迁此，分别立村小刘家、张拐子家。明中期统称为张拐子家。1939 年，张姓人聘秀才张子敬更此不雅之名，因此村居三台之南，故取村名三台张，沿用至今。聚落呈团块状分布。经济以种植业为主，主要农作物有小麦、玉米、棉花。有公路经此。

抱王庄 371622-B07-H13
［Bàowángzhuāng］

在县驻地信城街道东北方向 14.0 千米。劳店镇辖自然村。人口 1 100。明永乐年间，王氏兄弟三人由今河北省武邑、枣强一带迁此，老二王立芝一人在此定居，仅生一子，望其成龙，取名抱王庄。聚落呈团块状分布。经济以种植业为主，主要农作物有小麦、玉米、棉花。有公路经此。

张厨 371622-B07-H14
［Zhāngchú］

在县驻地信城街道东北方向 16.0 千米。劳店镇辖自然村。人口 200。明永乐年间，有一张姓厨师（张士诚）从河北省武邑、枣强一带迁此立村，以其技艺高超出名，且为本村做了很多贡献，故得村名张厨，沿用至今。聚落呈团块状分布。经济以种植业为主，主要农作物有小麦、玉米。有公路经此。

陈家楼 371622-B07-H15

[Chénjiālóu]

在县驻地信城街道东北方向16.0千米。劳店镇辖自然村。人口600。明景泰年间，陈祥由滨县迁此建村，其子陈僖任金华总兵，在村里建楼一座，遂取村名为陈家楼。聚落呈团块状分布。有小学1所。经济以种植业为主，主要农作物有小麦、玉米、棉花。有公路经此。

夏庙 371622-B07-H16

[Xiàmiào]

在县驻地信城街道东方向14.0千米。劳店镇辖自然村。人口200。元末，因村人刘虎在其住宅四周筑有寨墙，故取名刘虎寨。明永乐年间，夏姓人从河北省武邑、枣强一带迁入至此，至明中期，该姓人于村东修一庙，又因刘虎寨早已被查诛，故更村名为夏庙。聚落呈团块状分布。经济以种植业为主，主要农作物有小麦、玉米、棉花。有公路经此。

孙家围子 371622-B07-H17

[Sūnjiāwéizi]

在县驻地信城街道东北方向6.6千米。劳店镇辖自然村。人口900。明永乐年间，孙姓人从今河北省枣强县孙家林迁此建村，因凑钱粮修了村南二里许的双堂大庙，得村名双堂孙家。清末，为防贼寇，筑了围墙（又称围子），1932年改称孙家围子至今。聚落呈团块状分布。经济以种植业为主，主要农作物有小麦、玉米、棉花。有公路经此。

刘洪路 371622-B07-H18

[Liúhónglù]

在县驻地信城街道东南方向3.6千米。劳店镇辖自然村。人口600。明初，林姓人立村于深道口之侧，得名林家道口。明嘉靖年间，刘王绪、刘王刚、刘王龙从河北省武邑、枣强一带迁入武定州（今惠民县），刘王刚来此安家。后取道路宽广之意更名为刘洪路家，简称刘洪路。聚落呈团块状分布。有县级文物保护单位蔺相如冢。经济以种植业为主，主要农作物有小麦、玉米、棉花。有公路经此。

崔家寨 371622-B07-H19

[Cuījiāzhài]

在县驻地信城街道东方向13.0千米。劳店镇辖自然村。人口900。明洪武年间，崔姓三世——崔钲、崔锦、崔鐶与王三山自博兴迁此。王姓至二世绝，崔姓至清初人口兴旺，六世名人崔龙禹修寨院，主持立四、九集日，更龙镇为崔家砦（同寨），今书为崔家寨。聚落呈团块状分布。经济以种植业为主，主要农作物有小麦、玉米、棉花。有公路经此。

活佛庙 371622-B07-H20

[Huófómiào]

在县驻地信城街道东南方向12.0千米。劳店镇辖自然村。人口900。明成化年间，宋姓人由今河北省武邑、枣强一带迁此立村，因村内有一古庙，内设装有走线和弹簧的木制活佛，故取村名为活佛庙。聚落呈团块状分布。有小学1所。经济以种植业为主，主要农作物有小麦、玉米。有公路经此。

洋湖 371622-C01-H01

[Yánghú]

洋湖乡人民政府驻地。在县驻地信城

街道西南方向 21.0 千米。人口 1 200。因古鬲河流经村西大洼，常积水如湖，村东有一南北深道口，村在二者之中，得名洋湖口，简称洋湖。聚落呈团块状分布。有国家级非物质文化遗产鼓子秧歌。经济以种植业为主，主要农作物有小麦、玉米、棉花。有公路经此。

刀刘 371622-C01-H02
[Dāoliú]

在县驻地信城街道西北方向 25.6 千米，洋湖乡辖自然村。人口 400。明永乐年间，刘姓始祖由今河北省武邑、枣强一带迁此立村，因会瓦工技术，故名瓦刀刘家，人称刀刘。聚落呈团块状分布。有小学 1 处。有县级文物保护单位刀刘古墓。经济以种植业为主，主要农作物有小麦、玉米、棉花。

窦王 371622-C01-H03
[Dòuwáng]

在县驻地信城街道西北方向 22.5 千米。洋湖乡辖自然村。人口 800。明天顺年间，窦姓人从河北省枣强县一带迁此，立村窦家。1980 年地名普查中，以窦、王两姓为依据，更名窦王。聚落呈团块状分布。有县级文物保护单位窦王古墓。经济以种植业为主，主要农作物有小麦、玉米、棉花。

后刘店 371622-C01-H04
[Hòuliúdiàn]

在县驻地信城街道西北方向 25.6 千米。洋湖乡辖自然村。人口 700。明永乐年间，刘滨立村于官道两侧，以开店为业，得名刘家店。明天顺年间，村内数户迁徙至村南二里，另立一村前刘店，该村即改称后刘店。聚落呈团块状分布。有县级文物保护单位后刘店遗址。经济以种植业为主，主要农作物有小麦、玉米、棉花。

八里泊 371622-C01-H05
[Bālǐpō]

在县驻地信城街道西北方向 27.8 千米。洋湖乡辖自然村。人口 1 400。明永乐年间，赵、钱等姓人迁此立村，因该村西、北两个方向均为八华里的大洼，旧时雨季常常积水如湖，故名八里泊。聚落呈团块状分布。有县级文物保护单位八里泊古墓。经济以种植业为主，主要农作物有小麦、玉米。

崔家楼 371622-C01-H06
[Cuījiālóu]

在县驻地信城街道西南方向 26.5 千米。洋湖乡辖自然村。人口 1 600。明永乐年间，村中一绰号许大贼的人，因抢了某官宦之女而遭灭门之罪。村人惧受牵累，故迁今址，用崔姓更名为崔家楼。聚落呈团块状分布。经济以种植业为主，主要农作物有小麦、玉米。

堤口刘 371622-C01-H07
[Dīkǒuliú]

在县驻地信城街道西南方向 15.3 千米。洋湖乡辖自然村。人口 700。明宣德年间，刘景龙立村于古河道之西堤口处，得村名堤口刘。后有两个刘姓人立村于两座古庙之间，因庙为红色，得村名红庙刘。1958 年后，因两村相连合为一村，又因堤口刘较大，统称堤口刘。聚落呈团块状分布。经济以种植业为主，主要农作物有小麦、玉米。

东十字道 371622-C01-H08
[Dōngshízìdào]

在县驻地信城街道西南方向 19.7 千米。洋湖乡辖自然村。人口 800。明永乐年间，李、王等姓迁此立村畔王庄。因村内有一东西大道，并有十条南北道与之垂直交叉，故改村名为十字道。1939年分为两村，此村位于东头，叫东十字道。聚落呈团块状分布。经济以种植业为主，主要农作物有小麦、棉花、玉米。

高家院子 371622-C01-H09

[Gāojiāyuànzi]

在县驻信城街道西北方向27.6千米。洋湖乡辖自然村。人口300。明永乐年间，房姓人及高万迁此立村。宣德年间，房姓无嗣，高姓兄弟二人分前后两院为村。该村居后院，故称高家院子。聚落呈团块状分布。经济以种植业为主，主要农作物有小麦、玉米。

古佛镇 371622-C01-H10

[Gǔfózhèn]

在县驻地信城街道西南方向27.2千米。洋湖乡辖自然村。人口700。因村东北有一座古佛大寺，得村名古佛镇。聚落呈团块状分布。经济以种植业为主，主要农作物有小麦、棉花、玉米。

花赵 371622-C01-H11

[Huāzhào]

在县驻地信城街道西北方向25.0千米。洋湖乡辖自然村。人口1100。燕王扫北后，赵姓迁来凤凰店，以种棉花出名，得村名棉花赵，俗称花赵。聚落呈团块状分布。经济以种植业为主，主要农作物有小麦、玉米。

鹁鸽李 371622-C01-H12

[Bógēlǐ]

在县驻地信城街道西南方向27.0千米。洋湖乡辖自然村。人口900。明永乐年间，李兴、李邦、李甲兄弟三人迁来此地，随身带来鹁鸽一对。安家之后，鹁鸽飞回故地，领来一大群鹁鸽，因之得村名鹁鸽李。

聚落呈团块状分布。有小学1所、中学1所。经济以种植业为主，主要农作物有小麦、玉米。有公路经此。

青石碓 371622-C01-H13

[Qīngshíduì]

在县驻地信城街道西北方向14.1千米。洋湖乡辖自然村。人口300。因村庄有个青石碓而得名。聚落呈团块状分布。经济以种植业为主，主要农作物有小麦、玉米。

寺新庄 371622-C01-H14

[Sìxīnzhuāng]

在县驻地信城街道西南方向21.4千米。洋湖乡辖自然村。人口200。明永乐二年（1404），王凤立村王凤头家。后白姓迁入，又出一秀才，改称白家。1985年，因县内有重名，以村内八坡寺得名寺新庄。聚落呈团块状分布。经济以种植业为主，主要农作物有小麦、玉米、棉花等。

孙道人家 371622-C01-H15

[Sūndàorénjiā]

在县驻地信城街道西南方向29.8千米。洋湖乡辖自然村。人口200。明永乐年间，孙道人（仁）从河北省武邑、枣强一带迁此立村，名孙道人家，简称孙家。聚落呈团块状分布。经济以种植业为主，主要农作物有小麦、玉米。

王博士 371622-C01-H16

[Wángbóshì]

在县驻地信城街道西南方向29.1千米。洋湖乡辖自然村。人口800。西汉中期，王卓、王准、王森居此，因村中出一博士（学官），故名。聚落呈团块状分布。经济以种植业为主，主要农作物有小麦、玉米。

王兆三村 371622-C01-H17
［Wángzhàosāncūn］

在县驻信城街道西南方向 22.9 千米。洋湖乡辖自然村。人口 400。清末，以始祖名王兆三定为村名。聚落呈团块状分布。经济以种植业为主，主要农作物有小麦、玉米、棉花等。

网口张 371622-C01-H18
［Wǎngkǒuzhāng］

在县驻地信城街道西南方向 19.3 千米。洋湖乡辖自然村。人口 600。明宣德年间，张庆福由今河北省枣强县迁此，立村于古沟盘河南岸支河入口处，村人以织网打鱼为生，故取村名网口张。聚落呈团块状分布。经济以种植业为主，主要农作物有小麦、玉米、棉花等。

魏家楼 371622-C01-H19
［Wèijiālóu］

在县驻地信城街道西南方向 21.2 千米。洋湖乡辖自然村。人口 500。明中期，魏合图迁此立村魏合图家。清乾隆年间，村内有一家地主，种七顷地，修有楼房，更魏合图为魏家楼。聚落呈团块状分布。有小学 1 处。经济以种植业为主，主要农作物有小麦、玉米、棉花等。

武家 371622-C01-H20
［Wǔjiā］

在县驻地信城街道西北方向 23.1 千米。洋湖乡辖自然村。人口 600。明宣德年间，武姓人从无棣迁到阳信武家庙。清初，又从武家庙迁此。后因武姓人口兴旺，故更名武家。聚落呈团块状分布。经济以种植业为主，主要农作物有小麦、玉米、棉花等。

西郝 371622-C01-H21
［Xīhǎo］

在县驻地信城街道西北方向 27.2 千米。洋湖乡辖自然村。人口 700。明永乐年间，郝姓始祖由今河北省武邑、枣强一带迁至该村，取名郝家。1985 年，因县内有重名，更名为西郝。聚落呈团块状分布。经济以种植业为主，主要农作物有小麦、玉米。

西十字道 371622-C01-H22
［Xīshízìdào］

在县驻地信城街道西南 20.7 千米。洋湖乡辖自然村。人口 700。明永乐年间，李、王等姓迁此立村，因村内建有 10 个十字道，故村名十字道。1939 年分为两村，此村位于西头，叫西十字道。聚落呈团块状分布。经济以种植业为主，主要农作物有小麦、玉米、棉花等。

香椿王 371622-C01-H23
［Xiāngchūnwáng］

在县驻地信城街道西北方向 25.4 千米。洋湖乡辖自然村。人口 400。明永乐年间，王如生、王六生兄弟二人由今河北省武邑、枣强一带迁此立村，因村内植有很多香椿树，故名香椿王。聚落呈团块状分布。经济以种植业为主，主要农作物有小麦、玉米。

香马李 371622-C01-H24
［Xiāngmǎlǐ］

在县驻地信城街道西南方向 15.1 千米。洋湖乡辖自然村。人口 300。明弘治年间，李志珍由今温店镇下马李村迁此立村，取名香马李。聚落呈团块状分布。经济以种植业为主，主要农作物有小麦、玉米。

小木庄 371622-C01-H25
［Xiǎomùzhuāng］

在县驻地信城街道西南方向14.6千米。洋湖乡辖自然村。人口400。明末，许宝贵由今河北省枣强县迁此，立村香马庄。清顺治末年，因香马谐音"响马"，其含义不雅，故更名为小木庄。聚落呈团块状分布。经济以种植业为主，主要农作物有小麦、玉米。

杨辛庄 371622-C01-H26
［Yángxīnzhuāng］

在县驻地信城街道西北方向19.1千米。洋湖乡辖自然村。人口100。明天顺年间，杨氏三世国忠、国良从邻村前刘店迁此，立杨新庄。后因村人书写不规范，将"新"写成"辛"，遂更名杨辛庄。聚落呈团块状分布。经济以种植业为主，主要农作物有小麦、玉米、棉花等。有公路经此。

尹庙 371622-C01-H27
［Yǐnmiào］

在县驻地信城街道西南方向14.7千米。洋湖乡辖自然村。人口500。明永乐年间，尹氏立村，因村中修一大庙，庙中有男女铜环人，得村名尹铜环家。明末，因铜环人被盗走，只剩下大庙，故以尹姓与庙得村名尹家庙，俗称尹庙。聚落呈团块状分布。经济以种植业为主，主要农作物有小麦、玉米。

张大头 371622-C01-H28
［Zhāngdàtóu］

在县驻地信城街道西北方向26.2千米洋湖乡辖自然村。人口200。明永乐年间，张克泛迁此定居，此人仗义疏财，乐于助人，得村名为张大头。聚落呈团块状分布。经济以种植业为主，主要农作物有小麦、玉米。

赵南湖 371622-C01-H29
［Zhàonánhú］

在县驻地信城街道西南方向23.7千米。洋湖乡辖自然村。人口400。明永乐年间，赵广佃迁此立村，得名赵广佃家。因地处古鬲津河，地势低洼，雨季常积水为湖，得名赵南湖。聚落呈团块状分布。经济以种植业为主，主要农作物有小麦、玉米。有公路经此。

郑开基 371622-C01-H30
［Zhèngkāijī］

在县驻地信城街道西南方向19.3千米。洋湖乡辖自然村。人口600。以始祖郑开基为村名。聚落呈团块状分布。经济以种植业为主，主要农作物有小麦、玉米。

无棣县

城市居民点

丽景庄园小区 371623-I01
［Lìjǐng Zhuāngyuán Xiǎoqū］

在县城北部。人口3 000。总面积11.7公顷。名称取美丽景色之意，表明小区环境优美。2010年始建，2012年正式使用。建筑总面积193 000平方米，住宅楼37栋，其中高层15栋、多层22栋，现代建筑风格。绿化率25%，有休闲广场、健身场所、幼儿园、超市、卫生室等配套设施。通公交车。

彩虹小区 371623-I02
［Cǎihóng Xiǎoqū］

在县城中部。人口1 200。总面积13.3公顷。一期2007年始建，2009年正式使用；二期2009年始建，2012年正式使用。建筑总面积 150 000 平方米，多层住宅楼 44 栋，现代建筑风格。绿地面积 48 000 平方米。有休闲广场、健身场所、超市、卫生室等配套设施。通公交车。

香格里拉花园小区 371623-I03
[Xiānggélǐlā Huāyuán Xiǎoqū]

在县城南部。人口 1 500。总面积 12.2 公顷。小区名称寓意小区和平、宁静、美好，适宜居住。2011 年始建，2013 年正式使用。建筑总面积 90 000 平方米，住宅楼 39 栋，其中高层 14 栋、多层 17 栋、别墅 8 栋，现代建筑风格。绿地面积 30 000 平方米。有文化广场、超市、卫生室等配套设施。通公交车。

金羚华府小区 371623-I04
[Jīnlíng Huáfǔ Xiǎoqū]

在县城中部。人口 1 200。总面积 5.6 公顷。因开发商是金羚置业有限公司而得名。2007 年始建，2010 年正式使用。建筑总面积 65 000 平方米，现代建筑风格。绿地面积 19 000 平方米。有文化广场等配套设施。通公交车。

农村居民点

银王庙 371623-A01-H01
[Yínwángmiào]

在县驻地棣丰街道东南方向 6.5 千米。棣丰街道辖自然村。人口 300。明朝中期，王姓迁此立村，因此处有一泰山庙，该村建于庙前，取名银娃庙。约百年前，南方人来此挖宝，把庙从村北迁至村南，形成泰山压顶之势，该村原来人财兴旺，从此逐渐贫困，后人把"娃"字改为"亡"字，称银亡庙，后演变为银王庙。聚落呈团块状分布。有文化广场 1 处。经济以种植业为主，主要农作物有小麦、冬枣。340 国道经此。

河西营 371623-A01-H02
[Héxīyíng]

在县驻地棣丰街道东南方向 11.2 千米。棣丰街道辖自然村。人口 400。明永乐二年（1404），崔姓从山西洪洞县迁此立村，因村址位于沟盘河西，传说杨延昭曾在此扎营驻军，故取村名河西营。聚落呈团块状分布。有文化广场 1 处。经济以种植业为主，主要农作物有小麦、冬枣。有公路经此。

堤头姚 371623-A01-H03
[Dītóuyáo]

在县驻地棣丰街道东北方向 4.3 千米。棣丰街道辖自然村。人口 600。明永乐二年（1404），姚姓从山西洪洞县迁于古防洪堤头上建村，取名堤头姚。聚落呈团块状分布。有文化广场 1 处、幼儿园 1 处。经济以商贸业为主。通公交车。

李百祥 371623-A01-H04
[Lǐbǎixiáng]

在县驻地棣丰街道东北方向 3.2 千米。棣丰街道辖自然村。人口 700。明永乐年间，李姓率妻子儿女由乐亭迁此立村，取村名李家。后因该村有一姓李名泊箱的人善音乐、精拳术，远近闻名，故更村名为李泊箱，后演变为李百祥。聚落呈团块状分布。有文化广场 1 处、幼儿园 1 处。经济以种植业为主。339 国道经此。

时礼 371623-A01-H05
[Shílǐ]

在县驻地棣丰街道东北方向 0.2 千米。棣丰街道辖自然村。人口 800。明永乐二年（1404），时姓由山西洪洞县迁此立村，有一年县官来查看水灾，有一秀才妻子接待了他，礼法周全。据此取村名时礼庄，简称时礼。聚落呈团块状分布。有文化广场1处、小学1所、中学1所。经济以商贸业为主。通公交车。

小吴家 371623-A01-H06
［Xiǎowújiā］

在县驻地棣丰街道东南方向9.3千米。棣丰街道辖自然村。人口200。明永乐二年（1404），魏、吴两姓由山西洪洞县迁此立村，以姓氏取村名为吴魏家。后吴姓绝，魏姓为给吴姓立后，从阳信县陈家楼亲家过继一男孩，让其姓吴，不久魏姓又绝后，且村址越来越小，故更村名为小吴家。聚落呈团块状分布。有文化广场1处。经济以种植业为主。滨德高速经此。

西袁 371623-A01-H07
［Xīyuán］

在县驻地棣丰街道东南方向11.2千米。棣丰街道辖自然村。人口300。明永乐二年（1404），秦、王两姓从京师真定府冀州枣强县迁来立村，以姓氏取村名为秦王庄。该村有一名德高望重的教书先生袁年祖，其死后，学生们常来祭奠，后人为纪念此人，更村名为袁家。1934年分为两个自然村，该村位西，故称西袁。聚落呈团块状分布。有文化广场1处。经济以种植业为主。滨德高速经此。

韩家 371623-A01-H08
［Hánjiā］

在县驻地棣丰街道东南方向8.5千米。棣丰街道辖自然村。人口500。因村中有一尼姑庵，有一年发大水，此庵幸存，故取名为固安里。后因村内韩佑从军功勋卓著，威望很高，故更名韩家。聚落呈团块状分布。有文化广场1处、幼儿园1处。经济以种植业为主。滨德高速经此。

东袁 371623-A01-H09
［Dōngyuán］

在县驻地棣丰街道东南方向10.1千米。棣丰街道辖自然村。人口300。明永乐二年（1404），秦、王两姓从京师真定府冀州枣强县迁来立村，以姓氏取村名为秦王庄。该村有一名德高望重的教书先生袁年祖，其死后，学生们常来祭奠，后人为纪念此人，更村名为袁家。1934年分为两个自然村，该村位东，故称东袁。聚落呈团块状分布。有文化广场1处。经济以种植业为主。滨德高速经此。

老翁陈 371623-A01-H10
［Lǎowēngchén］

在县驻地棣丰街道东方向0.2千米。棣丰街道辖自然村。人口900。明永乐二年（1404），陈、崔、安、王四姓从山西迁来建村，取名陈家庄。后陈姓迁到王家坟和大山陈家，每年回来拜年，遂称此村为老庄陈，又因此村有一老人寿过百岁，故更名为老翁陈。聚落呈团块状分布。经济以商贸业为主。通公交车。

河沟 371623-A01-H11
［Hégōu］

在县驻地棣丰街道南方向4.5千米。棣丰街道辖自然村。人口1 100。赵氏始祖于明永乐二年（1404）由山西洪洞县迁徙海丰城东立家园，因村旁有一古河沟，故取村名赵家河沟，后简称河沟。聚落呈团块状分布。有文化广场1处、幼儿园1处。经济以种植业为主。340国道经此。

石三里 371623-A01-H12
［Shísānlǐ］

在县驻地棣丰街道东北方向0.1千米，棣丰街道辖自然村。人口900。石氏始祖于明永乐二年（1404），从山西洪洞县迁海丰城北三里处建家园，取距县城里程冠以姓氏为村名，称石三里。聚落呈团块状分布。有文化广场1处、幼儿园1所、小学1所。经济以种植业、商贸业为主。通公交车。

西小马 371623-A02-H01
［Xīxiǎomǎ］

在县驻地棣丰街道西方向3.8千米。海丰街道辖自然村。人口500。明永乐二年（1404），马姓从山西迁此立村，名为小马家。后因与水湾公社马家重名，该村又位于城西，1984年改称西小马。聚落呈团块状分布。有文化广场1处。经济以种植业为主。205国道经此。

张家楼 371623-A02-H02
［Zhāngjiālóu］

在县驻地棣丰街道西方向2.1千米。海丰街道辖自然村。人口200。明永乐元年（1403），张姓从京师永平府滦州迁此立村。因村东头有一土楼，取名张家楼。聚落呈团块状分布。有文化广场1处。经济以种植业为主。205国道经此。

康家 371623-A02-H03
［Kāngjiā］

在县驻地棣丰街道西北方向3.1千米。海丰街道辖自然村。人口500。明永乐二年（1404），康姓由沾化县大范家迁此立村，取名康家。聚落呈团块状分布。有文化广场1处。经济以种植业为主。339国道经此。

徐家庙 371623-A02-H04
［Xújiāmiào］

在县驻地棣丰街道正西方向5.1千米。海丰街道辖自然村。人口200。明永乐二年（1404），徐氏从山西省洪洞县迁此村，因在村南面100米处有座庙院，庙中住有一名于道人，远近闻名，所以得名徐家庙村。聚落呈团块状分布。有文化广场1处。经济以种植业为主。

后桥 371623-A02-H05
［Hòuqiáo］

在县驻地棣丰街道西北方向6.4千米。海丰街道辖自然村。人口400。据南氏祖谱载，明永乐二年（1404），南姓由山西省洪洞县迁此立村，因村北马颊河（今德惠新河）上有一座小桥，故取村名南家桥。1956年该村分成南北两个行政村，因该村位于北部，故命名为后桥。聚落呈团块状分布。有文化广场1处。经济以种植业为主。

小李家 371623-A02-H06
［Xiǎolǐjiā］

在县驻地棣丰街道西北方向6.4千米。海丰街道辖自然村。人口500。明崇祯十三年（1640），李姓迁此立村，以姓氏取村名李家庄。1984年更名为小李家。聚落呈团块状分布。有文化广场1处。经济以种植业为主。205国道经此。

小崔家 371623-A02-H07
［Xiǎocuījiā］

在县驻地棣丰街道西北方向5.1千米。海丰街道辖自然村。人口300。明永乐二年（1404），崔守信、崔守师兄弟二人，从山西省平阳府迁于庆邑城南三崔家，后又迁此立村，以姓氏取村名崔家庄。1984年更今名。聚落呈团块状分布。有文化广场1处、小学1所。经济以种植业、养殖业、商贸业为主。205国道经此。

火炉 371623-A02-H08
［Huǒlú］

在县驻地棣丰街道西北方向5.1千米。

海丰街道辖自然村。人口 400。明崇祯十三年（1640），杨姓从潍县迁此立村，因村东有一道口，取名杨家道口；清宣统二年（1910），村民在村西建窑，炼制火炉卖，故更名火炉。聚落呈团块状分布。有文化广场 1 处。经济以种植业为主。有公路经此。

唐寨 371623-A02-H09
[Tángzhài]

在县驻地棣丰街道东南方向 4.1 千米。海丰街道辖自然村。人口 400。据传，该村原名杨石高村，明永乐年间，唐姓在此修了一个庄院，耕种土地，以姓氏取村名唐家寨，后简称唐寨。有文化广场 1 处。经济以种植业为主。有公路经此。

杨玉亭 371623-A02-H10
[Yángyùtíng]

在县驻地棣丰街道东南方向 5.2 千米。海丰街道辖自然村。人口 500。宋初，赵匡胤修运粮河时，带工者杨玉亭在此建村，以其名命村名。聚落呈团块状分布。有文化广场 1 处。经济以种植业为主。有公路经此。

月角塘 371623-A02-H11
[Yuèjiǎotáng]

在县驻地棣丰街道东南方向 0.3 千米。海丰街道辖自然村。人口 400。明永乐二年（1404），赵姓从山西省洪洞县迁此立村，因村址位于古代花园月角塘的东南隅，故取村名为月角塘。聚落呈团块状分布。有文化广场 1 处。经济以种植业为主。有公路经此。

大孟家 371623-A02-H12
[Dàmèngjiā]

在县驻地棣丰街道东南方向 4.2 千米。海丰街道辖自然村。人口 300。元代，孟姓从随州枣阳县迁此建村，名为孝里村。明代保定侯孟善，死后葬于村西，更村名为孟家坟。清末小孟家坟立村后，该村改名大孟家坟，后改为大孟家。聚落呈团块状分布。有文化广场 1 处。经济以种植业为主，主要农作物有小麦、玉米。有公路经此。

曹庙 371623-A02-H13
[Cáomiào]

在县驻地棣丰街道西南方向 5.6 千米。海丰街道辖自然村。人口 1 000。明永乐二年（1404），崔姓从山西省洪洞县迁此立村，因村较小，取名小崔家；后曹姓搬过来居住，因该姓较多，且此地有庙，故更名为曹庙。聚落呈团块状分布。有文化广场 1 处。经济以种植业为主，主要农作物有小麦、棉花、玉米。有公路经此。

史庵 371623-A02-H14
[Shǐ'ān]

在县驻地棣丰街道南方向 3.1 千米。海丰街道辖自然村。人口 400。据传，明末，史姓从阳信史庙迁此立村，因村西有尼姑庵，故取村名史家庵，简称史庵。聚落呈团块状分布。有文化广场 1 处。经济以种植业为主。通公交车。

簸箕赵 371623-A02-H15
[Bòjīzhào]

在县驻地棣丰街道西南方向 4.2 千米。海丰街道辖自然村。人口 600。据传，明永乐二年（1404），赵姓从山西洪洞县迁此立村，以编簸箕为业，故名簸箕赵。聚落呈团块状分布。有文化广场 1 处。经济以种植业为主，主要农作物有小麦、棉花、玉米。有公路经此。

郎家 371623-A02-H16

[Lángjiā]

在县驻地棣丰街道西方向 6.3 千米。海丰街道辖自然村。人口 300。郎姓由山西洪洞县迁此立村，以姓氏取村名。聚落呈团块状分布。有文化广场 1 处。经济以种植业、养殖业为主。有公路经此。

杨三里 371623-A02-H17

[Yángsānlǐ]

在县驻地棣丰街道北方向 0.5 千米。海丰街道辖自然村。人口 500。明永乐二年（1404），杨氏先祖杨子荣由江苏淮安山阳县车子镇迁此，取名杨家村。由于村西有春秋战国时期一烽火台，且村距县城三里，故更名杨三里。聚落呈团块状分布。有文化广场 1 处。经济以种植业为主。通公交车。

南小孟 371623-A02-H18

[Nánxiǎomèng]

在县驻地棣丰街道南方向 0.3 千米。海丰街道辖自然村。人口 100。明朝，徐姓迁此立村，取村名徐家屋子。清宣统二年（1910），孟广捷从水湾后孟桥村迁入该村居住。因村位于明朝保定侯孟坟西北，邻近又有孟家坟村，故更名小孟坟。后以村名不雅，更名小孟家。1984 年更名南小孟。聚落呈团块状分布。有文化广场 1 处。经济以种植业为主。有公路经此。

杨家坊 371623-A02-H19

[Yángjiāfáng]

在县驻地棣丰街道西北方向 2.9 千米。海丰街道辖自然村。人口 400。明永乐二年（1404），袁姓从山西省洪洞县迁此立村。以开油坊为业，取村名袁家坊。后杨姓迁入，更名杨家坊。聚落呈团块状分布。有文化广场 1 处。经济以种植业为主。205 国道经此。

小陈家 371623-A02-H20

[Xiǎochénjiā]

在县驻地棣丰街道西北方向 2.9 千米。海丰街道辖自然村。人口 300。据传，明永乐二年（1404），该村居民从山西洪洞县迁此立村，因陈姓多，故取名陈家，又名铁头陈，口称陈家。后因重名，更今名。聚落呈团块状分布。有文化广场 1 处。经济以种植业为主。205 国道经此。

东南关 371623-A02-H21

[Dōngnánguān]

在县驻地棣丰街道南方向 2.2 千米。海丰街道辖自然村。人口 1 400。因位于城里村东南方得名东南关。聚落呈团块状分布。有文化广场 1 处。经济以种植业、商贸业为主。通公交车。

桃花岭 371623-A02-H22

[Táohuālǐng]

在县驻地棣丰街道西方向 0.1 千米。海丰街道辖自然村。人口 400。明万历初年，杨巍请辞回故里，看到此处风水良好，便建起别墅，种植花草树木，因桃树居多而得名桃花岭。聚落呈团块状分布。有文化广场 1 处。经济以种植业为主。通公交车。

仝家 371623-A02-H23

[Tóngjiā]

在县驻地棣丰街道西北方向 0.9 千米。海丰街道辖自然村。人口 600。明永乐二年（1404），王姓由山西省洪洞县迁此立村，以姓取名王家。清乾隆三十年（1765），仝姓又从今小泊头镇仝家庄迁来，因该姓户数较多，更今名。聚落呈团块状分布。有文化广场 1 处。经济以种植业、商贸业为主，主要农作物有小麦。通公交车。

于家庙 371623-A02-H24
[Yújiāmiào]

在县驻地棣丰街道西南方向 0.8 千米。海丰街道辖自然村。人口 400。明永乐二年（1404），张姓来此建村，因村址附近有一庙宇，故取村名为张仙庙。1891 年此村被大水淹没，只剩下姓于的家庙，由此改村名为于家庙。聚落呈团块状分布。有文化广场 1 处。经济以种植业为主。有公路经此。

冯家铺 371623-A02-H25
[Féngjiāpù]

在县驻地棣丰街道西北方向 3.4 千米。海丰街道辖自然村。人口 700。明永乐元年（1403），冯自河南汴梁城西南 40 里迁此村。因临近交通要道，以开店铺为业，故名冯家铺。聚落呈团块状分布。有文化广场 1 处。经济以种植业为主。205 国道经此。

五里堡 371623-A02-H26
[Wǔlǐpù]

在县驻地棣丰街道西北方向 2.5 千米。海丰街道辖自然村。人口 600。明崇祯十三年（1640），张姓由小屯村迁此立村。村旁有一座军用防卫联络站性质地墩堡，且村距县城五华里，故名五里堡。聚落呈团块状分布。有文化广场 1 处。经济以种植业为主。有公路经此。

小阎家 371623-A02-H27
[Xiǎoyánjiā]

在县驻地棣丰街道西北方向 2.0 千米。海丰街道辖自然村。人口 300。据传，明永乐二年（1404），阎姓从山西省洪洞县迁此立村，以姓氏取村名为阎家。因重名，更今名。聚落呈团块状分布。有文化广场 1 处。经济以种植业、商贸业为主。有公路经此。

西辛 371623-A02-H28
[Xīxīn]

在县驻地棣丰街道正西方向 6.0 千米。海丰街道辖自然村。人口 400。明初，李姓由山西洪洞县迁此村。以土地肥沃、物产丰富，取名西丰庄。后为避开县名海丰，改为西辛。聚落呈团块状分布。有文化广场 1 处。经济以种植业为主，主要农作物有小麦、冬枣。有公路经此。

水湾 371623-B01-H01
[Shuǐwān]

水湾镇人民政府驻地。在县驻地棣丰街道东北方向 13.0 千米。人口 1 100。明永乐二年（1404），刘姓迁此立村，因村北村东皆为水湾，故取村名水湾。聚落呈团块状分布。有文化广场 1 处、幼儿园 1 所。古迹有隋代墓葬，曾出土北齐汉白玉石佛。经济以种植业为主，主要农作物有小麦、冬枣。有公路经此。

西仝 371623-B01-H02
[Xītóng]

在县驻地棣丰街道东北方向 10.5 千米。水湾镇辖自然村。人口 900。该村原名仁家村，明洪武二十三年（1390），仝姓由山西洪洞县迁入，因村北有王十虎村，为忌"虎吃人（仁）"，故更名仝家。地名普查时，因该公社还有一同名村，两村名同音易混淆。1984 年 4 月两村均取"仝"字并冠以其所处地理方位为村名，该村位于西，故称西仝。聚落呈团块状分布。有文化广场 1 处。经济以种植业为主。339 国道经此。

灶户王 371623-B01-H03
[Zàohùwáng]

在县驻地棣丰街道东北方向 10.6 千米。水湾镇辖自然村。人口 700。明永乐二年

（1404），王氏始祖率二世于京师永平府迁安县榛子镇，后又迁来立村。因王姓是灶粮户，故取姓氏冠以"灶户"为村名，称灶户王。聚落呈团块状分布。有文化广场1处。经济以种植业为主。有公路经此。

南双庙　371623-B01-H04
［Nánshuāngmiào］

在县驻地棣丰街道东北方向 8.1 千米。水湾镇辖自然村。人口 300。徐姓始祖徐友从山西洪洞县迁于大庄，后文姬由大庄迁此立村，因当时村头有两座古庙，故取村名为双庙。后因与大杨公社双庙村同名，更名为南双庙。聚落呈团块状分布。有文化广场1处。经济以种植业为主，主要农作物有小麦、冬枣。有公路经此。

袁李杨　371623-B01-H05
［Yuánlǐyáng］

在县驻地棣丰街道东北方向 10.1 千米。水湾镇辖自然村。人口 900。因该村由袁家、喇叭李家、小杨家合并为一个行政村，故取村名袁李杨。聚落呈团块状分布。有文化广场1处、小学1所。经济以种植业为主，主要农作物有小麦、玉米、高粱、大豆。有公路经此。

董家桥　371623-B01-H06
［Dǒngjiāqiáo］

在县驻地棣丰街道东北方向 7.9 千米。水湾镇辖自然村。人口 600。弘治年间，董姓四世祖天右迁此立村，因村址位于小米河北岸，河上有桥，故取"桥"冠以姓氏为村名，曰董家桥。聚落呈团块状分布。有文化广场1处。经济以种植业为主，主要农作物有小麦、冬枣。有公路经此。

崔家庄　371623-B01-H07
［Cuījiāzhuāng］

在县驻地棣丰街道东北方向15.8千米。水湾镇辖自然村。人口 900。明永乐年间，崔姓迁此建村，以姓氏取村名崔家。因重名，更今名。聚落呈团块状分布。有文化广场1处。经济以种植业、加工业为主，主要农作物有小麦，加工业以苇帘加工为主。荣乌高速经此。

逯庙　371623-B01-H08
［Lùmiào］

在县驻地棣丰街道东北方向15.7千米。水湾镇辖自然村。人口 1 500。明洪武十一年（1378），逯姓从山西省洪洞县迁于一座古庙西立村，以姓氏与古庙取村名为逯家庙。后分为东西两个行政村，该村居东，故名。2006年两村合并，称逯庙。聚落呈团块状分布。有文化广场1处。经济以种植业、加工业为主，主要农作物有小麦，加工业以苇帘加工为主。荣乌高速经此。

董家　371623-B01-H09
［Dǒngjiā］

在县驻地棣丰街道东北方向11.5千米。水湾镇辖自然村。人口 200。明弘治年间，董姓迁此立村，以姓氏取村名为董家。聚落呈团块状分布。有文化广场1处。经济以种植业为主，主要农作物有小麦、冬枣。有公路经此。

记庄户　371623-B01-H10
［Jìzhuānghù］

在县驻地棣丰街道东北方向9.3千米。水湾镇辖自然村。人口 400。明永乐二年（1404），张氏从山西洪洞县迁此立村，因村址较小，称小张家。后孔、徐二姓相继迁来，有一年春旱严重，直到处暑才落雨，而百姓种的高粱却获丰收，为纪念这个奇迹，更名为记庄户。聚落呈团块状分布。有文化广场 1 处。经济以种植业为主，主要农作物有小麦、冬枣。有公路经此。

刘凤台 371623-B01-H11
[Liúfēngtái]

在县驻地棣丰街道东北方向 10.3 千米。水湾镇辖自然村。人口 700。该村由刘凤台建村，以人名为村名，称刘凤台。聚落呈团块状分布。有文化广场 1 处。经济以种植业为主，主要农作物有小麦、冬枣。有公路经此。

大山东 371623-B02-H01
[Dàshāndōng]

碣石山镇人民政府驻地。在县驻地棣丰街道东北方向 30.0 千米。人口 1 900。传燕王扫北后，商姓迁马谷山南麓建村，此村居东，故名。聚落呈团块状分布。有文化广场 1 处。经济以种植业、养殖业、加工业为主，主要农作物有玉米、小麦，饲养肉鸡、猪。有公路经此。

宗王庄 371623-B02-H02
[Zōngwángzhuāng]

在县驻地棣丰街道东北方向 9.3 千米。水湾镇辖自然村。人口 1 100。明永乐年间，王姓与宗姓共同立村，以姓氏取村名宗王庄。聚落呈团块状分布。有文化广场 1 处。经济以种植业、手工加工业为主，主要农作物有小麦、冬枣。有公路经此。

古家庄 371623-B02-H03
[Gǔjiāzhuāng]

在县驻地棣丰街道东北方向 26.3 千米。碣石山镇辖自然村。人口 800。明永乐二年（1404），张姓从山西洪洞县迁此立村，以姓氏取村名张家庄；万历年间，谷侍郎

来此占地，强令该村为他的佃户村，并更名谷家庄。后演变为古家庄。聚落呈团块状分布。有文化广场 1 处。经济以种植业为主，主要农作物有小麦、棉花、金丝小枣。有公路经此。

韩家码头 371623-B02-H04
[Hánjiāmǎtóu]

在县驻地棣丰街道东北方向 34.6 千米。碣石山镇辖自然村。人口 500。明永乐十三年（1415），始祖从河北省永安县霸周迁来立村，因村址靠近德惠新河，来往船只只在此停泊，又因村民韩姓较多，故取村名韩家码头。聚落呈团块状分布。有文化广场 1 处。经济以种植业为主，主要农作物有小麦、棉花、金丝小枣。有公路经此。

刘家黄龙湾 371623-B02-H05
[Liújiāhuánglóngwān]

在县驻地棣丰街道北方向 27.7 千米，碣石山镇辖自然村。人口 600。明永乐二年（1404），刘克宗迁来建村，来时此地有个深湾，传说湾内有条黄龙，名为黄龙湾，故村以湾冠姓氏为名，称刘家黄龙湾。聚落呈团块状分布。有文化广场 1 处。经济以种植业为主，主要农作物有小麦、棉花、金丝小枣。有公路经此。

王家黄龙湾 371623-B02-H06
[Wángjiāhuánglóngwān]

在县驻地棣丰街道北方向 27.7 千米。碣石山镇辖自然村。人口 800。王氏迁此立村，村边有一大湾，传说有黄龙沉浮其中，名为黄龙湾，此村故取村名王家黄龙湾。聚落呈团块状分布。有文化广场 1 处。经济以种植业为主，主要农作物有小麦、棉花、金丝小枣。有公路经此。

李贝孙 371623-B02-H07
［Lǐbèisūn］

在县驻地棣丰街道北方向 28.3 千米。碣石山镇辖自然村。人口 700。明永乐二年（1404），一姓李名贝的和一姓孙的姑表兄弟俩从山西洪洞县迁来各自立村。两村中间隔一湾，李姓住湾南，以人名取村名李贝；孙姓住湾北，取村名孙家庄。1945 年后，两村合并，名为李贝孙。聚落呈团块状分布。有文化广场 1 处。经济以种植业为主，主要农作物有小麦、棉花、金丝小枣。黄大铁路经此。

馆里 371623-B02-H08
［Guǎnlǐ］

在县驻地棣丰街道北方向 28.9 千米。碣石山镇辖自然村。人口 900。明永乐二年（1404），穆姓从山西洪洞县迁来立村，村址附近有一庙宇似的建筑，据传是西汉年间李左车率兵从此路过时，当地官府建的一座迎宾馆，村民根据这一传说，取村名为馆里。聚落呈团块状分布。有文化广场 1 处。经济以种植业为主，主要农作物有小麦、棉花、金丝小枣。有公路经此。

小泊头 371623-B03-H01
［Xiǎobótóu］

在县驻地棣丰街道西北方向42.3 千米。小泊头镇辖自然村。人口 2 200。明永乐二年（1404），李姓由山西省洪洞县迁此建村，以姓氏取村名为李家庄，因此地靠近黄河故道四女寺减河入海处，村西修一小码头，常有船只停泊，后取"泊"字之音，把"小码头"呼成"小泊头"。聚落呈团块状分布。有文化广场 1 处、幼儿园 1 处。有地方名吃泊头肘子。经济以种植业、加工业为主，主要农作物有小麦、棉花、金丝小枣、冬枣，加工业以渔网加工为主。荣乌高速经此。

郭马 371623-B03-H02
［Guōmǎ］

在县驻地棣丰街道北方向 27.3 千米。小泊头镇辖自然村。人口 700。明永乐二年（1404），郭全真从山西洪洞县迁来立村，因临近马村，故取村名为郭马村。据传，明朝此处有一"马娘娘"，系朱元璋之妻，当时人们崇仰马门，取村名为马村。聚落呈团块状分布。有文化广场 1 处。经济以种植业、加工业为主，主要农作物有小麦、棉花、金丝小枣、冬枣，加工业以渔网加工为主。黄大铁路经此。

东芦马 371623-B03-H03
［Dōnglúmǎ］

在县驻地棣丰街道北方向 31.1 千米。小泊头镇辖自然村。人口 1 400。附近原有马村，传为朱元璋妻马娘娘的原籍。明永乐二年（1404），卢姓由山西洪洞县迁来，因该姓较多，更名为卢家马村。后因村子扩大，以大道为界分为两村，该村位于道东，故称东芦马。聚落呈团块状分布。有文化广场 1 处。经济以种植业、加工业为主，主要农作物有小麦、棉花、金丝小枣、冬枣，加工业以渔网加工为主。有公路经此。

西芦马 371623-B03-H04
［Xīlúmǎ］

在县驻地棣丰街道北方向 31.1 千米。小泊头镇辖自然村。人口 900。附近原有马村，传为朱元璋妻马娘娘的原籍。明永乐二年（1404），卢姓由山西洪洞县迁来，因该姓较多，更名为卢家马村。后因村子扩大，以大道为界分为两村，该村位于道西，故称西芦马。聚落呈团块状分布。有文化广场 1 处。经济以种植业、加工业为主，主要农作物有小麦、棉花、金丝小枣、冬枣，加工业以渔网加工为主。有公路经此。

张义井 371623-B03-H05
[Zhāngyìjǐng]

在县驻地棣丰街道北方向 30.8 千米。小泊头镇辖自然村。人口 1 200。据传，燕王扫北路过此地，人马很多，周围的井水都被饮干，唯村北一井始终未干，取名义井。村以井冠以姓氏，称张义井。聚落呈团块状分布。有文化广场 1 处。经济以种植业、加工业为主，主要农作物有小麦、棉花、金丝小枣、冬枣，加工业以渔网加工为主。黄大铁路经此。

邢郑王 371623-B03-H06
[Xíngzhèngwáng]

在县驻地棣丰街道北方向 32.1 千米。小泊头镇辖自然村。人口 600。明永乐二年（1404），郑、王、邢三姓一起建村，以三姓取村名邢郑王。聚落呈团块状分布。有文化广场 1 处。经济以种植业、加工业为主，主要农作物有小麦、棉花、金丝小枣、冬枣，加工业以渔网加工为主。236 省道经此。

马道门 371623-B03-H07
[Mǎdàomén]

在县驻地棣丰街道北方向 32.1 千米。小泊头镇辖自然村。人口 900。明永乐二年（1404），始祖芳辉率二子从山西平阳府洪洞县马家村迁此，为多占地基，面向深道口建村，取名马道门。聚落呈团块状分布。有文化广场 1 处。经济以种植业、加工业为主，主要农作物有小麦、棉花、金丝小枣、冬枣，加工业以渔网加工为主。有公路经此。

孙道门 371623-B03-H08
[Sūndàomén]

在县驻地棣丰街道北方向 31.9 千米。小泊头镇辖自然村。人口 500。明永乐二年（1404），孙氏迁来此处，为多占地基，面向深道口建村，取名孙道门。聚落呈团块状分布。有文化广场 1 处。经济以种植业、加工业为主，主要农作物有小麦、棉花、金丝小枣、冬枣，加工业以渔网加工为主。有公路经此。

贾家庄 371623-B03-H09
[Jiǎjiāzhuāng]

在县驻地棣丰街道西北方向 34.2 千米。小泊头镇辖自然村。明永乐二年（1404），贾姓从山西洪洞县迁居于此，改名贾家庄。1973 年治理漳卫新河，该村南迁重建，村名依旧。聚落呈团块状分布。有文化广场 1 处。经济以种植业、畜牧业为主，主要农作物有小麦、棉花、金丝小枣、冬枣。有公路经此。

榆树周 371623-B03-H10
[Yúshùzhōu]

在县驻地棣丰街道西北方向 22.5 千米。小泊头镇辖自然村。人口 600。明永乐二年（1404），周姓在杨家洼西立村，以姓氏命村名周家，后因四周村庄稀少，村头有一甜水井，周围有几棵大榆树，过路行人都到此井取水饮用，故更村名榆树周。聚落呈团块状分布。有文化广场 1 处。经济以种植业、畜牧业为主，主要农作物有小麦、棉花、金丝小枣、冬枣。有公路经此。

北李家宅 371623-B03-H11
[Běilǐjiāzhái]

位于县驻地棣丰街道北方向 31.5 千米。小泊头镇辖自然村。人口 900。明永乐二年（1404），李姓从山西省洪洞县迁居于此建村，因村立于李家宅以北而得名。聚落呈团块状分布。有文化广场 1 处、小学 1 处。经济以加工业为主，有渔网加工业。有公路经此。

乔家庄 371623-B03-H12

［Qiáojiāzhuāng］

在县驻地棣丰街道西北方向27.6千米。小泊头镇辖自然村。人口1 200。明永乐二年（1404），乔姓从山西洪洞县迁此定居，传说有一老者为方便行人，在村东修了一座桥。为纪念修桥老人，取村名为桥家庄，后演变为乔家庄。聚落呈团块状分布。有文化广场1处。经济以种植业为主，主要农作物有小麦、棉花、金丝小枣。有公路经此。

杜家庄 371623-B03-H13

［Dùjiāzhuāng］

在县驻地棣丰街道西北方向27.4千米。小泊头镇辖自然村。人口1 300。明永乐二年（1404），杜姓从京师河间府靖海县独流镇迁来立村，以姓氏命名杜家庄。聚落呈团块状分布。有文化广场1处。经济以种植业为主，主要农作物有小麦、棉花、金丝小枣。有公路经此。

筛罗坡 371623-B03-H14

［Shāiluópō］

在县驻地棣丰街道西北方向27.4千米。小泊头镇辖自然村。人口2 000。明永乐二年（1404），村民先人从山西洪洞县迁此建村，因此处土地碱洼，粮食收入甚少，人们以草种为食，在地里用筛子筛，回家用箩子箩，故取村名为筛罗坡。聚落呈团块状分布。有文化广场1处。经济以种植业、加工业为主，主要农作物有小麦、棉花、金丝小枣、冬枣，加工业以渔网加工为主。有公路经此。

埕口东北村 371623-B04-H01

［Chéngkǒudōngběicūn］

埕口镇人民政府驻地。位于县驻地棣丰街道东北方向42.5千米。人口700。因镇政府驻地原名埕口街而得名。有文化广场1处、幼儿园1处。经济以种植业为主，主要农作物有小麦、棉花、金丝小枣。工业以制盐、盐化工、氧化铝制造为主。有公路经此。

埕口 371623-B04-H02

［Chéngkǒu］

在县驻地棣丰街道东北方向40.8千米。埕口镇辖自然村。人口1 100。明永乐二年（1404），李埕从山西洪洞县迁此立村，取村名为李家埕子。永乐四年（1406），杜姓又到此立村，称杜家埕子。永乐十五年（1417），侯姓在李、杜二埕子后建村，称后埕子。李、杜二埕子合并为前埕子。清雍正二年（1724），前埕子建立码头，改称为埕子口，后简称为埕口。聚落呈团块状分布。有文化广场1处、幼儿园1处。经济以种植业为主，主要农作物有小麦、棉花、金丝小枣。511省道经此。

水沟堡 371623-B04-H03

［Shuǐgōupù］

在县驻地棣丰街道东北方向58.3千米。埕口镇辖自然村。人口1 400。明代原为大沽河堡，1959年因海水冲刷无法居住，内迁牛角屋子，改称水沟堡。1974年，四女寺减河扩大治理，村搬迁至沙沟子，仍称水沟堡。聚落呈团块状分布。有文化广场1处。经济以渔业、造船业、商贸业为主。有公路经此。

汪子堡 371623-B04-H04

［Wāngzipù］

在县驻地棣丰街道东北方向65.2千米。埕口镇辖自然村。人口200。据传，从前有五百童男童女从此处渡日本，家人天天望着大海盼他们归来，故把此地取名望子，后演变为汪子堡。聚落呈团块状分布。有文化广场 1 处。经济以渔业、造船业、商贸业为主。511 省道经此。

大口河堡 371623-B04-H05
[Dàkǒuhépù]

在县驻地棣丰街道北方向 73.0 千米。埕口镇辖自然村。人口 100。此地原是由黄河故道输出泥沙和海潮上溢携带之贝壳堆积而成，因处漳卫新河入海口，且河口很宽，故称大口河，村名也由此而得。聚落呈团块状分布。有文化广场 1 处。经济以渔业、造船业、商贸业为主。511 省道经此。

商河庄 371623-B04-H06
[Shānghézhuāng]

在县驻地棣丰街道北方向 38.2 千米。埕口镇辖自然村。人口 100。明永乐二年（1404），陈、冯、邵等姓从山西洪洞县迁此，在一河的九岔上建庄九个，以经商为业。后因海水冲淹，河流淤塞改道，九个庄只剩一个，因该村位于九条通商河口，故名商河庄。聚落呈团块状分布。有文化广场 1 处、小学 1 所。经济以种植业为主，主要农作物有小麦、玉米、大豆。有公路经此。

黄瓜岭 371623-B04-H07
[Huángguālǐng]

在县驻地棣丰街道东北方向 45.3 千米。埕口镇辖自然村。人口 1 500。清康熙四十三年（1704），张姓在此建村。据传一老人在附近山岭上种黄瓜，瓜长一丈二尺。一江南人发现岭上有一金盆地，每天傍晚有一金牛到盆地喝水、舔瓜，因此瓜长得这样大，此人告诉瓜老人，瓜长到一百天，便能用瓜打死金牛。老人于九十九天上摘下黄瓜打金牛，但没打死，只打下一只角。该村根据此传说命名为黄瓜岭。聚落呈团块状分布。有文化广场 1 处。经济以种植

业为主，主要农作物有小麦、玉米、大豆。秦滨高速经此。

东郭 371623-B04-H08
[Dōngguō]

在县驻地棣丰街道东北方向 47.1 千米。埕口镇辖自然村。人口 600。明成化二十年（1484），郭姓四世祖迁此立村，称郭家庄。后因村西建西郭，该村更名为东郭。1972 年修漳卫新河，村址南迁 300 米，仍称东郭。聚落呈团块状分布。有文化广场 1 处。经济以种植业为主，主要农作物有小麦、玉米、大豆。511 省道经此。

李家山子 371623-B04-H09
[Lǐjiāshānzi]

在县驻地棣丰街道东北方向 44.4 千米。埕口镇辖自然村。人口 500。明弘治元年（1488），李姓始祖从京师河间府宁津县何寨迁此立村，因村西有一条贝壳沙岗，故取村名李家山子。聚落呈团块状分布。有文化广场 1 处。经济以种植业为主，主要农作物有小麦、玉米、大豆。511 省道经此。

邢家山子 371623-B04-H10
[Xíngjiāshānzi]

在县驻地棣丰街道东北方向 44.2 千米。埕口镇辖自然村。人口 500。邢氏始祖于明永乐二年（1404）从京师永平府滦州到此建村，因村南有一条贝壳沙岗，故取村名邢家山子。聚落呈团块状分布。有文化广场 1 处。经济以种植业为主，主要农作物有小麦、玉米、大豆。511 省道经此。

张家山子 371623-B04-H11
[Zhāngjiāshānzi]

在县驻地棣丰街道东北方向 44.1 千米。埕口镇辖自然村。人口 800。明永乐二年

（1404），张姓始祖张英迁居此处。明弘治三年（1490），张英的后裔迁此建村，以开铺经商为业，取村名张家铺子，后因村南有贝壳沙岗，改称张家山子。聚落呈团块状分布。有文化广场1处。511省道经此。

东官庄　371623-B04-H12
[Dōngguānzhuāng]

在县驻地棣丰街道东北方向48.2千米。埕口镇辖自然村。人口600。明永乐二年（1404），有金、高、杨三姓到此落户，又有武官在此屯兵屯粮，因很多官吏居住于此，故取村名为官庄，后因地形变化，形成两个自然村，本村在东，称东官庄。聚落呈团块状分布。有文化广场1处。经济以种植业为主，主要农作物有小麦、玉米、高粱、大豆。511省道经此。

牛岚子　371623-B04-H13
[Niúlánzi]

在县驻地棣丰街道东北方向38.1千米。埕口镇辖自然村。人口600。明永乐二年（1404），张氏先人张巨川由安徽省凤阳县到此建村，因此地有一土岗，树木繁茂，杂草丛生，可以牧牛，故取村名为牛岚子。聚落呈团块状分布。有文化广场1处。经济以种植业为主，主要农作物有小麦、玉米、大豆。511省道经此。

孙家眨河　371623-B04-H14
[Sūnjiāzhǎhé]

在县驻地棣丰街道东北方向36.2千米。埕口镇辖自然村。人口1600。此处原是退海之地，地势低洼，有眨眼成河的传说。明永乐二年（1404），孙姓始祖从山西省孙家坨迁居于此，在一土岗上建村，取传说冠姓氏为村名，曰孙眨河，后称孙家眨河。聚落呈团块状分布。有文化广场1处。经济以种植业为主，主要农作物有小麦、玉米、高粱、大豆。511省道经此。

塘坊　371623-B04-H15
[Tángfāng]

在县驻地棣丰街道东北方向39.1千米。埕口镇辖自然村。人口400。明崇祯八年（1635），赵姓始祖从滦州吐玉坨迁至河北省海兴县赵堤头，后赵铭、赵琦兄弟俩于清代迁此建村，以开糖房为业，故取村名为糖房。此地处于沿海，饮水奇缺，人们挖塘积水，以解决吃水问题，糖房遂渐演变成塘坊。聚落呈团块状分布。有文化广场1处。经济以种植业为主，主要农作物有小麦、玉米、高粱、大豆。511省道经此。

冯家庄　371623-B04-H16
[Féngjiāzhuāng]

在县驻地棣丰街道东北方向39.3千米。埕口镇辖自然村。人口1800。明永乐二年（1404），冯姓迁此立村，以姓氏取村名冯家铺，后改今名。聚落呈团块状分布。有文化广场1处。经济以种植业为主，主要农作物有小麦、玉米、高粱、大豆。511省道经此。

刘郭桥　371623-B04-H17
[Liúguōqiáo]

在县驻地棣丰街道东北方向38.5千米。埕口镇辖自然村。人口1000。刘姓始祖于明成化元年（1465）从大沽河迁此立村，因位于马颊河北岸郭桥旁，故取郭桥并冠以姓氏为村名，称刘郭桥。聚落呈团块状分布。有文化广场1处。经济以种植业为主，主要农作物有小麦、玉米、高粱、大豆。有公路经此。

车镇南 371623-B05-H01
[Chēzhènnán]

在县驻地棣丰街道东北方向 14.8 千米。车王镇辖自然村。人口 1 000。古称车店镇，为北宋无棣县重镇之一，后简称车镇。后因此村居南，故名。聚落呈团块状分布。有幼儿园 1 处。经济以种植业为主，主要农作物有小麦、玉米、棉花、冬枣。有公路经此。

崔家什坊店 371623-B05-H02
[Cuījiāshífāngdiàn]

在县驻地棣丰街道北方向 21.5 千米。车王镇辖自然村。人口 1 000。明永乐二年（1404），崔昌迁此立村。此地为退海之地，是通往海堡的必经之路，崔姓在此开设店铺，编织鱼篓虾筐出售，并收容客商食宿，故取村名为崔家什坊店。聚落呈团块状分布。有文化广场 1 处。经济以种植业为主，主要农作物有小麦、玉米、高粱、大豆。有公路经此。

顾家什坊店 371623-B05-H03
[Gùjiāshífāngdiàn]

在县驻地棣丰街道北方向 21.5 千米。车王镇辖自然村。人口 700。明永乐二年（1404），顾法祥迁来立村，此地为退海之地，是通往海堡的必经之路，顾姓开设店铺，编织鱼篓虾筐出售，并收容客商食宿，故取村名为顾家什坊店。聚落呈团块状分布。有文化广场 1 处。经济以种植业为主，主要农作物有小麦、玉米、大豆。339 国道经此。

李家什坊店 371623-B05-H04
[Lǐjiāshífāngdiàn]

在县驻地棣丰街道北方向 22.5 千米。车王镇辖自然村。人口 1 600。明永乐二年（1404），其先人李宗舜、李字尧二人迁此立村。此地为退海之地，是通往海堡的必经之路，李姓开设店铺，编织鱼篓虾筐出售，并收容客商食宿，故更名为李家什坊店。聚落呈团块状分布。有文化广场 1 处。经济以种植业为主，主要农作物有小麦、玉米、高粱、大豆。339 国道经此。

梁家什坊店 371623-B05-H05
[Liángjiāshífāngdiàn]

在县驻地棣丰街道北方向 22.2 千米。车王镇辖自然村。人口 400。明永乐二年（1404），始祖梁坤迁此立村。此地为退海之地，是通往海堡的必经之路，梁姓开设店铺，编织鱼篓虾筐出售，并收容客商食宿，故取村名为梁家什坊店。聚落呈团块状分布。有文化广场 1 处。经济以种植业为主，主要农作物有小麦、玉米、高粱、大豆。339 国道经此。

宋家什坊店 371623-B05-H06
[Sòngjiāshífāngdiàn]

在县驻地棣丰街道北方向 22.2 千米。车王镇辖自然村。人口 700。明永乐二年（1404），宋章迁此立村。因此地是通往海铺的必经之路，宋姓开设店铺，编织鱼篓虾筐出售，并收容客商食宿，故取村名为宋家什坊店。聚落呈团块状分布。有文化广场 1 处。经济以种植业为主，主要农作物有小麦、玉米、高粱、大豆。339 国道经此。

蔡家什坊店 371623-B05-H07
[Càijiāshífāngdiàn]

在县驻地棣丰街道北方向 21.6 千米。车王镇辖自然村。人口 300。明永乐二年（1404），蔡孝先迁此立村。因此地是通往海铺的必经之路，蔡姓开设店铺，编织鱼篓虾筐出售，并收容客商食宿，故取村名为蔡家什坊店。聚落呈团块状分布。有文化广场 1 处。经济以种植业为主，主要农作物有小麦、玉米、高粱、大豆。339 国道经此。

便宜店 371623-B05-H08
[Piányidiàn]

在县驻地棣丰街道北方向 19.5 千米。车王镇辖自然村。人口 700。明永乐二年（1404），张旺从山西洪洞县奉诏迁此落户，在村东开设店铺，住宿收费便宜，方便旅客，故更名便宜店。聚落呈团块状分布。有文化广场 1 处。经济以种植业为主，主要农作物有小麦、玉米、高粱、大豆。511 省道经此。

瓦老 371623-B05-H09
[Wǎlǎo]

在县驻地棣丰街道北方向 19.6 千米。车王镇辖自然村。人口 200。此地原有一村，名为马家村。明崇祯十六年（1643）更名为老庄，同年，刘姓从马家村分出一支，在此村后另建一村，因有瓦房，即取村名瓦房。后瓦房村与老庄村合并，称为瓦老。聚落呈团块状分布。有文化广场 1 处。经济以种植业为主，主要农作物有小麦、玉米、高粱、大豆。511 省道经此。

东李之口 371623-B05-H10
[Dōnglǐzhīkǒu]

在县驻地棣丰街道北方向 18.6 千米。车王镇辖自然村。人口 400。明永乐二年（1404），范姓迁此建村，以姓氏取村名范家，后因西邻李之口，忌讳口吃饭（范），故改范家为东李之口。聚落呈团块状分布。有文化广场 1 处。经济以种植业为主，主要农作物有小麦、玉米、高粱、大豆。有公路经此。

西李之口 371623-B05-H11
[Xīlǐzhīkǒu]

在县驻地棣丰街道北方向 18.5 千米。车王镇辖自然村。人口 500。明永乐二年（1404），李姓从山西洪洞县迁往利津，又来此地，因此地位于马颊河东岸渡口旁，取村名立志口；后因该村处于"之"字形河道旁，改名李之口；又因村东范家改为东李之口，故该村更名为西李之口。聚落呈团块状分布。有文化广场 1 处。经济以种植业为主，主要农作物有小麦、玉米、高粱、大豆。荣乌高速经此。

小王 371623-B05-H12
[Xiǎowáng]

在县驻地棣丰街道北方向 19.6 千米。车王镇辖自然村。人口 900。明末清初，王氏迁此建村，因东有大王庄，故取姓氏为村名，称小王。聚落呈团块状分布。有文化广场 1 处。经济以种植业为主，主要农作物有小麦、玉米、高粱、大豆。荣乌高速经此。

后挂口 371623-B05-H13
[Hòuguàkǒu]

在县驻地棣丰街道北方向 9.7 千米。车王镇辖自然村。人口 700。明初，朱、张、马、刘、王五姓迁居海丰县马颊河东岸，共建三村，均借当地关于"韩信下齐，挂甲于此"的传说，取村名挂甲口。后因三村同名不易区别，复冠以方位，该村居北，称后挂甲口，简称后挂口。聚落呈团块状分布。有文化广场 1 处、幼儿园 1 处。经济以种植业为主，主要农作物有小麦、玉米、高粱、大豆。有公路经此。

蒋桥 371623-B05-H14
[Jiǎngqiáo]

在县驻地棣丰街道北方向 11.1 千米。

车王镇辖自然村。人口 1 500。明永乐年间，蒋氏迁此建村，以姓氏取村名为蒋家庄。后因河上修一小桥，村名更为蒋家桥，简称蒋桥。聚落呈团块状分布。有文化广场 1 处、幼儿园 1 所、小学 1 所。经济以种植业为主，主要农作物有小麦、玉米、高粱、大豆。有公路经此。

五营 371623-B05-H15
［Wǔyíng］

在县驻地棣丰街道北方向 18.5 千米。车王镇辖自然村。人口 3 000。明永乐三年（1405），冯、刘、杨、肖、从五姓奉诏从文登县迁此安营扎寨，按序列编为第五营。因地处海丰县境，又称海丰营。清代与阳信县刘庙（南营）对称，名北营。中华人民共和国成立后改称五营。聚落呈团块状分布。有文化广场 1 处、幼儿园 1 所、小学 1 所。经济以种植业、畜牧业为主，主要农作物有小麦、玉米、高粱、大豆。有公路经此。

小张 371623-B05-H16
［Xiǎozhāng］

在县驻地棣丰街道东北方向 18.1 千米。车王镇辖自然村。人口 400。明初，张氏从文登县迁此立村，以姓氏取村名张家。后因重名，且小于其他三个张家，更今名。聚落呈团块状分布。有文化广场 1 处。经济以种植业为主，主要农作物有小麦、玉米、高粱、大豆。有公路经此。

车镇 371623-B05-H17
［Chēzhèn］

在县驻地棣丰街道东北方向 13.0 千米。车王镇辖自然村。人口 2 800。北宋末年，此地处于交通要道，建有车店房，名为车店。后村子发展壮大，成了店镇，称车镇。聚落呈团块状分布。有文化广场 1 处。经济以种植业为主，主要农作物有小麦、玉米、高粱、大豆。339 国道经此。

三高 371623-B05-H18
［Sāngāo］

在县驻地棣丰街道北方向 12.8 千米。车王镇辖自然村。人口 1 600。明永乐二年（1404），高姓兄弟二人从山西洪洞县迁此立村，分别称大高、小高。明永乐二年（1404），刘建新从山西洪洞县迁此建村，后因该村位于大高、小高二村之间，故更名为中高。中华人民共和国成立后，大高、中高、小高三村合并为一个行政村，故称三高。聚落呈团块状分布。有文化广场 1 处。经济以种植业为主，主要农作物有小麦、玉米、高粱、大豆。有公路经此。

白鹤观 371623-B05-H19
［Báihèguān］

在县驻地棣丰街道北方向 14.0 千米。车王镇辖自然村。人口 100。唐代此处有一观院，土地数顷，房屋七八十间，香火旺盛，观内玉皇庙的屋山上刻有云彩，云彩中站立一只白鹤，故村得名白鹤观。聚落呈团块状分布。有文化广场 1 处。经济以种植业为主，主要农作物有小麦、玉米、高粱、大豆。有公路经此。

信家 371623-B05-H20
［Xìnjiā］

在县驻地棣丰街道北方向 16.5 千米。车王镇辖自然村。人口 800。据传，甄、刘、郭三姓于明永乐二年（1404）由山西洪洞县迁此各自立村，分别以姓氏取名为甄家、刘家、郭家。清朝中期，信姓由埕口信家迁入郭家，因信姓在官府有势，将郭家改为信家。1958 年，信家、刘家、甄家形成一村，取信家为村名。聚落呈团块状分布。有文化广场 1 处。经济以种植业为主，主要农作物有小麦、玉米、高粱、大豆。有公路经此。

杨中流 371623-B05-H21
［Yángzhōngliú］

在县驻地棣丰街道北方向 17.2 千米。车王镇辖自然村。人口 800。明永乐二年（1404），崔付成携崔龙、崔虎二子从青龙县迁来立村，以姓氏取村名为崔家庄。后该村为辛集一姓杨的地主的佃户村，村内有地主的管家名为杨中流，此人仗势将村名改为杨中流。聚落呈团块状分布。有文化广场 1 处、幼儿园 1 处。经济以种植业为主，主要农作物有小麦、玉米、高粱、大豆。有公路经此。

鹁鸽王 371623-B05-H22
［Bógēwáng］

在县驻地棣丰街道北方向 13.1 千米。车王镇辖自然村。人口 1 100。清乾隆十八年（1753），王氏迁此立村，建村时飞来一对鹁鸽，认为是吉祥之兆，修鹁鸽楼养之，并取村名鹁鸽王。聚落呈团块状分布。有文化广场 1 处。经济以种植业为主，主要农作物有小麦、玉米、高粱、大豆。有公路经此。

大葫芦头 371623-B05-H23
［Dàhúlutóu］

在县驻地棣丰街道北方向 15.3 千米。车王镇辖自然村。人口 400。明永乐二年（1404），高姓迁此立村，名高家庄。明末时周围壕深，林木森密，盐贼攻之不克，呼为葫芦头而去，后群众为纪念此事，改高家庄为大葫芦头。聚落呈团块状分布。有文化广场 1 处。经济以种植业为主，主要农作物有小麦、玉米、高粱、大豆。有公路经此。

小葫芦头 371623-B05-H24
［Xiǎohúlutóu］

在县驻地棣丰街道北方向 15.1 千米。车王镇辖自然村。人口 400。明永乐二年（1404），高姓从山西洪洞县迁此立村，名高家庄。后氏族扩大，人员增多，高氏分支迁至村东另建村落，称为小庄。明末时，高家庄改名大葫芦头，小庄随之改名为小葫芦头。聚落呈团块状分布。有文化广场 1 处。经济以种植业为主，主要农作物有小麦、玉米、高粱、大豆。有公路经此。

二郎庙 371623-B05-H25
［Èrlángmiào］

在县驻地棣丰街道北方向 14.7 千米。车王镇辖自然村。人口 500。明永乐年间，高姓从山西洪洞县迁此立村，取村名高家。随后高家、大葫芦头、小葫芦头、范道口、朱家五村合修二郎庙，此庙距高家最近，高家遂更名为二郎庙。聚落呈团块状分布。有文化广场 1 处。经济以种植业为主，主要农作物有小麦、玉米、高粱、大豆。有公路经此。

范道口 371623-B05-H26
［Fàndàokǒu］

在县驻地棣丰街道北方向 14.7 千米。车王镇辖自然村。人口 600。明永乐五年（1407），范姓始祖由沾化大范家迁此立村，因村前后各有一大道口，故取村名为范道口。聚落呈团块状分布。有文化广场 1 处。经济以种植业为主，主要农作物有小麦、玉米、高粱、大豆。有公路经此。

北马家 371623-B05-H27
［Běimǎjiā］

在县驻地棣丰街道北方向 14.5 千米。车王镇辖自然村。人口 500。明永乐年间，马姓自山西洪洞县迁此立村，取名马家。地名普查时因与水湾马家重名，于1984年更名为北马家。聚落呈团块状分布。有文化广场1处、小学1所。经济以种植业为主，主要农作物有小麦、玉米、高粱、大豆。有公路经此。

五道庙 371623-B05-H28
[Wǔdàomiào]

在县驻地棣丰街道北方向13.4千米。车王镇辖自然村。人口900。明永乐年间，徐、刘二姓从山西洪洞县迁此立村，因当时村民于五条道路交叉处修一庙，故称五道庙。聚落呈团块状分布。有文化广场1处。经济以种植业为主，主要农作物有小麦、玉米、高粱、大豆。有公路经此。

朱李张 371623-B05-H29
[Zhūlǐzhāng]

在县驻地棣丰街道北方向15.1千米。车王镇辖自然村。人口400。清乾隆年间，朱、刘、张三姓自山西洪洞县迁此建刘家、张家二村。后刘姓绝后，李姓又从县境李八里迁入。中华人民共和国成立后，两村合并为一村，取村名朱李张。聚落呈团块状分布。有文化广场1处。经济以种植业为主，主要农作物有小麦、玉米、高粱、大豆。有公路经此。

孟家 371623-B05-H30
[Mèngjiā]

在县驻地棣丰街道北方向15.2千米。车王镇辖自然村。人口400。清朝，村民由大孟家坟迁此立村，取村名为孟家。因村附近有一小桥，故更村名为小桥孟家，1984年复名孟家。聚落呈团块状分布。有文化广场1处。经济以种植业为主，主要农作物有小麦、玉米、高粱、大豆。有公路经此。

刘家柳堡 371623-B06-H01
[Liújiāliǔpù]

柳堡镇人民政府驻地。在县驻地棣丰街道东北方向25.2千米。人口1 000。此处原为一溜海堡，许姓从山西省洪洞县迁来立村，称许家溜堡。后刘姓迁居于此，因该姓人口多，故改称刘家溜堡，后演变为刘家柳堡。有幼儿园。经济以种植业、畜牧业为主，主要农作物有玉米、小麦，饲养猪、牛、羊、肉鸡等。有公路经此。

四教房 371623-B06-H02
[Sìjiàofáng]

在县驻地棣丰街道东北方向15.5千米。柳堡镇辖自然村。人口700。明永乐二年（1404），杨姓从山西洪洞县迁此立村，盖四间小房居住，故取村名四间房。后因村名不雅，于1930年改名为四教房。聚落呈团块状分布。有文化广场1处、幼儿园1处。经济以种植业为主，主要农作物有小麦、玉米、高粱、大豆。339国道经此。

杨姑娘 371623-B06-H03
[Yánggūniang]

在县驻地棣丰街道东北方向24.2千米。柳堡镇辖自然村。人口1 200。明永乐二年（1404），阎姓从山西洪洞县迁此立村，因村后有一阎家村，故取名前阎家。后因杨天官（杨巍）私访路过此地，在该村认过义女，为纪念此事，更村名为杨姑娘。聚落呈团块状分布。有文化广场1处。经济以种植业为主，主要农作物有小麦、玉米、高粱、大豆。236省道经此。

东岳里 371623-B06-H04
[Dōngyuèlǐ]

在县驻地棣丰街道东北方向22.4千米。柳堡镇辖自然村。人口1 300。明永乐二年

（1404），田、石二姓从山西洪洞县迁此居住，当时此地有一老槐树，因受雷击，树身裂开，村民用铁箍子起来，因此称该村为铁箍槐家。清末人们认为不雅，根据此地四周高，中间低，好似地处山岳之里的特点，改村名为岳里庄。后因村址扩大，分为二村，该村居东，称东岳里。聚落呈团块状分布。有文化广场1处。经济以种植业为主，主要农作物有小麦、玉米、高粱、大豆。有公路经此。

西岳里 371623-B06-H05
[Xīyuèlǐ]

在县驻地棣丰街道东北方向21.8千米。柳堡镇辖自然村。人口2 000。明永乐二年（1404），田、石二姓从山西洪洞县迁此居住，当时此地有一老槐树，因受雷击，树身裂开，村民用铁箍子起来，因此称该村为铁箍槐家。清末人们认为不雅，根据此地四周高，中间低，好似地处山岳之里的特点，改村名为岳里庄。后因村址扩大，分为二村，该村居西，称西岳里。聚落呈团块状分布。有文化广场1处、幼儿园1处。经济以种植业为主，主要农作物有小麦、玉米、高粱、大豆。有公路经此。

小苟家 371623-B06-H06
[Xiǎogǒujiā]

在县驻地棣丰街道东北方向23.1千米。柳堡镇辖自然村。人口1 200。明永乐二年（1404），南、赵、王三姓从山西洪洞县同时迁来建立两村，因东西相对，故村名一曰东方子，一曰西方子。后东方子迁到西方子北面，中间隔一条小沟，故更名为小沟家，清初演变为小苟家。聚落呈团块状分布。有文化广场1处、幼儿园1处。经济以种植业为主，主要农作物有小麦、玉米、高粱、大豆。有公路经此。

柳堡街 371623-B06-H07
[Liǔpùjiē]

在县驻地棣丰街道东北方向24.9千米。柳堡镇辖自然村。人口700。明永乐二年（1404），刘姓从山西洪洞县迁此立村，因该村位于几个海堡的中心，称溜堡街，后演变为柳堡街。聚落呈团块状分布。有文化广场1处、幼儿园1处。经济以种植业为主，主要农作物有小麦、玉米、高粱、大豆。339国道经此。

佘家巷 371623-B07-H01
[Shéjiāxiàng]

佘家镇人民政府驻地。在县驻地棣丰街道东方向21.0千米。人口1 100。村子靠近一河，渔船常停泊于此，颇似港口，故取村名佘家港，后因此村不够港的规模，改为佘家巷。聚落呈团块状分布。有幼儿园1所。经济以种植业、畜牧业为主，主要农作物有小麦、棉花、冬枣，养殖猪、牛、鸡、鸭。有公路经此。

石家庙 371623-B07-H02
[Shíjiāmiào]

在县驻地棣丰街道东方向20.4千米。佘家镇辖自然村。人口1 200。明初，李、石二姓由山西省迁来立村，当时官府在此修庙，由石姓看管，故命村名为石家庙。聚落呈团块状分布。有文化广场1处。经济以种植业为主，主要农作物有小麦、玉米、高粱、大豆。有公路经此。

张虎店 371623-B07-H03
[Zhānghǔdiàn]

在县驻地棣丰街道东方向24.1千米。佘家镇辖自然村。人口1 900。明永乐二年（1404），张、贺两姓由洪洞县迁来立村，以开店为业，取村名张贺店，后演变为张虎店。聚落呈团块状分布。有文化广场 1 处。经济以种植业为主，主要农作物有小麦、玉米、高粱、大豆。有公路经此。

门家道口 371623-B07-H04

[Ménjiādàokǒu]

在县驻地棣丰街道东方向 20.1 千米。佘家镇辖自然村。人口 1 400。明永乐二年（1404），门友迁此建庄，认为此处比较安全，故取村名为太平村。后因村中有一大道口，故更名为门家道口。聚落呈团块状分布。有文化广场 1 处。经济以种植业为主，主要农作物有小麦、玉米、高粱、大豆。有公路经此。

牛王庄 371623-B07-H05

[Niúwángzhuāng]

在县驻地棣丰街道东方向 26.2 千米。佘家镇辖自然村。人口 2 000。明永乐二年（1404），牛、李、张三姓迁来建村，据传此处曾发现一头大金牛，故取村名为牛王庄。聚落呈团块状分布。有文化广场 1 处。经济以种植业为主，主要农作物有小麦、玉米、高粱、大豆。233 省道经此。

太平庄 371623-B07-H06

[Tàipíngzhuāng]

在县驻地棣丰街道东方向 20.7 千米。佘家镇辖自然村。人口 800。明永乐二年（1404）立村，因此处便于守卫，比较安全，故取村名太平庄。聚落呈团块状分布。有文化广场 1 处。经济以种植业为主，主要农作物有小麦、玉米、高粱、大豆。有公路经此。

邱家 371623-B07-H07

[Qiūjiā]

在县驻地棣丰街道东方向 19.1 千米。佘家镇辖自然村。人口 500。明永乐二年

（1404），邱姓由河北省枣强县迁此立村，以姓氏取村名邱家。后因北部另有一北邱庄，该村对称改为南邱庄。1945 年后北邱庄并入曾家庄，南邱庄复称邱家。聚落呈团块状分布。有文化广场 1 处、小学 1 所。经济以种植业为主，主要农作物有小麦、玉米、高粱、大豆。有公路经此。

杨家 371623-B07-H08

[Yángjiā]

在县驻地棣丰街道东方向 18.2 千米。佘家镇辖自然村。人口 400。明嘉靖十四年（1535），杨宗角、杨宗鳌兄弟迁此立村，以杨宗角之名为村名，曰杨宗角家。后以姓氏更村名，称杨家。聚落呈团块状分布。有文化广场 1 处。经济以种植业为主，主要农作物有小麦、玉米、高粱、大豆。有公路经此。

塔李家 371623-B07-H09

[Tǎlǐjiā]

在县驻地棣丰街道东方向 18.1 千米。佘家镇辖自然村。人口 300。明永乐年间，此处有座土塔。清初，李姓兄弟迁此建村，以姓氏冠以"塔"字为村名，称塔李家。聚落呈团块状分布。有文化广场 1 处。经济以种植业为主，主要农作物有小麦、玉米、高粱、大豆。有公路经此。

邓王庄 371623-B07-H10

[Dèngwángzhuāng]

在县驻地棣丰街道东方向 17.2 千米。佘家镇辖自然村。人口 600。明永乐二年（1404），邓、王二姓由洪洞县迁此建村，以姓氏取村名为邓王庄。聚落呈团块状分布。有文化广场 1 处。经济以种植业为主，主要农作物有小麦、玉米、高粱、大豆。有公路经此。

程家庄 371623-B07-H11
[Chéngjiāzhuāng]

在县驻地棣丰街道东方向 23.9 千米。佘家镇辖自然村。人口 700。明永乐二年（1404），程姓由山西省洪洞县迁此建村，以姓氏取村名程家庄。聚落呈团块状分布。有文化广场 1 处。经济以种植业为主，主要农作物有小麦、玉米、高粱、大豆。有公路经此。

商家庄 371623-B07-H12
[Shāngjiāzhuāng]

在县驻地棣丰街道东方向 20.8 千米。佘家镇辖自然村。人口 800。因商奇迁此立村，以商姓取村名为商家庄。聚落呈团块状分布。有文化广场 1 处。经济以种植业为主，主要农作物有小麦、玉米、高粱、大豆。有公路经此。

北王 371623-B07-H13
[Běiwáng]

在县驻地棣丰街道东方向 23.8 千米。佘家镇辖自然村。人口 200。清初，王姓迁此立村，盖屋于两庙之间，故取村名为双庙王。后来庙无，又因村址较小，更名为小王家庄。后因重名，更名为北王。聚落呈团块状分布。有文化广场 1 处。经济以种植业为主，主要农作物有小麦、玉米、高粱、大豆。有公路经此。

杨家窑 371623-B07-H14
[Yángjiāyáo]

在县驻地棣丰街道东方向 19.2 千米。佘家镇辖自然村。人口 400。杨姓迁此立村，因靠近古时一皇帝的御财主马万良所建的仓遗址，取村名杨家仓。后村民立窑烧罐子，更名杨家窑。聚落呈团块状分布。有文化广场 1 处。经济以种植业为主，主要农作物有小麦、玉米、高粱、大豆。有公路经此。

栾尔庄 371623-B07-H15
[Luán'ěrzhuāng]

在县驻地棣丰街道东方向 20.4 千米。佘家镇辖自然村。人口 1 000。明永乐二年（1404），栾姓从河北省枣强县迁此立村，取村名栾尔庄。聚落呈团块状分布。有文化广场 1 处。经济以种植业为主，主要农作物有小麦、玉米、高粱、大豆。有公路经此。

庞张 371623-B08-H01
[Pángzhāng]

信阳镇人民政府驻地。在县驻地棣丰街道西北方向 6 千米。人口 600。据传，明初，张、王二姓迁来立村，因张姓人口兴旺，取名张家；后因靠近庞家，更名为庞张。聚落呈团块状分布。有幼儿园 1 所。经济以种植业、养殖业为主，主要农作物有小麦、玉米，饲养肉食鸡、杂交鸡等。339 国道经此。

张陈 371623-B08-H02
[Zhāngchén]

在县驻地棣丰街道北方向 5.9 千米。信阳镇辖自然村。人口 400。明永乐二年（1404），陈、张姓两姓分别迁此立村，以姓氏取村名为陈家；同年，张姓迁此建村，以姓氏取村名张家，后更名为河北张家。后陈家与河北张家合并为一个行政村，命名为张陈。聚落呈团块状分布。有文化广场 1 处。经济以种植业为主，主要农作物有小麦、玉米、高粱、大豆。339 国道经此。

李良 371623-B08-H03

[Lǐliáng]

在县驻地棣丰街道北方向 4.4 千米。信阳镇辖自然村。人口 500。李、良二姓于明永乐二年（1404）从山西洪洞县迁此分别建村，一曰李家，一曰良家。后两村合并，名李良。聚落呈团块状分布。有文化广场 1 处。经济以种植业为主，主要农作物有小麦、玉米、高粱、大豆。有公路经此。

谢家 371623-B08-H04

[Xièjiā]

在县驻地棣丰街道北方向 4.1 千米。信阳镇辖自然村。人口 600。明永乐二年（1404），谢氏由直隶枣强县迁此，因该氏兴旺，故更名为谢家。聚落呈团块状分布。有文化广场 1 处。经济以种植业为主，主要农作物有小麦、玉米、高粱、大豆。有公路经此。

灶户杨 371623-B08-H05

[Zàohùyáng]

在县驻地棣丰街道北方向 8.2 千米。信阳镇辖自然村。人口 1 200。明永乐二年（1404），杨姓从山西洪洞县迁此建村，因杨姓为皂粮户，故取村名为皂户杨，后演变为灶户杨。聚落呈团块状分布。有文化广场 1 处。经济以种植业为主，主要农作物有小麦、玉米、高粱、大豆。有公路经此。

双堠 371623-B08-H06

[Shuānghòu]

在县驻地棣丰街道北方向 7.5 千米。信阳镇辖自然村。人口 800。明永乐二年（1404），该村居民从山西洪洞县迁此立村，名为太平庄。后因附近有两个堠（望敌的土堡），更村名为双堠。聚落呈团块状分布。有文化广场 1 处。经济以种植业为主，主要农作物有小麦、玉米、高粱、大豆。有公路经此。

如意 371623-B08-H07

[Rúyì]

在县驻地棣丰街道北方向 4.1 千米。信阳镇辖自然村。人口 800。明永乐二年（1404），王姓迁此立村，因该村位于信阳城西南，而信阳缺其西南角，形似靴脸，故名靴脸儿；后人认为村名不雅，于 1939 年更名为如意。聚落呈团块状分布。有文化广场 1 处。经济以种植业为主，主要农作物有小麦、玉米、高粱、大豆。339 国道经此。

李沽河 371623-B08-H08

[Lǐgūhé]

在县驻地棣丰街道北方向 4.3 千米。信阳镇辖自然村。人口 400。明永乐二年（1404），李姓迁古河道北岸建村，以地理实体冠以姓氏为村名，称李古河，后演变为李沽河。聚落呈团块状分布。有文化广场 1 处。经济以种植业为主，主要农作物有小麦、玉米、高粱、大豆。有公路经此。

郭来仪 371623-B08-H09

[Guōláiyí]

在县驻地棣丰街道北方向 5.2 千米。信阳镇辖自然村。人口 800。明永乐二年（1404），郭姓从山西洪洞县迁此立村，以姓氏取村名郭家庄。清雍正年间，此村有一名郭凤字来仪的人，他仗义疏财，后人为纪念他，以其名字改村名为郭来仪。聚落呈团块状分布。有文化广场 1 处。经济以种植业为主，主要农作物有小麦、玉米、高粱、大豆。339 国道经此。

东赵家 371623-B08-H10
[Dōngzhàojiā]

在县驻地棣丰街道北方向 4.5 千米。信阳镇辖自然村。人口 200。古时村北有一土台子，常有野鸡栖此。明初赵姓从山西洪洞县迁此立村，取村名为野鸡赵家。因村名不雅，按该村位于公社驻地东这一特征，更名东赵家。聚落呈团块状分布。有文化广场 1 处。经济以种植业为主，主要农作物有小麦、玉米、高粱、大豆。有公路经此。

车里 371623-B08-H11
[Chēlǐ]

在县驻地棣丰街道北方向 4.6 千米。信阳镇辖自然村。人口 1 200。明永乐二年（1404），李姓从京东乐亭县，赵姓从山西洪洞县迁来建村，因该村位于信阳古城城里，取名城里村，后演变为车里。聚落呈团块状分布。有文化广场 1 处。经济以种植业为主，主要农作物有小麦、玉米、高粱、大豆。有公路经此。

店子 371623-B08-H12
[Diànzi]

在县驻地棣丰街道北方向 6.4 千米。信阳镇辖自然村。人口 800。明永乐二年（1404），张辛民迁此立村，以开店为生，取村名为张辛民店，后演变为张辛店、张家店。1945 年后改称店子。聚落呈团块状分布。有文化广场 1 处、幼儿园 1 所、小学 1 所。经济以种植业为主，主要农作物有小麦、玉米、高粱、大豆。339 国道经此。

大庄 371623-B08-H13
[Dàzhuāng]

在县驻地棣丰街道北方向 6.2 千米。信阳镇辖自然村。人口 1 800。明永乐二年（1404），始祖徐友迁此立村，因此村大于附近的村庄，故名大庄。聚落呈团块状分布。有文化广场 1 处。经济以种植业为主，主要农作物有小麦、玉米、高粱、大豆。有公路经此。

李楼 371623-B08-H14
[Lǐlóu]

在县驻地棣丰街道西北方向 4.7 千米。信阳镇辖自然村。人口 800。明初，李姓迁来立村，因建村地点有一土楼遗址，故取村名为李家楼，后简称李楼。聚落呈团块状分布。有文化广场 1 处。经济以种植业为主，主要农作物有小麦、玉米、高粱、大豆。有公路经此。

汤辛 371623-B08-H15
[Tāngxīn]

在县驻地棣丰街道北方向 4.7 千米。信阳镇辖自然村。人口 700。明永乐二年（1404），汤姓迁来立村，称汤家。清光绪年间，搬出几户另立新庄，称新庄，后演变为辛庄。民国时期，两村合并后称为汤辛。聚落呈团块状分布。有文化广场 1 处、幼儿园 1 所、小学 1 所。经济以种植业为主，主要农作物有小麦、玉米、大豆。有公路经此。

吴店 371623-B08-H16
[Wúdiàn]

在县驻地棣丰街道北方向 2.8 千米。信阳镇辖自然村。人口 100。明永乐二年（1404），吴姓兄弟二人迁此，在通往县城的一条老官道两侧建村，村民以开店为业，取村名为吴家店，后称吴店。聚落呈团块状分布。有文化广场 1 处。经济以种植业为主，主要农作物有小麦、玉米、高粱、大豆。339 国道经此。

丰台 371623-B08-H17

［Fēngtái］

县驻地棣丰街道北方向 3.1 千米。信阳镇辖自然村。人口 400。明永乐元年（1403），王氏始祖迁此立村，传说附近高台上曾有凤凰歇脚，故取村名为凤台，后演变为丰台。聚落呈团块状分布。有文化广场 1 处。经济以种植业为主，主要农作物有小麦、玉米、高粱、大豆。205 国道经此。

城后吴 371623-B08-H18

［Chénghòuwú］

在县驻地棣丰街道北方向 5.5 千米。信阳镇辖自然村。人口 800。明永乐二年（1404），胡、郭两姓迁来共同立村，以胡姓取村名为胡家庄；明末清初，吴姓迁来定居，因该姓人丁兴旺，且村位于信阳城北，故更村名为城后吴。聚落呈团块状分布。有文化广场 1 处。经济以种植业为主，主要农作物有小麦、玉米、高粱、大豆。有公路经此。

东粉庄 371623-B08-H19

［Dōngfěnzhuāng］

在县驻地棣丰街道北方向 6.4 千米。信阳镇辖自然村。人口 1 200。明初，郭、孙两姓迁来立村，以做粉为业，故取名粉庄。后因庄址扩大，形成三个自然村，该村位东，故称东粉庄。聚落呈团块状分布。有文化广场 1 处。经济以种植业为主，主要农作物有小麦、玉米、高粱、大豆。339 国道经此。

后胡杨 371623-B08-H20

［Hòuhúyáng］

在县驻地棣丰街道北方向 6.9 千米。信阳镇辖自然村。人口 300。明永乐二年（1404），胡、杨两姓迁来共同立村，以姓氏取村名为胡杨庄。后因村南立村名前胡杨，该村遂更名为后胡杨。聚落呈团块状分布。有文化广场 1 处。经济以种植业为主，主要农作物有小麦、玉米、高粱、大豆。有公路经此。

西小王 371623-B09-H01

［Xīxiǎowáng］

西小王镇政府驻地。在县驻地棣丰街道东北方向 19.5 千米。人口 500。明永乐年间王姓建村，以方位定村名西小王。聚落呈团块状分布。有文化广场 1 处、幼儿园 1 所、小学 1 所。经济以种植业为主，主要农作物有棉花，兼有加工业，以木器、水泥管、草帽加工为主。有公路经此。

横道 371623-B09-H02

［Héngdào］

在县驻地棣丰街道东北方向 28.1 千米。西小王镇辖自然村。人口 500。此处原有一条东西大道，明永乐二年（1404），李姓迁来，在道旁立村，故取村名为横道。聚落呈团块状分布。有文化广场 1 处。经济以种植业为主，主要农作物有小麦、玉米、高粱、大豆。233 省道经此。

王家坟 371623-B09-H03

［Wángjiāfén］

在县驻地棣丰街道东北方向 31.2 千米。西小王镇辖自然村。人口 1 000。明永乐二十二年（1424），王家峰迁此建村，因村址附近有一古庙，故取村名为王家庙子。后人为祭祖先，重建祖坟，并更村名为王家坟。聚落呈团块状分布。有文化广场 1 处。经济以种植业为主，主要农作物有小麦、玉米、高粱、大豆。秦滨高速、236 省道经此。

三座桥　371623-B09-H04
［Sānzuòqiáo］

在县驻地棣丰街道东北方向18.2千米。西小王镇辖自然村。人口500。明初，徐姓迁此立村，据传村东头有一灰堆，一个金马驹曾住在这里，故取村名灰堆。后因此名不雅，且村东、西、东北各有一座小桥，故称三座桥。聚落呈团块状分布。有文化广场1处。经济以种植业为主，主要农作物有小麦、玉米、高粱、大豆。有公路经此。

石桥　371623-B09-H05
［Shíqiáo］

在县驻地棣丰街道东北方向37.7千米。西小王镇辖自然村。人口300。明永乐二年（1404）建村，因此处有一石桥，故名。20世纪30年代末，村废。1974年重建，村名不变。聚落呈团块状分布。有文化广场1处。经济以种植业为主，主要农作物有小麦、玉米、高粱、大豆。有公路经此。

西陈　371623-B09-H06
［Xīchén］

在县驻地棣丰街道东北方向17.4千米。西小王镇辖自然村。人口500。明永乐二年（1404），陈姓自山西洪洞县迁此建村，以姓氏取村名为陈家庄，后称陈家。因重名，1985年复原名。后又更名为西陈。聚落呈团块状分布。有文化广场1处。经济以种植业为主，主要农作物有小麦、玉米、高粱、大豆。有公路经此。

张王庄　371623-B09-H07
［Zhāngwángzhuāng］

在县驻地棣丰街道东北方向15.8千米。西小王镇辖自然村。人口1 000。明洪武年间，张姓为保陈友谅，犯满门抄斩罪，迁

此避难立村，以姓氏取村名张庄。永乐二年（1404），王姓迁入，更名张王庄。聚落呈团块状分布。有文化广场1处。经济以种植业为主，主要农作物有小麦、玉米、高粱、大豆。有公路经此。

田家庄子　371623-B10-H01
［Tiánjiāzhuāngzi］

马山子镇人民政府驻地。在县驻地棣丰街道东北方向37.0千米。人口1 200。传明永乐三年（1405），田姓从山西洪洞县迁来建村，取名崔南浦；为便于联合防盗，迁高家庄子北面，更名田家庄子。聚落呈团块状分布。有文化广场1处，有小学、幼儿园。经济以种植业、加工业为主，主要农作物有棉花、金丝小枣、冬枣，加工业以渔网加工为主。339国道经此。

帝赐街　371623-B10-H02
［Dìcìjiē］

在县驻地棣丰街道东北方向29.1千米。马山子镇辖自然村。人口1 600。相传汉武帝驻跸于此，故名帝赐街。聚落呈团块状分布。有文化广场1处。村有古井1处。经济以种植业、渔业、盐业、建筑业为主，主要农作物有小麦、棉花、玉米、鲜枣。有公路经此。

博兴县

城市居民点

怡和名士豪庭　371625-I01
［Yíhé Míngshì Háotíng］

在县城西部。人口400。总面积22.5公顷。为展现本小区宜居化的特点，使用"和"等吉语嘉言，命名为怡和名士豪庭。

2008 年正式使用。建筑总面积 355 759 平方米，住宅楼 61 栋，其中高层 16 栋、多层 39 栋、别墅 6 栋，现代欧式建筑风格。绿化率 41.2%，有幼儿园、超市等配套设施。通公交车。

花园新城小区 371625-I02
[Huāyuán Xīnchéng Xiǎoqū]

在县城西北部。人口 10 500。总面积 17.6 公顷。位于新城区中央片区，南临博兴行政商务区、人民公园景观区，拥有内湖外河的双水系景观，所以命名为花园新城小区。2014 年正式使用。建筑总面积 673 720 平方米，住宅楼 59 栋，其中高层 49 栋、多层 10 栋，现代建筑风格。绿地面积 102 135 平方米。有社区服务中心、休闲广场等配套设施。通公交车。

瑞苑小区 371625-I03
[Ruìyuàn Xiǎoqū]

在县城中部。人口 1 300。总面积 3.3 公顷。由博兴县鑫瑞置业有限公司开发兴建，因此得名瑞苑小区。2010 年正式使用。建筑总面积 40 641.5 平方米，住宅楼 6 栋，其中高层 3 栋、多层 3 栋，现代建筑风格。绿化率 39.8%。有休闲广场等配套设施。通公交车。

怡华园小区 371625-I04
[Yíhuáyuán Xiǎoqū]

在县城北部。人口 700。总面积 21.8 公顷。怡是和悦、愉快的意思，华是美丽的意思，怡华园指愉快美丽的小区。2010 年正式使用。建筑总面积 217 977 平方米，住宅楼 7 栋，其中高层 4 栋、多层 3 栋，现代建筑风格。绿化率 31.4%，有购物中心等配套设施。通公交车。

博奥华城 371625-I05
[Bó'ào Huáchéng]

在县城西部。人口 4 100。总面积 2.3 公顷。因吉语嘉言而得名。2013 年正式使用。建筑面积 78 195 平方米，高层住宅楼 21 栋，现代建筑风格。绿地面积 40 000 平方米。有休闲广场等配套设施。通公交车。

香驰正苑小区 371625-I06
[Xiāngchí Zhèngyuàn Xiǎoqū]

在县城西部。人口 4 000。总面积 14.0 公顷。由香驰置业有限公司开发，故名。2014 年正式使用。建筑总面积 266 398 平方米。住宅楼 28 栋，其中高层 18 栋、多层 10 栋，现代建筑风格。绿地面积 76 089 平方米。有幼儿园、休闲广场等配套设施。通公交车。

御景苑小区 371625-I07
[Yùjǐngyuàn Xiǎoqū]

在县城中部。人口 800。总面积 3.5 公顷。因吉祥佳言而得名。2007 年正式使用。建筑总面积 31 190.47 平方米，多层住宅楼 10 栋，现代建筑风格。绿化率 36.2%。有休闲广场等配套设施。通公交车。

阳光花园 371625-I08
[Yángguāng Huāyuán]

在县城西部。人口 4 200。总面积 17.6 公顷。取"阳光普照大地，温暖幸福"的意思命名。2007 年正式使用。建筑总面积 210 000 平方米，住宅楼 56 栋，其中高层 4 栋、多层 28 栋、别墅 24 套，现代建筑风格。绿地面积 48 000 平方米。有休闲广场等配套设施。通公交车。

广厦置业翡翠城 371625-I09

[Guǎngxià Zhìyè Fěicuì Chéng]

在县城北部。人口 2 200。总面积 9.34公顷。以绿色环保城市概念取名,寓意绿色环保、珍贵稀有的住宅小区。2012 年正式使用。建筑总面积 133 000 平方米,多层住宅楼 28 栋,现代建筑风格。绿地面积 4 600 平方米。有休闲广场等配套设施。通公交车。

博华佳苑 371625-I10

[Bóhuá Jiāyuàn]

在县城中部。人口 3 200。总面积 35.5公顷。取所在地"博兴"和投资建设公司"京博"的"博"字加吉祥嘉言命名,有"广博华美、百花齐放"的含义。2012 年始建,2014 年正式使用。建筑总面积 140 000 平方米,多层住宅楼 41 栋,现代建筑风格。有社区服务中心、敬老服务中心、医疗服务中心、幼儿园、商业街等配套设施。通公交车。

农村居民点

东伏 371625-A01-H01

[Dōngfú]

在县驻地博昌街道西方向 1.0 千米。博昌街道辖自然村。人口 700。唐天宝年间,伏、李两姓在今村北部立村,名伏李庄。明洪武二年(1369),王姓由河北省枣强县迁入,因原址低洼,遂迁此建村,因处关帝庙之东,曾名庙东庄;1912 年因划归一区伏李乡所辖,更名东伏庄,后简称东伏。聚落呈团块状分布。有农家书屋 1 处。经济以种植业、禽畜养殖业、物流运输业为主。有公路经此。

伏邵 371625-A01-H02

[Fúshào]

在县驻地博昌街道西方向 2.0 千米。博昌街道辖自然村。人口 1 000。明洪武二年(1369),邵、邢两姓由河北省枣强县迁入,因原址低洼,即迁此分立邵洼庄和邢家庄。1936 年两村合并统称邵洼庄。1949 年后,因划归伏李乡所辖,更名伏邵。聚落呈团块状分布。有农家书屋 1 处。古迹有花园寺古遗址。经济以种植业、运输业、商贸业为主。有公路经此。

永和 371625-A01-H03

[Yǒnghé]

在县驻地博昌街道西北方向 2.5 千米。博昌街道辖自然村。明洪武二年(1369),黑、刘两姓迁入,曾名黑刘官庄;后因兵荒马乱,民望和平,为图吉祥,更名永和官庄,简称永和。聚落呈团块状分布。有农家书屋 1 处。经济以种植业、运输业、商贸业为主。有公路经此。

王木 371625-A01-H04

[Wángmù]

在县驻地博昌街道北方向 2.2 千米。博昌街道辖自然村。人口 800。明洪武二年(1369),王姓木匠由河北省枣强县迁此建村,故名王木匠,1936 年曾谐称为王谟庄,后简称王木。聚落呈团块状分布。有农家书屋 1 处。古迹有汉将广武君李佐车墓。经济以种植业、运输业、商贸业为主。有博兴县驼铃物流发展有限公司、山东彩鑫建设有限公司博兴分公司。205 国道经此。

王楼 371625-A01-H05

[Wánglóu]

在县驻地博昌街道东南方向 1.8 千米。

博昌街道辖自然村。人口700。明洪武二年（1369），王姓由河北省枣强县迁此建村，正遇一喜鹊与蛇相斗，取吉祥意，故名龙凤村；清初，村中盖起了楼房，遂更名王家楼；后村西谢家屋子并入，统称王楼。聚落呈团块状分布。有农家书屋1处。有王博昌烈士纪念碑。经济以种植业、商贸业为主。有公路经此。

西谷王 371625-A01-H06
[Xīgǔwáng]

在县驻地博昌街道南方向0.6千米。博昌街道辖自然村。人口1 200。元初，国、王姓迁此建村，故名国王庄。后国姓徙出，遂称为谷王庄。清康熙初年（1662），因村东立小谷王庄，该村遂名大谷王庄，1936年更名为西谷王。聚落呈团块状分布。有文化广场1处、农家书屋1处。经济以种植业、运输业、商贸业为主。有公路经此。

崇德 371625-A02-H01
[Chóngdé]

在县驻地博昌街道东北方向8.0千米。城东街道辖自然村。人口1 200。明洪武二年（1369），孙姓由河北省枣强县迁此建村，曾名孙家庄。后因始祖孙华医德高尚，受人尊敬，故名崇德庄，后简称崇德。聚落呈团块状分布。古迹有龙华寺古遗址，曾出土石造像、铜造像等珍贵文物。经济以种植业、禽畜养殖业、手工业、商贸业为主。有公路经此。

椒园 371625-A02-H02
[Jiāoyuán]

在县驻地博昌街道东南方向1.0千米。城东街道辖自然村。人口2 500。因以种植辣椒为业，故名椒园庄，后简称椒园。聚落呈团块状分布。有文化广场1处、农家

书屋1处。经济以物流运输业、建材批发业为主。有公路经此。

贤城 371625-A02-H03
[Xiánchéng]

在县驻地博昌街道东北部6.0千米。城东街道辖自然村。人口2 600。贤城为商末至周之蒲姑城，周为奄城，俗称嫌城，后曰贤城。聚落呈团块状分布。有小学1所。古迹有县级重点文物保护单位贤城遗址。经济以种植业、禽畜养殖业、手工业、商贸业为主。有公路经此。

赵楼 371625-A02-H04
[Zhàolóu]

在县驻地博昌街道东北方向10.0千米。城东街道辖自然村。人口1 900。明洪武二年（1369），赵姓由河北省枣强县迁博邑菜园后又迁入此，因赵姓人丁兴旺，并在村中盖起楼房，遂更名赵家楼，后简称赵楼。聚落呈团块状分布。古迹有龙华寺古遗址。经济以种植业、商贸业为主。有公路经此。

辛阎 371625-A02-H05
[Xīnyán]

在县驻地博昌街道东北方向7.0千米。城东街道辖自然村。人口1 100。明洪武二年（1369），阎姓由河北省枣强县迁此建村，故名阎家庄；1912年因划归三区辛阎乡所辖，更名辛阎庄，后简称辛阎。聚落呈团块状分布。有文化广场1处、农家书屋1处。经济以种植业、禽畜养殖业、手工业、商贸业为主。有公路经此。

顾家 371625-A02-H06
[Gùjiā]

在县驻地博昌街道东北方向5.0千米。城东街道辖自然村。人口1 400。元初，张

姓在今村东南立村，名张家庄。明洪武二年（1369），顾姓由河北省枣强县迁此建村，名顾家庄；后张家庄并入，统称顾家。聚落呈团块状分布。有文化书屋1处。古迹有顾家遗址。经济以种植业、手工业、商贸业为主。有公路经此。

鲍庄 371625-A02-H07
［Bàozhuāng］

在县驻地博昌街道东北方向4.0千米。城东街道辖自然村。人口1 500。因鲍姓较多，故名鲍家庄，简称鲍庄。后鲍姓徙出，仍称鲍庄。聚落呈团块状分布。有文化书屋1处。经济以种植业、禽畜养殖业、手工业、商贸业为主。有公路经此。

鲍陈 371625-A02-H08
［Bàochén］

在县驻地博昌街道东北方向6.0千米。城东街道辖自然村。人口1 200。明洪武二年（1369），陈姓由河北省枣强县迁此建村，故名陈家庄。1912年与村西刘家庄合并，统称陈刘庄，1956年两村分开，复名陈家。1983年因县内有重名，且本村曾属鲍顾乡所辖，故更名鲍陈。聚落呈团块状分布。有文化广场1处、农家书屋1处。经济以养殖业、种植业、纺织业、运输业、建筑业、小型化工业为主。有公路经此。

东河东 371625-A02-H09
［Dōnghédōng］

在县驻地博昌街道东北方向2.5千米。城东街道辖自然村。人口800。明洪武二年（1369），卞、于两姓由河北省枣强县迁此分立卞家庄和于家庄，1936年两村合并统称卞家庄。1949年后，曾名卞于村，后因位于河西村之东，更名河东。1983年因县内有重名，更名东河东。聚落呈团块状分布。有文化广场1处、农家书屋1处。

经济以运输业、建筑业、餐饮服务业等为主。有公路经此。

董王 371625-A02-H10
［Dǒngwáng］

在县驻地博昌街道东北方向3.0千米。城东街道辖自然村。人口1 200。元初，王姓迁此建村，故名王家庄。因1912年划归一区董王乡所辖，故名董王庄，后简称董王。聚落呈团块状分布。有中学1处。经济以种植业、禽畜养殖业、手工业、商贸业为主。有公路经此。

北关 371625-A03-H01
［Běiguān］

在县驻地博昌街道南方向2.1千米。锦秋街道辖自然村。人口2 500。秦末居民迁此建村，为图吉祥，故名清平庄；西汉置县城后，因处北门外，更名北关。有文化广场1处、幼儿园1处。经济以商贸业、建材批发业为主。有公路经此。

菜园 371625-A03-H02
［Càiyuán］

在县驻地博昌街道南方向0.5千米。锦秋街道辖自然村。人口800。宋初，齐、李姓迁此建村，因以种菜为业，故名菜园庄，后简称菜园。聚落呈团块状分布。有文化广场1处、农家书屋1处、幼儿园1处。经济以物流运输业、商贸业为主。有公路经此。

西关 371625-A03-H03
［Xīguān］

在县驻地博昌街道西南方向1.0千米。锦秋街道辖自然村。人口1 600。西汉置县城后，居民相继迁此建村，因以种菜为业，曾名西菜园，后因处西门外，故名西关。聚落呈团块状分布。古迹有明进士顾铎、顾颐墓遗址。经济以种植业、手工业、商贸业为主。有公路经此。

西隅 371625-A03-H04
[Xīyù]

在县驻地博昌街道南方向1.0千米。锦秋街道辖自然村。人口1 100。西汉置县城后，居民相继迁此建村，因处老城西隅，故名。聚落呈团块状分布。有文化广场1处、农家书屋1处、幼儿园1处。经济以种植业、手工业、商贸业为主。有公路经此。

付桥 371625-A03-H05
[Fùqiáo]

在县驻地博昌街道西南方向5.0千米。锦秋街道辖自然村。人口2 200。因湖中水渚相间，行动不便，架木桥相通，遂名村付家桥，简称付桥。聚落呈团块状分布。经济以种植业、商贸业为主。有公路经此。

安柴 371625-A03-H06
[Ānchái]

在县驻地博昌街道南方向8.0千米。锦秋街道辖自然村。人口2 500。1912年安家庄、柴家庄合并，各取其姓，名安柴庄，后简称安柴。聚落呈团块状分布。有文化广场1处、农家书屋1处、幼儿园1处。经济以种植业、手工业、商贸业为主。有公路经此。

湾头 371625-A03-H07
[Wāntóu]

在县驻地博昌街道东南方向4.0千米。锦秋街道辖自然村。人口4 900。始建于西汉初，因地处"龙湾"之北，故名湾头。聚落呈团块状分布。古迹有西汉置会城古遗址及博兴八景之一"湾水霞明"遗址。经济以种植业、手工业、商贸业为主。有公路经此。

院庄 371625-A03-H08
[Yuànzhuāng]

在县驻地博昌街道南方向5.0千米。锦秋街道辖自然村。人口2 500。明初，居民由山西洪洞县迁此建村，因在河南村上建一"金雁桥"，故名雁庄。清初，因划归贝丘乡院庄社所辖，更名院庄。1912年因划归新院乡所辖，曾名新院庄，后复名院庄。聚落呈团块状分布。有省级重点文物保护单位院庄遗址。经济以种植业、手工业、商贸业为主。有公路经此。

西三里 371625-A03-H09
[Xīsānlǐ]

在县驻地博昌街道西方向3.0千米。锦秋街道辖自然村。人口800。东汉末年，居民迁此建村，因离县城三里，故名三里庄，后简称三里。1983年，因县内重名，更名西三里。聚落呈团块状分布。有文化广场1处、农家书屋1处、幼儿园1处。经济以种植业、手工业、商贸业为主。有公路经此。有公路经此。

三官庙 371625-A03-H10
[Sānguānmiào]

在县驻地博昌街道西南方向7.0千米。锦秋街道辖自然村。人口1 100。洪武二年（1369），王、李诸家自河北枣强县迁居此地，因修有三官庙，故取名三官庙。聚落呈团块状分布。有文化广场1处、农家书屋1处。经济以种植业、物流运输业、建材批发业为主。有公路经此。

西闸 371625-A03-H11
[Xīzhá]

在县驻地博昌街道西南方向7.0千米。锦秋街道辖自然村。人口3 500。明洪武二年（1369），刘姓由河北省枣强县迁此建村，为图吉祥，故名凤凰庄；清初，在村中河上建一桥闸，更名闸上庄，后因处高苑县境东，名东闸；1955 年划归博兴县，因处博兴县境之西，更名西闸。聚落呈团块状分布。有文化广场 1 处、农家书屋 1 处。经济以种植业、手工业、商贸业为主。有公路经此。

曹王 371625-B01-H01
[Cáowáng]

曹王镇人民政府驻地。在县驻地博昌街道南方向 13.5 千米。人口 6 300。明洪武二年（1369），曹、王两姓由河北省枣强县迁此建村，故名曹王庄，后简称曹王。聚落呈团块状分布。有学校 4 所。古迹有曹王一村遗址。经济以种植业、商贸业为主。205 国道经此。

东鲁 371625-B01-H02
[Dōnglǔ]

在县驻地博昌街道南方向 12.0 千米。曹王镇辖自然村。人口 5 600。明洪武四年（1371），鲁姓由山西省洪洞县迁此建村，因地处鲁家庄东，故名东鲁庄；后简称东鲁。聚落呈团块状分布。有文化站 1 处。有省级重点文物保护单位东鲁遗址。经济以种植业、禽畜养殖业、手工业、商贸业为主。有公路经此。

王海 371625-B01-H03
[Wánghǎi]

在县驻地博昌街道东南方向 19.5 千米。曹王镇辖自然村。人口 3 100。唐末，王姓迁此建村，因村南有一清泉，名曰海眼。据说，晨立泉边，能隐望东海，故名望海寨；清初，因王姓多，更名王海寨，后简称王海。聚落呈团块状分布。有县级重点文物保护单位王海石桥。经济以种植业、手工业、商贸业为主。有公路经此。

永平 371625-B01-H04
[Yǒngpíng]

在县驻地博昌街道南方向 17.5 千米。曹王镇辖自然村。人口 1 300。民望和平，故名永平官庄，后简称永平。聚落呈团块状分布。有文化广场 1 处、农家书屋 1 处。经济以种植业为主，主要农作物有小麦、玉米等。有公路经此。

兴福 371625-B02-H01
[Xīngfú]

兴福镇人民政府驻地。在县驻地博昌街道东南方向 16.0 千米。人口 3 900。村始建于西汉初，后因村南建洪福寺，故名兴福庄。明洪武四年（1371），曾名兴福街；清初，更名兴福镇，后简称兴福。聚落呈团块状分布。古迹有洪福园，内有华东碑林，立费孝通、王光英、程思远、沈鹏以及陈立夫、蒋纬国等各爱国宗教界和日、韩、泰等国名家题词碑刻 150 多块。有文化广场 4 处、中学 1 所、幼儿园 1 所。经济以种植业为主，主要农作物有小麦、玉米等。有山东舜鑫达新型建材有限公司、山东宝迪商用厨具有限公司、博兴县兴润厨具厂等新型建材和厨房设备生产加工等企业。有公路经此。

义和 371625-B02-H02
[Yìhé]

在县驻地博昌街道东南方向 14.0 千米。兴福镇辖自然村。人口 1 400。始建于明初，当时只有石、王两姓，故名村石王庄。清初，因刘、任、郝等诸姓团结义气，并流传着"郝、刘不分"之称，故更名为义和。聚落呈团块状分布。有图书室 1 处、文化广场 1 处。经济以种植业、禽畜养殖业、手工业、商贸业为主。有公路经此。

兴益 371625-B02-H03
［Xīngyì］

在县驻地博昌街道东南方向18.7千米。兴福镇辖自然村。人口900。元初，黄氏迁此建村，名黄家庄。元末，益姓由山西洪洞县迁入，黄氏无子，招益姓为婿，后更名益家庄。1936年因划归四区兴和乡所辖，更名兴和益，后称兴益。聚落呈团块状分布。有图书室1处、文化广场1处等。有县级重点文物保护单位兴益遗址。经济以种植业、制造业为主。有公路经此。

兴耿 371625-B02-H04
［Xīnggěng］

在县驻地博昌街道东南方向18.5千米。兴福镇辖自然村。人口400。西汉初，耿姓迁此建村，故名耿家庄。1936年划归四区兴和乡所辖，更名兴和耿，后简称兴耿。聚落呈团块状分布。有图书室1处、文化广场1处。经济以种植业、制造业为主。有公路经此。

南吴 371625-B02-H05
［Nánwú］

在县驻地博昌街道东南方向17.0千米。兴福镇辖自然村。人口1 000。明正统二年（1437），吴姓由兴福迁此建村，故名吴家庄。后因在兴福之南更名南吴。聚落呈团块状分布。有图书室1处、文化广场1处。经济以种植业、制造业为主。有山东金利厨房设备有限公司。有公路经此。

李韩 371625-B02-H06
［Lǐhán］

在县驻地博昌街道东南方向15.0千米。兴福镇辖自然村。人口2 500。北宋末年，李姓迁此建村，故名李家庄，后简称李家。韩姓迁李家村东建村，故称小韩庄。1932年两村划为一村，各取首字，名李韩。聚落呈团块状分布。有图书室1处、幼儿园1所、学校1所。经济以种植业、制造业为主。有公路经此。

汾王 371625-B02-H07
［Fénwáng］

在县驻地博昌街道东南方向15.5千米。兴福镇辖自然村。人口1 400。明洪武二年（1369），王氏分支由河北省枣强县迁此建村。因村西临河，故名汾王庄，后简称汾王。聚落呈团块状分布。有文化广场1处、农家书屋1处、小学1处。经济以种植业、加工业为主。有公路经此。

王旺 371625-B02-H08
［Wángwàng］

在县驻地博昌街道东南方向16.0千米。兴福镇辖自然村。人口700。明洪武二年（1369），王姓由山西省洪洞县迁此建村，为图吉祥，故名王旺庄，后简称王旺。聚落呈团块状分布。有文化广场1处。经济以种植业、加工业为主。有公路经此。

王桥 371625-B02-H09
［Wángqiáo］

在县驻地博昌街道东南方向16.5千米。兴福镇辖自然村。人口1 200。明洪武四年（1371），王姓族人由河北枣强县洼里王村迁于原藩台城南旧镇以北三里许，立庄王家楼。后由王家楼迁于今博兴县兴福镇王桥村。清末该村部分村民在村南建舍居住，名小王桥，原村名大王桥。自1958年起，大、小王桥划为一个行政村，统称王桥。聚落呈团块状分布。有民间艺术吕剧队1支、秧歌队1支。有县级重点文物保护单位王桥纪念烈士亭。经济以种植业、加工业为主。有公路经此。

福旺 371625-B02-H10
[Fúwàng]

在县驻地博昌街道东南方向16.0千米。兴福镇辖自然村。人口1 000。明洪武二年（1369），魏、李、祁三姓由河北省枣强县迁此建村，曾名三家村。清初，为图吉祥，更名福旺庄，后简称福旺。聚落呈团块状分布。有文化广场1处。村东建有魏休庵祠。经济以种植业、加工业为主。有博兴县鑫利源钢铁有限公司、博兴县发达物资有限公司等企业。有公路经此。

赵马 371625-B02-H11
[Zhàomǎ]

在县驻地博昌街道东南方向18.0千米。兴福镇辖自然村。人口1 900。明洪武二年（1369），赵姓由河北省枣强县迁入，人口猛增，赵姓人口大大超过马姓，更名赵马庄，后简称赵马。聚落呈团块状分布。有文化广场1处、图书室1处、幼儿园1处。经济以种植业、加工业为主。有山东新潮厨业有限公司。有公路经此。

驸马 371625-B02-H12
[Fùmǎ]

在县驻地博昌街道东南方向17.0千米。兴福镇辖自然村。人口900。明洪武二年（1369），魏、杨两姓由河北省枣强县迁此建村，因村东有一春秋齐国驸马（淳于髡）之冢，故名驸马庄，后简称附马。聚落呈团块状分布。有文化广场1处、图书室1处、幼儿园1处。经济以种植业、加工业为主。有山东新潮厨业有限公司。有公路经此。

西王 371625-B03-H01
[Xīwáng]

陈户镇人民政府驻地。在县驻地博昌街道东北方向15.0千米。人口300。明洪武二年（1369），王姓由博城西隅村迁入，因地处官王村之西，故名西官王，后简称西王。聚落呈团块状分布。古迹有明初袁氏待郎之御葬。经济以种植业、养殖业为主。有公路经此。

陈户 371625-B03-H02
[Chénhù]

在县驻地博昌街道东北方向12.0千米。陈户镇辖自然村。人口1 900。明洪武二年（1369），陈虎由河北省枣强县迁此，以开店为业，故名陈虎店。后因虎字不祥，更名为陈户店。1912年因系陈户镇驻地，曾名陈户镇，后简称陈户。聚落呈团块状分布。有小学1处、中学1处、文化大院1处。有陈户烈士纪念园。经济以种植业、养殖业为主，主要农作物有小麦、玉米、棉花等，有养殖场2处。公路经此。

东寨 371625-B03-H03
[Dōngzhài]

在县驻地博昌街道东北方向12.5千米。陈户镇辖自然村。人口700。因中平元年（184）黄巾起义军首领张角曾在此安寨扎营，故名黄巾寨，为祈求吉祥，后演称为黄金寨。清初，分为东西两村，因该村在东部，故名东寨庄，后简称东寨。聚落呈团块状分布。有文化广场1处。经济以种植业为主。有公路经此。

官张 371625-B03-H04
[Guānzhāng]

在县驻地博昌街道东北方向16.0千米。陈户镇辖自然村。人口600。明末张姓迁入，发展兴旺，遂更名张家庄。1936年因划归三区官闫乡所辖，更名官张庄，后简称官张。聚落呈团块状分布。有文化广场1处。经济以种植业、养殖业为主。有公路经此。

官王 371625-B03-H05

［Guānwáng］

在县驻地博昌街道东北方向 15.0 千米。陈户镇辖自然村。人口 900。明洪武元年（1368），王东光奉旨由河北省枣强县迁此建村，因王历任山西大同府应州吏，故名官庄，后因县内重名，曾名王家官庄，1949 年后因划归官闫乡所辖，更名官王。聚落呈团块状分布。有中学 1 所。经济以种植业为主。有公路经此。

官闫 371625-B03-H06

［Guānyán］

在县驻地博昌街道北方向 15.0 千米。陈户镇辖自然村。人口 1 000。明洪武二年（1369），闫姓由河北省枣强县迁此建村，故名闫家庄。1936 年因划归三区官闫乡所辖，更名官闫庄，后简称官闫。聚落呈团块状分布。有文化广场 1 处。古迹有闫家寺遗址。经济以种植业、禽畜养殖业、运输业为主。有公路经此。

尹楼 371625-B03-H07

［Yǐnlóu］

在县驻地博昌街道东北方向 11.0 千米。陈户镇辖自然村。人口 1 300。明洪武二年（1369），尹姓由河北省枣强县迁此建村，故名尹家庄。清初，因村中盖起楼房，遂更名尹家楼，后简称尹楼。聚落呈团块状分布。有文化广场 1 处。经济以种植业为主。有公路经此。

张来 371625-B03-H08

［Zhānglái］

在县驻地博昌街道北方向 17.0 千米。陈户镇辖自然村。人口 400。明洪武二年（1369），张姓由河北省枣强县迁此建村，故名张来家；1936 年划归三区相王乡所辖时，因县内重名，更名张来庄，简称张来。聚落呈团块状分布。有文化广场 1 处、图书室 1 处。经济以种植业、养殖业为主，猪、肉鸡养殖初具规模。有公路经此。

桥子 371625-B03-H09

［Qiáozi］

在县驻地博昌街道北方向 11.0 千米。陈户镇辖自然村。人口 1100。明洪武二年（1369），王姓由河北省枣强县迁此建村，在村西河上建一石桥，遂以桥名村。1936 年划为三区高岭乡所辖时，更名桥子庄，后简称桥子。聚落呈团块状分布。有文化广场 1 处。经济以种植业为主。有公路经此。

相呈 371625-B03-H10

［Xiàngchéng］

在县驻地博昌街道北方向 18.0 千米。陈户镇辖自然村。人口 700。明洪武元年（1368），相姓迁入，为图吉祥，更名相呈村，后简称相呈。聚落呈团块状分布。有文化广场 1 处。经济以种植业、养殖业为主。有公路经此。

董家 371625-B03-H11

［Dǒngjiā］

在县驻地博昌街道东北方向 10.0 千米。陈户镇辖自然村。人口 700。西汉初，董姓迁此建村，故名董家庄；后因村南修董公庙，村北建观音堂，曾名双庙董；1912 年因划归三区纪董乡所辖，更名纪董庄，后复名董家。聚落呈团块状分布。有文化广场 1 处、图书室 1 处。古迹有董永祠。经济以种植业和养殖业为主。有山东大丰畜牧养殖有限公司。有公路经此。

西寨 371625-B03-H12

［Xīzhài］

在县驻地博昌街道东北方向 12.0 千米。

陈户镇辖自然村。人口 400。中平元年（184），黄巾起义军首领张角曾在此安寨扎营，故名黄巾寨，后沿称黄金寨。清初，分为东西两村，因该村在西部，故名西寨庄，后简称西寨。聚落呈团块状分布。有文化广场 1 处。经济以禽畜养殖业、淡水养殖业为主。有公路经此。

西河西 371625-B03-H13
[Xīhéxī]

在县驻地博昌街道东北方向 11.0 千米。陈户镇辖自然村。人口 400。北宋开宝年间，居民迁此建村，因地处北宋运粮河之西，故名河西庄，后简称河西。1983 年因县内重名，更名西河西。有健身文化广场 1 处。有陈户纪念烈士塔。经济以种植业、养殖业为主。有公路经此。

柳桥 371625-B04-H01
[Liǔqiáo]

湖滨镇人民政府驻地。在县驻地博昌街道东南方向 8.0 千米。人口 4 500。据传，西汉初，居民迁此建村，因村中有一大柳树被风刮倒，横卧在乌河上，自然成桥，故名柳桥。聚落呈团块状分布。有文化站 1 处、中学 1 处、小学 1 处、幼儿园 1 处。经济以种植业为主，主要农作物有小麦、玉米、棉花、西瓜、香菇、红椒、红麻。另有禽畜养殖业、建材业、商贸业。有山东博大食品加工有限公司。205 国道经此。

丈八佛 371625-B04-H02
[Zhàngbāfó]

在县驻地博昌街道东南方向 10.0 千米处。湖滨镇辖自然村。人口 1 100。因村内名胜古迹而得名。聚落呈团块状分布。古迹有始建于东魏天平元年（534）的兴国寺丈八佛石造像。经济以种植业为主，主要农作物有小麦、玉米等。有公路经此。

姜韩 371625-B04-H03
[Jiānghán]

在县驻地博昌街道东南方向 7.0 千米。湖滨镇辖自然村。人口 2 800。明洪武二年（1369），姜、韩两姓由山西洪洞县迁至安丘、柳桥，清初迁此分立姜家庄和韩家庄。1912 年因划归二区姜韩乡所辖，两村合并后，以姓氏得名姜韩庄，后简称姜韩。聚落呈团块状分布。有小学 1 处。经济以种植业、养殖业、加工业为主。205 国道经此。

寨卞 371625-B04-H04
[Zhàibiàn]

在县驻地博昌街道东南方向 7.5 千米。湖滨镇辖自然村。人口 3 200。元大德四年（1300），卞姓由济阳县迁此建村，故名。聚落呈团块状分布。有幼儿园 1 处、小学 1 处。古迹有商周蒲姑国都城遗址。经济以种植业为主，主要农作物有小麦、玉米等。有博兴新旺食品有限公司。有公路经此。

寨卢 371625-B04-H05
[Zhàilú]

在县驻地博昌街道东南方向 11.0 千米。湖滨镇辖自然村。人口 3 200。明洪武二年（1369），卢姓由河北省枣强县迁此建村，故名卢家庄。1912 年因划为二区寨卢乡所辖，更名寨卢。1917 年村南徐家庄并入，统称寨卢。聚落呈团块状分布。有小学 1 处、幼儿园 1 处。古迹有卢姓始祖姜太公石质造像。经济以种植业为主，主要农作物有小麦、玉米、棉花。有博兴县清湖置业有限公司。有公路经此。

寨郝 371625-B04-H06
[Zhàihǎo]

在县驻地博昌街道东南方向 10.0 千米处。湖滨镇辖自然村。人口 4 800。明洪武二年（1369），郝氏由河北省枣强县迁此建村，故名郝家庄。1912年因划归二区寨郝乡管辖，更名寨郝。聚落呈团块状分布。有幼儿园1所、小学1所、中学1所。古迹有一段博昌城古城墙，俗称长长冢子。经济以种植业为主，主要种植小麦、玉米。有博兴县盛欧园钢结构有限公司。有公路经此。

柳白 371625-B04-H07
[Liǔbái]

在县驻地博昌街道东南方向7.5千米。湖滨镇辖自然村。人口3 000。明洪武二年（1369），白姓由河北省枣强县迁此建村，因村南乌河上建一石桥名利见桥，遂以桥名命村。清初因划归贝邱乡西柳社所辖，更名柳白庄，后简称柳白。有文化广场2处、小学1处。经济以种植业为主，主要种植小麦、玉米。有公路经此。

柳舒 371625-B04-H08
[Liǔshū]

在县驻地博昌街道东南方向7.5千米。湖滨镇辖自然村。人口3 000。明洪武二年（1369），舒姓由河北枣强县迁此建村，曾名舒家庄科。后因村内乌河上的石桥名利见桥，故村更名利见桥。清初，因划为贝邱乡西柳社所辖，以舒姓人较多而更名柳舒庄，1912年曾名柳舒镇，后简称柳舒。聚落呈团块状分布。有健身文化广场1处、小学1所。有县级重点文物保护单位柳舒遗址。经济以种植业为主，主要种植小麦、玉米。有公路经此。

相公 371625-B04-H09
[Xiànggōng]

在县驻地博昌街道东南方向11.5千米。湖滨镇辖自然村。人口1 000。春秋战国时期，贾、李两姓迁此建村，因村西南有襄公（齐襄公）冢，故名襄公庄。1936年后因划归二区相公乡所辖而更名相公。聚落呈团块状分布。古迹有春秋时期的齐襄公冢遗迹。经济以种植业、养殖业为主，主要种植小麦、玉米，养殖肉鸡、肉鸭。有公路经此。

鲁祝 371625-B04-H10
[Lǔzhù]

在县驻地博昌街道南方向10.0千米。湖滨镇辖自然村。人口1 000。战国时期，因有一姓祝的将领曾在此安营，故名祝家营，清初更名祝家庄。1912年因划归二区鲁祝乡所辖，更名鲁祝。聚落呈团块状分布。有文化广场1处、小学1处。经济以种植业为主，种植小麦、玉米。有公路经此。

沙旺 371625-B05-H01
[Shāwàng]

店子镇人民政府驻地。在县驻地博昌街道东南方向16.5千米。人口1 300。明洪武二年（1369），王姓由河北省枣强县迁此建村，因东临沙河，西依沙滩，故名沙窝庄；后以姓命名为沙王庄。清乾隆五十一年（1786），更名沙旺庄，后简称沙旺。聚落呈团块状分布。有图书室1处、文化广场1处。经济以种植业为主。有博兴县顺通物流运输有限公司。有公路经此。

店子 371625-B05-H02
[Diànzi]

在县驻地博昌街道东南方向16.5千米。店子镇辖自然村。人口1 500。西汉初始建，名兴隆镇，后因村内设店，更名为店子。聚落呈团块状分布。有文化大院1处、小学1所。经济以种植业为主，主要农作物有小麦、玉米。有公路经此。

利城　371625-B05-H03
［Lìchéng］

在县驻地博昌街道东方向 18.0 千米。店子镇辖自然村。人口 2 100。西汉置利县城后，居民相继迁此建村，故名利城镇，后简称利城。1936 年与村北郭家划为一个行政村，统称利城。聚落呈团块状分布。有省级重点文物保护单位利城古遗址。经济以种植业为主，主要农作物有小麦、玉米等。有公路经此。

利蔡　371625-B05-H04
［Lìcài］

在县驻地博昌街道东方向 17.5 千米。店子镇辖自然村。人口 500。明洪武二年（1369），蔡姓由河北省枣强县迁此建村，故名蔡家庄，1936 年更名利蔡庄，后简称利蔡。聚落呈团块状分布。有图书室 1 处、文化广场 1 处。古迹有利蔡遗址。经济以种植业为主。有公路经此。

般若　371625-B05-H05
［Bōrě］

在县驻地博昌街道东南方向 17.0 千米。店子镇辖自然村。人口 1 200。魏正光元年（520），在村北建一寺院，名石佛寺，遂以寺名村。后因寺内高僧董修德讲的是"般若经"，更名般若寺。1936 年更名般若村，后简称般若。聚落呈团块状分布。有武校 1 所。经济以种植业为主。有公路经此。

董官　371625-B05-H06
［Dǒngguān］

在县驻地博昌街道东南方向 14.0 千米。店子镇辖自然村。人口 2 000。北宋末年，董姓迁此建村，因董荩臣任北宋武职探花郎水陆大将军，故名董官庄，后简称董官。聚落呈团块状分布。有民俗艺术项目跑旱船、狮子舞、秧歌等。古迹有董官遗址。有博兴县汇金彩钢工贸有限公司。有公路经此。

马兴　371625-B05-H07
［Mǎxīng］

在县驻地博昌街道东南方向 16.0 千米。店子镇辖自然村。人口 1 200。明洪武二年（1396），张、谢二姓从河北枣强县迁此建村，因村内杏树多，故名杏花村，后曾名谢家庄。1912 年属马兴乡，更名马兴。聚落呈团块状分布。经济以种植业为主。有公路经此。

耿郭　371625-B05-H08
［Gěngguō］

在县驻地博昌街道东南方向 13.0 千米。店子镇辖自然村。人口 800。明洪武二年（1369），郭姓由山西省洪洞县迁此安营，后因划归五区耿马镇所辖，又名耿郭村，简称耿郭。聚落呈团块状分布。有文化广场、图书室等。经济以种植业为主，主要农作物有小麦、玉米等。有公路经此。

寨马　371625-B06-H01
［Zhàimǎ］

吕艺镇人民政府驻地。在县驻地博昌街道东北方向 15.0 千米。人口 400。原为小马家，清初划归向顺乡寨王庄社，更名寨马庄，后简称寨马。聚落呈团块状分布。有幼儿园 1 所、小学 1 所、中学 1 所。经济以种植业、商贸业为主，主要农作物有玉米、小麦、棉花。有公路经此。

屯田　371625-B06-H02
［Túntián］

在县驻地博昌街道东方向 15.5 千米。吕艺镇辖自然村。人口 3 200。明洪武二年（1369），刘姓由山西省洪洞县迁入，因人丁兴旺，更名刘家屯；1936 年曾名屯里庄；1946年因系屯田乡驻地，更名屯田。聚落呈团块状分布。有文化广场1处、图书室1处、小学1处、幼儿园1处。经济以种植业为主，主要农作物有小麦、玉米等。有公路经此。

康坊 371625-B06-H03

[Kāngfāng]

在县驻地博昌街道东北方向14.0千米。吕艺镇辖自然村。人口700。明洪武二年（1369），康姓由河北省枣强县迁此定居，故名康家屋子；清初，众姓徙入，遂成村落，因地处闫坊附近，故更名康家坊，后简称康坊。聚落呈团块状分布。有文化广场1处、农家书屋1处。经济以种植业为主。有公路经此。

王浩 371625-B06-H04

[Wánghào]

在县驻地博昌街道东北方向21.0千米。吕艺镇辖自然村。人口1 800。北宋初，居民迁此顺支脉河之阴建村，故名顺河营。明洪武二年（1369），王浩迁入，以开店为业，生意兴隆，闻名四乡，故更名王浩店，后简称王浩。聚落呈团块状分布。有文化广场1处、农家书屋1处、幼儿园1处。经济以种植业、养殖业为主，主要农作物有小麦、棉花、苹果、玉米，饲养猪、肉鸡。有公路经此。

营李 371625-B06-H05

[Yínglǐ]

在县驻地博昌街道东方向22.0千米。吕艺镇辖自然村。人口2 100。明洪武二年（1369），李姓由河北省枣强县迁此安营，故名营李庄，后简称营李。聚落呈团块状分布。有文化广场1处、农家书屋1处。经济以种植业为主，主要农作物有小麦、玉米、棉花。有公路经此。

贺家 371625-B06-H06

[Hèjiā]

在县驻地博昌街道东北方向19.5千米。吕艺镇辖自然村。人口1 400。元大德二年（1298），贺姓迁此建村，故名贺家庄，后简称贺家。聚落呈团块状分布。有文化广场1处、农家书屋1处。经济以种植业、养殖业为主，主要农作物有棉花、小麦、玉米，牛、羊、猪等养殖初具规模。有公路经此。

道口 371625-B06-H07

[Dàokǒu]

在县驻地博昌街道东方向20.0千米。吕艺镇辖自然村。人口1 200。北宋初年，毛姓迁此建村，在村南小清河岸设渡口，以摆渡为业，故名毛家道口。1912年，因划归五区道口乡所辖，毛姓绝嗣，更名道口。聚落呈团块状分布。有文化广场1处、农家书屋1处。经济以种植业为主。有公路经此。

闫坊 371625-B06-H08

[Yánfáng]

在县驻地博昌街道东北方向15.0千米。吕艺镇辖自然村。人口1 400。据《闫贾氏族谱》记载，北宋初，闫贾姓迁此建村，故名闫贾坊，后简称闫坊。聚落呈团块状分布。有小学1所。古迹有教堂1处。经济以种植业为主，主要农作物有小麦、玉米等。有公路经此。

高渡 371625-B06-H09

[Gāodù]

在县驻地博昌街道东方向18.5千米。吕艺镇辖自然村。人口2 500。北宋初年，高姓由山西省洪洞县迁此建村，在村南运粮河渡口上设八只大摆渡，故名高八渡。

明正德十一年（1516）村东建起柳泉寺，遂以寺名村。清初，因划归向顺乡高家渡社所辖，更名高家渡，后简称高渡。聚落呈团块状分布。有文化广场1处、农家书屋1处。经济以种植业、禽畜养殖业、运输业为主。有公路经此。

龙河 371625-B06-H10
[Lónghé]

在县驻地博昌街道东方向13.0千米。吕艺镇辖自然村。人口7 400。东魏天平年间，因村庄周围地势低洼，长年积水，芦苇丛生，名称水寨。清朝咸丰三年（1853），洪秀全领导的太平军北伐路过此地，见该村百姓亲热和睦，赐名为亲睦寨。清光绪二十四年（1898），黄河决口，似龙注水，冲刷成河，淹没村庄。洪水退却，重建家园，故更名龙注河，后简称龙河。聚落呈团块状分布。有文化广场1处、农家书屋1处、小学1处、幼儿园1处。古迹有汉孝子董永墓遗址。经济以种植业为主，主要种植小麦、玉米、棉花。有公路经此。

纯化 371625-B07-H01
[Chúnhuà]

纯化镇人民政府驻地。在县驻地博昌街道东北方向19.0千米。人口2 100。因宋太宗于淳化元年曾到此，故村名淳化，后演变为纯化。聚落呈团块状分布。有中学1所。经济以种植业、养殖业为主，主要农作物有小麦、玉米、棉花、苹果，淡水养殖草鱼、鲢鱼。有公路经此。

三教堂 371625-B07-H02
[Sānjiàotáng]

在县驻地博昌街道东北方向22.0千米。纯化镇辖自然村。人口900。北宋末年，董姓迁此建村，因村民信仰儒、道、佛，故在村东建一寺院，名曰三教寺，遂以寺名村，名三教堂。聚落呈团块状分布。有文化广场1处、农家书屋1处。经济以种植业为主，主要农作物有棉花、玉米、小麦。另有运输业、禽畜养殖业、商贸业。有公路经此。

东王文 371625-B07-H03
[Dōngwángwén]

在县驻地博昌街道东北方向21.0千米。纯化镇辖自然村。人口1 200。明洪武二年（1369），王文一家由河北省枣强县迁此建村，故名王文庄。清初，赵姓迁入，因发展兴旺，曾名赵家庄。1936年划归六区王文乡所辖时，因该村处西王文之东，故更名东王文庄，后简称东王文。聚落呈团块状分布。有省级重点文物保护单位辘轳把胡同。经济以种植业为主，主要种植粮棉作物。有公路经此。

窝刘 371625-B07-H04
[Wōliú]

在县驻地博昌街道东北方向22.0千米。纯化镇辖自然村。人口2 400。明洪武二年（1369），刘姓由河北省枣强县南关迁此建村，名村窝刘庄。清初因系向顺乡窝头社驻地，曾名窝头庄。1912年划归六区文化镇所辖时，复名窝刘庄，后简称窝刘。聚落呈团块状分布。有文化广场3处、农家书屋3处、小学1处、幼儿园1处。经济以种植业为主，主要农作物有小麦、玉米、棉花。有公路经此。

杨家 371625-B07-H05
[Yángjiā]

在县驻地博昌街道东北方向24.0千米。纯化镇辖自然村。人口1 200。明洪武四年（1371），杨姓由山西省洪洞县迁此建村，故名杨家庄。后因村中枣树繁茂，曾名杨家枣行。1943年复名杨家。聚落呈团块状分布。有文化广场3处、农家书屋1处。

经济以种植业为主，主要农作物有棉花、小麦、玉米等。有公路经此。

裴家 371625-B07-H06

［Péijiā］

在县驻地博昌街道东北方向18.0千米。纯化镇辖自然村。人口400。明洪武四年（1371），裴姓由河北省枣强县迁此建村，故名裴家庄，后简称裴家。聚落呈团块状分布。有文化广场1处、农家书屋1处。古迹有裴袁烈士纪念亭。经济以种植业为主，主要农作物有小麦、棉花、玉米等。有公路经此。

许楼 371625-B07-H07

［Xǔlóu］

在县驻地博昌街道东北方向16.0千米。纯化镇辖自然村。人口1 200。明洪武四年（1371），许姓由河北省枣强县迁此建村，故名许家庄。清乾隆初年，该村许冉范在村中建起三栋楼房，闻名四乡，故更名许家楼，后简称许楼。聚落呈团块状分布。有文化广场1处、农家书屋1处。经济以种植业为主，主要农作物有棉花、蔬菜。有公路经此。

庞家 371625-B08-H01

［Pángjiā］

庞家镇人民政府驻地。在县驻地博昌街道北方向9.0千米。人口1 100。明洪武二年（1369），庞姓由河北省枣强县迁入，因人丁兴旺，遂更名庞家庄，后简称庞家。聚落呈团块状分布。有幼儿园1处、小学1处。经济以种植业为主，主要农作物有小麦、玉米、豆瓣菜、白萝卜、韭菜、洋葱、菠菜、香瓜等。博小铁路、205国道经此。

三合寺 371625-B08-H02

［Sānhésì］

在县驻地博昌街道北方向12.0千米。庞家镇辖自然村。人口500。明洪武二年（1369），李姓由河北省枣强县迁此建村，因村东北角建一高庙，故名高庙寺，俗称寺上。1945年，与村西道岔、村南杨家合并，统称三合寺。聚落呈团块状分布。有文化广场1处。经济以种植业为主，兼营养殖、运输等行业。有公路经此。

九甲 371625-B08-H03

［Jiǔjiǎ］

在县驻地博昌街道北方向11.0千米。庞家镇辖自然村。人口100。明洪武二年（1369），王姓由河北省枣强县迁此建村，故名王家庄。后因地处荒碱地，曾名碱场王。清初实行保甲制时，因划为第九甲，遂更名九甲王，后简称九甲。聚落呈团块状分布。有文化广场1处。经济以种植业为主。有公路经此。

八甲 371625-B08-H04

［Bājiǎ］

在县驻地博昌街道北方向11.5千米。庞家镇辖自然村。人口400。明洪武二年（1369），黎姓兄弟由河北省枣强迁此建村，其兄在西部建村，名大黎家寨，该村遂名小黎家寨。清初实行保甲制时划归八甲，遂更名八甲庄。1967年更名卫东，1984年更名八甲。聚落呈团块状分布。经济以种植业为主，另有养殖业、运输业、建筑业等。有公路经此。

刘寨 371625-B08-H05

［Liúzhài］

在县驻地博昌街道北方向10.0千米。庞家镇辖自然村。人口1 100。明永乐二年

（1404），刘姓由山西榆次县迁河北省枣强县后又迁此建村，故名刘家寨，后简称刘寨。1958年与村西小马家划为一个行政村，统称刘寨。有文化广场1处。经济以种植业为主。205国道经此。

太平　371625-B08-H06
［Tàipíng］

在县驻地博昌街道北方向9.0千米。庞家镇辖自然村。人口700。清嘉庆五年（1800），因村东有一烟火台，故名烟墩。后因原名不雅，为图吉祥平安，更名为太平官庄。1912年因划归一区太平乡所辖，更名太平庄，后简称太平。聚落呈团块状分布。有文化广场1处。经济以种植业为主。有公路经此。

焦集　371625-B08-H07
［Jiāojí］

在县驻地博昌街道北方向10.0千米。庞家镇辖自然村。人口900。明永乐二年（1404），焦贯一携带四子迁此建村。因处退海之地，故名焦家溇。明末，因焦户在村中盖起楼房，曾名焦家楼。清康熙元年（1662），因立集市，遂更名焦家集，后简称焦集。聚落呈团块状分布。有文化广场1处。经济以种植业为主。有博兴县华兴驾驶员培训有限公司。205国道经此。

王厨　371625-B08-H08
［Wángchú］

在县驻地博昌街道北方向11.0千米。庞家镇辖自然村。人口500。明洪武年间（1369），王姓厨师由河北枣强县迁此安居建村，王厨师给知县做主厨，得到知县赞赏，赐村名王厨庄。聚落呈团块状分布。有文化广场1处。经济以种植业为主。有公路经此。

王图　371625-B08-H09
［Wángtú］

在县驻地博昌街道北方向8.0千米。庞家镇辖自然村。人口500。明洪武二年（1369），王姓由河北省枣强县迁此建村，以屠宰为业，故名王屠庄。后因不雅，故改村名为王图村，后简称王图。聚落呈团块状分布。有文化广场1处。经济以种植业为主。有公路经此。

羊桥　371625-B08-H10
［Yángqiáo］

在县驻地博昌街道北方向8.0千米。庞家镇辖自然村。人口800。宋太祖赵匡胤登基之前，路经此地，前面横河阻拦，后有百敌追击，却又无船摆渡，危机之时，忽见河两岸两只大白山羊两头相交，四角相拱成桥，随即赵匡胤登羊角桥安然而过。赵匡胤为帝后，为作纪念，该村取名羊角桥，后简称羊桥。聚落呈团块状分布。古迹有明代崔家御葬遗物石龟1座。经济以种植业为主，主要农作物有芹菜。有公路经此。

胡楼　371625-B08-H11
［Húlóu］

在县驻地博昌街道北方向9.0千米。庞家镇辖自然村。人口400。明洪武二年（1369），张、胡两姓由河北省枣强县迁此建村，因张姓在村中建一宗庙，故名张家庙。后因胡姓在村中盖起楼房，遂更名胡家楼。后胡姓绝嗣，仍沿称胡楼。聚落呈团块状分布。有文化广场1处。经济以种植业为主。有公路经此。

高庙李　371625-B08-H12
［Gāomiàolǐ］

在县驻地博昌街道北方向12.5千米。庞家镇辖自然村。人口1 000。明洪武二年

（1369），丘、李两姓由河北省枣强县迁入，故名丘李庄。清初，丘姓绝嗣，村南建一高庙寺，遂更名高庙李家，后简称李家。1983年，因县内有重名，复名高庙李。聚落呈团块状分布。有文化广场1处、文化大院1处。有市级重点文物保护单位天主教堂1处。经济以种植业为主。有公路经此。

乔庄 371625-B09-H01
[Qiáozhuāng]

乔庄镇人民政府驻地。在县驻地博昌街道北方向24.0千米。人口2 000。明洪武二年（1369），乔姓由河北省枣强县迁此建村，故名乔家庄，简称乔庄。聚落呈团块状分布。有幼儿园1处、小学1处、中学1处。经济以种植业、养殖业为主，主要农作物有有机蔬菜、有机水稻，养殖南美白对虾。有公路经此。

三合 371625-B09-H02
[Sānhé]

在县驻地博昌街道北方向23.5千米。乔庄镇辖自然村。人口400。明初，周、徐、李三姓先后迁黄河之阴，分立周家庙、英徐家、拐沟李三村。1949年后三村合并，命名三合村，简称三合。聚落呈团块状分布。有幼儿园1所、小学1所、文化广场1处。经济以种植业为主。有公路经此。

刘乖子 371625-B09-H03
[Liúguāizi]

在县驻地博昌街道北方向21.5千米。乔庄镇辖自然村。人口400。明洪武二年（1369），刘姓由河北省枣强县迁此建村，生一聪明灵怪之子，受邻里四乡之称赞，故名刘乖子庄，后简称刘乖子。聚落呈团块状分布。有文化广场1处。经济以种植业、养殖业为主。有公路经此。

刘善人 371625-B09-H04
[Liúshànrén]

在县驻地博昌街道东北方向21.0千米。乔庄镇辖自然村。人口600。明洪武二年（1369），刘姓由河北省枣强县迁此建村，因刘姓性善医高，四乡均称刘善人，故村名刘善人家，简称刘善人；1967年曾更名为卫东，1983年恢复。聚落呈团块状分布。有文化广场1处。经济以种植业、养殖业为主，主产粮棉、南美白对虾。有公路经此。

十三庄 371625-B09-H05
[Shísānzhuāng]

在县驻地博昌街道北方向22.0千米。乔庄镇辖自然村。人口400。清光绪二十四年（1898），黄河决口，泛滥成灾，地处黄河之阳的十三个村庄的部分灾民，为逃避水患，迁今村东北部，共建新村，故名新庄子；后因该村由十三个村庄的居民组成，更名十三庄。1972年迁今址，仍称十三庄。聚落呈团块状分布。有文化广场1处、文化大院1处。经济以种植业、水产养殖业为主。有公路经此。

双台 371625-B09-H06
[Shuāngtái]

在县驻地博昌街道北方向22.0千米。乔庄镇辖自然村。人口300。西汉末年，居民迁此建村，因北濒黄河，东临大海，微风清爽，故名清风镇。后官府在村东南筑起两个烽火台，在台上建起玉皇阁，因此阁双层，名曰双台阁，该村遂更名双台庄，后简称双台。聚落呈团块状分布。有文化广场1处。古迹有双台阁遗迹。经济以种植业、养殖业为主，主产粮棉、南美白对虾。有公路经此。

守义礼 371625-B09-H07

［Shǒuyìlǐ］

在县驻地博昌街道北方向 20.5 千米。乔庄镇辖自然村。人口 200。明洪武二年（1369），李姓由河北省枣强县迁此建村，因李姓精《四书》，通《五经》，遵孔孟，守礼义，故名村守义礼庄，后简称守礼。聚落呈团块状分布。有文化广场 1 处。经济以种植业、养殖业为主，主产粮棉、南美白对虾。有公路经此。

梁楼 371625-B09-H08

［Liánglóu］

在县驻地博昌街道北方向 20.0 千米。乔庄镇辖自然村。人口 1 000。明洪武二年（1369），梁姓由河北省枣强县迁此建村，遂在村中建起楼房，故名梁家楼。聚落呈团块状分布。有文化广场 1 处、图书室 1 处等。经济以种植业、养殖业为主。有公路经此。

玉皇堂 371625-B09-H09

［Yùhuángtáng］

在县驻地博昌街道北方向 22.0 千米。乔庄镇辖自然村。人口 200。清光绪二十四年（1898），黄河决口，黄河之阳玉皇堂村的部分灾民迁此落户，遂建玉皇庙，故更村名玉皇堂村，后简称玉皇堂。聚落呈团块状分布。有文化广场 1 处。经济以种植业为主。有公路经此。

王旺庄 371625-B09-H10

［Wángwàngzhuāng］

在县驻地博昌街道北方向 24.0 千米。乔庄镇辖自然村。人口 400。明洪武二年（1369），张姓兄弟四人由河北省枣强县迁黄河南岸建村，因张姓善武术，曾名叭狗张。清初王姓迁入，发展兴旺，因原名不雅，故更名王旺庄。聚落呈团块状分布。有文化广场 1 处。经济以养殖业、种植业为主，主产南美白对虾。有公路经此。

蔡寨 371625-B09-H11

［Càizhài］

在县驻地博昌街道北方向 21.0 千米。乔庄镇辖自然村。人口 600。明洪武二年（1369），蔡姓由河北省枣强县迁今村西北部建村，故名蔡家寨，后简称蔡寨。聚落呈团块状分布。有小学 1 所、中学 1 所。有劳动人民纪念堂 1 处，古迹有古墓，曾出土玉马、玉羊等珍贵文物。经济以种植业、养殖业为主。有公路经此。

闫庙 371625-B09-H12

［Yánmiào］

在县驻地博昌街道北方向 20.0 千米。乔庄镇辖自然村。人口 200。西汉初，闫姓迁此建村，因在村东南建一寺庙，故名村闫家寺。明初，杨、王等姓迁入，为祈丰年、祷平安，又在村西建一关帝庙，遂更村名闫家庙。后闫姓绝嗣，仍称闫庙。聚落呈团块状分布。有文化广场 1 处。经济以种植业、养殖业为主。有公路经此。

邹平县

城市居民点

黛溪花园 371626-I01

［Dàixī Huāyuán］

在县城西部。住户 757 户。总面积 11.1 公顷。因黛溪河在附近而得名。2000 年始建，2006 年正式使用。建筑总面积 100 000 平方米，多层住宅楼 23 栋，现代建筑风格。绿地面积 30 000 平方米。有超市、学校等配套设施。通公交车。

阳光花园 371626-I02

[Yángguāng Huāyuán]

在县城西北部。住户 670 户。总面积 14.2 公顷。因吉祥嘉言而得名。2001 年始建，2003 年正式使用。建筑总面积 90 000 平方米，住宅楼 41 栋，其中高层 21 栋、别墅 20 栋，现代建筑风格。绿地面积 20 000 平方米。通公交车。

济发现代城 371626-I03

[Jǐfā Xiàndài Chéng]

在县城东南部。住户 694 户。总面积 6.1 公顷。因济南开发商建设而得名。2006 年始建，2008 年正式使用。建筑总面积 120 000 平方米，住宅楼 20 栋，其中高层 8 栋、多层 12 栋，现代建筑风格。绿地面积 10 000 平方米。有超市、学校等配套设施。通公交车。

星河上城小区 371626-I04

[Xīnghé Shàngchéng Xiǎoqū]

在县城东南部。住户 628 户。总面积 5.6 公顷。因想打造美好梦幻上城之府而得名。2011 年始建，2012 年正式使用。建筑总面积 100 000 平方米，高层住宅楼 18 栋，西式建筑风格。绿地面积 20 000 平方米。有超市、餐饮等配套设施。通公交车。

湖光山色小区 371626-I05

[Húguāng Shānsè Xiǎoqū]

在县城西北部。住户 562 户。总面积 5.1 公顷。因依山傍水而得名。2007 年始建，2012 年正式使用。建筑总面积 70 000 平方米，多层住宅楼 14 栋，现代建筑风格。绿地面积 20 000 平方米。有儿童娱乐设施、超市、步行街、餐饮等配套设施。通公交车。

锦绣华城小区 371626-I06

[Jǐnxiù Huáchéng Xiǎoqū]

在县城东南部。人口 3 200。总面积 14.8 公顷。因吉祥嘉言命名。2010 年始建，2012 年正式使用。建筑总面积 150 000 平方米，住宅楼 19 栋，其中高层 7 栋、多层 12 栋，现代建筑风格。绿地面积 20 000 平方米。有儿童娱乐设施、便民门诊、老年活动中心、幼儿活动室、幼儿园等配套设施。通公交车。

世纪花园小区 371626-I07

[Shìjì Huāyuán Xiǎoqū]

在县城西北部。住户 576 户。总面积 8.5 公顷。寓意新世纪建设美丽的小区，故名。2000 年始建，2003 年正式使用。建筑总面积 140 000 平方米，多层住宅楼 19 栋，现代建筑风格。绿地面积 10 000 平方米。有学校、医院、超市等配套设施。通公交车。

和润家园 371626-I08

[Hérùn Jiāyuán]

在县城东南部。住户 576 户。总面积 3.2 公顷。因想打造和谐、滋润的美好生活而得名。2013 年始建，2014 年正式使用。建筑总面积 110 000 平方米，高层住宅楼 8 栋，现代建筑风格。绿地面积 10 000 平方米。有学校、体育馆等配套设施。通公交车。

东方华城小区 371626-I09

[Dōngfāng Huáchén Xiǎoqū]

在县城东北部。住户 150 户。总面积 11.1 公顷。因位于邹平东部，与高新开发区相邻，故名。2011 年始建，2014 年正式使用。建筑总面积 320 000 平方米，高层住宅楼 12 栋，现代建筑风格。绿地面积 40 000 平方米。有幼儿园等配套设施。通公交车。

安居小区 371626-I10

[Ānjū Xiǎoqū]

在县城东北部。住户 520 户。总面积 4.3 公顷。以吉祥嘉言命名，寓意安居乐业。1991 年始建，1996 年正式使用。建筑总面积 60 000 平方米，多层住宅楼 16 栋，现代建筑风格。绿地面积 20 000 平方米。有超市、学校、医院等配套设施。通公交车。

齐明天健苑 371626-I11

[Qímíng Tiānjiàn Yuàn]

在县城西北部。住户 893 户。总面积 8.3 公顷。取自"天行健，君子以自强不息"，冠以开发商名而命名。2008 年始建，2013 年 8 月正式使用。建筑总面积 210 000 平方米，住宅楼 23 栋，其中高层 7 栋、多层 16 栋，现代建筑风格。绿地面积 30 000 平方米。有超市、学校、医院等配套设施。通公交车。

胜利花园小区 371626-I12

[Shènglì Huāyuán Xiǎoqū]

在县城东北部。住户 654 户。总面积 6.2 公顷。以对美好生活的向往及憧憬而命名，寓意居民的生活期望都能实现。2004 年始建，2006 年正式使用。建筑总面积 60 000 平方米，多层住宅楼 15 栋，现代建筑风格。绿地面积 20 000 平方米。有超市、学校等配套设施。通公交车。

鹤伴豪庭 371626-I13

[Hèbàn Háotíng]

在县城南部。住户 1 523 户。总面积 18.2 公顷。因位于西董境内，以鹤伴山取名鹤伴，寓意想要打造邹平豪宅庭院，故名。2009 年始建，2011 年正式使用。建筑总面积 300 000 平方米，多层住宅楼 15 栋，现代建筑风格。绿地面积 3 000 平方米。通公交车。

农村居民点

黄东 371626-A01-H01

[Huángdōng]

在县驻地黄山街道东南方向 0.9 千米。黄山街道辖自然村。人口 3 200。明代始名黄山前，因地处黄山前而得名。后分两个村，本村因位于东部，取名黄东。聚落呈团块状分布。有文化广场 1 处、文化书屋 1 处。经济以租赁业为主。有公路经此。

抱印 371626-A01-H02

[Bàoyìn]

在县驻地黄山街道西南方向 2.5 千米。黄山街道辖自然村。人口 300。因村庄的地理位置和形势有环抱印台山之势，故名抱印。聚落呈团块状分布。有文化广场 1 处、文化书屋 1 处。经济以种植业为主，主要农作物有小麦、玉米等。有公路经此。

郎君 371626-A01-H03

[Lángjūn]

在县驻地黄山街道西方向 2.2 千米。黄山街道辖自然村。人口 1 300。一说孝子刘星给母守墓期间被狼吃掉，后人为纪念他，称他为郎君，故取村名郎君；二是因南村为牛槽，此村为牛郎所居，故取名郎君。聚落呈团块状分布。有文化广场 1 处、文化书屋 1 处。经济以种植业、养殖业为主。有公路经此。

周家 371626-A01-H04

[Zhōujiā]

在县驻地黄山街道西南方向 1.6 千米。

黄山街道辖自然村。人口 1 400。因姓氏得名。聚落呈团块状分布。有文化广场 1 处、文化书屋 1 处。经济以种植业、商贸业为主，主要农作物有小麦、玉米。有公路经此。

乔木 371626-A01-H05
[Qiáomù]

在县驻地黄山街道西南方向 1.2 千米。黄山街道辖自然村。人口 600。村名取自《诗经·小雅·伐木》"出自幽谷，迁于乔木"，旧时比喻人搬到好的地方去住或官职高升，含祝贺之义。聚落呈团块状分布。有文化广场 1 处、文化书屋 1 处。经济以种植业、商贸业为主，主要农作物有小麦、玉米。有公路经此。

见埠 371626-A01-H06
[Jiànbù]

在县驻地黄山街道东南方向 1.5 千米。黄山街道辖自然村。人口 2 900。古以地形取名鉴阜，"鉴"指古时青铜气形状像大盆，"阜"为土山，含形似大盆状土山之义。后改为见埠。聚落呈团块状分布。有文化广场 1 处、文化书屋 1 处、小学 1 所、中学 1 所。经济以种植业、商贸业为主，主要农作物有小麦、玉米。有公路经此。

中兴 371626-A02-H01
[Zhōngxīng]

在县驻地黄山街道西南方向 2.7 千米。黛溪街道辖自然村。人口 1 700。原名中美村，为中兴村和美井村两个自然村合并而成，后改名为中兴。聚落呈团块状分布。有文化广场 1 处、文化书屋 1 处、幼儿园 1 处、中学 1 所。有市级非物质文化遗产项目民间传统文艺"中兴龙灯"。经济以种植业为主，主要农作物有小麦、玉米等。有公路经此。

成五 371626-A02-H02
[Chéngwǔ]

在县驻地黄山街道西北方向 4.8 千米。黛溪街道辖自然村。人口 1 100。以历史人物成瓘取名成家，后以成家为中心，与小李、小刘、富胜、马家四个自然村合并，取名成五。聚落呈团块状分布。有文化广场 1 处、文化书屋 1 处、幼儿园 1 处。经济以种植业为主，主要农作物有小麦、韭菜、玉米等。321 省道经此。

郭庄 371626-A02-H03
[Guōzhuāng]

在县驻地黄山街道西北方向 3.7 千米。黛溪街道辖自然村。人口 1 300。以姓氏命名郭庄。聚落呈团块状分布。有文化广场 1 处、文化书屋 1 处。经济以种植业为主，主要农作物有小麦、玉米、椿芽、水杏等。321 省道经此。

聚和 371626-A02-H04
[Jùhé]

在县驻地黄山街道西北方向 4.9 千米。黛溪街道辖自然村。人口 500。村名取聚义合和之意。聚落呈团块状分布。有文化广场 1 处、文化书屋 1 处。经济以商贸业、种植业为主，主要农作物有小麦、玉米、椿芽、苹果等。321 省道经此。

南营 371626-A02-H05
[Nányíng]

在县驻地黄山街道西北方向 2.2 千米。黛溪街道辖自然村。人口 500。清康熙年间，马姓迁入黄家营，因黄家营坐落于邹平县城南，后更名为南营。经济以种植业为主，主要农作物有小麦、玉米。有公路经此。

安家 371626-A02-H06

[Ānjiā]

在县驻地黄山街道西北方向 1.3 千米。黛溪街道辖自然村。人口 400。元大德二年（1298），安姓人家在此居住，因姓氏而得村名。聚落呈团块状分布。有文化广场 1 处。经济以商贸业、种植业为主，主要农作物有小麦、玉米。有公路经此。

鄢家 371626-A02-H07

[Yānjiā]

在县驻地黄山街道东北方向 2.2 千米。黛溪街道辖自然村。人口 1 500。以姓氏命名鄢家。聚落呈团块状分布。有文化广场 1 处、文化书屋 1 处。有民间艺术锣鼓队 1 支。经济以商贸业为主。有公路经此。

东关 371626-A02-H08

[Dōngguān]

在县驻地黄山街道东北方向 2.6 千米。黛溪街道辖自然村。人口 1 900。因村在东门外，故取名东关。建聚落呈团块状分布。有文化广场 1 处。有东关戏班子。经济以种植业为主，主要农作物有小麦、玉米。有东升集团，第三产业发达。有公路经此。

邓家 371626-A03-H01

[Dèngjiā]

在县驻地黄山街道东南方向 7.2 千米。高新街道辖自然村。人口 200。因姓氏得名。聚落呈团块状分布。有文化广场 1 处、文化书屋 1 处。经济以商贸业、养殖业、种植业为主，主要农作物有小麦、玉米。有公路经此。

莲花池 371626-A03-H02

[Liánhuāchí]

在县驻地黄山街道东北方向 6.1 千米。高新街道辖自然村。人口 500。传说因突然降临的莲花开在湾中，使村中出现了大人物，故取村名莲花池。聚落呈团块状分布。有文化广场 1 处、文化书屋 1 处、小学 1 所、中学 1 所。经济以商贸业、种植业为主，主要农作物有小麦、玉米。有公路经此。

牛王 371626-A03-H03

[Niúwáng]

在县驻地黄山街道东北方向 7.2 千米。高新街道辖自然村。人口 1 600。传说人们黎明时看到一头很大很大的牛在湾边喝水，人们认为这头牛是牛中之王，是宝牛，故名村牛王。聚落呈团块状分布。有文化广场 1 处、文化书屋 1 处。经济以商贸业、种植业为主，主要农作物有小麦、玉米。有公路经此。

崔毛 371626-A03-H04

[Cuīmáo]

在县驻地黄山街道东北方向 6.9 千米。高新街道辖自然村。人口 300。因居民姓氏而得名崔毛。聚落呈团块状分布。有文化广场 1 处、文化书屋 1 处。经济以种植业为主，主要农作物有小麦、玉米。有公路经此。

梁毛 371626-A03-H05

[Liángmáo]

在县驻地黄山街道东方向 6.9 千米。高新街道辖自然村。人口 400。传说古时乌龙江流经此地，为荒无人烟的不毛之地。明洪武年间，梁姓居民迁此。因乌龙江经常搁浅船只，并结合姓氏取名梁家毛驼，今称梁毛。聚落呈团块状分布。有文化广场 1 处、文化书屋 1 处。经济以种植业为主，主要农作物有小麦、玉米。有公路经此。

礼参 371626-A03-H06
［Lǐcān］

在县驻地黄山街道东北方向 6.7 千米。高新街道辖自然村。人口 1 500。因范仲淹曾在此地礼参父老，为了纪念范仲淹，取村名礼参。聚落呈团块状分布。有文化广场 1 处、文化书屋 1 处、中学 1 所。经济以商贸业、加工业、种植业为主，主要农作物有小麦、玉米。有公路经此。

西神坛 371626-A03-H07
［Xīshéntán］

在县驻地黄山街道东北方向 10.2 千米。高新街道辖自然村。人口 900。明洪武年间，知县徐奇开在城西二里建社稷坛，故名村西神坛。聚落呈团块状分布。有文化广场 1 处、文化书屋 1 处。经济以种植业为主，主要农作物有小麦、玉米。有公路经此。

东石 371626-A03-H08
［Dōngshí］

在县驻地黄山街道东北方向 1.7 千米。高新街道辖自然村。人口 700。因坐落在黄山东麓而命名。聚落呈团块状分布。有文化广场 1 处、文化书屋 1 处。经济以商贸业、种植业为主，主要农作物有小麦、玉米。有公路经此。

房家桥 371626-A03-H09
［Fángjiāqiáo］

在县驻地黄山街道东北方向 7.2 千米。高新街道辖自然村。人口 900。该村在古潴龙河畔，河上有桥。明朝初年，房姓居民迁此定居，故名村房家桥。聚落呈团块状分布。有文化广场 1 处、文化书屋 1 处。经济以商贸业、种植业为主，主要农作物有小麦、玉米。有公路经此。

山旺埠 371626-A03-H10
［Shānwàngbù］

在县驻地黄山街道东北方向 9.3 千米。高新街道辖自然村。人口 1 500。该村明清时称山王埠，以在古孝妇河畔商埠得名，后称山旺埠。聚落呈团块状分布。有文化广场 1 处、文化书屋 1 处。经济以加工业、种植业为主，主要农作物有小麦、玉米。有公路经此。

八里河 371626-A04-H01
［Bālǐhé］

在县驻地黄山街道东北方向 8.1 千米。好生街道辖自然村。人口 1 600。因村址坐落在潴龙河西岸，距离古时周村镇八里，故取名八里河。聚落呈团块状分布。有文化广场 1 处、文化书屋 1 处、幼儿园 1 所、中学 1 所。经济以种植业为主，主要农作物有小麦、玉米。有公路经此。

河阳 371626-A04-H02
［Héyáng］

在县驻地黄山街道东南方向 9.2 千米。好生街道辖自然村。人口 1 100。因处河流之阳，遂名河阳。聚落呈团块状分布。有文化广场 1 处、文化书屋 1 处。经济以种植业、制造业为主，主要农作物有小麦、玉米。309 国道经此。

史营 371626-A04-H03
［Shǐyíng］

在县驻地黄山街道东南方向 9.3 千米。好生街道辖自然村。人口 1 100。因史家设立茔田，得名史营。聚落呈团块状分布。有文化广场 1 处、文化书屋 1 处。经济以种植业、制造业为主，主要农作物有小麦、玉米。经济以家具制造业为主。有公路经此。

好生 371626-A04-H04
[Hǎoshēng]

在县驻地黄山街道东南方向 7.2 千米。好生街道辖自然村。人口 1 800。取上天有好生之德之意，名好生店，后称好生。聚落呈团块状分布。有文化广场 1 处、文化书屋 1 处、小学 1 所、中学 1 所。经济以种植业、制造业为主，主要农作物有小麦、玉米。有公路经此。

小高 371626-A04-H05
[Xiǎogāo]

在县驻地黄山街道东南方向 6.7 千米。好生街道辖自然村。人口 600。明朝初年，高姓居民在此立村，取名高家庄，后因重名改为小高。聚落呈团块状分布。有文化广场 1 处、文化书屋 1 处、中学 1 所。经济以种植业为主，主要农作物有小麦、玉米。有公路经此。

院上 371626-A04-H06
[Yuànshàng]

在县驻地黄山街道东南方向 8.8 千米。好生街道辖自然村。人口 1 100。元至元二十九年（1292），此地修建崇兴寺，取僧人之苑之意，名村苑尚庄，后沿革为院上。聚落呈团块状分布。有文化广场 1 处、文化书屋 1 处。经济以种植业、制造业为主，主要农作物有小麦、玉米，制造业有木器加工、家具制作。有公路经此。

蒙一 371626-A04-H07
[Méngyī]

在县驻地黄山街道东南方向 8.8 千米。好生街道辖自然村。人口 1 100。因姓氏命名，后为方便管理，分别命名为蒙一、蒙二、蒙三、蒙四。聚落呈团块状分布。有文化广场 1 处、文化书屋 1 处。经济以商贸业、种植业为主，主要农作物有小麦、玉米。有公路经此。

二槐 371626-A04-H08
[Èrhuái]

在县驻地黄山街道东南方向 7.6 千米。好生街道辖自然村。人口 1 000。相传该村在周村到此处第二颗槐树旁，故名二槐。聚落呈团块状分布。有文化广场 1 处、文化书屋 1 处。经济以种植业为主，主要农作物有小麦、玉米。有公路经此。

河南 371626-A04-H09
[Hénán]

在县驻地黄山街道东南方向 6.6 千米。好生街道辖自然村。人口 700。该村在潴龙河南侧，故名河南。聚落呈团块状分布。有文化广场 1 处、文化书屋 1 处。经济以种植业、加工业为主，主要农作物有小麦、玉米。有公路经此。

黑土 371626-A04-H10
[Hēitǔ]

在县驻地黄山街道东南方向 7.3 千米。好生街道辖自然村。人口 300。因村附近土质呈黑色得名。聚落呈团块状分布。有文化广场 1 处、文化书屋 1 处。经济以种植业为主，主要农作物有小麦、玉米。有公路经此。

蓦涧 371626-A04-H11
[Mòjiàn]

在县驻地黄山街道东南方向 10.1 千米。好生街道辖自然村。人口 1 000。取坐落山涧以上之义，今称蓦涧。聚落呈团块状分布。有文化广场 1 处、文化书屋 1 处。经济以种植业、加工业为主，主要农作物有小麦、玉米。有公路经此。

西董 371626-A05-H01

[Xīdǒng]

在县驻地黄山街道西北方向 6.2 千米，西董街道辖自然村。人口 1 300。因姓氏得名董家庄，后因重名，更名为西董。聚落呈团块状分布。有文化广场 1 处、文化书屋 1 处。经济以种植业为主，主要农作物有小麦、玉米。天地源酒业集团。有公路经此。

夫村 371626-A05-H02

[Fūcūn]

在县驻地黄山街道西南方向 4.2 千米。西董街道辖自然村。人口 1 000。春秋时为齐公子子周的采邑，称夫于邑，又称夫于亭，后改为夫村。聚落呈团块状分布。有文化广场 1 处、文化书屋 1 处。经济以种植业为主，主要农作物有小麦、玉米。有公路经此。

地佛 371626-A05-H03

[Dìfó]

在县驻地黄山街道南方向 6.8 千米。西董街道辖自然村。人口 500。因开垦土地时挖出一尊半尺高的石佛像，腰刻"地佛"两字而得名。聚落呈团块状分布。有文化广场 1 处、文化书屋 1 处。经济以种植业为主，主要农作物有小麦、玉米。有公路经此。

西庵 371626-A05-H04

[Xī'ān]

在县驻地黄山街道东南方向 9.1 千米。西董街道辖自然村。人口 400。因坐落于三阳观西南，故名西庵。聚落呈团块状分布。有文化广场 1 处、文化书屋 1 处。经济以种植业为主，主要农作物有小麦、玉米。有公路经此。

皇后 371626-A05-H05

[Huánghòu]

在县驻地黄山街道东南方向 9.2 千米。西董街道辖自然村。人口 400。因村内董氏家族出了一位董妃，后下旨追封董妃为孝德皇后，故名村皇后。聚落呈团块状分布。有文化广场 1 处、文化书屋 1 处。经济以种植业为主，主要农作物有小麦、玉米。有公路经此。

杏林 371626-A05-H06

[Xìnglín]

在县驻地黄山街道西南方向 8.9 千米。西董街道辖自然村。人口 600。梁漱溟先生见整个村子被一片杏林包围，好像人间仙境，取村名杏林。聚落呈团块状分布。有文化广场 1 处、文化书屋 1 处。经济以种植业为主，主产地瓜、小麦、桃、杏。有公路经此。

会仙 371626-A05-H07

[Huìxiān]

在县驻地黄山街道西南方向 8.9 千米。西董街道辖自然村。人口 600。因村北是会仙山，于是改村名为会仙。聚落呈团块状分布。有文化广场 1 处、文化书屋 1 处。经济以种植业为主，主要农作物有地瓜、杏。有公路经此。

韦家岭 371626-A05-H08

[Wéijiālǐng]

在县驻地黄山街道西南方向 5.1 千米。西董街道辖自然村。人口 600。因此村在韦家岭处，根据地理位置得名。聚落呈团块状分布。有文化广场 1 处、文化书屋 1 处。经济以种植业为主，主要农作物有小麦、玉米。有公路经此。

西峪 371626-A05-H09
［Xīyù］

在县驻地黄山街道西南方向 9.5 千米。西董街道辖自然村。人口 600。根据地理位置得名。聚落呈团块状分布。有文化广场 1 处、农家书屋 1 处。经济以种植业为主，主要农作物有小麦、玉米、棉花。有公路经此。

太平 371626-A05-H10
［Tàipíng］

在县驻地黄山街道西南方向 3.2 千米。西董街道辖自然村。人口 700。取安定之义名太平庄，今称太平。聚落呈团块状分布。有文化广场 1 处、农家书屋 1 处。经济以种植业为主，主要农作物有小麦、玉米。有公路经此。

由家河滩 371626-A05-H11
［Yóujiāhétān］

在县驻地黄山街道西南方向 8.7 千米。西董街道辖自然村。人口 900。因姓氏及地理位置得名。聚落呈团块状分布。有文化广场 1 处、农家书屋 1 处。经济以种植业为主，主要农作物有桃、小麦、玉米、棉花等。有公路经此。

朱塘 371626-A05-H12
［Zhūtáng］

在县驻地黄山街道西南方向 8.7 千米。西董街道辖自然村。人口 900。因池塘坐落在朱家而得名。聚落呈团块状分布。有文化广场 1 处、农家书屋 1 处。经济以种植业为主，主要农作物有桃子、小麦、玉米、棉花等。有公路经此。

朱家 371626-B01-H01
［Zhūjiā］

长山镇人民政府驻地。在县驻地黄山

街道东方向 10.1 千米。人口 300。因姓氏而得名。聚落呈团块状分布。有文化广场 1 处。经济以种植业为主，主要农作物有小麦、玉米、谷子、棉花、山药。有公路经此。

明礼 371626-B01-H02
［Mínglǐ］

在县驻地黄山街道东北方向 10.2 千米。长山镇辖自然村。人口 1 000。隋末唐初时，晋王李克敬受伤经过此地，在此地得到悉心照料，唐王听后感慨不已，亲书"明礼庄"匾额，就此更名为明礼。聚落呈团块状分布。有文化广场 1 处、农家书屋 1 处。经济以种植业为主，主要农作物有小麦、玉米。有公路经此。

永池 371626-B01-H03
［Yǒngchí］

在县驻地黄山街道东北方向 9.9 千米。长山镇辖自然村。人口 900。因雍齿墓得名雍齿庄，后沿革为永池。聚落呈团块状分布。有文化广场 1 处、农家书屋 1 处。经济以种植业为主，主要农作物有小麦、玉米。有嘉田农业科技有限公司、王刚茶几厂、永池齿轮厂、永泉车床加工。有公路经此。

柳寺 371626-B01-H04
［Liǔsì］

在县驻地黄山街道东北方向 18.1 千米。长山镇辖自然村。人口 1 000。因村内广教院有颗大柳树而得名。聚落呈团块状分布。有文化广场 1 处、农家书屋 1 处。有民间艺术锣鼓队 1 支。经济以种植业为主，主要农作物有小麦、玉米。有公路经此。

茶棚 371626-B01-H05
［Chápéng］

在县驻地黄山街道东北方向 10.1 千米。长山镇辖自然村。人口 700。传说村边有个草棚，方便来往这条官道的客商喝茶，故名茶棚。聚落呈团块状分布。有文化广场1处。经济以种植业、加工业为主，主要农作物有小麦、玉米。有公路经此。

范公 371626-B01-H06
[Fàngōng]

在县驻地黄山街道西南方向10.9千米。长山镇辖自然村。人口500。范仲淹幼年曾生活于此，北宋治平二年（1065）建范公祠后，名村范公庄，2002年改名范公。聚落呈团块状分布。有文化广场1处。有民间艺术锣鼓队1支。古迹有范公祠。经济以种植业为主，主要农作物有小麦、玉米、谷子、无花果、青豆、高粱、菠菜、卷心菜、莲藕。有塑麻制品厂、麻纺厂、汽车配件厂。有公路经此。

丁公 371626-B01-H07
[Dīnggōng]

在县驻地黄山街道东南方向13.1千米。长山镇辖自然村。人口700。因丁夭墓在此，称为丁夭埠，中华人民共和国成立后改为丁公。聚落呈团块状分布。有文化广场1处。有国家级文物保护单位丁公遗址。经济以种植业为主，主要农作物有小麦、山药、玉米、洋菇、酸莓、包心菜、西洋菜、四季豆、芹菜、乌饭果、美国香瓜。有公路经此。

北后 371626-B01-H08
[Běihòu]

在县驻地黄山街道东北方向11.2千米。长山镇辖自然村。人口500。因地处长山北关村后面，故名后北关，1954年改名为北后。聚落呈团块状分布。有文化广场1处、农家书屋1处。经济以种植业为主，主要农作物有小麦、玉米。有公路经此。

陈度 371626-B01-H09
[Chéndù]

在县驻地黄山街道东北方向17.1千米。长山镇辖自然村。人口3 000。因村东有条流沙河，需船只接送来往客人，撑船工多姓陈，故名陈家渡口，后改为陈度。聚落呈团块状分布。有文化广场1处、农家书屋1处。经济以种植业为主，主要农作物有小麦、玉米。有公路经此。

东鲍 371626-B01-H10
[Dōngbào]

在县驻地黄山街道东北方向15.2千米。长山镇辖自然村。人口1 000。因姓氏及方位得名。聚落呈团块状分布。有文化广场1处、农家书屋1处。经济以种植业为主，主要农作物有小麦、玉米。有公路经此。

东北 371626-B01-H11
[Dōngběi]

在县驻地黄山街道东北方向15.1千米。长山镇辖自然村。人口600。因坐落的位置、方位而得名。聚落呈团块状分布。有文化广场1处、农家书屋1处。经济以种植业、养殖业为主，主要农作物有小麦、玉米、山药。有公路经此。

甘前 371626-B01-H12
[Gānqián]

在县驻地黄山街道东北方向10.2千米。长山镇辖自然村。人口700。因姓氏及方位而得名。聚落呈团块状分布。有文化广场1处、农家书屋1处。经济以种植业为主，主要农作物有小麦、玉米、山药。有洁美藤艺厂、板材厂、清洁餐具厂。有公路经此。

石羊 371626-B01-H13
[Shíyáng]

在县驻地黄山街道东北方向13.3千米。

长山镇辖自然村。人口 300。明朝中期，一位老石匠用了半年时间，雕刻出了两只石头羊，故名村石羊。聚落呈团块状分布。有文化广场 1 处、农家书屋 1 处。经济以种植业为主，主要农作物有小麦、玉米。有公路经此。

田家 371626-B01-H14
[Tiánjiā]

在县驻地黄山街道东北方向 17.1 千米。长山镇辖自然村。人口 1 800。因姓氏而得名。聚落呈团块状分布。有文化广场 1 处、农家书屋 1 处。经济以种植业为主，主要农作物有小麦、玉米。有公路经此。

王世 371626-B01-H15
[Wángshì]

在县驻地黄山街道东北方向 15.0 千米。长山镇辖自然村。人口 500。相传战国时期，此处是各国王子来往寄居之所，旧称王舍，后改为王世。聚落呈团块状分布。有文化广场 1 处、农家书屋 1 处。经济以种植业为主，主要农作物有小麦、玉米。有公路经此。

大省 371626-B01-H16
[Dàshěng]

在县驻地黄山街道东北方向 13.2 千米。长山镇辖自然村。人口 900。此地为齐桓公及古时帝王和贵族游玩和打猎的园林，"省"为古时王宫禁地，故名村省庄，后称大省。聚落呈团块状分布。有文化广场 1 处、农家书屋 1 处。经济以种植业为主，主要农作物有小麦、玉米。有公路经此。

沟盈 371626-B01-H17
[Gōuyíng]

在县驻地黄山街道东北方向 15.9 千米。长山镇辖自然村。人口 1 400。原坟田前有一大沟，清朝末期，人们把它填满，改村名为沟盈，意为沟满盈利。聚落呈团块状分布。有文化广场 1 处、农家书屋 1 处。经济以种植业为主，主要农作物有小麦、玉米。有公路经此。

西庄 371626-B01-H18
[Xīzhuāng]

在县驻地黄山街道东北方向 14.1 千米。长山镇辖自然村。人口 200。因坐落于苑城西面而得名。聚落呈团块状分布。有文化广场 1 处、农家书屋 1 处。经济以种植业为主，主要农作物有小麦、玉米。有公路经此。

大齐 371626-B01-H19
[Dàqí]

在县驻地黄山街道东北方向 14.8 千米。长山镇辖自然村。人口 700。因姓氏得名大齐。聚落呈团块状分布。有文化广场 1 处、农家书屋 1 处。经济以种植业为主，主要农作物有小麦、玉米。有公路经此。

长韩 371626-B01-H20
[Chánghán]

在县驻地黄山街道东北方向 20.1 千米。长山镇辖自然村。人口 900。据传此村建于明朝中期，村庄是由东韩、西韩、寸刘庄三个小村合并而成，故名韩家庄，后名长韩。聚落呈团块状分布。有文化广场 1 处、农家书屋 1 处。经济以种植业为主，主要农作物有小麦、玉米。有公路经此。

大闫 371626-B01-H21
[Dàyán]

在县驻地黄山街道东北方向 15.2 千米。长山镇辖自然村。人口 2 000。根据姓氏得名。聚落呈团块状分布。有文化广场 1 处、农家书屋 1 处。经济以种植业、养殖业为主，主要农作物有小麦、玉米等，有八方生态农场、元木三元猪养殖场等。有公路经此。

东夏 371626-B01-H22
[Dōngxià]

在县驻地黄山街道东北方向14.9千米。长山镇辖自然村。人口600。根据姓氏得名。聚落呈团块状分布。有文化广场1处、农家书屋1处。有民间艺术锣鼓队1支。经济以种植业为主，主要农作物有山药、白菜、小麦、玉米。有公路经此。

任马 371626-B01-H23
[Rénmǎ]

在县驻地黄山街道东北方向16.2千米。长山镇辖自然村。人口300。原名仁麻，"仁"旧指仁德，"麻"为姓氏。后改称任马庄，今称任马。聚落呈团块状分布。有文化广场1处、农家书屋1处。经济以种植业为主，主要农作物有小麦、玉米。有公路经此。

尚旺 371626-B01-H24
[Shàngwàng]

在县驻地黄山街道东北方向16.1千米。长山镇辖自然村。人口300。因村内老祖坟的砖石上写有尚旺，且"旺"寓意好，故名为尚旺。聚落呈团块状分布。有文化广场1处、农家书屋1处。经济以种植业为主，主要农作物有小麦、玉米。有公路经此。

小演马 371626-B01-H25
[Xiǎoyǎnmǎ]

在县驻地黄山街道东北方向17.0千米。长山镇辖自然村。人口200。传说以春秋战国时期齐桓公在此筑的演马台得名。聚落呈团块状分布。有文化广场1处、农家书

屋1处。经济以种植业为主，主要农作物有小麦、玉米。有公路经此。

杨家 371626-B01-H26
[Yángjiā]

在县驻地黄山街道东北方向11.0千米。长山镇辖自然村。人口1 200。因姓氏而得名。聚落呈团块状分布。有文化广场1处、农家书屋1处。经济以种植业为主，主要农作物有小麦、玉米。有天兴物流、正森家居有限公司。有公路经此。

增盛 371626-B01-H27
[Zēngshèng]

在县驻地黄山街道东北方向12.1千米。长山镇辖自然村。人口400。早年曾叫曾圣，后来百姓为寓意增产旺盛，改为增盛。聚落呈团块状分布。有文化广场1处、农家书屋1处、幼儿园1所、中学1所。经济以种植业为主，主要农作物有小麦、玉米。有公路经此。

小牛 371626-B01-H28
[Xiǎoniú]

在县驻地黄山街道东北方向12.2千米。长山镇辖自然村。人口1 400。因姓氏而得名。聚落呈团块状分布。有文化广场1处、农家书屋1处。经济以种植业为主，主要农作物有小麦、玉米。有公路经此。

前槐 371626-B01-H29
[Qiánhuái]

在县驻地黄山街道东北方向16.1千米。长山镇辖自然村。人口1 100。因元名士张公直在此隐居并植槐柳成行而得名，后分为两个村，该村名前槐。聚落呈团块状分布。有文化广场1处、农家书屋1处。经济以种植业为主，主要农作物有小麦、玉米。有前槐建筑公司等。有公路经此。

魏桥 371626-B02-H01
[Wèiqiáo]

魏桥镇人民政府驻地。在县驻地黄山街道西北方向 31.1 千米。人口 2 000。明代，魏氏在村西建桥，故取村名魏桥。聚落呈团块状分布。有文化大院 1 处、农家书屋 1 处、幼儿园 6 所、中学 1 所。经济以加工业、制造业为主。有油棉加工、纺织印染、热电铝业、纸业加工、冶金机械等企业。有魏桥创业集团。有公路经此。

崔八 371626-B02-H02
[Cuībā]

在县驻地黄山街道西北方向 35.2 千米。魏桥镇辖自然村。人口 900。因霍乱后只剩下了八户人家，故名崔八户，后简称崔八。聚落呈团块状分布。有文化广场 1 处、农家书屋 1 处。经济以种植业为主，主要农作物有小麦、玉米、棉花。有公路经此。

堂子 371626-B02-H03
[Tángzi]

在县驻地黄山街道西北方向 30.1 千米。魏桥镇辖自然村。人口 2 000。因此处建有"麻姑堂"，故名村堂子。聚落呈团块状分布。有文化广场 1 处、文化书屋 1 处、中学 1 所。经济以种植业为主，主要农作物有小麦、玉米。有公路经此。

菅家 371626-B02-H04
[Jiānjiā]

在县驻地黄山街道西北方向 28.2 千米。魏桥镇辖自然村。人口 400。因姓氏而得名。聚落呈团块状分布。有文化广场 1 处、农家书屋 1 处。经济以种植业为主，主要农作物有小麦、玉米、棉花。有公路经此。

临河 371626-B02-H05
[Línhé]

在县驻地黄山街道西北方向 28.2 千米。魏桥镇辖自然村。人口 1 000。因曾经是古黄河所经之地，故名临河。聚落呈团块状分布。有文化广场 1 处、农家书屋 1 处。经济以种植业为主，主要农作物有小麦、玉米、棉花。有公路经此。

东码头 371626-B02-H06
[Dōngmǎtóu]

在县驻地黄山街道西北方向 24.2 千米。魏桥镇辖自然村。人口 2 100。因在码头的东边而得名。聚落呈团块状分布。有文化广场 1 处、农家书屋 1 处。经济以种植业为主，主要农作物有小麦、玉米。有公路经此。

西码头 371626-B02-H07
[Xīmǎtóu]

在县驻地黄山街道西北方向 27.1 千米。魏桥镇辖自然村。人口 4 300。因在码头的西边而命名。聚落呈团块状分布。有文化广场 1 处、文化书屋 1 处、幼儿园 1 所。经济以种植业为主，主要农作物有小麦、玉米。有公路经此。

郝家 371626-B02-H08
[Hǎojiā]

在县驻地黄山街道西北方向 23.2 千米。魏桥镇辖自然村。人口 900。因姓氏而得名。聚落呈团块状分布。有文化广场 1 处、农家书屋 1 处。经济以种植业为主，主要农作物有小麦、玉米。有公路经此。

崖镇 371626-B02-H09
[Yáizhèn]

在县驻地黄山街道西北方向 17.9 千

米。魏桥镇辖自然村。人口900。"崖"古意地势高的地方，因村南有古漯水河堤而得名。聚落呈团块状分布。有文化广场1处、农家书屋1处。经济以种植业为主，主要农作物有小麦、玉米、棉花。有公路经此。

大碾 371626-B02-H10

[Dàniǎn]

在县驻地黄山街道西北方向17.2千米。魏桥镇辖自然村。人口1 000。因早前村内有块大碾而得名。聚落呈团块状分布。有文化广场1处、农家书屋1处。经济以种植业为主，主要农作物有小麦、玉米、棉花。有公路经此。

五龙堂 371626-B02-H11

[Wǔlóngtáng]

在县驻地黄山街道西北方向30.1千米。魏桥镇辖自然村。人口900。因该村西头有一座五龙堂庙而得名。聚落呈团块状分布。有文化广场1处、农家书屋1处。经济以种植业为主，主要农作物有小麦、玉米、棉花。有公路经此。

朱官 371626-B02-H12

[Zhūguān]

在县驻地黄山街道西北方向28.2千米。魏桥镇辖自然村。人口600。因姓氏而得名。聚落呈团块状分布。有文化广场1处、农家书屋1处。经济以种植业为主，主要农作物有小麦、玉米、棉花。有公路经此。

刘井 371626-B02-H13

[Liújǐng]

在县驻地黄山街道西北方向17.1千米。魏桥镇辖自然村。人口700。因村南大柳树下有一眼大井，过路人常在此饮水乘凉，称此井为刘家井，久之村名演变为

刘井。聚落呈团块状分布。有文化广场1处、农家书屋1处。经济以种植业为主，主要农作物有小麦、玉米、棉花。有公路经此。

大临池 371626-B03-H01

[Dàlínchí]

临池镇人民政府驻地。在县驻地黄山街道东南方向16.2千米。人口1 200。明清时期，因村子建于喷泉和蓄水池旁而得名临池，后称为大临池。有文化活动中心1处、图书室1处、小学1所、中学1所。经济以种植业、养殖业为主，主要农作物有小麦、玉米，饲养猪、羊、牛。309国道经过。

柏家 371626-B03-H02

[Bǎijiā]

在县驻地黄山街道西南方向17.8千米。临池镇辖自然村。人口900。因姓氏而得名。聚落呈团块状分布。有文化广场1处、农家书屋1处。经济以建材制造业、种植业为主，主要农作物有小麦、玉米、棉花。有公路经此。

古城 371626-B03-H03

[Gǔchéng]

在县驻地黄山街道东南方向11.1千米。临池镇辖自然村。人口2 600。取古县城之义，故名。聚落呈团块状分布。文化大院1处、农家书屋1处。有县级文物保护单位临池古城遗址。经济以种植业为主，主要农作物有小麦、玉米、葡萄、小芋头、黄椒、胡萝卜。有造纸机械、电子、五金铸造、液碱加工、织业等厂。有公路经此。

红庙 371626-B03-H04

[Hóngmiào]

在县驻地黄山街道东南方向15.2千米。临池镇辖自然村。人口700。因村内建有红

庙而得名。聚落呈团块状分布。有文化广场1处、农家书屋1处。经济以种植业为主，主要农作物有小麦、玉米。有公路经此。

郭家泉 371626-B03-H05
[Guōjiāquán]

在县驻地黄山街道东南方向12.2千米。临池镇辖自然村。人口400。传说之前村名叫谷家泉，因知县提笔误写成郭家泉，故改称郭家泉。聚落呈团块状分布。有文化广场1处、农家书屋1处。经济以种植业为主，主要农作物有小麦、玉米。有公路经此。

望京 371626-B03-H06
[Wàngjīng]

在县驻地黄山街道东南方向18.1千米。临池镇辖自然村。人口1 000。传说唐初唐王李世民率大军东征到此，在村北山之上西望京城长安，故改名为望京。聚落呈团块状分布。有文化广场1处、农家书屋1处。经济以种植业为主，主要农作物有小麦、玉米。有公路经此。

殷家 371626-B03-H07
[Yīnjiā]

在县驻地黄山街道东南方向14.9千米。临池镇辖自然村。人口600。因姓氏而得名。聚落呈团块状分布。有文化广场1处、农家书屋1处。经济以种植业为主，主要农作物有小麦、玉米。有公路经此。

南寺 371626-B03-H08
[Nánsì]

在县驻地黄山街道东南方向16.2千米。临池镇辖自然村。人口400。因位于寺庙南，故称南寺。聚落呈团块状分布。有文化广场1处、农家书屋1处。经济以种植业为主，主要农作物有小麦、玉米。有公路经此。

西庄 371626-B03-H09
[Xīzhuāng]

在县驻地黄山街道东南方向15.5千米。临池镇辖自然村。人口400。因坐落在山的西侧而得名。聚落呈团块状分布。有文化广场1处、农家书屋1处。经济以种植业为主，主要农作物有小麦、玉米。有公路经此。

北园 371626-B03-H10
[Běiyuán]

在县驻地黄山街道东南方向12.9千米。临池镇辖自然村。人口1 000。因坐落北果园附近，故名北园。聚落呈团块状分布。有文化广场1处、农家书屋1处。经济以种植业为主，主要农作物有小麦、玉米。有公路经此。

吕家 371626-B03-H11
[Lǚjiā]

在县驻地黄山街道东南方向15.1千米。临池镇辖自然村。人口200。因姓氏而得名。聚落呈团块状分布。有文化广场1处、农家书屋1处。经济以种植业为主，主要农作物有小麦、玉米。有公路经此。

北台 371626-B03-H12
[Běitái]

在县驻地黄山街道东南方向14.2千米。临池镇辖自然村。人口800。因该村在一高台北面，故名北台。聚落呈团块状分布。有文化广场1处、农家书屋1处。有孝文化展览馆、民俗记忆馆。经济以种植业为主，主要农作物有小麦、玉米。有公路经此。

东黄 371626-B03-H13

[Dōnghuáng]

在县驻地黄山街道东南方向12.9千米。临池镇辖自然村。人口400。因在黄山东边，故称东黄。聚落呈团块状分布。有文化广场1处、农家书屋1处。经济以种植业和制造业为主，主要农作物有小麦、玉米。309国道经此。

东兑 371626-B03-H14

[Dōngduì]

在县驻地黄山街道东南方向12.2千米。临池镇辖自然村。人口200。因村东有东对九峪庄，以所居地势之异而取名，后演为今名。聚落呈团块状分布。有文化广场1处、农家书屋1处。经济以种植业为主，主要农作物有小麦、玉米。有公路经此。

焦桥 371626-B04-H01

[Jiāoqiáo]

焦桥镇人民政府驻地。在县驻地黄山街道东北方向17.2千米。人口1 100。明代在孝妇河上建桥，名焦家桥，村以桥名，后简为焦桥。聚落呈团块状分布。有幼儿园1所、小学1所、中学1所、文化广场4处。有山东华义玉米科技有限公司。有公路经过。

西营 371626-B04-H02

[Xīyíng]

在县驻地黄山街道东北方向19.8千米。焦桥镇辖自然村。人口900。传说齐桓公在古庙的西边扎营，故名村西营。聚落呈团块状分布。有文化广场1处、农家书屋1处。经济以种植业为主，主要农作物有小麦、玉米。有公路经此。

兴隆 371626-B04-H03

[Xīnglóng]

在县驻地黄山街道东北方向16.2千米。焦桥镇辖自然村。人口200。因希望该村兴旺发达而得名兴隆。聚落呈团块状分布。有文化广场1处、农家书屋1处。经济以种植业为主，主要农作物有小麦、玉米。有公路经此。

北绳 371626-B04-H04

[Běishéng]

在县驻地黄山街道东北方向16.2千米。焦桥镇辖自然村。人口200。传说村内以打绳为生，且在北边，故名。聚落呈团块状分布。有文化广场1处、农家书屋1处。经济以种植业为主，主要农作物有小麦、玉米。有公路经此。

小赵 371626-B04-H05

[Xiǎozhào]

在县驻地黄山街道东北方向13.1千米。焦桥镇辖自然村。人口200。因村内姓氏得名。聚落呈团块状分布。有文化广场1处、农家书屋1处。经济以种植业为主，主要农作物有小麦、玉米。有公路经此。

四马 371626-B04-H06

[Sìmǎ]

在县驻地黄山街道东北方向19.8千米。焦桥镇辖自然村。人口1 400。传说明代以前先后为北清河、小清河通海运盐所经之地，设有码头，故名。后东马头、西马头、前马头、许家马头合并，称四马。聚落呈团块状分布。有文化广场1处、农家书屋1。经济以种植业为主，主要农作物有小麦、玉米。有公路经此。

前大城 371626-B04-H07
［Qiándàchéng］

在县驻地黄山街道东北方向15.2千米。焦桥镇辖自然村。人口1 000。因古时为官吏住地，四周有城垣，故将该村改名大城。1949年划分为前大城、后大城，本村因位置所在得名前大城。聚落呈团块状分布。有文化广场1处、农家书屋1处。经济以种植业为主，主要农作物有小麦、玉米。有公路经此。

肖镇 371626-B05-H01
［Xiāozhèn］

韩店镇人民政府驻地。在县驻地黄山街道西北方向7.2千米。人口3 000。因最早来此定居的是肖姓人家，故名肖镇。有文化广场1处、幼儿园1所、小学1所。经济以养殖业、种植业为主，主要农作物有小麦、玉米、韭菜、马铃薯、西红柿，饲养猪、牛、鸡、鸭、鹅等。有公路经此。

旧口 371626-B05-H02
［Jiùkǒu］

在县驻地黄山街道东南方向12.1千米。韩店镇辖自然村。人口800。因早期有旧渡口而得名旧口。聚落呈团块状分布。有文化广场1处、农家书屋1处。经济以种植业为主，主要农作物有小麦、玉米。有公路经此。

小宋 371626-B05-H03
［Xiǎosòng］

在县驻地黄山街道西北方向11.1千米。韩店镇辖自然村。人口1 000。因姓氏而得名。聚落呈团块状分布。有文化广场1处、农家书屋1处。经济以种植业为主，主要农作物有小麦、玉米。有公路经此。

西王 371626-B05-H04
［Xīwáng］

在县驻地黄山街道西北方向11.2千米。韩店镇辖自然村。人口10 000。因方位和姓氏得名西王。有幼儿园1所。经济以食品加工业为主。有西王集团。有公路经此。

颜桥 371626-B05-H05
［Yánqiáo］

在县驻地黄山街道西北方向9.1千米。韩店镇辖自然村。人口1 200。因颜氏先祖聚族而居，又在清河上建有两座大桥，于是依此而得名颜桥。聚落呈团块状分布。有文化广场1处、农家书屋1处。经济以种植业为主，主要农作物有小麦、玉米。有公路经此。

东白 371626-B05-H06
［Dōngbái］

在县驻地黄山街道西北方向11.2千米。韩店镇辖自然村。人口900。因古时村东有座白衣庵而得名。聚落呈团块状分布。有文化广场1处、农家书屋1处。经济以种植业为主，主要农作物有小麦、玉米。有公路经此。

上口 371626-B05-H07
［Shàngkǒu］

在县驻地黄山街道西北方向8.2千米。韩店镇辖自然村。人口1 800。因在沙河入古清河河口以北而得名。聚落呈团块状分布。有文化广场1处、农家书屋1处。有民间艺术锣鼓队。经济以种植业为主，主要农作物有小麦、玉米。有公路经此。

孙镇 371626-B06-H01
［Sūnzhèn］

孙镇人民政府驻地。在县驻地黄山街

道西北方向 20.9 千米。人口 3 500。因姓氏而得名。聚落呈团块状分布。有文化广场 1 处、幼儿园 1 所、小学 1 所、中学 1 所。经济以种植业为主，主要农作物有小麦、玉米。有公路经此。

辉里 371626-B06-H02

[Huīlǐ]

在县驻地黄山街道北方向 18.9 千米。孙镇辖自然村。人口 1 700。明洪武四年（1371），李天锡迁此处一片菜地安家落户，取名灰李庄，后更名为辉里庄，意指村庄今后必有光辉里程。聚落呈团块状分布。有文化广场 1 处。有"共成斯举"碑，有"五子登科"历史典故。经济以种植业为主，主要农作物有西瓜、甜菜、杏子等。有公路经此。

张赵 371626-B06-H03

[Zhāngzhào]

在县驻地黄山街道东北方向 20.9 千米。孙镇辖自然村。人口 900。1370 年，张氏兄弟迁此，一个跟舅姓赵，故取村名张赵。聚落呈团块状分布。有文化广场 1 处、农家书屋 1 处。经济以种植业为主，主要农作物有小麦、玉米。有公路经此。

岳官 371626-B06-H04

[Yuèguān]

在县驻地黄山街道西北方向 15.2 千米。孙镇辖自然村。人口 300。因岳姓人士种着官家的地而得名。聚落呈团块状分布。有文化广场 1 处、农家书屋 1 处。经济以种植业为主，主要农作物有小麦、玉米。有公路经此。

有里 371626-B06-H05

[Yǒulǐ]

在县驻地黄山街道东北方向 20.9 千米。孙镇辖自然村。人口 1 000。根据清代《邹平县志》记载，该村自明清以来即名打鱼李庄，1949 年中华人民共和国成立后改为大有里村，1966 年后简称有里。聚落呈团块状分布。有文化广场 1 处、农家书屋 1 处。经济以种植业为主，主要农作物有小麦、玉米。有公路经此。

前刘 371626-B06-H06

[Qiánliú]

在县驻地黄山街道东北方向 23.1 千米。孙镇辖自然村。人口 1 100。因由青阳刘家迁此，又位于小清河以南而得名前刘。聚落呈团块状分布。有文化广场 1 处、农家书屋 1 处。经济以种植业为主，主产小麦、玉米。有公路经此。

潘刘 371626-B06-H07

[Pānliú]

在县驻地黄山街道东北方向 20.1 千米。孙镇辖自然村。人口 700。因姓氏潘、刘而得名。聚落呈团块状分布。有文化广场 1 处、农家书屋 1 处。经济以种植业为主，主要农作物有小麦、玉米。有公路经此。

党里 371626-B06-H08

[Dǎnglǐ]

在县驻地黄山街道西北方向 16.9 千米。孙镇辖自然村。人口 900。以党、李两姓氏得名。聚落呈团块状分布。有文化广场 1 处、农家书屋 1 处。经济以种植业为主，主要农作物有小麦、玉米。有公路经此。

东安 371626-B06-H09

[Dōng'ān]

在县驻地黄山街道东北方向 22.8 千米。孙镇辖自然村。人口 1 200。因姓氏得名安家庄。1949 年后，因该村坐落在公社东部改称东安。聚落呈团块状分布。有文化广场 1 处、农家书屋 1 处。经济以种植业为主，主要农作物有小麦、玉米。有公路经此。

九户 371626-B07-H01

［Jiǔhù］

九户镇人民政府驻地。在县驻地黄山街道西北方向 22.9 千米。人口 1 400。清光绪年间，因该村共九户人家而得名。聚落呈团块状分布。有文化广场 1 处、幼儿园 1 所、小学 1 所、中学 1 所。有民间艺术锣鼓队。经济以种植业为主，主要农作物有甜椒、西瓜、蘑菇等。有公路经此。

布王 371626-B07-H02

［Bùwáng］

在县驻地黄山街道西北方向 26.9 千米。九户镇辖自然村。人口 1 200。因此村家家户户晒纺线、布匹而得名布王。聚落呈团块状分布。有文化广场 1 处、农家书屋 1 处。经济以种植业为主，主要农作物有小麦、玉米。有公路经此。

皂户王 371626-B07-H03

［Zàohùwáng］

在县驻地黄山街道西北方向 21.8 千米。九户镇辖自然村。人口 1 800。因王姓为灶良户，故名皂户王。聚落呈团块状分布。有文化广场 1 处、农家书屋 1 处。经济以种植业为主，主要农作物有小麦、玉米。有公路经此。

草于头 371626-B07-H04

［Cǎoyútóu］

在县驻地黄山街道西北方向 21.9 千米。九户镇辖自然村。人口 1 800。因村内隔头上有草市而得名。聚落呈团块状分布。有文化广场 1 处、农家书屋 1 处。经济以种植业为主，主要农作物有小麦、玉米。有公路经此。

石店 371626-B07-H05

［Shídiàn］

在县驻地黄山街道西北方向 25.1 千米。九户镇辖自然村。人口 600。因此村到处都是石头而得名。聚落呈团块状分布。有文化广场 1 处、农家书屋 1 处。经济以种植业为主，主要农作物有小麦、玉米、苹果、西瓜等。有公路经此。

新河东 371626-B07-H06

［Xīnhédōng］

在县驻地黄山街道西北方向 23.9 千米。九户镇辖自然村。人口 500。该村位于利民河以东，故名新河东。聚落呈团块状分布。有文化广场 1 处、农家书屋 1 处。经济以种植业为主，主要农作物有小麦、玉米等。有公路经此。

饮马 371626-B07-H07

［Yǐnmǎ］

在县驻地黄山街道西北方向 25.8 千米。九户镇辖自然村。人口 600。因村内有一口井，李世民出征到此，人喝马饮，后钦封此井为饮马井，此村改名为饮马。聚落呈团块状分布。有文化广场 1 处、农家书屋 1 处。经济以种植业为主，主要农作物有小麦、玉米等。有公路经此。

铁匠 371626-B07-H08

［Tiějiàng］

在县驻地黄山街道西北方向 22.9 千米。九户镇辖自然村。人口 200。因村内张姓铁匠技术精湛而得名。聚落呈团块状分布。有文化广场 1 处、农家书屋 1 处。经济以种植业为主，主要农作物有小麦、玉米等。有公路经此。

闫七庙 371626-B07-H09

[Yánqīmiào]

在县驻地黄山街道西北方向24.2千米。九户镇辖自然村。人口300。因村内建有阎王庙，随着时间推移，中间王字看起来像七，故称为阎七庙，为书写方便，又演变为闫七庙，村以庙得名。聚落呈团块状分布。有文化广场1处、农家书屋1处。经济以种植业为主，主要农作物有小麦、玉米等。有公路经此。

道民 371626-B07-H10

[Dàomín]

在县驻地黄山街道西北方向18.9千米。九户镇辖自然村。人口800。此村之前叫道磨子，因不雅，改为道民。聚落呈团块状分布。有文化广场1处、农家书屋1处。经济以种植业为主，主要农作物有小麦、玉米等。有公路经此。

闫家 371626-B07-H11

[Yánjiā]

在县驻地黄山街道西北方向22.2千米。九户镇辖自然村。人口1 000。因姓氏而得名。聚落呈团块状分布。有文化广场1处、农家书屋1处。经济以种植业为主，主要农作物有小麦、玉米等。有公路经此。

迷河套 371626-B07-H12

[Míhétào]

在县驻地黄山街道西北方向24.8千米。九户镇辖自然村。人口500。曾以王姓命名，后因小清河在该村形成河套状而得名。聚落呈团块状分布。有文化广场1处、农家书屋1处。经济以种植业为主，主要农作物有小麦、玉米等。有公路经此。

杜家 371626-B07-H13

[Dùjiā]

在县驻地黄山街道西北方向24.1千米。九户镇辖自然村。人口1 200。因河里船只渡来渡去，取谐音名村杜家。聚落呈团块状分布。有文化广场1处、农家书屋1处。经济以种植业为主，主要农作物有小麦、玉米等。有公路经此。

南北张 371626-B07-H14

[Nánběizhāng]

在县驻地黄山街道西北方向22.1千米。九户镇辖自然村。人口600。因当时南场院变成大院，又与北边张氏联姻，故得名南北张。聚落呈团块状分布。有文化广场1处、文化书屋1处。经济以种植业为主，主要农作物有小麦、玉米。有公路经此。

东赵 371626-B07-H15

[Dōngzhào]

在县驻地黄山街道西北方向21.8千米。九户镇辖自然村。人口500。以道路为界，以东称为东赵。聚落呈团块状分布。有文化广场1处、农家书屋1处。经济以种植业、养殖业、加工业为主，主要农作物有小麦、玉米等。有公路经此。

西赵 371626-B07-H16

[Xīzhào]

在县驻地黄山街道西北方向22.9千米。九户镇辖自然村。人口600。以道路为界，以西称为西赵。聚落呈团块状分布。有文化广场1处、农家书屋1处。经济以种植业为主，主要农作物有小麦、玉米等。有公路经此。

利民 371626-B07-H17

[Lìmín]

在县驻地黄山街道西北方向23.2千米。

九户镇辖自然村。人口 500。因村东有一条笔直的利民沟而得名。聚落呈团块状分布。有文化广场 1 处、农家书屋 1 处。经济以种植业为主,主要农作物有小麦、玉米等。有公路经此。

陈玉平 371626-B07-H18
[Chényùpíng]

在县驻地黄山街道西北方向19.1千米。九户镇辖自然村。人口 600。明洪武年间,陈玉、陈平兄弟从双庙村迁至此地,故名村陈玉平。聚落呈团块状分布。有文化广场 1 处、农家书屋 1 处。经济以种植业为主,主要农作物有小麦、玉米等。有公路经此。

张重良 371626-B07-H19
[Zhāngzhòngliáng]

在县驻地黄山街道西北方向19.2千米。九户镇辖自然村。人口 400。传说此村年年缴重份公粮,为记住这个不合理的赋税政策,取谐音得名张重良。聚落呈团块状分布。有文化广场 1 处、农家书屋 1 处。经济以种植业为主,主要农作物有小麦、玉米等。有公路经此。

彭家 371626-B07-H20
[Péngjiā]

在县驻地黄山街道西北方向24.9千米。九户镇辖自然村。人口 400。以姓氏得名。聚落呈团块状分布。有文化广场 1 处、农家书屋 1 处。经济以种植业为主,主要农作物有小麦、玉米等。有公路经此。

哈庄 371626-B07-H21
[Hǎzhuāng]

在县驻地黄山街道西北方向24.1千米。九户镇辖自然村。人口 200。以姓氏得名。聚落呈团块状分布。有文化广场 1 处、农家书屋 1 处。经济以种植业为主,主要农作物有小麦、玉米等。有公路经此。

刘宦 371626-B07-H22
[Liúhuàn]

在县驻地黄山街道西北方向24.9千米。九户镇辖自然村。人口 400。都察院副都刘御使来到此地省亲,期间拿出积蓄建立了祠堂,为祠堂提名刘宦家,村以此得名。聚落呈团块状分布。有文化广场 1 处、农家书屋 1 处。经济以种植业为主,主要农作物有小麦、玉米等。有公路经此。

关爷寨 371626-B07-H23
[Guānyézhài]

在县驻地黄山街道西北方向20.1千米。九户镇辖自然村。人口 600。为纪念关老爷而得名关爷寨。聚落呈团块状分布。有文化广场 1 处、农家书屋 1 处。经济以种植业为主,主要农作物有小麦、玉米等。有公路经此。

长槐 371626-B07-H24
[Chánghuái]

在县驻地黄山街道西北方向19.2千米。九户镇辖自然村。人口 700。为怀念赵长槐而得名长槐。聚落呈团块状分布。有文化广场 1 处、农家书屋 1 处。经济以种植业为主,主要农作物有小麦、玉米等。有公路经此。

王豪 371626-B07-H25
[Wánghào]

在县驻地黄山街道西北方向25.2千米。九户镇辖自然村。人口 1 000。王豪杰文武双全,族人引以为荣。故以人名作为村名,称王豪。聚落呈团块状分布。有文化广场 1 处、农家书屋 1 处。经济以种植业为主,主要农作物有小麦、玉米等。有公路经此。

刘英勃 371626-B07-H26
［Liúyīngbó］

在县驻地黄山街道西北方向24.1千米。九户镇辖自然村。人口700。因刘英勃早期迁入村中,以人名命名村名。聚落呈团块状分布。有文化广场1处、农家书屋1处。有民间艺术锣鼓队。经济以种植业为主,主要农作物有小麦、玉米等。有公路经此。

水牛韩 371626-B07-H27
［Shuǐniúhán］

在县驻地黄山街道西北方向27.2千米。九户镇辖自然村。人口700。传说村里有位韩老伯好善济贫,被人尊称为"活菩萨水牛韩",村名由此而得。聚落呈团块状分布。有文化广场1处、农家书屋1处。经济以种植业为主,主要农作物有小麦、玉米等。有公路经此。

北河沟 371626-B07-H28
［Běihégōu］

在县驻地黄山街道西北方向27.1千米。九户镇辖自然村。人口700。因地势低洼,沟渠纵横而得名。后为区别于西河沟改为北河沟。聚落呈团块状分布。有文化广场1处、农家书屋1处。经济以种植业为主,主要农作物有小麦、玉米等。有公路经此。

刚斧寨 371626-B07-H29
［Gāngfǔzhài］

在县驻地黄山街道西北方向27.2千米。九户镇辖自然村。人口1 700。据传,程咬金随唐太宗征东路过此地,曾在此刚过斧子,故起名刚斧寨。聚落呈团块状分布。有文化广场1处。有民间艺术锣鼓队。经济以种植业为主,主要农作物有青豆、苹果、香瓜等。有公路经此。

古王台 371626-B07-H30
［Gǔwángtái］

在县驻地黄山街道西北方向27.2千米。九户镇辖自然村。人口700。因村中修筑的故王台而得名古王台。聚落呈团块状分布。有文化广场1处、农家书屋1处。经济以种植业为主,主要农作物有小麦、玉米等。有公路经此。

韩家 371626-B08-H01
［Hánjiā］

青阳镇人民政府驻地。在县驻地黄山街道西北方向12.2千米。人口1 000。以姓氏得名。聚落呈团块状分布。有文化广场1处。经济以种植业、养殖业为主,主要农作物有小麦、玉米,饲养猪、羊等。有公路经此。

青阳 371626-B08-H02
［Qīngyáng］

在县驻地黄山街道西方向12.3千米。青阳镇辖自然村。人口5 200。此地为古时通登、莱、青官道之重镇,明初设兵驿,有递铺,故名青阳店,后称为青阳。聚落呈团块状分布。有文化广场1处、幼儿园1所、小学1所。有明嘉靖皇帝为母亲祝寿在此栽种的万寿松,有王家祠堂、石大夫爷庙。经济以种植业为主,主要农作物有玉米、小麦为主。济青高速经此。

醴泉 371626-B08-H03
［Lǐquán］

在县驻地黄山街道西南方向10.3千米。青阳镇辖自然村。人口2 500。因村内醴泉寺而得名醴泉。聚落呈团块状分布。有文化广场1处。古迹有醴泉寺、范仲淹读书洞。经济以种植业为主,种植小麦、玉米,有特产青阳饸饹面。有公路经此。

代家庄 371626-B08-H04
[Dàijiāzhuāng]

在县驻地黄山街道西方向 12.1 千米。青阳镇辖自然村。人口 500。此地为章丘县刁家的佃户村，后管理花园的人在此定居立村，意为是刁家带（代）来的，故名代家庄。聚落呈团块状分布。有文化广场 1 处、农家书屋 1 处。经济以种植业为主，主要农作物有小麦、玉米等。有公路经此。

耿家 371626-B08-H05
[Gěngjiā]

在县驻地黄山街道西方向 10.1 千米。青阳镇辖自然村。人口 500。因姓氏而得名。聚落呈团块状分布。有文化广场 1 处、农家书屋 1 处。经济以种植业、运输业为主，主要农作物有小麦、玉米等。有公路经此。

刘家 371626-B08-H06
[Liújiā]

在县驻地黄山街道西北方向 10.2 千米。青阳镇辖自然村。人口 4 000。因姓氏而得名。聚落呈团块状分布。有文化广场 1 处、文化书屋 1 处、幼儿园 1 所。经济以种植业和铝制品加工业为主，主要农作物有小麦、玉米等。有公路经此。

马埠店 371626-B08-H07
[Mǎbùdiàn]

在县驻地黄山街道西北方向 10.1 千米。青阳镇辖自然村。人口 2 000。因古时此地为济南通往青、莱、登之官道，传送公文的差役多骑马，都到村东铺房休憩，故名村马埠店。聚落呈团块状分布。有文化广场 1 处、农家书屋 1 处。经济以种植业、铝制品加工业为主，主要农作物有小麦、玉米等。有公路经此。

浒山铺 371626-B08-H08
[Hǔshānpù]

在县驻地黄山街道西北方向 9.1 千米。青阳镇辖自然村。人口 2 000。因此地古时为官道，官府设有兵驿、墩铺，又临浒山溇，故名浒山铺。聚落呈团块状分布。有文化广场 1 处、农家书屋 1 处。经济以种植业为主，主要农作物有小麦、玉米等。有公路经此。

明集 371626-B09-H01
[Míngjí]

明集镇人民政府驻地。在县驻地黄山街道西北方向 14.1 千米。人口 1 100。因设有集市，并冠以姓氏而得名。聚落呈团块状分布。有幼儿园 1 所、小学 1 所、中学 1 所。经济以种植业、养殖业为主，主要农作物有小麦、玉米，养殖猪、家禽等。有公路经此。

王少唐 371626-B09-H02
[Wángshàotáng]

在县驻地黄山街道西北方向 19.1 千米。明集镇辖自然村。人口 600。为纪念本村的名医王少唐而得名。聚落呈团块状分布。有文化广场 1 处、农家书屋 1 处。经济以种植业为主，主要农作物有小麦、玉米等。有公路经此。

段桥 371626-B09-H03
[Duànqiáo]

在县驻地黄山街道西北方向 15.2 千米。明集镇辖自然村。人口 2 000。村名根据桥名所得。聚落呈团块状分布。有文化广场 1 处、农家书屋 1 处。经济以种植业为主，主要农作物有小麦、玉米等。有公路经此。

东闸 371626-B09-H04
［Dōngzhá］

在县驻地黄山街道西北方向10.2千米。明集镇辖自然村。人口700。因位于村内孙家闸东边，称为东闸。聚落呈团块状分布。有文化广场1处、农家书屋1处。经济以种植业为主，主要农作物有小麦、玉米等。有公路经此。

西闸 371626-B09-H05
［Xīzhá］

在县驻地黄山街道西北方向11.2千米。明集镇辖自然村。人口2 100。因位于村内东闸西侧，称为西闸。聚落呈团块状分布。有文化广场1处、文化书屋1处、幼儿园1所。经济以种植业为主，主要农作物有小麦、玉米等。有公路经此。

张辛 371626-B09-H06
［Zhāngxīn］

在县驻地黄山街道西北方向11.2千米。明集镇辖自然村。人口700。金元明时代，小清河经此地，河上有一大桥，故名村辛桥。由于张姓居多，又名张家辛桥，后称张辛。聚落呈团块状分布。有文化广场1处、农家书屋1处。经济以种植业为主，主要农作物有小麦、玉米等。有公路经此。

高洼 371626-B09-H07
［Gāowā］

在县驻地黄山街道西北方向13.2千米。明集镇辖自然村。人口800。据说初建村庄时建在一片高地上，故称高洼庄，后称高洼。聚落呈团块状分布。有文化广场1处、农家书屋1处。经济以种植业为主，主要农作物有小麦、玉米等。有公路经此。

惠辛 371626-B09-H08
［Huìxīn］

在县驻地黄山街道西北方向15.2千米。明集镇辖自然村。人口900。该村明清时期称辛德庄，后因村里有个技艺精湛的工匠叫惠能富，故各取一字，名村惠辛。聚落呈团块状分布。有文化广场1处、农家书屋1处。经济以种植业为主，主要农作物有小麦、玉米等。有公路经此。

里六田 371626-B09-H09
［Lǐliùtián］

在县驻地黄山街道西北方向15.1千米。明集镇辖自然村。人口700。明初有村，旧志为田家庄，后乡下设里，田家庄属醴泉乡第六里，故在田家庄前冠以醴数，叫里六田。聚落呈团块状分布。经济以种植业为主，主要农作物有小麦、玉米等。有公路经此。

王家桥 371626-B09-H10
［Wángjiāqiáo］

在县驻地黄山街道西北方向17.3千米。明集镇辖自然村。人口500。因王姓名村王家庄，后因村东有一水泥拱桥，故更名王家桥。聚落呈团块状分布。有文化广场1处、农家书屋1处。经济以种植业为主，主要农作物有小麦、玉米等。有公路经此。

柴家 371626-B09-H11
［Cháijiā］

在县驻地黄山街道西北方向10.1千米。明集镇辖自然村。人口700。因姓氏而得名。聚落呈团块状分布。有文化广场1处、农家书屋1处。经济以种植业为主，主要农作物有小麦、玉米等。有公路经此。

曹家坪 371626-B09-H12
［Cáojiāpíng］

在县驻地黄山街道西北方向13.2千米。明集镇辖自然村。人口1 200。以姓氏得名曹家庄，后因重名更名曹家坪。聚落呈团块状分布。有文化广场1处、农家书屋1处。经济以种植业为主，主要农作物有小麦、玉米等。有公路经此。

大张官庄 371626-B09-H13
［Dàzhāngguānzhuāng］

在县驻地黄山街道西北方向14.1千米。明集镇辖自然村。人口800。因姓氏得名。聚落呈团块状分布。有文化广场1处、农家书屋1处。经济以种植业为主，主要农作物有小麦、玉米等。有公路经此。

高桥 371626-B10-H01
［Gāoqiáo］

台子镇人民政府驻地。在县驻地黄山街道西北方向34.1千米。人口300。高姓迁此定居，因村边有一桥而得名高桥。聚落呈团块状分布。有文化广场1处、文化书屋1处。经济以种植业为主，主要农作物有小麦、玉米等。有公路经此。

型寨 371626-B10-H02
［Xíngzhài］

在县驻地黄山街道西北方向28.9千米。台子镇辖自然村。人口500。传说唐王征东时，因驻军将领型莱在此驻兵建寨，故名型寨。聚落呈团块状分布。有文化广场1处、文化书屋1处。经济以种植业、加工业为主，主要农作物有小麦、玉米等。有公路经此。

豆八 371626-B10-H03
［Dòubā］

在县驻地黄山街道西北方向33.1千米。台子镇辖自然村。人口1 900。因窦、马二姓迁来定居，故名窦马庄。后陆续迁来八个村，且"窦"字较难写，村中已无"马"姓，故演变为豆八庄，今称豆八。聚落呈团块状分布。有文化广场1处、农家书屋1处。经济以种植业为主，主要农作物有小麦、玉米等。有公路经此。

刘先生 371626-B10-H04
［Liúxiānshēng］

在县驻地黄山街道西北方向35.1千米。台子镇辖自然村。人口300。因村里曾有位刘先生，他改变了大堤路线，避免村庄被黄河淹没，为纪念刘先生而取村名刘先生。聚落呈团块状分布。有文化广场1处、农家书屋1处。经济以种植业为主，主要农作物有小麦、玉米等。有公路经此。

玉皇 371626-B10-H05
［Yùhuáng］

在县驻地黄山街道西北方向36.2千米。台子镇辖自然村。人口300。因修建的玉皇庙而得名。聚落呈团块状分布。有文化广场1处、农家书屋1处。经济以种植业为主，主要农作物有小麦、玉米等。有公路经此。

院新 371626-B10-H06
［Yuànxīn］

在县驻地黄山街道西北方向32.9千米。台子镇辖自然村。人口400。因院头村与新城合并，故名院新。聚落呈团块状分布。有文化广场1处、农家书屋1处。经济以种植业为主，主要农作物有小麦、玉米等。有公路经此。

北郑 371626-B10-H07
［Běizhèng］

在县驻地黄山街道西北方向33.9千米。台子镇辖自然村。人口500。因此地发现的唐朝石碑上刻"郑家",且位于北边,故称北郑。聚落呈团块状分布。有文化广场1处、农家书屋1处。经济以种植业为主,主要农作物有小麦、玉米等。有公路经此。

东刁 371626-B10-H08

[Dōngdiāo]

在县驻地黄山街道西北方向33.2千米。台子镇辖自然村。人口400。因姓氏及方位而得名。聚落呈团块状分布。有文化广场1处、农家书屋1处。经济以种植业为主,主要农作物有小麦、玉米等。有公路经此。

方家 371626-B10-H09

[Fāngjiā]

在县驻地黄山街道西北方向35.2千米。台子镇辖自然村。人口500。以姓氏取名方家。聚落呈团块状分布。有文化广场1处、农家书屋1处。经济以种植业为主,主要农作物有小麦、玉米等。有公路经此。

高王 371626-B10-H10

[Gāowáng]

在县驻地黄山街道西北方向34.8千米。台子镇辖自然村。人口900。以姓氏取名高王。聚落呈团块状分布。有文化广场1处、农家书屋1处。经济以种植业为主,主要农作物有小麦、玉米等。有公路经此。

张博 371626-B10-H11

[Zhāngbó]

在县驻地黄山街道西北方向36.1千米。台子镇辖自然村。人口700。清朝中期,张氏族人多练拳术,古时称武术老师为博士,故名村大张博士家,后改称张博。聚落呈团块状分布。有文化广场1处、农家书屋1处。经济以种植业为主,主要农作物有小麦、玉米等。有公路经此。

店东 371626-B10-H12

[Diàndōng]

在县驻地黄山街道西北方向32.2千米。台子镇辖自然村。人口1 000。因柴姓居民在村西头开店,故名柴家店,后改称店子。1983年分成两村,该村在路东,称店东。聚落呈团块状分布。有文化广场1处、农家书屋1处。经济以种植业为主,主要农作物有小麦、玉米等。有公路经此。

官道 371626-B10-H13

[Guāndào]

在县驻地黄山街道西北方向31.1千米。台子镇辖自然村。人口500。因古时有条从原齐东县城通往济南的官府要道经过此村,故名村官道。聚落呈团块状分布。有文化广场1处、农家书屋1处。经济以种植业为主,主要农作物有小麦、玉米等。有公路经此。

东升 371626-B10-H14

[Dōngshēng]

在县驻地黄山街道西北方向35.1千米。台子镇辖自然村。人口300。据传,唐王东征路经此村,恰孕妇产子,众视为吉祥,遂改村名为生官寨,后以村中南北主路为界分为两村,该村居东,名东生家寨,后沿革为东升。聚落呈团块状分布。有文化广场1处、农家书屋1处。经济以种植业为主,主要农作物有小麦、玉米等。有公路经此。

北董 371626-B10-H15

[Běidǒng]

在县驻地黄山街道西北方向33.2千米。台子镇辖自然村。人口500。原名董家庄,后因黄河水上滩,部分居民南迁,逐渐形成南北两段,该村居北,名北董。聚落呈

团块状分布。有文化广场 1 处、农家书屋 1
处。经济以种植业为主，主要农作物有小麦、
玉米等。有公路经此。

大张 371626-B10-H16
[Dàzhāng]

在县驻地黄山街道西北方向 33.1 千米。
台子镇辖自然村。人口 700。根据姓氏而得
名。聚落呈团块状分布。有文化广场 1 处、
农家书屋 1 处。经济以种植业为主，主要
农作物有小麦、玉米等。有公路经此。

教场 371626-B10-H17
[Jiàochǎng]

在县驻地黄山街道西北方向 33.9 千米。
台子镇辖自然村。人口 400。此地为旧时
操练和检阅军队的场所，故名教场。聚落
呈团块状分布。有文化广场 1 处、农家书
屋 1 处。经济以种植业为主，主要农作物
有小麦、玉米等。有公路经此。

老邵 371626-B10-H18
[Lǎoshào]

在县驻地黄山街道西北方向 34.1 千米。
台子镇辖自然村。人口 200。因姓氏而得名
邵家，后为与邻村新邵区别，故名老邵。
聚落呈团块状分布。有文化广场 1 处、农
家书屋 1 处。经济以种植业为主，主要农
作物有小麦、玉米等。有公路经此。

孟胡 371626-B10-H19
[Mènghú]

在县驻地黄山街道西北方向 32.1 千米。
台子镇辖自然村。人口 500。因姓氏而得名。
聚落呈团块状分布。有文化广场 1 处、农
家书屋 1 处。经济以种植业为主，主要农
作物有小麦、玉米等。有公路经此。

盛家 371626-B10-H20
[Shèngjiā]

在县驻地黄山街道西北方向 33.1 千米。
台子镇辖自然村。人口 200。以姓氏命名盛
家。聚落呈团块状分布。有文化广场 1 处、
农家书屋 1 处。经济以种植业为主，主要
农作物有小麦、玉米等。有公路经此。

台东 371626-B10-H21
[Táidōng]

在县驻地黄山街道西北方向 34.2 千米。
台子镇辖自然村。人口 400。因村庄位于一
台子东，故称台东。聚落呈团块状分布。
有文化广场 1 处、农家书屋 1 处。经济以
种植业为主，主要农作物有小麦、玉米等。
有公路经此。

赵水 371626-B10-H22
[Zhàoshuǐ]

在县驻地黄山街道西北方向 33.1 千米。
台子镇辖自然村。人口 200。明洪武年间，
赵氏自枣强迁此定居，因地势低洼，常年
积水，起名赵水庄，后改称赵水。聚落呈
团块状分布。有文化广场 1 处、农家书屋 1
处。经济以种植业为主，主要农作物有小麦、
玉米等。有公路经此。

码头 371626-B11-H01
[Mǎtóu]

码头镇人民政府驻地。在县驻地黄山
街道西北方向 35.2 千米。人口 900。因村
有停船码头而得名。聚落沿路呈带状分布。
有幼儿园 1 所、小学 1 所、中学 1 所。经
济以种植业、养殖业为主，主要农作物有
小麦、玉米，种植西瓜、甜瓜、韭菜，养
殖牛、羊等。有公路经此。

黄龙 371626-B11-H02
［Huánglóng］

在县驻地黄山街道西北方向36.1千米。码头镇辖自然村。人口300。聚落呈带状分布。村子坐落在黄河大堤内的土崖上，大水弥漫时，弯弯曲曲像条露水的龙背，故称黄龙背，后称黄龙。聚落呈团块状分布。有文化广场1处、农家书屋1处。经济以种植业为主，主要农作物有小麦、玉米、棉花。有公路经此。

潘桥 371626-B11-H03
［Pānqiáo］

在县驻地黄山街道西北方向38.9千米。码头镇辖自然村。人口500。因村北有座桥，冠以姓氏而得名。聚落呈团块状分布。有文化广场1处、农家书屋1处。经济以种植业为主，主要农作物有小麦、玉米、棉花。有公路经此。

炭刘 371626-B11-H04
［Tànliú］

在县驻地黄山街道西北方向31.1千米。码头镇辖自然村。人口1 000。因村北有一驿站名赵奉站，常有南来北往的碳客在此歇脚，且村民姓刘，故名碳刘庄，后称炭刘。聚落呈团块状分布。有文化广场1处、农家书屋1处。经济以种植业为主，主要农作物有小麦、玉米、棉花。有公路经此。

还乡 371626-B11-H05
［Huánxiāng］

在县驻地黄山街道西北方向40.1千米。码头镇辖自然村。人口800。该村原名皇亲庄，登记村名时误听为"还乡"，故改为还乡。聚落呈团块状分布。有文化广场1处、农家书屋1处。经济以种植业为主，主要农作物有小麦、玉米等。有公路经此。

草庙 371626-B11-H06
［Cǎomiào］

在县驻地黄山街道西北方向40.2千米。码头镇辖自然村。人口1 000。据记载，南面有座大庙，大船驶入大清河，只看见茅草做的庙顶，故名草庙头村，后称草庙。聚落呈团块状分布。有文化广场1处、农家书屋1处。经济以种植业为主，主要农作物有小麦、玉米、白玉芸豆。有公路经此。

高家 371626-B11-H07
［Gāojiā］

在县驻地黄山街道西北方向32.1千米。码头镇辖自然村。人口500。以姓氏得名。聚落呈团块状分布。有文化广场1处、农家书屋1处。经济以种植业为主，主要农作物有小麦、玉米、棉花。有公路经此。

归苏 371626-B11-H08
［Guīsū］

在县驻地黄山街道西北方向31.2千米。码头镇辖自然村。人口1 700。传闻此地曾有"临其景兮，如归苏杭"之称，故名归苏。聚落呈团块状分布。有文化广场1处、文化书屋1处、小学1所。经济以种植业为主，主要农作物有小麦、玉米、棉花。有公路经此。

时圈 371626-B11-H09
［Shíquān］

在县驻地黄山街道西北方向35.1千米。码头镇辖自然村。人口400。清代初年，村民由济阳时家圈迁到此地，仍名时家圈，后称时圈。聚落呈团块状分布。有文化广场1处、农家书屋1处。经济以种植业为主，主要农作物有小麦、玉米、棉花。有公路经此。

码头寨 371626-B11-H10
[Mǎtóuzhài]

在县驻地黄山街道西北方向35.2千米。码头镇辖自然村。人口 600。因村头修建有上马台，故名马头寨。1369 年，马头寨、义和庄两村合并，统称码头寨。聚落呈团块状分布。有文化广场 1 处、农家书屋 1 处。经济以种植业为主，主要农作物有小麦、玉米、棉花。有公路经此。

大杨家 371626-B11-H11
[Dàyángjiā]

在县驻地黄山街道西北方向40.1千米。码头镇辖自然村。人口 1 000。因村北有个大石狮子，故名狮子口杨家。后因石狮子被砸烂，村民姓杨，故改称大杨家。聚落呈团块状分布。有文化广场 1 处、农家书屋 1 处。经济以种植业为主，主要农作物有小麦、玉米、棉花。有公路经此。

大寨 371626-B11-H12
[Dàzhài]

在县驻地黄山街道西北方向41.2千米。码头镇辖自然村。人口 800。因经常驻扎官兵，以官兵扎寨之意取名。后黄河水泛滥，村中冲出一条水道，分为两村。该村居南，名大寨。聚落呈团块状分布。有文化广场 1 处、农家书屋 1 处。经济以种植业为主，主要农作物有小麦、玉米等。有公路经此。

胡坡 371626-B11-H13
[Húpō]

在县驻地黄山街道西北方向33.2千米。码头镇辖自然村。人口 200。唐王赐名为护驾坡，沿革为胡家坡，后称胡坡。聚落呈团块状分布。有文化广场 1 处、农家书屋 1 处。经济以种植业为主，主要农作物有小麦、玉米等。有公路经此。

李码 371626-B11-H14
[Lǐmǎ]

在县驻地黄山街道西北方向36.1千米。码头镇辖自然村。人口 200。因李姓建村在坝水河东岸，是码头道口，故名李家码头，后称李码。聚落呈团块状分布。有文化广场 1 处、农家书屋 1 处。经济以种植业为主，主要农作物有小麦、玉米等。有公路经此。

路家 371626-B11-H15
[Lùjiā]

在县驻地黄山街道西北方向35.2千米。码头镇辖自然村。人口 1 300。因姓氏得名路家庄，后称路家。聚落呈团块状分布。有文化广场 1 处、农家书屋 1 处。经济以种植业为主，主要农作物有小麦、玉米、棉花。有公路经此。

三合 371626-B11-H16
[Sānhé]

在县驻地黄山街道西北方向36.1千米。码头镇辖自然村。人口 1 400。因由薛家庙、朱家寨、潘家辛庄三村合并而成，故名三合。聚落呈团块状分布。有文化广场 1 处、农家书屋 1 处。经济以种植业为主，主要农作物有小麦、玉米等。有公路经此。

洼里 371626-B11-H17
[Wālǐ]

在县驻地黄山街道西北方向36.1千米。码头镇辖自然村。人口 600。因在黄河大堤内立村，地势低洼，故名洼里。聚落呈团块状分布。有文化广场 1 处、农家书屋 1 处。经济以种植业为主，主要农作物有小麦、玉米、棉花等。有公路经此。

西韩 371626-B11-H18

[Xīhán]

在县驻地黄山街道西北方向38.2千米。码头镇辖自然村。人口300。明初，韩氏迁此立村，以姓氏取名韩家。后因重名，更名为西韩。聚落呈团块状分布。有文化广场1处、农家书屋1处。经济以种植业为主，主要农作物有小麦、玉米等。有公路经此。

延东 371626-B11-H19

[Yándōng]

在县驻地黄山街道西北方向38.1千米。码头镇辖自然村。人口500。明洪武年间建村，据民国《齐东县志》记载，古称杨杆，金置延安镇。清光绪年间，因受黄河水害，部分居民搬到堤南，因位于东部，称延东。聚落呈团块状分布。有文化广场1处、农家书屋1处。经济以种植业为主，主要农作物有小麦、玉米等。有公路经此。

赵坊 371626-B11-H20

[Zhàofāng]

在县驻地黄山街道西北方向35.2千米。码头镇辖自然村。人口700。因原村址濒临黄河，地势低洼，易遭水患，由赵坊带领迁至今址，并取名赵家坊，后称赵坊。聚落呈团块状分布。有文化广场1处、农家书屋1处。经济以种植业为主，主要农作物有小麦、玉米等。有公路经此。

三　交通运输

滨州市

铁路

淄东铁路 371600-30-A-b01
[Zīdōng Tiělù]

国有铁路。西起淄博市张店区，东至东营市东营区。全长 89.5 千米。在博兴站与博小铁路相接。1960 年张北地方轻便铁路开工，1966 年由博兴延至东营，同时对张店至博兴的原有铁路进行改造，1970 年 5 月建成。为单线普通线路。对于资源开发、物资输出及铁路沿线的经济发展具有重要意义。

博小铁路 371600-30-A-b02
[Bóxiǎo Tiělù]

国有铁路。南起博兴站，北至滨州高新区小营。全长 18.1 千米。在博兴站与淄东铁路相接。1959 年 9 月张北地方轻便铁路开工，1960 年 11 月杜科至王旺庄段建成通车，1970 年张东铁路建成通车，原小营至王旺庄段路基拆除，博兴至小营段由轻便铁轨改为标准路轨。为单线普通线路，对物资运输及铁路沿线地区经济发展具有重要作用。

兴广铁路 371600-30-A-c01
[Xīngguǎng Tiělù]

地方铁路。西起博兴县曹王站，东至为广饶县华泰集团。全长 35.0 千米。在博兴站与淄东铁路相接。广饶段 2005 年开工，博兴段 2007 年开工，两段均于 2010 年建成。为单线普通线路。该铁路对物资运输及铁路沿线地区经济发展具有重要作用。

滨港线 371600-30-A-c02
[Bīngǎng Xiàn]

地方铁路。南起德龙烟铁路，北至沾化县宿牙桥村南侧。全长 25.7 千米，其中沾化段 14.1 千米。2005 年 4 月开工，2009 年 9 月建成。为单线 I 级铁路。是沾化境内的首条铁路。滨港线的建成改写了滨州市是山东省唯——个没通铁路的地级市的历史，为带动山东北部及滨州地区经济建设和社会发展发挥积极作用。

公路

长深高速公路 371600-30-B-a01
[Chángshēn Gāosù Gōnglù]

高速公路。起点为长春市绿园区西湖大路，终点为深圳市盐田区盐田港。途经吉林、内蒙古、辽宁、河北、天津、山东、江苏、安徽、浙江、福建、广东 11 个省（直辖市）。全长 3 585 千米，滨州境内长 57.5 千米。2006 年 6 月始建，2009 年 6 月建成通车。公路等级为高速路。沾化段路面宽 34.5 米；滨城、阳信段路面宽 28 米。滨州境内沿线有 5 座公路立交桥。是连接深圳和长春南下、北上交通运输的必经之路，对带动滨州经济发展具有重要作用。

220 国道 371600-30-B-b01
[220 Guódào]

国道。滨城区境内起点滨城利津交界，止点惠民交界。滨城区境内辖段 34.1 千米。利津交界至滨城区高清庄段 2007 年改建完成，2014 年进行了路面中修；滨州至惠民段 2004 年开始进行改线、改建施工，2006 年 8 月份建成通车。一级路，路面宽 15~24 米，路面为沥青混凝土。滨州境内有 2 处公铁交岔道口，1 处公铁立交。促进山东、河南、湖北、江西、广东地区资源南北方向流动，对五省经济发展有重大意义，极大支持五省旅游、物流、招商、等行业。

205 国道 371600-30-B-b02
[205 Guódào]

国道。起点为山海关，终点为深圳。途经河北、天津、山东、江苏、安徽、浙江、福建和广东 8 个省。全长 2 854 千米，山东省内长 503 千米。1930 年始建，2008 年建成。1954 年 4 月至 9 月改建，1968 年第二次改建，1974 年至 1977 年第三次改建，2008 年再次改建。一级路，沥青路面，路基宽 25.5 米。与荣乌、青银、连霍、沪陕等高速相连。对物资运输及沿线地区经济发展具有重要作用。

海港路 371600-30-B-c01
[Hǎigǎng Lù]

省道。起点为东风港，终点是张连蒲村。全长 34.513 千米。1973 年始建，2006 年改建，马山子至张连蒲段 2006 年修建，东风港至付台子段、付台子至马山子段 2010 年改建。一级路，沥青路面，路面宽 12.1 米。与新海路、蔡古路、东滨路相交。是东风港运输的主要干道，对促进经济发展有重要作用。

312 省道 371600-30-B-c02
[312 Shěngdào]

省道。起点为沾化界，终点为滨城区滨北街道。滨城区境内长 7.5 千米。1988 年始建，2001 年改建，2014 年重修。二级路，沥青混凝土路面，路面宽 18 米。与 236 省道、荣乌高速、340 国道相交。途径滨州市沾化区，是沾化区段内主要省道，为当地人民交通带来便利。

319 省道 371600-30-B-c03
[319 Shěngdào]

省道。起点为博兴界，终点为高青界。滨城区境内长 11.2 千米。1986 年始建，2002 年滨城区小营至旧镇段改建完成，1999 年、2012 年小营至博兴段分别改建。一、二级路，沥青混凝土路面，路面宽 14~18 米。与长深高速、205 国道、228 省道、新博路、潍高路相交。是连接东营、淄博高清的交通要道。

永馆路 371600-30-B-c04
[Yǒngguǎn Lù]

省道。起点为垦利县永安镇，终点为河北省馆陶县，途经利国、富国、下洼 3 乡镇。滨州市境内长 51 千米。1930 年修建，1954—1955 年富国至大王村路段整修，1972 年进行改造，1973 年铺筑沥青路面，1987 年向东延伸。二级路，沥青路面，路面宽 15 米。与长深高速及省道孤滨路、新海路、东滨路相交。是沾化境内的重要道路，为当地交通提供了便利。

孤滨路 371600-30-B-c05
[Gūbīn Lù]

省道。起点为滨州市，终点为东营市孤岛，途经下河、富国、泊头 3 乡镇。市境内长 42.6 千米。1954—1955 年，宁家至义和庄路段整修，1958年、1969年两次改建，1973年完成桥涵配套和沥青路面铺筑工程。三级公路，沥青路面，路面宽6米。与荣乌高速、永馆路相交。是沾化至滨州的交通要道。

新博路 371600-30-B-c06
[Xīnbó Lù]

省道。起点为东营市新安镇，终点为滨州市博兴县。全长92千米。1986年始建，1993年建成，2006—2008年进行新建、改建。沥青路面，宽25.5米，与广青路相连。对当地物资运输及沿线地区经济发展具有重要作用。

博临路 371600-30-B-c07
[Bólín Lù]

省道。起点为滨州市博兴县，终点为潍坊临朐县。市境内长9.1千米。1931年始建，1974年重建，1995年加宽改建，2001年、2002年大修，2010—2013年新建、改建。三级路，沥青路面，路基宽16~25米，路面宽15~23米。与潍高路相连。对当地物资运输及沿线地区经济发展具有重要作用。

广青路 371600-30-B-c08
[Guǎngqīng Lù]

省道。起点为广北农场，终点为高青县青城。途经博兴县的纯化、陈户、庞家。长61.4千米。1968—1969年完成博广交界至陈户镇闫陈村段修建，1971—1973年完成闫陈村至小营段修建，1988—1989年进行改建，2012年再次进行改建。二级路，沥青路面，宽14~19米。与新博路相连。对当地物资运输及沿线地区经济发展具有重要作用。

潍高路 371600-30-B-c09
[Wéigāo Lù]

省道。起点为潍坊市潍县，终点为高青县。长137米。1936年修筑，1970—1971年改建，1980年第二次改建，1985年再次改建。沥青路面，路面宽15.6~25米。与山深路、博临路相连。对当地物资运输及沿线地区经济发展具有重要作用。

滨城区

城市道路

渤海三路 371602-K01
[Bóhǎi 3 Lù]

在区境东部。南起玉龙湖，北至北环路。与黄河二路、黄河三路、黄河四路、黄河五路、黄河六路、黄河七路、黄河十六路相交。长3.3千米，宽20米。沥青路面。1982年开工，2008年改建黄河一路至黄河七路段，2014年改建黄河七路至黄河十六路段。以滨州濒临的渤海得名。沿途经过多个市场和大集，商业活动繁荣。两侧有工农水库、华纺股份、北镇大集、建材城等。通公交车。

渤海四路 371602-K02
[Bóhǎi 4 Lù]

在区境东部。南起黄河三路，北至北环路。与黄河三路、黄河四路、黄河五路、黄河六路、黄河八路、黄河十路、黄河十一路、黄河十二路、黄河十五路、黄河十六路、北环路相交。长6千米，宽20米。沥青路面。1982年开工，2008年改建黄河一路至黄河七路段，2014年改建黄河七路至黄河十六路段。以滨州濒临的渤海得名。沿途经过滨城区的政治中心，新型市场、汽配城的存在使得该道路沿线商业活动频繁。两侧有新型市场、海德汽配城、滨城区人民政府、滨州火车站等。通公交车。

渤海五路 371602-K03
[Bóhǎi 5 Lù]

在区境中部。南起南环路，北至北环路。与黄河十二路、黄河八路、黄河五路等相交。长9.4千米，宽50.1米。沥青路面。1985年开工，2004年8月建成。以滨州濒临的渤海而得名。两侧有安康心理康复中心、沪滨眼科医院、五四广场、蒲湖公园等。通公交车。

渤海七路 371602-K04
[Bóhǎi 7 Lù]

在区境中部。南起蒲湖北堤，北至黄河十三路。与黄河二路、黄河五路、黄河十二路相交。长4.8千米，宽50.1米。沥青路面。1985年开工，2004年8月建成。以滨州濒临的渤海而得名。两侧有黄金大厦、渤海国际广场、教育实验幼儿园等。通公交车。

渤海十路 371602-K05
[Bóhǎi 10 Lù]

在区境中部。南起盛华路，北至黄河十路。与黄河二路、黄河五路、黄河八路相交。长4.6千米，宽49.9米。沥青路面。1985年开工，2004年8月建成。以滨州濒临的渤海而得名。两侧有滨州市一中、银座购物广场、龙城大厦等。通公交车。

渤海十一路 371602-K06
[Bóhǎi 11 Lù]

在区境中部。南起南环路，北至北环路。与黄河二路、黄河五路、黄河八路、黄河十二路相交。长10.9米，宽49.9米。沥青路面。1985年开工，2004年8月建成。

以滨州濒临的渤海而得名。两侧有滨城区第一小学、青藤源大饭店、宝安驾校、亲子幼儿园、南阳烧烤城、南杨农贸市场等。通公交车。

渤海十七路 371602-K07
[Bóhǎi 17 Lù]

在区境中部。南起长江三路，北至黄河八路。与黄河二路、黄河五路相交。长3.2千米，宽49.9米。沥青路面。1985年开工，2004年8月建成。以滨州濒临的渤海而得名。两侧有滨州市渤海中学、公路管理局等。通公交车。

渤海十八路 371602-K08
[Bóhǎi 18 Lù]

在区境中部。南起南环路，北至北环路。与黄河二路、黄河五路、黄河八路、黄河十二路相交。长14.9千米，宽49.1米。沥青路面。2001年开工，2008年建成。以滨州濒临的渤海而得名。两侧有南海观音、秦皇河公园、中海风景区、南海水库、交通银行、中银大厦、市住建局、中海公园、天地桥、滨州航母、滨州大饭店等。通公交车。

黄河四路 371602-K09
[Huánghé 4 Lù]

在区境中部。东段东起东环路，西至渤海十九路；西段东起渤海二十四路，西至渤海二十六路。与东海一路、渤海一路、渤海二路、渤海三路、渤海四路、渤海五路、渤海六路、渤海七路、渤海八路、渤海九路、渤海十路、渤海十一路、渤海十二路、渤海十三路、新立河东路、新立河西路、渤海十六路、渤海十七路、渤海十八路、渤海十九路等相交。长10.2千米，宽24米。沥青路面。1952年开工，1978年改建，2003年、2008年分别改扩建。以穿城而过的黄河加序数得名。东部沿路有滨化集团及建材城，中部贯穿老区商业中心，西部沿线主要有公园、广场等休闲娱乐区。两侧有滨化集团、建材厂、渤海国际商圈、电业大厦、新立河公园、文化广场、市人社局、市国土局等。是一条贯穿东区、老区、西区的城市道路，通公交车。

黄河五路 371600-K10
[Huánghé 5 Lù]

在区境中部。西起 220 国道，东至东环路。与渤海五路、渤海七路、渤海十路、滨博高速等相交。长 20 千米，宽 50 米。沥青路面。1952 年开工，1978 年改建，1982 年至 1985 年改扩建，2002 年改建。因穿城而过的黄河加序数得名。两侧有东海水库、滨化集团、银茂酒店、三中、市中院、银座黄河店、滨州学院、新立河公园、新滨公园、市政大楼、文化广场、市传媒集团、市交通局、市财政局、魏桥工业园等。是一条东西贯穿市区的城市主干道，向西连接惠民县，具有缓解交通、市政通勤的作用。通公交车。

黄河八路 371602-K11
[Huánghé 8 Lù]

在区境中部。东起东环路，西至西环路。与 220 国道、滨博高速、渤海十八路、渤海五路等相交。长 17.1 千米，宽 50.1 米。沥青路面。1985 年开工，2004 年 8 月建成。以穿城而过的黄河加序数得名。两侧有中海公园、滨州市教育局、北镇中学等。通公交车。

黄河十二路 371602-K12
[Huánghé 12 Lù]

在区境中部。东起东环路，西至西环路。与渤海十八路、新立河路、渤海五路等相交。长 12.4 米，宽 50.1 米。沥青路面。1985 年开工，2004 年 8 月建成。以穿城而过的黄河加序数得名。两侧有中海医院、滨州技术学院、全民健身广场等。通公交车。

桥梁

天桥 371602-N01
[Tiān Qiáo]

在滨城区西部。桥长 220 米，桥面宽 48.4 米，最大跨度 25 米，桥下净高 10 米。2004 年动工，2005 年建成。取"天长地久"吉祥寓意，取名天桥。为小型河道桥梁，结构型式为孔式桥。是连接南北外环路的纽带，也是中海景区的一道风景。最大载重量 100 吨，通公交车。

地桥 371602-N02
[Dì Qiáo]

在滨城区西部。桥长 220 米，桥面宽 48.4 米，最大跨度 25 米，桥下净高 10 米。2004 年动工，2005 年建成。取"天长地久"吉祥寓意，取名地桥。为小型河道桥梁，结构型式为孔式桥。是连接南北外环路的纽带，也是中海风景区的一道风景。最大载重量 100 吨。通公交车。

滨州黄河大桥 371602-N03
[Bīnzhōu Huánghé Dàqiáo]

在滨城区南部。桥长 3 325 米，桥面宽 21.5 米，最大跨度 1 692 米。1974 年动工，1974 年建成，1984 年改建。因横跨黄河而得名。为大型河道桥梁，结构型式为多桩柱式墩台特大桥。通公交车。

长深高速黄河大桥 371602-N04
[Chángshēn Gāosù Huánghé Dàqiáo]

在滨城区西部。桥长 1 698.4 米，桥面宽 32.8 米。2001 年动工，2004 年建成。是长深高速经滨州黄河而建设的黄河大桥，故名。为大型河道桥梁，结构型式为三塔斜拉桥。通公交车。

滨州公铁大桥 371602-N05
[Bīnzhōu Gōngtiě Dàqiáo]

在滨城区南部。桥长 2 700 米，桥面宽 19.5 米。2005 年 8 月动工，2007 年建成。因建于滨州市滨城区境内，是黄河上第一座公路铁路两用大桥，故名。为特大型公铁路两用桥，结构型式为平弦连续钢桁梁结构桥。

沾化区

城市道路

富桥路 371603-K01
[Fùqiáo Lù]

在区境东部。西起徒骇河，东至东外环。与沿河路、商场路、中心路、文化路、英才路相交。长 3.5 千米，宽 16.0 米。沥青路面。1957 年开工，1958 年建成，1989 年拓宽改造，2010 年升级改造。因位于富国镇，西至徒骇河富国桥而得名。沿途有事业单位、住宅区等，店铺密集，商业繁荣。两侧有区农业机械管理局、区供销商城、区财政局、区林业局、区畜牧局、区教育局、区科技局。是辖区内东西方向城市主干道，通公交车。

富国路 371603-K02
[Fùguó Lù]

在区境东部。西起徒骇河富国大桥，东至潮河西岸。与沿河路、商场路、中心路、文化路相交。长 2.4 千米，宽 24.0 米。沥青路面。1982 年开工，1988 年建成，2001

年拓宽改造，2010 年升级改造。因位于富国镇，取富国强民寓意命名。沿途有事业单位、酒店、企业等，店铺密集，商业繁荣。两侧有区盐务局、滨州市公安局沾化分局、区供电公司、明珠大酒店、区人民法院、中国移动通信集团山东有限公司沾化分公司、区烟草专卖局、区供销大厦、人民广场、区国税局。是辖区内一条东西方向城市主干道。通公交车。

中心路 371603-K03
[Zhōngxīn Lù]

在区境东部。南起富国路，北至富港路。与富港路、富桥路、富城路、富电路、富国路相交。长 1.5 千米，宽 27.0 米。沥青路面。1957 年修筑，1958 年建成，2001 年、2002 年改造。因位于城区中心位置，故名中心路。沿途店铺密集，商业繁荣。两侧有区供销大厦、中心农贸市场、中国银行股份有限公司沾化支行、中 77 联合网络通信有限公司滨州市沾化区分公司、区邮政局、沾化国瑞医药连锁有限公司、区供销合作社联合社、区药品稽查大队、区发展和改革局。为南北方向城市主干道。通公交车。

富城路 371603-K04
[Fùchéng Lù]

在区境东部。西起徒骇河东路，东至潮河西岸。与沿河路、商场路、中心路、文化路相交。长 2.5 千米，宽 24.0 米，沥青路面。1957 年开工，1958 年建成，2000 年、2010 年改扩建。因位于富国镇，且是县城东西交通主要干路，故名富城路。沿途店铺密集，商业繁荣。两侧有第二实验小学、沾化外贸居民小区、区供销商城、区第一实验中学、区实验幼儿园、区第一实验小学、区委党校。为东西方向城市主干道。通公交车。

金海四路 371603-K05
[Jīnhǎi 4 lù]

在区境西部。东起徒骇河东路，西至银河五路。与徒骇河西路、银河二路、银河三路、银河四路、银河五路相交。长 2.0 千米，宽 30.0 米，沥青路面。2007 年开工，2008 年建成。因沾化区北濒渤海，故取吉祥词"金海"为路名。沿途店铺密集，商业繁荣。两侧有区食品药品监督管理局、区行政大厦、区政务服务中心。是一条东西方向城市主干道。通公交车。

银河二路 371603-K06
[Yínhé 2 lù]

在区境西部。南起金海六路，北至金海二路。与金海六路、金海五路、金海四路、金海三路、金海二路相交。长 1.7 千米，宽 18.0 米，沥青路面。2005 年开工，2006 年建成。因沾化西城区东临徒骇河，故取吉祥词"银河"为路名。沿途店铺密集，商业繁荣。两侧有区体育馆、区国土资源管理局、区油区办、区海洋与渔业局。是一条南北方向城市主干道。通公交车。

机场、车站

滨州大高通用机场 371603-30-K01
[Bīnzhōu Dàgāo Tōngyòng Jīchǎng]

位于滨州市沾化区大高镇境内，距离市中心 22 千米。2003 年开工。A1 级机场，总建筑面积 7 500 平方米。该机场为小型农用、民用飞机及驾驶员培训的民用机场，无国内、国际航班。

沾化区汽车站 371603-S01
[Zhānhuà Qū Qìchēzhàn]

二级汽车客运站。位于滨州市沾化区西部。2012 年 2 月开工，2014 年 10 月试营运。

占地面积 50 077 平方米，配有多功能微机售票系统、电子显示系统、行包安检系统、电子监控系统等设施。主要营运路线 21 条，日始发班次 103 个，年客运量 32.63 万。沾化汽车站是集旅客候车、长途客运、城际公交、商贸购物、物流配送、住宿餐饮、房产开发一体的现代化大型综合服务场站。

桥梁

富国路徒骇河桥 371603-N01
[Fùguó Lù Túhàihé Qiáo]

在沾化区中部。桥长 225.4 米，桥宽 15 米，最大跨度 27 米，桥下净高 20 米。1988 年动工，1988 年建成，1999 年更换桥面板，2000 年桥墩套箍加固，2014 年加宽加固和升级改造。因位于富国路，横跨徒骇河而得名。为大型河道桥梁，结构型式为预应力箱梁灌注桩结构桥。最大载重量 10 吨，通公交车。

富桥路徒骇河桥 371603-N02
[Fùqiáo Lù Túhàihé Qiáo]

在沾化区中部。桥长 325.0 米，桥宽 28.0 米，最大跨度 325 米，桥下净高 9.0 米。2010 年动工，2011 年建成。因位于富桥路，横跨徒骇河，故命名为富桥路徒骇河桥。为大型河道桥梁。通公交车。

惠民县

城市道路

环城东路 371621-K01
[Huánchéng Dōnglù]

在县城东部。北起东门大街东首，南

至武定府路。与东门大街、故园南路、环城南路、武定府路相交。长 1.9 千米，宽 13.7 米。沥青路面。1973 年开工，1987 年建成。因拆除东城墙而修建此路，故名。东侧紧邻护城河公园，北端为古城公园，风景优美，文化气息浓厚，是主要的休闲娱乐街区。两侧有人民银行、房管局、人社局等。是县城重要南北通道，通公交车。

文安路 371621-K02
[Wén'ān Lù]

在县城南部。西起庆淄路，东至车站路。与庆淄路、南关街、环城东路、车站路相交。长 2.8 千米，宽 16.3 米。沥青路面。1998 年开工，1998 年建成中段，1999 年建成西段，2000 年建成东段。以"武定文安"之意命名为文安路。沿途以学校、单位、商铺为主，文化气氛较为浓厚。两侧有新华书店、二中、国税局、河务局等。是县城重要东西通道。通公交车。

环城南路 371621-K03
[Huánchéng Nánlù]

在县城南部。西起庆淄路，东至魁星阁。与庆淄路、南关街、环城东路相交。长 1.7 千米，宽 12.2 米。沥青路面。1971 年始建，1971 年建成。因拆除南城墙而修建此路，故名。沿途有省级文物保护单位、公园、单位等，文化气氛较为浓厚。两侧有结核病防治医院、人民法院、审计局等。是县城重要东西通道。通公交车。

糖坊街 371621-K04
[Tángfáng Jiē]

在县城西部。西起庆淄路，东至南门大街。与庆淄路、马市街、西南营街、南门大街相交。长 1.1 千米，宽 15 米。沥青路面。此街建于宋明之间。1988 年改（扩）建。因街上多有制糖作坊，故名。沿途以学校、

商铺为主，文化气氛较为浓厚。两侧有公安局、惠民一中、县体育场等。是县城重要东西通道。

故园南路 371621-K05
[Gùyuán Nánlù]

在县城东部。西起南门大街，东至环城东路。与南门大街、环城东路相交。长 0.7 千米，宽 9.6 米。沥青路面。此街建于宋明之间，中华人民共和国成立后经多次翻修，1988 年扩建成现状。明洪武二年（1369），街北建城隍庙，此街遂名城隍庙南街。1994 年，因位于孙子故园南边，更名为故园南路。沿途以单位、商铺为主，商业气氛较为浓厚。两侧有圣豪购物中心、县经信局、供电公司等。是县城重要东西通道。无公共交通。

武定府路 371621-K06
[Wǔdìngfǔ Lù]

在县城南部。西起大于路口，东至乐胡路。与庆淄路、南关街、工业路、环城东路、乐胡路相交。长 4.8 千米，宽 14.7 米。沥青路面。1987 年开工，1987 年建成，2003 年扩建。因清代治所位于惠民县的武定府，故名。沿途有商铺等，商业气氛较为浓厚，是县城南部重要商业街区。两侧有建武定府大酒店、交通局、盐务局、水利局、第三实验学校等。是惠民县城重要的东西通道。通公交车。

特色街巷

鼓楼街 371621-A01-L01
[Gǔlóu Jiē]

在孙武街道中部。长 0.5 千米，宽 15.3 米。沥青路面。明永乐年间，街北首的汉王府前有一座更鼓楼，当地以此俗称鼓楼街。此街建成于北宋崇宁年间，该街区内

拥有 2 条历史街巷，拥有 1 处省级文物保护单位，入选山东省首批历史文化街区。两侧有农业银行、第一实验学校、教育局等及居民住宅。通公交车。

南门大街 371621-A01-L02
[Nánmén Dàjiē]

在孙武街道中部。长 0.9 千米，宽 18.2 米。沥青路面。因直通县城南门，故名。此街建成于北宋崇宁年间，道路两旁多有商铺及大型商场，两边连接有苏家角、三义庙街、关帝庙街等老街巷，从古至今都是县城的主要街巷。两侧有圣豪超市、大华超市、住建局等。街道两侧店铺林立，是惠民县城主要商业街区及重要南北通道。通公交车。

南关街 371621-A01-L03
[Nánguān Jiē]

在孙武街道中部。长 1.1 千米，宽 21.3 米。沥青路面。因是南城门外的关厢，故名。此街建成于北宋崇宁年间，道路两旁多有商铺及居民住宅区。沿途有农信社、建设银行、邮政公司等。通公交车。

东门大街 371621-A01-L04
[Dōngmén Dàjiē]

在孙武街道中部。长 0.7 千米，宽 23.8 米。沥青路面。因直通县城东门，故名。此街建成于北宋崇宁年间，道路两旁多有商铺及机关单位。原惠民县衙坐落于此街。两侧有司法局、林业局等。通公交车。

东关街 371621-A01-L05
[Dōngguān Jiē]

在孙武街道中部。长 1.7 千米，宽 16.7 米。沥青路面。因是东城门外的关厢，故名。此街建成于宋代，道路两侧多商铺、居民区及机关单位。两侧有检察院、

孙武街道办事处、农业局、灌溉局等。通公交车。

西门大街 371621-A01-L06
[Xīmén Dàjiē]

在孙武街道中部。长 0.8 千米，宽 21.3 米。沥青路面。因直通县城西门，故名。此街建成于北宋大中祥符八年（1015），沿途多为商铺及居民区。道路两侧有物价局、人寿保险、民政局等。通公交车。

西关街 371621-A01-L07
[Xīguān Jiē]

在孙武街道中部。长 0.4 千米，宽 15.3 米。沥青路面。因直通县城西门，故名。此街建成于宋代，沿途多为商铺及居民住宅。通公交车。

阳信县

城市道路

阳城三路 371622-K01
[Yángchéng 3 Lù]

在县城中部。西起大寨路，东至大济路。与幸福一路、幸福二路、幸福三路、幸福四路相交。长 5.5 千米，宽 30 米。沥青混凝土路面。1982 年建成，2008 年改建。取阳信的"阳"字命名。沿途店铺密集，商业繁荣。两侧有县委党校、县人民驾校、兴隆商场、幸福广场、阳信县职业中专、阳信县公安局等。是一条东西走向主干路，通公交车。

幸福一路 317622-K02
[Xìngfú 1 Lù]

在县城中部。北起白杨河，南至阳城八路。与阳城三路、阳城四路、阳城五路、

阳城六路、阳城八路相交。长 8.4 千米，宽 22 米。沥青混凝土路面。1981 年开工，1982 年建成，后经多次重修，2008 年建成。因幸福河而得名。两侧有银座购物广场阳信店、阳信县检察院、阳信县法院、信城街道办事处、鸿安肥牛、鲁恒眼科医院等。是一条贯通县城南北的主干路，通公交车。

幸福三路 317622-K03
[Xìngfú 3 Lù]

在县城西部。北起工业三路，南至阳城六路。与阳城三路、阳城四路、阳城五路、阳城六路相交。长 1.6 千米，宽 16.5 米。沥青混凝土路面。1981 年开工，1982 年建成。因幸福河而得名。沿途店铺密集，商业气息浓厚。两侧有福源商厦、阳信博达实业有限公司、中国邮政储蓄银行阳信支行、新华人寿保险等。通公交车。

桥梁

蔺公桥 371622-N01
[Lìngōng Qiáo]

在县城中部。桥长 109.9 米，桥面宽 55.9 米，最大跨度 19.8 米，桥下净高 17.1 米。2010 年动工，2012 年建成。以历史名人蔺相如名字命名。为中型河道桥梁，结构型式为钢筋砼拱板结孔桥。最大载重量 16 吨。

韩公桥 317622-N02
[Hángōng Qiáo]

在县城中部。桥长 109.9 米，桥面宽 55.9 米，最大跨度 93.8 米，桥下净高 17.1 米。2010 年动工，2012 年建成。以历史名人韩信的名字命名。为中型河道桥梁，结构型式为拱板结孔结构。担负城区道路干道交通任务，最大载重量 16 吨。

永宁桥 317622-N03
[Yǒngníng Qiáo]

在县城南部。桥长 36.0 米，桥面宽 6.0 米，最大跨度 25.9 米，桥下净高 8.1 米。2009 年动工，2011 年建成。名称含义为永远幸福，安宁安康。为中型河道桥梁，结构型式为空心板桥。担负城区道路干道交通任务，最大载重量 20 吨，通公交车。

幸福河阳城三路桥 317622-N04
[Xìngfúhé Yángchéng 3 Lù Qiáo]

在县城中部。桥长 30.0 米，桥面宽 5.0 米，最大跨度 30.1 米。1978 年动工，1978 年建成。因横跨幸福河而得名。为中型桥梁，结构型式为空心板梁桥。通公交车。

无棣县

城市道路

棣新四路 371623-K01
[Dìxīn 4 Lù]

在县城中部。南起富路大街，北至北环路。与青波河南街、青波河北街、富平巷、中心大街、城东大街、院前街、经纶街、济源街、腾达大街、飞龙街、棣州大街、富强街、民生街、安康街相交。长 5.2 千米，宽 30.2 米。混凝土路面。1984 年开工，1984 年建成。因棣新一路以东还有八条新建路，此路居四，冠以"棣新"二字为名。两侧有烟草公司、油区办、信誉楼、无棣县第二中学等。是县城主干道，通公交车。

车站

无棣县汽车站 371626-S01
[Wúdì Xiàn Qìchē Zhàn]

二级汽车客运站。位于无棣县城东部。2012 年 3 月始建，2014 年 10 月建成。占地面积 53 200 平方米，总建筑面积 21 715.5 平方米。全站日发送客运班次 253 班，年客运量 200 万人次，年货运量 2 万吨，车场容纳进站客运车辆约 650 辆，1254 个班次。基本实现了一个南北贯通、纵横交错的旅客运输网，极大地方便了全县人民出行。

港口

滨州港西港 371626-30-F-b01
[Bīnzhōugǎng Xīgǎng]

河港。位于山东省滨州市套尔河西岸，所在河流是套尔河。1969 年始建，2013 年建成。有生产用泊位 16 个。年货运量 1 050 万吨，岸线长 18 000 米，主要吞吐（转运）货物是盐、沙石、矿土、化学品、散货，国内外主要航线是到烟台、威海。具有促进社会经济发展效应，是市海运陆运的交接点、城市发展的增长点，给轮船提供泊靠，以供船舶运输货物进出。

桥梁

埕口大桥 371626-N01
[Chéngkǒu Dàqiáo]

在无棣县北部。桥长 805.1 米，桥面宽 7 米，最大跨度 600.2 米，桥下净高 7.03 米。2001 年动工，2002 年建成。因所在行政区埕口镇而得名。为大型河道桥梁，结构型式为混凝土开敞式桥。最大载重量 55 吨。通公交车。

辛集闸桥 371626-N02
[Xīnjízhá Qiáo]

在无棣县西北部。桥长 492.8 米，桥面宽 7 米，最大跨度 528.3 米，桥下净高 9.65 米。1973 年动工，1973 年建成，1974 年复修。因靠近河北省海兴县辛集镇而得名。为大型河道桥梁，结构型式为混凝土开敞式桥。该桥梁是山东与河北链接运输的重要桥梁。最大载重量 20 吨。通公交车。

博兴县

城市道路

博城五路 371625-K01
[Bóchéng 5 Lù]

在县城中部。西起新城三路，东至 205 国道。与新城二路、新城一路、乐安大街、胜利一路、胜利二路、胜利三路、新城三路、205 国道相交。长 3.9 千米，宽 24.0 米。沥青混凝土路面。1961 年开工，1967 年铺简易沥青路面，1984 年胜利三路以西铺沥青路面，1986 年胜利三路以东铺为沥青路面，1990、1997、1998、2000、2005、2007 年陆续修建、改建，2008 年修建新城二路至新城三路段沥青混凝土路面。因位于博兴县城，以数字排序，故名。两侧有滨州技师学院、博兴县中医院、博兴县市场监管局、文化广场、银座商城、博兴宾馆、机关幼儿园、新世纪超市等。是博兴县主要景观道路。通公交车。

博城六路 371625-K02
[Bóchéng 6 Lù]

在县城南部。西起乐安大街，东至胜利四路。与乐安大街、胜利一路、胜利二路、胜利三路、胜利四路相交。长 1.9 千米，宽 16.0 米。沥青砼路面。1973 年开工，1978

年建成，1993、2000、2005、2010年改（扩）建。因位于博兴县城，以数字排列，故名。两侧有博兴一中、实验小学、董永公园等。通公交车。

乐安大街 371625-K03
[Lè'ān Dàjiē]

在县城西部。北起205国道，南至滨河大道。与205国道、博昌二路、博昌一路、博城一路、博城二路、博城三路、博城四路、博城五路、博城六路、博城八路、滨河大道相交。长6.3千米，宽44米。沥青混凝土路面。1999年修建博城五路至博城二路段砼路面；2005年修建博城五路以南砼路面；2014年修建博城五路至滨河大道段沥青砼路面。以博兴旧县名命名。两侧有四合院饭庄、华兴机械、地税局、博兴县全民健身中心等。通公交车。

车站

博兴站 371625-R01
[Bóxīng Zhàn]

三级汽车客运站。位于博兴县城东南部。1960年始建，1972年迁今址。1989年建货运营业楼1栋；1991年增建零担仓库2座；2001年10月对货场按二等站的标准进行了大面积改造，2002年10月投入使用。因地处博兴县而得名。占地280 000平方米，车站现有线路9条，日接发车量28次，年客运量2.6万人，货运量300万吨。便于客运、货物承运，对博兴经济发展具有重要作用。

博兴汽车站 371625-S01
[Bóxīng Qìchē zhàn]

二级汽车客运站。位于博兴县城东北部。2009年12月始建，2013年11月18日建成试营运。以行政区域名称和单位性质命名。建筑面积490 000平方米，现有始发线路7条，日班车量160余次，年旅客运量75万人。对方便旅客出行和提高城市交通能力具有重要作用。

桥梁、立交桥

利兴黄河浮桥 371625-N01
[Lìxīng Huánghé Fúqiáo]

在博兴县东北。桥长180米，桥面宽8米，最大跨度15米，桥下净高2米。1997年7月动工，1998年建成。以浮桥起点行政利区名称（利津县）和止点行政区名称（博兴县）各取一字，得名利兴黄河浮桥。为大型河道桥梁，结构型式为特钢承压舟组装而成。最大载重量15吨。给黄河两岸人民群众的经济来往和物资交流带来了很大便利，充分发挥了纽带作用。

博兴立交桥 371625-P01
[Bóxīng Lìjiāo Qiáo]

在博兴县城东部。占地面积53 000平方米。有两层互不交叉的不同方向的城市道路在此立体相交。最高层离地面13米。1999年动工，2000年建成。因位于205国道山深路博兴县城段，与淄东铁路立体交叉得名博兴立交桥。为特大型钢混结构型立交桥。日交通223 000辆，在城市交通中起到为车辆分流，缓解交通堵塞的作用。

邹平县

城市道路

黄山一路 371626-K01
[Huángshān 1 Lù]

在县城中部。东起建筑设计院，西至

黛溪河。与通山街、黛溪三路、通山街、三八街、陵园路相交。长 1.5 千米。宽 18.9 米。沥青路面。1988 年开工，1989 年建成。因境内有地理实体黄山，且以高速路为分界线，该路为南起第一条路，故名。该街西部的餐饮服务业是特色产业，是娱乐生活的重要道路。两侧有建筑设计院、实验二小、河务局、农村商业银行、自来水公司。通公交车。

黄山二路 371626-K02
[Huángshān 2 Lù]

在县城中部。东起翠屏公园，西至黄山三路路口。与黛溪五路、黛溪四路、黛溪三路、黛溪二路、黛溪一路、通山街、三八街、黄山三路相交。长 4.7 千米。宽 17.1 米。沥青路面。1988 年开工，1989 年建成。因境内有地理实体黄山，且以高速路为分界线，该路为南起第二条路，故名。沿途多餐饮服务业，具有休闲、健身、购物、娱乐功能。两侧有烟草公司、鲁中学院、粮食局、县医院、中医院、质监局、翠屏公园、体育广场、银座商场、供销大厦、圣豪百货等。通公交车。

黄山三路 371626-K03
[Huángshān 3 Lù]

在县城中部。东起月河一路，西至邹魏路。与月河一路、黛溪六路、黛溪五路、黛溪四路、通山街、黛溪三路、三八街、黛溪二路、黛溪一路、邹魏路相交。长 5.1 千米。宽 29.2 米。沥青路面。1988 年开工，1989 年建成。因境内有地理实体黄山，且以高速路为分界线，该路为南起第三条路，故名。沿途以商铺和单位为主，富有浓郁的老城气息，是老城区主要的街道之一。两侧有圣豪超市、东城商城、海尔客服部、邹平宾馆、工商银行、建设银行、电业局、刑警队等。通公交车。

黄山四路 371626-K04
[Huángshān 4 Lù]

在县城中部。东起与黛溪四路，西至黛溪二路。与黛溪四路、黛溪三路、黛溪二路相交。长 1.6 千米。宽 12.8 米。沥青路面。1988 年开工，1989 年建成。因境内有地理实体黄山，且以高速路为分界线，该路为南起第四条路，故名。沿途以居民区和厂区为主，富有生活气息的街道。两侧有雪花啤酒厂。该道路是生活、娱乐重要的道路之一。通公交车。

黄山五路 371626-K05
[Huángshān 5 Lù]

在县城中部。东起月河一路，西至邹魏路。与黛溪五路、黛溪四路、黛溪三路、黛溪二路、黛溪一路、月河一路相交。长 4.0 千米。宽 58.9 米。沥青路面。1988 年开工，1989 年建成。因境内有地理实体黄山，且以高速路为分界线，该路为南起第五条路，故名。沿途有居民区和商铺，是县城城区最北一条路，为各乡镇物资运输起着重要作用。两侧有中国石化加油站、邹平汽车站、齐明建材城、明水眼科医院。通公交车。

黛溪一路 371626-K06
[Dàixī 1 Lù]

在县城中部。南起黄山二路，北至黄山五路。与黄山二路、黄山三路、黄山五路相交。长 1.5 千米。宽 14.1 米。水泥混凝土路面。1988 年开工，1989 年建成。因区域内有地理实体黛溪河，且该路为西起第一条路，故名。沿途有居民区和商铺，是富有浓郁的生活气息。两侧有康悦日间照料中心等。通公交车。

黛溪二路 371626-K07
[Dàixī 2 Lù]

在县城中部。南起黛溪湖，北至黄山

五路。与黄山一路、黄山二路、黄山三路、黄山四路、黄山五路相交。长2.1千米。宽14.2米。沥青路面。1988年开工，1989年建成。因区域内有地理实体黛溪河，且该路为西起第二条路，故名。沿途有居民区和商铺，富有浓郁的生活气息。两侧有圣豪超市、大爱广场等。通公交车。

黛溪三路 371626-K08

[Dàixī 3 Lù]

在县城中部。南起济青高速公路，北至黄山五路。与黄山一路、黄山二路、黄山三路、黄山四路、黄山五路相交。长2.9千米。宽31.2米。沥青路面。1988年开工，1989年建成。因区域内有地理实体黛溪河，且该路为西起第三条路，故名。沿途以商铺和单位为主，富有浓郁的现代商业气息，是主要的商业和文化中心。两侧有公安局、梁邹矿业、黛溪湖、机关幼儿园、永安商场、县医院、圣豪商场、农业银行、工商银行、建设银行、农村商业银行、雪花啤酒厂、范公酒厂、齐明建材城等。通公交车。

黛溪四路 371626-K09

[Dàixī 4 Lù]

在县城中部。南起黄山二路，北至黄山五路。与黄山一路、黄山二路、黄山三路、黄山四路、黄山五路相交。长1.3千米。宽17.2米。沥青路面。1988年开工，1989年建成。因区域内有地理实体黛溪河，且该路为西起第四条路，故名。道路南段以商业区为主，中段和北段以居民区为主，是比较有特色的老城区街道。两侧有天意商城、机关招待所、妇幼保健院、皮肤病医院。通公交车。

黛溪五路 371626-K10

[Dàixī 5 Lù]

在县城中部。南起黄山二路，北至黄山五路。与黄山二路、黄山三路、黄山四路、黄山五路相交。长1.4千米。宽17.1米。沥青路面。1988年开工，1989年建成。因区域内有地理实体黛溪河，且该路为西起第五条路，故名。两侧有体育广场等。通公交车。

黛溪六路 371626-K11

[Dàixī 6 Lù]

在县城中部。南起鄢家建材，北至黄山三路。与黄山二路、黄山三路、黄山四路、黄山五路相交。长0.4千米。宽18.2米。水泥混凝土路面。1988年开工，1989年建成。因区域内有地理实体黛溪河，且该路为西起第六条路，故名。沿途有卫生室、便利店等商铺，为附近居民生活提供便利。两侧有鄢家建材市场等。通公交车。

鹤伴一路 371626-K12

[Hèbàn 1 Lù]

在县城中部。东起邹周路，西至黛溪河。与邹周路、醴泉七路、醴泉六路、醴泉五路、醴泉四路、广场东路、广场西路、醴泉三路、醴泉二路、醴泉一路相交。长2.6千米。宽28.1米。沥青路面。2007年开工，2011年建成。因区域内有地理实体鹤伴山，且以高速路为分界线，该路是北起第一条路，故名。沿途以商铺和单位为主，具有浓郁的商业氛围，是主要的政务中心、文化中心。两侧有检察院、政务大楼、法院、圣豪超市等。为城南新区东西方向的重要道路之一。通公交车。

鹤伴二路 371626-K13

[Hèbàn 2 Lù]

在县城东南部。东起邹周路，西至西外环。与邹周路、醴泉七路、醴泉六路、醴泉五路、醴泉四路、广场东路、广场西路、醴泉三路、醴泉二路、醴泉一路相交。长4.6

千米。宽45.5米。沥青路面。2001年开工，2002年建成。因区域内有地理实体鹤伴山，且以高速路为分界线，该路是北起第二条路，故名。沿途以休闲娱乐场所及单位为主，具有生机勃勃的生活气息，是周边居民重要的休闲娱乐活动场所，东段也是单位办公聚集地之一。两侧有教育中心、环保局、疾控中心、建设局、人工湖、邹平一中等。是城南新区东西方向的重要道路之一。通公交车。

鹤伴三路 371626-K14
[Hèbàn 3 Lù]

在县城中部。东起邹周路，西至黛溪河。与邹周路、醴泉七路、醴泉五路、广场东路、广场西路、醴泉一路相交。长3.2千米。宽44.1米。沥青路面。2007年开工，2011年建成。因区域内有地理实体鹤伴山，且以高速路为分界线，该路是北起第三条路，故名。沿途以居民区为主，具有浓郁的生活气息。两侧有中石化加油站、月河公园、市民公园、房管局等。是城南新区东西方向的重要道路之一。通公交车。

鹤伴四路 371626-K15
[Hèbàn 4 Lù]

在县城中部。东起邹周路，西至黛溪河。与邹周路、醴泉七路、醴泉五路、广场东路、广场西路、醴泉一路相交。长2.5千米。宽43.2米。沥青路面。2007年开工，2011年建成。因区域内有地理实体鹤伴山，且以高速路为分界线，该路是北起第四条路，故名。沿途以单位和学校为主，是城区南部主要的文化活动中心。两侧有黄山农贸市场、黄山实验中学、黄山幼儿园、民政局、规划展览馆等。是城南新区东西方向的重要道路之一。通公交车。

醴泉一路 371626-K16
[Lǐquán 1 Lù]

在县城中部。南起邹西路最北端，北至黛溪三路最南端。与鹤伴三路、鹤伴二路、步行街、鹤伴一路、高速桥、邹西路相交。长1.5千米。宽31.2米。沥青路面。2011年开工，2011年建成。因区域内有地理实体醴泉寺，且以黛溪河为起点，该路为第一条路，故名。沿途以商铺、商业街和居民区为主，是城南区主要的文化中心区。两侧有财税大厦、邹平一中、步行街等。是城南新区南北方向的重要道路之一。通公交车。

醴泉二路 371626-K17
[Lǐquán 2 Lù]

在县城中部。南起鹤伴二路，北至鹤伴一路。与鹤伴二路、步行街、鹤伴一路相交。长0.7千米。宽11.2米。沥青路面。2011年开工，2011年建成。因区域内有地理实体醴泉寺，且以黛溪河为起点，该路为第二条路，故名。沿途以商业街和居民区为主，具有浓郁的生活气息。两侧有步行街等。是城南新区南北方向的重要道路之一。通公交车。

醴泉三路 371626-K18
[Lǐquán 3 Lù]

在县城中部。南起鹤伴二路，北至鹤伴一路。与鹤伴二路、步行街、鹤伴一路相交。长0.6千米。宽18.9米。沥青路面。2011年4月开工，2011年9月建成。因区域内有地理实体醴泉寺，且以黛溪河为起点，该路为第三条路，故名。沿途以广场、商业街和居民区为主，具有浓郁的生活气息。两侧有步行街、检察院、移动公司城南店、邹平新奥燃气营业厅等。是城南新区南北方向的重要道路之一。通公交车。

醴泉四路 371626-K19
［Lǐquán 4 Lù］

在县城中部。南起鹤伴二路，北至鹤伴一路。与鹤伴二路、鹤伴一路相交。长0.6千米。宽20.1米。沥青路面。2011年开工，2011年建成。因区域内有地理实体醴泉寺，且以黛溪河为起点，该路为第四条路，故名。沿途以居民区、单位和商铺为主，具有浓郁的生活气息。两侧有广电中心、邹平市图书馆等。通公交车。

醴泉五路 371626-K20
［Lǐquán 5 Lù］

在县城中部。南起鹤伴豪庭，北至鹤伴一路。与鹤伴四路、鹤伴三路、鹤伴二路、鹤伴一路相交。长3.1千米。宽19.2米。沥青路面。2012年开工，2012年建成。因区域内有地理实体醴泉寺，且以黛溪河为起点，该路为第五条路，故名。道路北部是全县政治文化中心，中段为山前平原，南段为鹤伴山区。两侧有建设局等。此路为城南新区通向西董街道要道，为西董街道经济发展起到重要作用。通公交车。

醴泉六路 371626-K21
［Lǐquán 6 Lù］

在县城中部。南起鹤伴二路，北至鹤伴一路。与鹤伴二路、鹤伴一路相交。长0.7千米。宽20.1米。沥青路面。2012年开工，2012年建成。因区域内有地理实体醴泉寺，且以黛溪河为起点，该路为第六条路，故名。沿途以商铺、单位和居民区为主。两侧有环保局、疾控中心等。通公交车。

醴泉七路 371626-K22
［Lǐquán 7 Lù］

在县城中部。南起鹤伴四路，北至鹤伴一路。与鹤伴四路、鹤伴三路、鹤伴二路、鹤伴一路相交。长1.4千米。宽20.2米。沥青路面。2012年开工，2012年建成。因区域内有地理实体醴泉寺，且以黛溪河为起点，该路为第七条路，故名。沿途以单位、学校和居民区为主，具有浓郁的生活气息。两侧有黄山实验小学、体育馆、教育中心等。是城南新区南北走向的重要道路之一。通公交车。

广场东路 371626-K23
［Guǎngchǎng Dōnglù］

在县城中部。南起鹤伴一路，北至鹤伴五路。与鹤伴一路、鹤伴二路、鹤伴三路、鹤伴四路相交。长1.0千米。宽13.0米。沥青路面。2011年开工，2011年建成。因位于政务广场东侧而得名。沿途以公园和单位为主，富有浓郁的文化气息，是主要的文化中心街。两侧有政务大楼、政务广场、广电中心、民政局、黄山派出所、烟草公司、供销社、人工湖等。是城南新区南北走向的重要道路之一。通公交车。

广场西路 371626-K24
［Guǎngchǎng Xīlù］

在县城中部。南起鹤伴一路，北至鹤伴五路。与鹤伴一路、鹤伴二路、鹤伴三路、鹤伴四路相交。长1.1千米。宽13.1米。沥青路面。2011年开工，2011年建成。因位于政务广场西侧而得名。沿途以公园和居民区为主，富有浓郁的生活气息。两侧有政务大楼、政务广场、行政审批大厅、人工湖等。是城南新区南北走向的重要道路之一。通公交车。

车站

邹平汽车站 371626-S01
［Zōupíng Qìchē Zhàn］

二级汽车客运站。位于黄山街道西北

方向 4.2 千米。1955 年建立邹平汽车站；1957 年改建，移址东关村大街东首；1972 年改建，移址黄山二路 11 号；2002 年改建，移址会仙一路西首；2009 年改建，移址于黄山五路 117 号。因所在行政区域而得名。候车大厅为扇形，站房建筑由三层钢构构成，候车大厅南边为凤凰标志和车站广场。经营管理 27 条客运线路，其中省际 2 条、市际 18 条、县际 7 条。日发客运班次 247 个，年平均旅客日发送量 2 500~3 000 人次，年客运量 114 万人次。是一个集公路客运、旅游集散等相关配套服务为一体的现代化、智能化、多功能的汽车客运站。

桥梁

跨济青高速大桥 371626-N01
[Kuà Jǐqīng Gāosù Dàqiáo]

在县城东部。桥长 340 米，桥面宽 35 米，最大跨度 75 米，桥下净高 8 米。2006 年动工，2008 年建成。因该桥跨越济青高速而得名。为大型河道桥梁，结构型式为箱梁桥。最大载重量 55 吨，通公交车。

小清河大桥 371626-N02
[Xiǎoqīnghé Dàqiáo]

在县城西北部。桥长 290 米，桥面宽 13 米，最大跨度 20 米，桥下净高 2.9 米。1999 年动工，2000 年建成。因所处位置在小清河上而得名。为大型河道桥梁，结构型式为箱梁桥。最大载重量 55 吨，通公交车。

雪花山大桥 371626-N03
[Xuěhuāshān Dàqiáo]

在县城南部。桥长 127 米，桥面宽 33 米，最大跨度 20 米，桥下净高 4.9 米。2008 年动工，2009 年建成。因该桥在邹平县西董街道雪花山附近而得名。为大型河道桥梁，结构型式为板梁桥。最大载重量 55 吨，通公交车。

长山大桥 371626-N04
[Chángshān Dàqiáo]

在县城东部。桥长 130.5 米，桥面宽 7 米，最大跨度 20 米，桥下净高 3 米。1977 年动工，1979 年建成。因位于长山镇而得名。为大型河道桥梁，结构型式为板梁桥。最大载重量 55 吨，通公交车。

黛溪河大桥 371626-N05
[Dàixīhé Dàqiáo]

在县城中部。桥长 105 米，桥面宽 33 米，最大跨度 20 米，桥下净高 5.7 米。2008 年动工，2009 年建成。因位于黛溪河而得名。为大型河道桥梁，结构型式为板梁桥。最大载重量 55 吨，通公交车。

范公桥 371626-N06
[Fàngōng Qiáo]

在县城东部。桥长 117 米，桥面宽 20 米，最大跨度 13 米，桥下净高 5 米。1993 年动工。该桥因毗临范公祠而得名。为大型河道桥梁，结构型式为板梁桥。最大载重量 55 吨，通公交车。

杏花河桥 371626-N07
[Xìnghuāhé Qiáo]

在县城东部。桥长 48.8 米，桥面宽 23.4 米，最大跨度 8 米，桥下净高 4 米。2002 年动工，2003 年建成。因该桥修建于杏花河上而得名。为中型河道桥梁，结构型式为板梁桥。最大载重量 55 吨，通公交车。

四　自然地理实体

滨州市

河流

徒骇河 371600-22-A-a01
[Túhài Hé]

外流河。在省境西北部。因"徒骇者，禹疏九河，用工极众，故人徒惊骇也"，故名。发源于河南省清丰县东部，与黄河平行向东北流经山东省的莘县、聊城市、禹城市，至沾化县注入渤海。河长420千米，流域面积1.4万平方千米。纵比降时陡时缓。河流主要靠降水补给，干旱时河流无水，靠从黄河引水，平均每年从黄河引水28亿立方米。由于黄河含沙量大，河道淤积严重，五年之内（1979—1983）淤积泥沙2 800万立方米。徒骇河不仅用作排水除涝，还能引黄灌溉。主要支流有老赵牛河、苇河、赵王河、秦口河、土马河等。

土马沙河 371600-22-A-b01
[Tǔmǎshā Hé]

内流河，沙河支流。土马沙河是原土马河、沙河的总称，是海河流域干流徒骇河下游的主要支流，中华人民共和国成立后，两河并为一条河流进行治理和管理。发源于商东河，流经商河、惠民县境，于惠民县大杜家汇入沙河。全长36.5千米，区境内河道段长5.5千米，宽4.5米，实控流域面积180平方千米，最大排涝流量142.2立方米/秒，最大行洪流量268立方米/秒。大型河流。有拦河闸1座、排水涵洞12座、交通桥35座。支流有土马河、单家寺沟等。

滨城区

河流

黄河 371602-22-A-a01
[Huáng Hé]

外流河。在省境北部。因水色浑黄而得名。在古籍中最早称"河"，《汉书》中始有黄河之称。发源于青藏高原巴颜喀拉山北麓的约古宗列盆地，自西向东分别流经青海、四川、甘肃、宁夏、内蒙古、陕西、山西、河南及山东9个省（自治区），最后流入渤海。全长约5 464千米，其流域面积约752 443平方千米。河水夹带到下游的泥沙总量，平均每年超过16亿吨，其中有12亿吨流入大海，剩下4亿吨长年留在黄河下游，形成冲积平原，有利于种植。黄河是中华文明最主要的发源地，中国人称其为"母亲河"。黄河流域有肥原沃土，物产丰富，山川壮丽，居民几占中国总人口四分之一，耕地则约占全国4成。黄河源流段从星宿海至青海贵德，上游段自贵德至江西省河口镇，中游段从河口镇到河南孟津，下游段自孟津到山东利津县注入渤海。主要支流有汾河、洮河、渭河等。

潮河 371602-22-A-a02
[Cháo Hé]

外流河。在区境北部。因其下游汇入洼拉沟等滨海潮沟，故名潮河。发源于滨城区双刘村西之西沙河，东北经滨城、沾化，至洼拉沟入海。全长75.46千米，底宽16.5~60.5米，流域面积1 241.3平方千米，最大排涝流量183.74立方米/秒。具有防洪、灌溉、排涝等功能，初步形成了以潮河为干流的排水系统。主要支流有西沙河、张课家干沟、新立河、秦台干沟、单寺干沟、褚官河、太平河、朝阳河。

褚官河 371602-22-A-a03
[Chǔguān Hé]

潮河支流。在区境东北部。因此河源头有一村名褚官村，故名。源自利津县西南部乡李卜村北一带，流经利津县北宋镇、明集乡、滨城区秦皇台乡，沾化区，于沾化区苏王村汇入潮河。全长30.1千米，平均宽度45米，流域面积120.36平方千米，年平均径流量2 500万立方米。沿河建有桥1座。设计引水能力30立方米/秒，设计灌溉面积100平方千米。二级河流。是一条具有防洪、排涝、灌溉综合效益的河道。水质状况中等，出产鲫鱼、鲤鱼、草鱼、鲢鱼、黑鱼、毛蟹、龙虾。主要支流有石营北渠、瓦张小赵沟。

北支新河 371602-22-A-a04
[Běizhīxīn Hé]

支脉河支流。在市境南部。源自青城镇毛家，向东经花沟乡东、西窦南、田镇镇李星耀北、寨子乡大庄南、元河乡吴家北、唐坊乡方家北至青田街道贺家村南出境入博兴。区境内全长3.8千米，河底宽22米，流域面积428平方千米，最大流量144立方米/秒。两岸是绿化林带，滩内种植农作物。

秦台河 371602-22-A-b01
[Qíntái Hé]

内流河。在市境中部。因流经秦台，故名秦台干沟。源自滨城区市西街道李家口村，至滨北街道坡杜村入潮河。全长33.1千米，宽度21.2米，流域面积87平方千米。中型河流。在城区防汛及下游农田排涝方面发挥着重要作用。

付家河 371602-22-A-b02
[Fùjiā Hé]

秦口河支流。在市境西部。源自滨城区三河湖镇小王村，于沾化区冯家镇大刘村入秦口河。全长44千米，平均宽度10米，流域面积209平方千米。中型河流。具有行洪、灌溉、排涝作用。

胜利河 371602-22-A-b03
[Shènglì Hé]

内流河。在省境中北部，市境西部。为纪念社会主义建设已走向胜利的开端，故名。源于兰家总干朱家，流经里则，于郭家村北入滨城区，又至杨柳雪孟家村西入徒骇河。全长15.9千米，河道平均宽度25米，流域面积83平方千米。为小清河的一级支流。胜利河同时兼有农田灌溉、排涝任务和景观蓄水功能。胜利河水源稳定且长期蓄水的目的，满足了沿岸节水灌溉及胜利河生态用水需求，进一步发挥了河道防洪除涝、灌溉等综合效益，为形成良好的自然生态环境创造了条件，为当地的社会经济发展提供了安全环境，促进了当地工农业的稳定、协调发展。

新立河 371602-22-A-b04
[Xīnlì Hé]

内流河。在市境中部。源自杜店街道李口村，北至滨北街道坡杜村西。全长31.9千米，平均宽度13米。流域面积136平方千米。中型河流。新立河是人工开挖的一条主要排涝河道，其控制排涝范围南起黄河大堤，北至潮河，担负着沙河、彭李、市西、杨柳雪、滨北等五镇（街道）的排涝任务，流域内地势南高北低，西高东低。河道上修建桥梁 26 座，其中公路桥 2 座，生产桥 16 座，大车桥 8 座。治理后市区段将城市排水、生态、景观、蓄水等功能融为一体，成为滨州市新区的一道靓丽景观。

西沙河 371602-22-A-b05
[Xīshā Hé]

内流河。在市境中部。源自里则街道赵家口村，北至滨北街道都家村，北入潮河。全长 37 千米，河道平均宽度 28 米，流域面积 212.7 平方千米，最大排涝流量 56.33 立方米/秒。中型河流。满足了沿岸节水灌溉及胜利河生态用水需求，进一步发挥了河道防洪除涝、灌溉等综合效益，为形成良好的自然生态环境创造了条件，为当地的社会经济发展提供了安全环境，促进了当地工农业的稳定、协调发展。

秦皇河 371602-22-A-b06
[Qínhuáng Hé]

内流河。在市境西南部。因相传为秦始皇东巡时开挖，故名。发源于张肖堂引黄闸，最终流入北环河。全长 7.8 千米，设计宽度 226 米，流域面积 28 平方千米。秦皇河已经成为一条水清河秀的水利景观带，实现了经济效益、社会效益、生态效益三者协调发展，是集蓄水、灌溉、景观、市民休闲、娱乐和改善生态环境于一体，具有综合功能的河道。有效地改善了河道两岸 10 个村、6 个居住区，2.1 万居民的生活环境。以秦皇河为轴线，将北部的黄河三角洲文化产业园、中部的中海旅游观光园、南部的南海文化旅游产业园贯穿一线，相映生辉，构成"一轴三园"的文化旅游产业新格局。

阳信县

河流

白杨河 317622-22-A-a01
[Báiyáng Hé]

秦口河支流。在县境西北部。因最初起源于无棣县白杨洼，故名白杨河。发源于阳信县温店镇后吴店村德惠新河右岸，流经阳信县、庆云县、无棣县、沾化县，于沾化区栾尔庄南向东汇入秦口河。全长 55.7 千米，河道平均宽度 20 米，流域面积 377 平方千米，十里堡闸处设计流量 96 立方米/秒。是一条具有防洪、排涝、灌溉综合效益的河流。

德惠新河 371422-22-A-b01
[Déhuì Xīnhé]

人工水道。在省境北部，县境西北部。发源于平原县王凤楼村，流经平原、陵县、临邑、商河、乐陵、阳信、庆云，于无棣县下泊头村与马颊河汇合。全长 172.5 千米，流域面积 3 248.9 平方千米，设计防洪流量 450 立方米/秒，除洪流量 300 立方米/秒。是一条具有防洪、排涝、灌溉综合效益的防洪河。支流有大胡楼沟、引新干渠、新南干渠。

无棣县

山

碣石山 371623-21-G01
[Jiéshí Shān]

在省境西北部，县境北部。夏商称之为碣石，春秋则称为无棣山，到了魏晋又称盐山，而唐宋时期叫马谷山，元明时称大山，如今复名碣石山。海拔62.5米，植被类型为落叶阔叶林，植物种类主要有白蜡、香花槐、竹柳、槐树、柽柳等。交通便利。

海洋岛屿

大口河东岛 371623-23-D01
[Dàkǒuhédōng Dǎo]

沉积岛。属埕口镇管辖。位于北纬38°14′，东经117°52′。在县境北部。面积1900平方米。因位于大口河岛东侧得名。年降水量600毫米。温带大陆性气候。有酸枣树、黄蓿菜等植物。位于贝壳堤岛与湿地国家级自然保护区内。主要海产品有文蛤、对虾。交通便利。

汪子岛 371623-23-D02
[Wāngzǐ Dǎo]

沉积岛。属埕口镇管辖。位于北纬38°13′，东经117°56′。在县境西北部。面积0.4平方米。传说徐福带领500童男童女从此岛出海，童男童女的父母天天到此地远眺大海，盼望孩子归来，故名望子岛，后演变为汪子岛。年均气温12.9℃。有零星灌木丛。岛上产海麻黄、凤凰头、酸枣仁、沙参等中药材。该岛位于贝壳堤岛与湿地国家级自然保护区内，有保护区瞭望塔一个，保护海区。主要海产品有文蛤、对虾。交通便利。

棘家堡子岛 371623-23-D03
[Jíjiāpùzi Dǎo]

沉积岛。属埕口镇管辖。位于北纬38°14′，东经117°54′。在县境西北部。面积100 000平方米。因岛上生长酸枣棘，早年曾建海堡而得名。年均气温12.9℃。有零星灌木丛。岛上产海麻黄、凤凰头、酸枣仁、沙参等中药材。位于贝壳堤与湿地国家级自然保护区内。主要海产品有文蛤、对虾。交通便利。

岔尖堡岛 371623-23-D04
[Chàjiānpù Dǎo]

沉积岛。属马山子镇管辖。位于北纬38°07.1′，东经117°58.5′。在县境东北部。面积1 100 000平方米。因位于逝河（死河）、潮河汇流处的尖端，故名岔尖堡岛。温带大陆性气候。盐碱地土质。为无棣北部沿海的关隘要地。为天然的货、渔两用航道，是鲁北沿海最好的一个船只出海河口。交通便利。

博兴县

河流

小清河 371625-22-A-a01
[Xiǎoqīng Hé]

外流河。省境中北部。因别于大清河，故名。金天会八年（1130），大齐王刘豫导洛水，筑堰于历城华山之南，拥水东流后，始称小清河。发源于济南市南部山区及济南诸泉，向东北流经济南市区及章丘市、邹平县、高青县、桓台县、博兴县、广饶县，至寿光市羊角沟注入渤海。河道长237千米，河宽38~80米，流域面积10 572平方千米。平均流量40立方米/秒。历史上沿河涝灾频繁。是一条防洪除涝、灌溉、航运综合利用河道，对于博兴中部居民的生产生活具有重要作用。有预备河、团结河、胜利河、十二支排等支流。

支脉河 371625-22-A-a02
[Zhīmài Hé]

外流河,人工河道。在省境北部,市境西北部。原名支脉沟,1965 年扩大治理后改名为支脉河。因位于黄河与小清河之间而得名。发源于高青县西部黄河南大堤下吉池沟东,流经高青、博兴、广饶县,注入渤海。全长 134.6 千米,总流域面积 3 382 平方千米,流量平均 110 立方米 / 秒。支脉河下游可通航 20 吨左右的船只。入海口盛产鱼虾,是广饶县的水产基地。是一条防洪除涝、灌溉综合利用河道,对于博兴中部居民的生产生活具有重要作用。博兴境内主要支流有胜利河、三号支沟、北支新河、小河子。

湖泊

麻大湖 371625-22-D-a01
[Mádà Hú]

淡水湖。在县境西南部。因沿湖苘麻丛生,湖面广大,故名。面积 20 平方千米。平均水深 2.26 米,最大深度 3.2 米。集水面积 10 平方千米。盛产 40 多种鱼、虾、蟹类,还有一百多种鸟类在此栖息,水生植物有藕、苇、蒲、稻、菱芡等 30 多种。产金丝鸭蛋、白莲藕、毛蟹和香稻,曾是贡品。麻大湖区是草柳编之乡,用蒲苇编织的蒲窝、宫灯、大屏风等畅销十几个国家和地区。麻大湖景区为国家 AAA 景区,是中外游客向往的旅游胜地。对于社会经济发展、灌溉、调节河流水量、防洪等都具有重要作用。

邹平县

山

鹤伴山 371626-21-E01
[Hèbàn Shān]

在省境中北部,县境西南部。东起杨家峪村,西至东峪村。东西走向。传说以仙鹤为伴而得名。一般海拔 526 米,最高海拔 616 米。有鹤伴山森林公园。鹤伴山西部有黛溪河流过,山内常年溪水不断,夏季水量较大。春季干旱多风回暖快,夏季炎热干燥雨水少,秋季天高气爽降温急,冬季寒冷干燥雨雪少,土壤以洪积冲积褐土为主。植被以刺槐、侧柏、麻栎、黄荆条为主,覆盖率为 95%,有高等植物 129 科,529 属,833 种和变种。有各种鸟禽 91 种。有多种中草药。交通便利。

无影山 371626-21-E02
[Wúyǐng Shān]

在省境中北部,县境西部。南临韩寨村,北邻周村西董公路。东西走向。由于山矮太阳光照无影而得名。一般海拔 100 米,最高海拔 112 米。有基督教堂 1 座。气候属于暖温带亚湿润大陆性气候,土壤以洪积冲积褐土为主。植被以刺槐、侧柏、枣树为主,覆盖率为 70%,主要动物有野鸡等。交通便利。

雪花山 371626-21-E03
[Xuěhuā Shān]

在省境中北部,县境西部。东接马庄水库,西接黄石寨。东西走向。山石为麦饭石,是火山喷发形成的混合岩石。因麦饭石状如麦饭,多呈白色,远远望去形如雪花,故名。一般海拔 446 米,最高海拔

451 米。有樱花山风景区。。雪花山南部有黛溪河流经山下，具有明显的季节变化和季风气候特点，四季分明，雨量集中。植被以刺槐、黑松、刺槐、黄栌、樱花为主，覆盖率为95%，主要动物有野鸡等。通公交车。

摩诃山 371626-21-E04
[Móhē Shān]

在省境中北部，县境西部。位于章丘、邹平两线地界，东至回路峪、烧香峪，西至菩萨峪，南至寺家峪，北至大峪、罗圈峪。东南—西北走向。相传山上一小和尚念梵语"摩诃"而得名。一般海拔 497 米，最高海拔 827 米。主峰摩诃顶。山顶古有禅院、佛塔，至今遗迹尚辨。气候属暖温带亚湿润大陆性气候，土壤以洪积冲积褐土为主。植被以刺槐、黄荆条为主，覆盖率为 80%，主要动物有野鸡等。交通便利。

印台山 371626-21-E05
[Yìntái Shān]

在省境中北部，县境西部。东临于兹山，西邻会仙山，南临印台山庄。东西走向。山顶巨石突起，高数十米，上可坐百人，形如巨印，状若锻砧，故名印台山。一般海拔 274 米，最高海拔 332 米。主峰锻砧峰。峰顶突起一巨大黑石，高数十米，为邹平八景之一。春季干旱多风回暖快，夏季炎热干燥雨水少，秋季天高气爽降温急，冬季寒冷干燥雨雪少。据地质学家考证，此石是火山喷发后冷凝的火山口遗存，为罕见的地质标本。植被以刺槐、侧柏、黄荆条为主，覆盖率为 70%，主要动物有野鸡、山鸡等。交通便利。

院山 371626-21-E06
[Yuàn Shān]

在省境中北部，县境东南部。南接锁山，

北邻潴龙河。南北走向。院山曾有一寺庙，名为院山寺，故此山以此命名。海拔 118.6 米。具有明显的季节变化和季风气候特点，四季分明，雨量集中。地质地貌以花岗岩为主。植被以松柏为主。植被以黄麦草、马尾草、荆芽树为主，覆盖率为 90%，物产主要是杂粮、柿子、红枣、酸枣等。主要生物有野兔、獾、蛇、蝎、山鸡等。交通便利。

黄花山 371626-21-E07
[Huánghuā Shān]

在省境中北部，县境西部。东起醴泉村，南临雕窝峪风景区。东西走向。海拔 244.7 米。无主峰。化庄水库流经山下。属于暖温带亚湿润大陆性气候。地质地貌以花岗岩、凝灰沙岩为主。植被以黄麦草、马尾草、刺槐、荆芽树为主，覆盖率为 95%，物产主要是杂粮、柿子、红枣、酸枣、山楂、杏、小米等。主要生物有野兔、蛇、蝎、山鸡等。交通便利。

四尖山 371626-21-E08
[Sìjiān Shān]

在省境中北部，县境西部。东临大峪，西坡下有醴泉，西即醴泉寺。南北走向。此山因有四个相等的山峰顶朝天矗立，故名。最高海拔 466 米。主峰为鸡屎疙瘩。气候春季干旱多风回暖快，夏季炎热干燥雨水少，秋季天高气爽降温急，冬季寒冷干燥雨雪少。土壤以洪积冲积褐土为主。地质地貌以花岗岩为主。植被以黄麦草、马尾草、刺槐、荆芽树为主，覆盖率为 95%，物产主要是杂粮、柿子、红枣、酸枣等。主要生物有野兔、獾、蛇、蝎、山鸡等。交通便利。

狻猊峰 371626-21-G01
[Suānní Fēng]

　　属长白山山脉。在省境中北部，县境西南部。因西北峪口狭窄，宛如束口布袋得名。海拔699米。植被以黄麦草、马尾草、荆芽树为主，覆盖率为85%，主要生物有野兔、蝎、山鸡等。

梯子崖 371626-21-G02
[Tīzi Yá]

　　属长白山山脉。在省境中北部，县境西南部。因矗立如梯，险不可攀而得名。海拔558米。植被以黄麦草、马尾草、刺槐、荆芽树为主，覆盖率为90%，地质地貌以花岗岩为主。主要生物有野兔、獾、蛇、蝎、山鸡等。交通便利。

猫头峰 371626-21-G03
[Māotóu Fēng]

　　属长白山山脉。在省境中北部，县境西南部。因是山的尖顶，具有一定的高度，并且似猫头而得名。海拔770米。植被以黄麦草、马尾草、刺槐、荆芽树为主，植被覆盖率为90%，地质地貌以花岗岩为主。主要生物有野兔、獾、蛇、蝎、山鸡等。交通便利。

老人峰 371626-21-G04
[Lǎorén Fēng]

　　属长白山山脉。在省境中北部，县境南部。因山顶巨石错立，状若佝偻老人而得名。海拔402米。植被为阔叶林，以刺槐、枣树、杏树、黄荆条、酸枣为主，覆盖率为85%，主要生物有野兔、山鸡等。

柱似山 371626-21-G05
[Zhùsì Shān]

　　在省境中北部，县境西南部。山体形态似圆柱台形，故名柱似山。海拔220米。山北部有西河水库，气候属于暖温带亚湿润大陆性气候。地质以豆青岩为主，质地灰白色。植被主要有榆树、松柏、桃树、杏树、花椒树等。有野兔、野鸡、蛇等生物。交通便利。

黑山 371626-21-G06
[Hēi Shān]

　　在省境中北部，县境西南部。因山中石头呈黑色而得名。一般海拔228米，最高海拔为252米。气候具有明显的季节变化和季风气候特点，四季分明，雨量集中。以凝灰岩为主，岩石呈浅灰绿色，为建筑用优质石料。植被主要有棘槐、杨树、马尾草。物产有山楂，主要生物有野兔、班鸠、野鸡、蛇等。交通便利。

五 名胜古迹、纪念地和旅游地

滨城区

纪念地

唐赛儿雕像 371602-50-A-c01
[Tángsàir Diāoxiàng]

在区境南部。唐赛儿是明朝初年起兵反朝廷的著名白莲教女首领。滨州人民在滨州城南、滨州黄河大桥以北修建了唐赛儿雕像，在原蒲台县西关原址修建了唐赛儿祠，以纪念这位杰出的农民起义女领袖。该雕像修建于 1971 年。具有一定纪念意义。交通便利。

重点文物保护单位

杜受田故居 371602-50-B-b01
[Dùshòutián Gùjū]

在区境北部。因故居原主人而得名。建于清代。南北长 170.9 米，东西宽 181.9 米。建筑风格简单、朴实，是典型的明清鲁北建筑特色。开放通畅是杜受田故居的典型特点，杜家大院东南西北各个方向不仅有大门，而且有过道，四通八达。对研究典型民居建筑具有重要意义。2013 年 10 月被批准为省级文物保护单位。交通便利。

重要景点和一般名胜古迹

秦皇河公园 371602-50-D-a01
[Qínhuánghé Gōngyuán]

在区境西北部。因公园依托秦皇河建立而得名。景区植被覆盖率达到 95% 以上，河边遍布水生植物，有自由栖息的水鸟，与绿树田园、农舍炊烟、蓝天白云相映成趣，营造出一派生机盎然的迷人景象。秦皇河湿地公园已开发旅游景观 10 余处，建设游船码头 4 处，拥有快艇、手划船、江南水乡特色木制机动游艇 30 艘，豪华游船、画舫各 1 艘。2010 年被评为国家级 AAAA 级旅游风景区。交通便利。

三河湖风景区 371602-50-D-a02
[Sānhéhú Fēngjǐngqū]

在区境西北部。因位于三河湖镇境内而得名。占地 5 000 亩，水域面积 2 500 亩。水域两侧至河口为浅滩，面积 1 000 亩。水面宽 100~135 米，常年水深 3~5 米，河水清澈，水质优良。建有文化底蕴丰厚的笔架山、人树园、水文化博物馆，建成了具有江南风情的水上餐厅和以观光采摘为主的 500 亩百果园。是一处具有江南风情的旅游胜地。2010 年被评为国家级 AAA 级旅游风景区。交通便利。

宴贺台 371602-50-D-c01
[Yànhè Tái]

在区境南部。据传，此台系云游道人

张宠所建，落成时值冬日，忽有群燕绕台，故名宴贺台。台上建筑建于明洪武时期，明万历和清光绪间两度重修。台上建有两院，东院上为玉皇阁，下为百子殿，西院为泰山行宫。每年农历三月十五日有庙会。有公路经此。

秦皇台 371602-50-D-c02
[Qínhuáng Tái]

在区境北部。秦皇台，原名蒲台，据《齐乘》载："秦台，滨州东13里，高八丈。"相传，是始皇东游萦蒲系马之处，亦名蒲台。始皇二十八年（公元前219），始皇遣徐福率童男童女数千人，去海上神山求长生不老药，久而不还。故下令各路大军每人一盔土，米浆和之，筑台以望，故名。秦皇台风景旅游区的建设，对于保护秦皇台这一千年历史文化遗产，及滨州市自然生态环境的改善和旅游事业的发展起着重要的作用。通公交车。

中海风景区 371602-50-D-c03
[Zhōnghǎi Fēngjǐngqū]

在区境西北部。占地总面积540万平方米，其中水面面积180万平方米，绿化面积287万平方米。是集湖泊、岛屿、湿地林木、草地为一体的休闲旅游中心，也是市民地震、应急避难场所。主要有中海航母及配套设施、会展中心、冠军度假村、中海大酒店、中海列车大草原美食文化广场等项目，是一处集旅游观光、休闲娱乐、餐饮购物于一体的，风景优美、独具特色、品位高雅的综合性公园。它的投入使用，为市民又提供了一处舒适惬意的公共场所。对于进一步彰显滨州城市特色，提高城市品位，促进旅游产业的发展具有重要意义。交通便利。

蒲湖公园 371602-50-D-c04
[Púhú Gōngyuán]

在区境南部。因公园依托蒲湖建立而得名。占地面积0.35平方千米。1986年建园，于2009年升级改造为以江南古典园林风格为特色的开放式、综合性城市公园。按照功能不同可分为门前广场区、游乐区、植物园区、水上娱乐区、运动健身区、动物观赏区、餐饮区、老年活动中心等八大功能区域。园内有典雅秀丽的望春亭、湖沁亭、赏月亭、游廊，还有海棠园、牡丹园、月季园、槭树园、山楂园和门球场及汉白玉塑像。通公交车。

沾化区

纪念地

沾化区烈士陵园 371603-50-A-c01
[Zhānhuà Qū Lièshì Língyuán]

在区境北部。为祭奠抗日战争中英勇牺牲的革命烈士而修建，故名。1945年开工，1946年建成。1964年正式命名为烈士陵园。1985年，完善烈士陵园建设。1992年对烈士陵园进行大规模整修。1996年，扩建烈士陵园广场，修建人民英雄纪念碑和程绪润烈士纪念碑。1997年，烈士陵园制成英烈谱。2011—2013年，开展散葬烈士集中管理工作，修建高标准烈士纪念碑，制作烈士群雕像。烈士陵园成为全县最重要的爱国主义教育基地。每年清明节、烈士纪念日，各界人士均到烈士陵园参观、扫墓，追忆先烈事迹，弘扬革命精神。是广大群众缅怀革命前辈丰功伟绩，接受革命传统教育和爱国主义教育的场所。有公路经此。

重点文物保护单位

杨家古窑址 371603-50-B-a01
[Yángjiā Gǔyáozhǐ]

位于富国街道西北 2.5 千米处。因所在政区而得名。为西周至春秋时期的盐业遗址。1950 年春，沾化徒骇河加深加宽工程中，此处出土大量陶质盔形器，经考证为古代煮盐、滤盐用器。1955 年以后，各级文物管理部门共开展 4 次调查考证。遗址东西长 650 米，南北宽 240 米，总面积 15.6 万平方米，文化层大部分深度在 1.5 米左右。采集的大部分标本为盔形器、滤器、灰陶篮口沿、灰陶豆等，皆为盐业生产所用，少部分为生活用具，有厚方唇商式篮、绳纹小口罐（瓮）等。杨家古窑址包括周代制盐遗址 12 处，是黄河三角洲地区迄今发现的最大盐业遗址群之一。2013 年 3 月被批准为国家级重点文物保护单位。有公路经此。

西墅遗址 371603-50-B-b01
[Xīfēng Yízhǐ]

位于冯家镇西墅村西北方向 0.5 千米处。因所在政区而得名。为东周遗址。漫坡状台形地，东西长 500 米，南北宽 200 米，总面积 10 万平方米。文化层大部分深度在 2 米左右，个别地段直接暴露。秦口河由遗址东侧穿过，北侧和西侧被自然河沟冲刷。该遗址发现有灰陶豆、陶罐、夹蚌红陶器、筒瓦残片、青铜戈等，对了解春秋战国时期的经济发展具有十分重要的意义。1992 年 6 月被批准为省级文物保护单位。交通便利。

陈家窑址 371603-50-B-b02
[Chénjiā Yáozhǐ]

位于泊头镇陈家村东北 1.1 千米。因所

在政区而得名。为商代至春秋战国时期遗址。1973 年，挖朝阳河时发现遗址，但因条件所限未及时考察。1981 年 4 月，经调查，确认为古遗址。2005 年 5 月，确定遗址年代。遗址出土文物主要有生产工具和生活用具两大类。该遗址大量制盐器具的发现，对了解商代至春秋战国时期的制盐业和经济发展具有十分重要的意义。2013 年 10 月被批准为省级文物保护单位。交通便利。

重要景点和一般名胜古迹

沾化冬枣生态旅游区 371603-50-D-a01
[Zhānhuà Dōngzǎo Shēngtài Lǚyóuqū]

位于沾化县下洼镇。因旅游区主题而得名。景区以"一线"（平于水库公园——冬枣研究所——张王河汉公园——50 里冬枣长廊——思源湖）、"二场"（东西两大冬枣交易市场）、"三林"（明星林、博士林、作家林）、"四园"（观光园、休闲园、市场园、采摘园）为中心，突出了浓郁的冬枣文化，有冬枣嫡祖、天女献枣（雕塑）、科研科普区、冬枣示范园、枣乡艺苑以及认养冬枣林等独具特色的景观，是集观光、采摘、旅游、科普、考察、休闲于一体的综合性生态旅游景区，对于群众休闲、发展县域旅游经济具有重要意义。2005 年 10 月被评为国家 AAAA 级旅游景区。有公路经此。

文化古城旅游景区 371603-50-D-c01
[Wénhuàgǔchéng Lǚyóu Jǐngqū]

在沾化区城区西方向 30.6 千米。因位于古城镇而得名。文化古城旅游景区的景点有文轩坊、文德桥、魁星楼、文峰台、南湖、沾化民俗馆、民众鼓书院、文庙等。"文化古城"魁星楼景区门口高高矗立的石牌坊上"文轩坊"刻石大字眩然夺目。

文德桥，共有七级台阶，取"起"谐音，寓为文学造诣上步步登高之意。魁星楼，高 27.7 米，有 47 级台阶，皆取"起"谐音，矗立魁星塑像。文峰台，位于南湖风水湾中偏东南，有一方圆约 50 米、高 10 米多的土台子，屹立着文峰台，与城头魁星楼两相辉映。南湖，自古以来旱不见底，涝不外溢，乃神奇之湖。沾化民俗馆，以民俗文化为主线，彰显古城丰富的历史文脉、文化资源和浓郁的地方民俗特色，展示不同年代的民俗风情和风貌。民众鼓书院，省级非物质文化遗产渤海大鼓的表演场所，其诙谐风趣的语言、夸张的手法、顺辙押韵的念白和快板书形式的表达，淋漓尽致，观众喜闻乐见。文庙，是古代培养人才的地方，也是古代沾化的最高学府。殿内正中供奉孔子塑像，两侧分设四配塑像，即东位西向的复圣颜回、述圣孔伋，西位东向的宗圣曾子、亚圣孟子。主体建筑古朴典雅、气势恢宏，为文化古城重要旅游景点。对地方历史研究、城址研究、古建筑研究等方面有重要价值。有公路经此。

沾化区徒骇河公园 371603-50-D-c02
[Zhānhuà Qū Túhàihé Gōngyuán]

在沾化区城区中部。因沿徒骇河建成而得名。公园由大禹广场、儿童广场、渔鼓广场及姜太公钓鱼岛 4 大主题公园组成，共建有 17 个广场，1 个岛屿，28 座亭台楼榭、亲水平台和景观码头，绿化面积达到 40 万平方米，水面面积 1 200 亩，绿化植被有 300 多个树种，1.9 亿株苗木。徒骇河公园既是自然生态公园，也是历史文化、人文文化公园，大禹广场、渔鼓广场、姜太公钓鱼岛等集中展现了大禹治水、姜太公钓鱼等许多有籍可查的历史故事，文化底蕴深厚。有公路经此。

惠民县

重点文物保护单位

魏氏庄园 371621-50-B-a01
[Wèishì Zhuāngyuán]

在县境东南部。因是当地著名富豪魏毓炳家的宅院，故名。始建于清嘉庆十八年（1813）。占地 3813 平方米，建筑面积 1383 平方米。设 4 重门，13 个院落，256 间房屋。周环高墙，上布垛口，东南和西北两对角筑炮楼，墙与房以吊桥连接。砖石木结构，青砖到顶，画梁雕柱。是清朝中叶北方典型的城堡式庄园建筑，对研究清代社会状态、民居建筑等有重要意义。1996 年 11 月被批准为国家级重点文物保护单位。有公路经此。

大商遗址 371621-50-B-b01
[Dàshāng Yízhǐ]

在县境东北部。因位于大商村而得名。发现于 1972 年。长 250 米，宽 100 米，文化层厚 2 米。是一处原始社会氏族部落居住遗址。有已露出地面的文物 10 多件，包含近于仰韶文化晚期的素面陶、彩陶，龙山文化的黑陶，以及蚌、骨器、石器等。对研究黄河下游鲁北平原的社会发展有重要价值。1977 年 12 月被批准为省级文物保护单位。有公路经此。

大郭遗址 371621-50-B-b02
[Dàguō Yízhǐ]

在县境东南部。因位于大郭村而得名。发现于 1973 年。长 62 米，宽 11 米，高 4 米，文化层厚度 1~3 米。是龙山文化遗址上的商代奴隶主葬墓。已露出地面的文物有青铜鼎、爵、觚、戈、矛、刀、铙、斧、

编钟和石铲、玉环等，共 25 件；并发现有
9 名殉葬奴隶的骨骼以及车、马、狗等殉葬
物。对研究奴隶社会的文化有重要价值，
对黄河以北青铜器的分布具有新的启示。
1977 年 12 月被批准为省级文物保护单位。
有公路经此。

路家遗址　371621-50-B-b03
[Lùjiā Yízhǐ]

在县境东南部。因位于路家村而得名。
发现于 1990 年。长 250 米，宽 200 米，文
化层厚 2.5~4 米。是新石器时期龙山文化。
出土文物有石器、陶器、骨器等。石器有
石斧、石锛、石铲等，石锛通体磨光，刃
部锋利；陶器多为磨光黑陶，有黑陶簋、
陶罐、陶盘和纺轮等，另有一件极为罕见
的"无名器"灰陶；骨器有形制规整的骨锥。
对研究龙山文化遗址的分布有重要作用。
1992 年 6 月被批准为省级文物保护单位。
有公路经此。

郝家遗址　371621-50-B-b04
[Hǎojiā Yízhǐ]

在县境西北部 2.7 千米。因位于郝家村
而得名。发现于 1977 年。长 400 米，宽
300 米，文化层厚约 0.5~2.5 米。是商、周
时期文化遗址。遗址表层暴露有大量器物
残片，采集标本有鬲、豆、罐、簋等器物
残片，质地分别为夹砂陶器、夹蚌陶器、
泥质灰陶、骨器、蚌器等。对研究商周时
期社会生活有重要作用。1992 年 6 月被批
准为省级文物保护单位。有公路经此。

惠民故城　371621-50-B-b05
[Huìmín Gùchéng]

在县境内。因是原惠民城而得名。始
建于北宋崇宁元年（1102），经过历代维修，
至清代城墙高度已达 13 米，顶宽 13.0 米，
底宽 26.0 米，周长 6 000 米。有南、北、东、

西四城门，并各设有瓮城及城门楼。城外
护城河绕城一周，河宽 27.0 米，水深 10.8 米。
至清末，城内尚有文庙、三学寺、鼓楼等
建筑。现尚存有完整护城河及城墙残垣两
段。对地方历史研究、城址研究、古建筑
研究等方面有重要价值。2013 年 10 月被批
准为省级文物保护单位。交通便利。

肖家遗址　371621-50-B-b06
[Xiāojiā Yízhǐ]

在县境北部。因位于城北肖村而得名。
发现于 1990 年。是一处周代至汉代遗址。
长 0.4 千米，宽 0.4 千米。遗址西部的水沟
边散落着大量的灰色绳纹陶片。从排水沟
的断面看，文化层应在半米以下，厚约 1 米。
采集的标本有灰陶鬲口沿、鬲足、盆、罐、瓦、
豆、陶轮等器物残片，另有红陶器物残片、
骨、蚌等。对研究周代至汉代的社会生活
有重要作用。2013 年 10 月被批准为省级文
物保护单位。有公路经此。

省屯泰山行宫　371621-50-B-b07
[Shěngtún Tàishān Xínggōng]

在县境北部。因位于省屯村而得名。
建于明代，清顺治四年（1647）曾重修，
1986 年 9 月又进行了全面整修。原有前、中、
后三殿，现尚存中殿。此殿为砖、木、石构造，
抬梁式构架，共有三间，东西长 11.5 米，
南北进深 8.0 米，建筑面积 92 平方米。硬
山式建筑，坡顶，两坡面用黄绿瓦覆盖。
正脊和垂脊上装饰华丽，有各种吻兽。室
外两山墙上部有精美的琉璃砖雕。对研究
明代建筑和当地道教发展，均有重要价值。
2013 年 10 月被批准为省级文物保护单位。
有公路经此。

丁河圈丁氏故居　371621-50-B-b08
[Dīnghéquān Dīngshì Gùjū]

在县境东南部。因是村内丁氏家族宅

院而得名。始建于清咸丰年间。原有 16 个院落，二百余间房屋。现尚存有 3 个院落、42 间房屋及 1 个门楼，占地面积 1 853 平方米。其中保存较好、最具文物价值的是门楼。门楼为砖、石、木结构，高约 6.3 米，2 层，宽约 3.3 米，进深 5 米。门洞上方有石质匾额，上书"集义"两字。门洞的上部为拱券形，顶部及门洞两边刻有吉祥图案。对研究鲁北地区清代建筑具有一定的参考价值。2013 年 10 月被批准为省级文物保护单位。有公路经此。

惠民英国教会医院 371621-50-B-b09
[Huìmín Yīngguó Jiàohuì Yīyuàn]

在县境南部。因遗址原职能单位而得名。由英国循道公会圣道堂 1919 年开办。占地 47763 平方米，建筑面积 7644 平方米。现存建筑有 6 组，分别是主楼（山字楼）、院长楼、牧师楼两组（鸳鸯楼）、教堂（平房）、平房（平房）。所有建筑均为砖、木、石结构，楼房都有地下室，平房的地板也不直接与地面接触，而是挖下部分，并设通风孔，有效地防止了潮湿。对于研究基督教在当地的发展具有重要意义。2013 年 10 月被批准为省级文物保护单位。有公路经此。

牛保冢 371621-50-B-c01
[Niúbǎo Zhǒng]

在县境西部。宋代崇宁元年（1102），工部尚书牛保督修棣州城（今县境），病死于此。当地民众为纪念牛保，在小霹雳庄村南修建衣冠冢。墓冢封土高约 8.0 米，直径约 100.0 米，面积 10000 平方米。牛保墓叠压在一处汉墓群之上，周围曾出土多块汉代画像石。对研究惠民城历史，及北宋时期社会文化有重要意义。2012 年被批准为市级文物保护单位。有公路经此。

重要景点和一般名胜古迹

中国孙子兵法城 371621-50-D-a01
[Zhōngguó Sūnzǐ Bīngfǎ Chéng]

在县境北部。因是为纪念军事家孙武而修建的，以《孙子兵法》为主题的大型秦汉式园林建筑群，故名。中国孙子兵法城由十五组四合院和南北广场组成。建筑由高合立柱、歇山重檐的秦汉式殿宇和北方传统的四合院形式构成。其中第一殿序殿介绍孙子其人。第十五殿泽世殿介绍《孙子兵法》对后世之影响，中间的十三座大殿按《孙子兵法》一至十三篇的顺序，采用一篇一殿的方式分别命名。院落中的东西厢房用以展示三十六计的内容，借助声、光、电等现代科技手段展示了《孙子兵法》的内容及影响。景区的修建对《孙子兵法》、兵家文化的宣传，以及惠民县旅游事业的发展具有重要意义。2005 年 7 月被评为国家 AAA 级旅游景区。2011 年 10 月，与武圣园、武定府衙汉王府景区、古城公园暨护城河环城水系等景点一起作为孙武古城旅游区被评为国家 AAAA 级旅游景区。有公路经此。

武圣园 371621-50-D-a02
[Wǔshèng Yuán]

在县境西北部。因纪念军事家孙武而得名。占地面积 27 公顷，建筑面积 10 800 平方米，绿化面积 20 万平方米，水域面积 3 万平方米。是为纪念军事家孙武而建的大型园林式城市公园，由银河飞瀑、武圣湖游乐园、资福寺、城隍庙、玉皇庙、兵器展、动物园、民俗博物馆等 8 处主要景点，及山水园林、绿地果园、亭台楼阁、绿荫长廊等游乐场所构成。是集游乐、观光、餐饮为一体的综合性城市公园，对于群众休闲、发展县域旅游经济具有重要意义。2011

年 10 月与孙子兵法城、武定府衙汉王府景区、古城公园暨护城河环城水系等景点一起作为孙武古城旅游区被评为国家 AAAA 级旅游景区。有公路经此。

武定府衙汉王府景区 371621-50-D-a03
[Wǔdìngfǔyá Hànwángfǔ Jǐngqū]

在县境鼓楼街北部。因是仿照原武定府衙建设而得名。占地 85 亩，建筑面积 10 150 平方米。主要建筑有中路的大门、仪门、德政堂、退思堂、昌华堂、怡然堂，主要以展示武定府文化、汉王府文化为主。东路有财神庙、土地庙、同知署、寅宾馆，其中土地庙、同知署、寅宾馆现为渤海老区革命机关旧址，以展示渤海革命老区红色文化为主。西路由通判厅、西花厅以及亭台水榭等汉王宫的后花园构成，以展示惠民乡贤文化为主。是一座集明清衙署文化、明代藩王文化、红色文化和明清建筑文化于一体的综合性景区。对研究明代藩王文化、明清衙署文化具有重要意义。2011 年 10 月与中国孙子兵法城、武圣园、古城公园暨护城河环城水系等景点一起作为孙武古城旅游区被评为国家 AAAA 级旅游景区。有公路经此。

孙子故里森林公园 371621-50-D-c01
[Sūnzǐ Gùlǐ Sēnlín Gōngyuán]

在县境西部。因位于孙子故里惠民县而得名。面积 11 500 亩。1950 年建沙窝林场，2004 年设立孙子故里森林公园。有生态林、经济林、防护林等林地 9 000 多亩，林木蓄积量 4 万立方米，林木覆盖率 85% 以上，有各种鸟类 50 余种。是山东省内最大的平原林场。有公路经此。

古城公园 371621-50-D-c02
[Gǔchéng Gōngyuán]

在县城东北部。围绕惠民古城墙东北角建设，故名。融入了护城河、宋城墙、海子等诸多古城元素，沿公园水系为中心将公园分为古城墙保护区、生态垂钓区、传统风貌居住区和高档度假区。设置有四角亭、六角亭、八角亭三座仿古亭，寓意四通八达，事事顺利。又有"风、调、雨、顺"四个广场，象征国泰民安，风调雨顺。是市民休闲娱乐的重要场所。有公路经此。

阳信县

纪念地

豆腐店遗址 371622-50-A-c01
[Dòufǔdiàn Yízhǐ]

在阳信县河流镇豆腐店村东 0.8 千米。因所在政区而得名。为殷商遗址。遗址中有一古墓，俗称"狼丘冢"。相传唐朝大将薛礼征东时，大军在此夜宿露营，由于长途跋涉，人困马乏，很快酣然入睡。在被敌人团团包围、面临全军覆没的紧急关头，有狼狂吠不止，惊醒薛礼之部。薛礼带兵挥戈退敌，而狼死于乱战。薛礼感念狼吠相救之功，将其葬于原地，筑冢纪念，故名狼丘冢。后人在冢上建筑庙宇，当地人俗称大庙。至清代，已形成了在鲁北平原上具有重大影响的古建筑群，气势磅礴，雄伟壮观。该遗址呈缓坡状，长 260 米，宽 120 米，面积为 31 200 平方米。豆腐店遗址具有较高的历史文化价值，每年组织传统拜祭仪式和大型庙会，进而推动本地文化繁荣和经济发展，最终把之打造成为集文物保护与乡村旅游为一身的综合旅游项目区，形成经济发展相互促进的良好格局。有公路经此。

重点文物保护单位

牛王堂古墓 371622-50-B-b01
[Niúwángtáng Gǔmù]

在县境西部。因所在政区而得名。建于唐代。据传,牛天齐为玄宗御医,备受推崇,受封王位。因躲避安史之乱,在今阳信县城西部村落定居。牛天齐到阳信后,为民行医,施技舍药,惠及方圆百里,民众无不得其益。他既有妙手回春之医术,更具不辞辛劳、不计报酬之美德,被誉为"活华佗"。牛天齐去世后,万民痛悼,村人为其筑冢建庙,并立村名为牛王堂,以示怀念。冢高3米,长40米,宽32米,总面积1 280平方米,封土不规则,东高西低,呈缓坡状。牛王堂古墓葬的发现,对于研究我县民风葬俗,挖掘我国医术宝库,都具有较高的资料价值。1977年12月被批准为省级文物保护单位。交通便利。

毛岸英纪念堂 371622-50-B-b02
[Máo'ànyīng Jìniàntáng]

在河流镇政府驻地西南方向3.1千米。因毛岸英先生曾在此居住而得名。毛岸英当年用过的一张方桌、两把木椅、花碗均由县博物馆收藏。现在,它已成为阳信县教育青少年的重要场所。1977年12月被批准为省级文物保护单位。交通便利。

秦台遗址 371622-50-B-b03
[Qíntái Yízhǐ]

在阳信县水落坡镇秦家村西北方向0.5千米。因坐落于秦家村附近,其形为台丘,故名秦台遗址。为商周时期遗址。总面积为92 500平方米,呈缓坡状。遗址被一南北向水渠分开,水渠西侧有一台丘,俗称"秦台"。此台高约6米,面积3 825平方米。实地勘察有大量商周时期的鬲足、口沿残片暴露于地表。当地村民取土时,曾出土过铜鼎、陶罐等。秦台遗址对于研究鲁北地区民俗具有重要价值。1992年6月被批准为省级重点文物保护单位。有公路经此。

棒槌刘遗址 371622-50-B-b04
[Bàngchuíliú Yízhǐ]

在阳信县水落坡镇棒槌刘村。因所在政区而得名。为龙山文化时期遗址。1983年兴修水利时被发现。遗址东西长约300米,南北宽约400米,面积约10万平方米。遗址地表为农田,耕土层下为淤积土层,土色呈浅灰、灰黑,堆积厚度约2米。遗址中文化遗物主要有石器、陶器、骨器和蚌器及残片,包括铲、镞、锛、镰、鬲、豆、罐、纺纶等多种器形,特别是陶器残片,其文化特征与龙山文化相吻合,具有极高的历史文化研究价值。1992年6月被批准为省级文物保护单位。交通便利。

无棣县

重点文物保护单位

吴氏芬故居 371623-50-B-b01
[Wúshìfēn Gùjū]

在县境南部。因是清代著名金石学家、考古学家吴世芬家族院落而得名。建于明正统年间。门楼及三进大厅相继毁于清末,仅剩双虞壶斋保存尚好。2005年,吴式芬纪念馆建成并对外开放。占地面积7 000平方米。故居建筑格局上既具有明清时代官宦府第的宏伟气势,又有宦居园林建筑艺术情趣之美,实是明清官宦府第古建筑艺术中的典型代表,再现了海丰吴氏家族的显赫家世和明清时代鲁北地区灿烂的人文历史,具有重要的考古价值。2006年12

月被批准为省级文物保护单位。有公路经此。

冯安邦故居 371623-50-B-b02
[Féng'ānbāng Gùjū]

在县境南部。因是冯安邦曾经住所而得名。占地面积是 6 000 平方米。主要建筑物分南北两院，原有建筑 20 余间，现存建筑 14 间。作为缅怀抗战英烈的纪念馆，有着极大的民族和爱国主义意义。2013 年 10 月被批准为省级文物保护单位。有公路经此。

郭来仪古墓 371623-50-B-b03
[Guōláiyí Gǔmù]

位于无棣县信阳乡郭莱仪村西南。因所在政区而得名。建于汉代。1977 年进行选点勘查。郭来仪古墓占地面积 1 575 平方米，封土高 4 米。古墓的发现对研究无棣历史有十分重大的意义，具有重要的考古价值。1977 年 12 月被批准为省级文物保护单位。交通便利。

信阳故城址 371623-50-B-b04
[Xìnyáng Gùchéngzhǐ]

在县境城北 8.5 千米处。相传韩信下齐所筑，取韩信建成和城处大河之阳的意思，命名信阳城。为战国至汉代遗址。1987 年对该遗址进行考查。旧为无棣县八大景之一，称"汉垒盘旋"。今遗址西南隅，城垣残迹尚存 50 余米，高 10 余米，占地面积 0.8 平方千米。曾出土战国"齐法化"刀币及秦汉时期铜剑、箭镞、陶器等文物。具有重要的考古价值。1992 年 6 月被批准为省级文物保护单位。339 国道经此。

大觉寺 371623-50-B-b05
[Dàjué Sì]

在县境南部。大觉寺本名普照寺，明朝洪武元年（1368）更名为大觉寺。始建于唐朝贞观十三年（639）。清光绪三十一年（1905），改建为无棣县立高等学堂。2006 年，大觉寺重建。大觉寺有着 1 360 多年的历史，文物价值极高。仅从建筑上来说，大觉寺主体建筑气势恢宏，工艺精巧，随着历史的变迁，与清代学堂的其他建筑已经浑然一体。具有重要的考古价值。2006 年 12 月被批准为省级文物保护单位。交通便利。

海丰塔 371623-50-B-b06
[Hǎifēng Tǎ]

在县境南部。因塔的附近是海丰县城而得名。始建于唐贞观十三年（639），碑记为"尉迟敬德监建"，距今已 1 300 多年。明代维修时，吏部尚书杨巍撰有《重修大觉寺宝塔》，并刻石竖碑。清康熙七年（1668）元月地震，大觉寺塔裂；光绪十四年（1888）五月地震，塔圮其半；1957 年，因塔身破损严重，有倒塌之虞，报省批准，将地表以上塔身拆毁。1991 年 6 月，无棣县委、县政府决定重建海丰塔，同年 7 月 12 日破土动工，1992 年 9 月竣工。新建海丰塔，位置在唐塔旧址以北 50 米处。为八角楼阁式，主体层数共 13 层，主体高度 42 米。塔身为框架式结构，中心及八个角共 9 根水泥柱，外表砌大青砖。海丰塔是无棣灿烂文化的象征。2006 年 12 月被批准为省级文物保护单位。交通便利。

五营清真寺 371623-50-B-c01
[Wǔyíng Qīngzhēn Sì]

位于无棣县车王镇五营村。因所在政区而得名。始建于元代，清康熙五十一年（1712）重修。是华北最大的清真寺，占地 30 亩，建筑面积达 10 000 平方米。五营清真寺，是中国北方名寺之一，历史上与数位帝王有过渊源。五营清真寺方便了回民群众的生产和生活，增进了民族团结和民族感情。荣乌高速经此。

重要景点和一般名胜古迹

无棣古城 371623-50-D-c01
[Wúdì Gǔchéng]

在县境南部。因是古时无棣县城和县衙所在地而得名。占地面积 2 775 000 平方米。有海丰塔、大觉寺、荷花湾、吴式芬故居、县衙大堂等景点。无棣古城形成于商周，繁荣于明清，城墙夯土筑成，四向建有城门、角置炮台和钟鼓楼，城内商肆旅社齐全，城外有护城河、荷花湾等水系环绕相连。因集聚古鲁北地区多元建筑风格、宗教文化和民俗风情，素有"观一城则窥鲁北全貌"之誉。将时代元素和时尚生活主题融入吴式芬故居、张宅、县衙、古城门等古建筑中，打造集文化、旅游、购物、餐饮、住宿、娱乐于一体的核心景点。交通便利。

自然保护区

滨州贝壳堤岛与湿地国家级自然保护区
371623-50-E-a01
[Bīnzhōu Bèikédīdǎo Yǔ Shīdì Guójiājí Zìrán Bǎohùqū]

在县境南部。西至大济路，北至大口河堡，南至孙岔路。面积 805 平方千米。为世界三大贝壳堤岛之一因而得名。贝壳堤岛与湿地国家级自然保护区属北温带东亚季风区域大陆性气候，具有夏热多雨、冬寒季长，春季多风干燥，秋季温和凉爽的特点，年平均气温 12℃左右。有滨海湿地植物 350 种 65 科 285 属，如国家二级保护植物野大豆，珍稀野生自然植物罗布麻、麻黄等。截至 2011 年，保护区有鸟类 45 种，属 9 目 21 科 34 属，其中留鸟 9 种，夏候鸟 18 种，冬候鸟 4 种，旅鸟 14 种，主要

有一级保护动物大鸨、白头鹤，二级保护动物大天鹅、灰鹤、短耳鸮等。有形成贝壳堤岛的物源文蛤、蓝蛤、牡蛎等贝类软体动物 30 余种。2006 年 2 月 16 日被批准为国家级自然保护区。保护等级是国家级。保护对象是贝壳堤岛、滨海湿地。无棣贝壳堤岛与湿地系统是世界上贝壳堤最完整、唯一的新老贝壳堤并存的，以保护贝壳堤岛与湿地生态系统和珍稀濒危鸟类为主体的保护区。它是东北亚内陆和环西太平洋鸟类迁徙的中转站，及鸟类越冬、栖息、繁衍的乐园，是研究黄河变迁、海岸线变化、贝壳堤岛的形成等环境演变以及湿地类型的重要基地。在我国海洋地质、生物多样性和湿地类型研究工作中占有极其重要的地位。有公路经此。

博兴县

纪念地

博兴县烈士陵园 371625-50-A-b01
[Bóxīng Xiàn Lièshì Língyuán]

在县境东南部。以纪念革命先烈命名。2010 年兴建，2011 年建成。占地面积 66 600 平方米。分为主体景观区、烈士墓区、绿地景观区、水体景观区、绿化停车场及园前水系六大功能区。对于缅怀革命先烈丰功伟绩，对后人进行革命传统教育，传承红色基因，发扬优秀革命传统具有重要历史意义。被批准为省级烈士纪念设施保护单位。205 国道经此。

重点文物保护单位

龙华寺遗址 371625-50-B-a01
[Lónghuásì Yízhǐ]

位于博兴县城东北方向 8.5 千米。因

1927 年在该遗址出土隋仁寿三年（603）重修龙华寺碑而得名。始建于北魏中期，北周时被毁，隋初重建，大业四年（608）建成龙华塔，约隋末废圮。遗址呈东西长的圆角长方形，面积 120 万平方米，文化堆积厚约 1 米，暴露有砖砌墙基、灰坑等遗迹。出土了大批金铜佛造像、白陶佛像、石佛造像等佛教遗物。1983 年又出土百余件北魏、北齐、隋代铜造像，并出土大批青瓷器以及北齐、北周、隋代货币等。是目前山东省发现的最大的北朝遗址。2006 年 5 月被批准为国家级重点文物保护单位。228 省道经此。

寨卞遗址 371625-50-B-b01
[Zhàibiàn Yízhǐ]

在博兴县湖滨镇寨卞村北方向 1.1 千米。因所在政区而得名。属商周遗址，兼有龙山及战国至汉代遗存。遗址于 1979 年发现。遗址采集有龙山文化陶片，可辨器形有鼎、盆、蛋壳陶杯等。有商周时期夹砂红陶、灰陶绳纹鬲口、灰陶簋、泥质灰陶大腹豆、罐残片，战国时期泥质灰陶太阳纹半瓦当残片，汉代灰陶罐口、壶、盆口等。遗址的发掘为研究山东古国史和寻找薄姑城址提供了资料和线索，具有重要的考古价值。1992 年 6 月被批准为省级文物保护单位。205 国道经此。

丈八佛 371625-50-B-b02
[Zhàngbā Fó]

在博兴县城东南方向 10.3 千米。因在丈八佛村兴国寺而得名。建于东魏天平元年（534），明成化元年（1465）、明万历十二年（1584）、清道光六年（1826）多次重修。丈八佛造像由立佛及底座两部分组成，通高 7.1 米，像高 5.6 米。像高髻、方面、大耳，耳长 0.5 米，身着通肩袈裟，手施无畏与愿印，手长 0.79 米，赤足立于

覆莲座上。莲花座上刻有力士、博山炉、迦楼罗和四组供养人共 26 个，是鲁北平原保存较大、较完整的单体圆雕石造像，是不可多得的佛教艺术珍品，具有重要的历史、艺术、科学及考古价值。2013 年 10 月被批准为省级文物保护单位。216 省道经过。

凤阳桥 371625-50-B-b03
[Fèngyáng Qiáo]

在博兴县东南方向 20.3 千米。因刻有"双凤朝阳"图案而得名。建于明嘉靖四十二年（1563），清道光十八年（1838）重修。凤阳桥为一全石结构的明代三孔石拱桥，长 7.4 米，宽 5.1 米，高 3.7 米。桥面铺石板，桥两侧设石栏板，栏板及石拱拱眉上均有浮雕，并刻有文字。整座石桥结构严谨、造型玲珑秀美，是山东省境内保存较早、保护现状较好的石拱桥之一，具有十分重要的艺术、科学及考古价值。1992 年 6 月被批准为省级文物保护单位。交通便利。

董永祠 371625-50-B-c01
[Dǒngyǒng Cí]

位于博兴县东北方向 11.3 千米。因纪念汉孝子董永而得名。始建于清康熙四年（1665），光绪十六年（1890）、2007 年重修。占地 1 000 平方米，建筑面积 50 平方米。董永祠为六架前簷廊建筑，硬山顶。祠堂坐北朝南，面阔三间，东西长 9 米，正中开门，进深 5 米。墙下部砌青砖，上砌土坯，顶覆灰色小瓦。屋顶正脊、垂脊原有龙、凤、人物、花草等装饰，现多已残。祠堂内墙壁、屋架上有彩绘，现多为泥皮覆盖，露出部分颜色鲜艳，有剥落。对于保护文化遗产和传播孝文化有重要意义。2012 年被批准为市级文物保护单位。228 省道经此。

高庙李天主教堂 371625-50-B-c02
[Gāomiàolǐ Tiānzhǔ Jiàotáng]

在博兴县北方向 12.9 千米。因所在政区而得名。1935 年修建，1997 年重修。现教堂高 13 米、宽 11 米、长 34 米，总面积 417 平方米，较好地保留了初建时的风貌，是目前博兴县境内及周边地区发现的年代最久且规模较大的教堂建筑。2010 年 4 月被批准为县级文物保护单位。309 省道经此。

重要景点和一般名胜古迹

兴国寺 371625-50-D-a01
[Xīngguó Sì]

在博兴县城东南方向 10.3 千米。取国家兴盛之意命名。始建于东魏天平元年（534）；兴国寺先后于唐天宝，金天眷，元贞元，明成化、万历、崇祯，清道光等年间重修；后毁于清末年间；1998 年修复天王殿、丈八佛殿、大雄宝殿和东西厢房；2004 年建起居士寮房、念佛堂、斋堂、往生堂、游客中心等，基本复现了兴国寺原貌。寺内供奉的丈八佛，距今已有 1 500 余年。兴国寺自南北朝以来一直是青、济、沧三州较大的佛事活动集中地之一。是研究当地民俗宗教与地方史的重要实物资料。2011 年 11 月被评为国家 AAA 级旅游风景区。228 省道、316 省道经此。

打渔张森林公园 371625-50-D-a02
[Dǎyúzhāng Sēnlín Gōngyuán]

在乔庄镇西北方向 5.2 千米。因打渔张引黄灌溉工程而得名。占地面积 85 平方千米。有植物 40 余科 100 余种，鸟类有 17 科 40 余种。乔木林 5 万多亩，森林覆盖率达 73.2%，绿地 20 余万平方米。对于保护和研究鸟类迁徙具有重要意义，有利于保护地方历史文化遗产，促进旅游业带动经济发展。2014 年被评为国家 AAAA 级景区。205 国道经此。

人民公园 371625-50-D-c01
[Rénmín Gōngyuán]

在县境中部。以其综合性功能命名。占地面积 0.3 平方千米。按照自然、生态、环保、低碳的基本理念建设而成，是一座以水体景观和绿化为主体的现代园林式城市公园。公园建设对于优化博兴县城市环境，完善城市配套功能，提升城市形象和品位具有重要作用。通公交车。

邹平县

重点文物保护单位

丁公遗址 371626-50-B-a01
[Dīnggōng Yízhǐ]

位于长山镇丁公村。因所在政区而得名。为龙山文化遗址。1985 年挖掘。在考古中发现包含有大汶口文化、龙山文化、岳石文化、商代和汉代五大时期的堆积。其中刻有文字，被称为"丁公陶文"的陶片和卜骨等较为重要。丁公陶文的发现，为探讨中国文字的产生与发展，研究中国文明起源等重大历史课题提供了极其珍贵的实物资料。丁公城址的发现和文物的出土，可以看出邹平地区已经进入比较文明的历史发展时期。2001 年 6 月被批准为国家级重点文物保护单位。有公路经此。

鲍家遗址 371626-50-B-b01
[Bàojiā Yízhǐ]

位于长山镇鲍家村。因所在政区而得名。为新石器、周代遗址。属于龙山、商周至汉代文化，1973 年进行调查。遗址分墓葬区和居住区。墓葬区内分布着商、周至汉的墓群，居住区发现多处灰坑及大量陶片。出土石器有石斧、石镰、石簇、石凿、石铲等，蚌器有蚌锯、蚌镰，陶器有薄如蛋壳的黑陶杯等，还有饰有附加堆纹的白陶鬶和鬼脸式鼎腿及铜戈铜削等。出土的古文物，把中国有文字可考的历史向前推进了800年，具有重要的考古价值。1977年12月被批准为省级文物保护单位。有公路经此。

西南庄遗址 371626-50-B-b02
[Xīnánzhuāng Yízhǐ]

位于长山镇西南村。因所在政区而得名。为新石器时代、商代遗址。1981年文物普查时发现，1985年春，惠民地区文物管理所对遗址河底部分进行了抢救性发掘。遗址南北宽约200米，初步定为北辛文化遗址。出土文物有骨器、蚌器、口红陶钵等。采集标本有夹砂红陶、泥制灰陶、红陶、纹饰为绳纹，器形似鼎，鬲居多，也有秦汉卷云纹瓦当。是滨州发现较早的人类活动遗存，对研究邹平地区新石器文化、社会制度和大汶口文化的起源提供了丰富的实物资料。具有重要的考古价值。1992年6月被批准为省级文物保护单位。有公路经此。

梁漱溟墓 371626-50-B-b03
[Liángshùmíng Mù]

位于黄山南山坡。以墓主人而得名。建于1989年。墓地独特的建构风格和丰富的文化内涵，对于研究梁漱溟先生一生及中国的乡村建设具有重大意义。1992年6月被批准为省级文物保护单位。有公路经此。

伏生祠遗址 371626-50-B-b04
[Fúshēngcí Yízhǐ]

位于韩店镇苏家村。为后人纪念秦朝博士伏生而建，故名。该祠建于宋代，元、明、

清多次修葺，后被毁。壁画为晁错授书图。祠旁有书院，祠前有碑数通，其中有晁错亲书小篆汉碑。它是邹平最早的书院，为当地培养了不少人才。千百年来，对于传承圣贤精神起到重要作用，也是广大群众陶冶情操、培育文化自信的场所，具有重要的考古价值。2013年10月被批准为省级文物保护单位。有公路经此。

孙家遗址 371626-50-B-b05
[Sūnjiā Yízhǐ]

位于黛溪街道溪河村。因所在政区而得名。为龙山、商、周代遗址。1981年发现。遗址东西长约300米，南北宽约200米，总面积约为6万平方米。该遗址距今8000年左右，是山东地区最早的新石器时代的古文化遗址和人类遗存。该遗址最突出的特点是文化层次多而丰富，文化堆积厚达2~5米，是山东地区为数不多的后李文化遗存之一。该遗址证明早在北辛文化之前，邹平地区就有母系氏族的先民在此生活，丰富了黄河下游、泰沂山区新石器时代文化的研究内涵，对探讨这一地区遗址的时空分布规律及其环境变迁具有重大意义。2013年10月被批准为省级文物保护单位。有高速公路经此。

重要景点和一般名胜古迹

鹤伴山国家森林公园 371626-50-D-a01
[Hèbànshān Guójiā Sēnlín Gōngyuán]

在省境中北部，县驻地黄山街道西北方向10.6千米。传说此山与仙鹤为伴而得名。地形复杂，山势陡峭，峡谷优长，于奇峰怪崖之间，悬崖绝壁较多。气候属暖温带亚湿润大陆性季风气候，具有明显的季节变化和季风气候特点，四季分明，雨量集中，春节干旱多风回暖快，夏季炎热

多雨湿润大。在景区内修筑水坝 38 座，总蓄水量达 60 万方，为鹤伴山营造水景创造了良好的条件；治理及绿化主河道 1 500 米，雨季溪水潺潺流动。植被属于暖温带落叶阔叶林区域的植被地带，以落叶阔叶林为主。有效保护了野生动植物资源，以保护林木资源为主。提高了森林覆盖率，保护了森林的生态平衡。鹤伴山森林公园成为邹平乃至滨州、淄博方圆百公里周边的旅游胜地，提高当地经济收入，对旅游业发展起到重要作用。2012 年 9 月被评为国家 AAAA 级旅游风景区。通公交车。

六　农业和水利

滨州市

渠道

簸箕李灌区总干渠 371600-60-G01
[Bòjīlǐ Guànqū Zǒnggànqú]

在滨州市西南部。起于徒骇河渡槽，止于为沙河枢纽工程。1960 年建成。长 14.1 千米，底宽 22.0 米，平均流量 60 立方米 / 秒，最大水深 2 米，途经淄角镇、皂户李镇、孙武街道。主要作用为灌溉，兼具排涝功能，极大地解决了惠民县、阳信县、无棣县灌溉和生活用水困难的问题。有公路经此。

簸箕李灌区一干渠 371600-60-G02
[Bòjīlǐ Guànqū Yīgànqú]

在滨州市西部。起于沙河枢纽工程，东营市境内段止于为端张村。1966 年建成。境内长 20.2 千米，底宽 9.0 米，设计流量 20 立方米 / 秒，最大水深 3 米，途经孙武街道、石庙镇。主要作用为灌溉，兼具排涝功能，极大地解决了惠民县、阳信县灌溉和生活用水困难的问题。有公路经此。

簸箕李灌区二干渠 371600-60-G03
[Bòjīlǐ Guànqū Èrgànqú]

在滨州市西部。起于沙河枢纽工程，东营市境内段止于何坊街道陈谢村。1966 年建成。境内长 17.1 千米，底宽 17.0 米，设计流量 40 立方米 / 秒，最大水深 2.7 米。途经孙武街道、武定府街道、何方街道。

主要作用为灌溉，兼具排涝功能，极大地解决了惠民县、阳信县、无棣县灌溉和生活用水困难的问题。有公路经此。

滨城区

水库

东海水库 371602-60-F01
[Dōnghǎi Shuǐkù]

在滨城区东部。因位于城区东郊，故定名东郊水库，后根据规划，更名为东海水库。1995 年 7 月始建，1997 年 8 月建成。面积 3 平方千米，长度 2.2 千米，宽度 2.0 千米。集水面积 1.7 平方千米，总库容量 1 500 万立方米，平均水深 5 米。大坝为均质土坝，长 9 920 米，顶宽 8 米，主坝坝高 5.5 米，另有提水泵站 1 座、隔坝闸 1 座、泄水闸 1 座、水厂 1 座。主要作用为向滨州市区工矿企业和居民生活供水，兼顾周边农村灌溉和人畜用水。通公交车。

南海水库 371602-60-F02
[Nánhǎi Shuǐkù]

在滨城区南部。属滨州四环五海的五海之一，位于南部，故名。2003 年 3 月始建，其中东库区 2010 年 4 月始建，2011 年 5 月正式蓄水并投入使用。面积 2 平方千米，长 2.1 千米，宽 0.5 千米，集水面积 6 000 万立方千米，库容为 996 万立方米，年调蓄水量 4768 万立方米，设计水位 15.5 米，死水位 10.7 米，水库库容 996 万立方米。为滨州市水利局批准确立的饮用水源地，主要作用为向开发区南部供应生活和工业用水。通公交车。

西海水库 371602-60-F03
[Xīhǎi Shuǐkù]

在滨城区西部。属滨州四环五海的五海之一，位于西部，故名。2003 年始建，2005 年基本竣工，后经改建、扩建、续建和除险加固工程达现规模。面积 3 平方千米，长 4 千米，宽 1.1 千米，集水面积 3 平方千米，总库容量 0.15 亿立方米，平均水深 5 米，最大泄洪量 20 立方米 / 秒。另有放水洞、灌溉干渠等水利设施。主要作用为提供饮用水。通公交车。

龙潭水库 371602-60-F04
[Lóngtán Shuǐkù]

在滨城区南部。取龙居住的潭水的祥瑞之意命名。2005 年 3 月始建，2006 年 8 月建成。面积 2 平方千米，设计库底高程 8.0 米，蓄水位 14.5 米，设计库容 1 253 万立方米，兴利库容 1 159 万立方米。主要作用为解决当地用水问题。通公交车。

沾化区

水利枢纽

徒骇河坝上闸 371603-60-E01
[Túhàihé Bàshàng Zhá]

在富国街道境内。因所在河流为徒骇河，故名。1968 年 8 月始建，1970 年 2 月建成。长 156.9 米，14 孔，孔跨 10 米。闸门顶高程为 4.1 米，闸底高程 −2.4 米。设计防洪流量为 1 441 立方米 / 秒，设计蓄水量 1 575 万立方米，设计灌溉面积 10.65 万亩。有公路经此。

水库

恒业湖水库 371603-60-F01
[Héngyèhú Shuǐkù]

位于富源街道境内。名称寓意"恒心创业求发展"，故取名恒业湖水库。2004 年 2 月始建，2004 年 10 月建成，2005 年实施库区美化绿化工程。面积 3 300 亩，为中型水库，设计蓄水深 8 米，库容 1 380 万立方米，年调水量 2 756 万立方米。围坝轴线长 5 600 米，坝顶高程 11.3 米，防浪墙高 12.1 米，坝顶宽 10 米内坡采用砼预制板衬砌，衬砌坡长 19 米。主要作用为向县城经济开发区、明珠工业园等大型园区供水，兼具水产养殖、农业开发、观光旅游功能。有公路经此。

堤防

临海防潮堤 371603-60-G01
[Línhǎi Fángcháo Dī]

在滨海镇境内。起于套尔河右岸，止于潮河左岸。2004 年 3 月始建，2004 年 7 月底建成。2005 年 5 月启动临海防潮堤临海面衬砌工程。堤长 40 000 米，顶宽 12 米，高 5.8 米。临海防潮堤使北部沿海的 20 万亩农田、7 万亩虾场、25 万亩盐场和 24 万亩湿地得到有效保护，同时也为"北带"开发战略的实施和沿海生态旅游区建设构筑了牢固的"海上屏障"。随着景观工程的建设和管理保护开发的逐步完善，其防潮、防洪、排涝、蓄水、交通、旅游和生态等综合效均日益显现。有公路经此。

惠民县

农场

魏集镇现代农业科技示范园

371621-60-A01

[Wèijí Zhèn Xiàndài Nóngyè Kējì Shìfànyuán]

　　属魏集镇管辖。在魏集镇南部。占地面积 700 亩。因所在政区与园区功能命名。2013 年始建。主要项目有农业园区景区观光、食用菌生产工艺流程参观科普教育、食用菌及其他果蔬种植、采摘体验等，形成了"种植示范＋旅游观光＋休闲度假"三位一体现代农业模式。对于惠民县食用菌产业升级与可持续发展具有重要作用。有公路经此。

惠民县鑫诚现代农业科技示范园

371621-60-A02

[Huìmín Xiàn Xīnchéng Xiàndài Nóngyè Kējì Shìfàn Yuán]

　　属麻店镇管辖。在麻店镇北部。占地面积 15 000 亩。2012 年始建。有林果苗木、设施农业、科研培训、品种繁育、物流加工、循环农业、休闲养生和生态旅游等多个功能区。是一个集现代高效农业、循环农业、农业科研、休闲旅游、生态养老、温泉养生、亲子度假、科普教育、购物于一体的田园综合体。对于惠民县农业科技发展、农业产业升级及农业旅游发展具有促进作用。有公路经此。

灌区

白龙湾引黄灌区　371621-60-F01

[Báilóngwān Yǐnhuáng Guànqū]

　　在县境南部。因渠首位于白龙湾地区而得名。1956 年始建。灌溉面积 268 平方千米，有干渠 5 条，长 43.0 千米；支渠 56 条，长 170.0 千米；斗（农）渠 122 条，长 118.0 千米。灌溉范围涵盖清河镇、李庄镇、辛店镇、麻店镇、胡集镇、桑落墅镇，极大满足了灌区内各镇群众的农业灌溉所需。220 国道经此。

归仁引黄灌区　371621-60-F02

[Guīrén Yǐnhuáng Guànqū]

　　在县境南部。因渠首位于李庄镇归仁村而得名。1966 年始建，1998 年新建归仁引黄闸。渠首工程为归仁引黄闸。灌溉面积 69 平方千米，引水流量 10 立方米／秒，年引水 2 200 万立方米。有总干渠 1 条，长 3.4 千米；干渠 4 条，长 22.6 千米；支渠 8 条，长 50.2 千米；斗（农）渠 133 条，长 79.1 千米。灌溉范围涵盖李庄镇、姜楼镇，极大方便了灌区内各镇群众的农业灌溉所需。220 国道经此。

大崔引黄灌区　371621-60-F03

[Dàcuī Yǐnhuáng Guànqū]

　　在县城东南部。因渠首位于魏集镇大崔村而得名。1971 年始建。渠首工程为大崔引黄闸。灌溉面积 69 平方千米。灌区现有干级渠道 3 条，总长度 9.8 千米；支级渠道 5 条，总长度 59.9 千米；斗（农）渠 35 条，总长度 41.8 千米。灌溉范围涵盖魏集镇、胡集镇，极大方便了灌区内各镇群众的农业灌溉所需。220 国道经此。

渠道

簸箕李灌区东条渠　371621-60-G01

[Bòjīlǐ Guànqū Dōngtiáoqú]

　　在惠民县西南部。起于簸箕李灌区引黄闸，止于徒骇河渡槽。1960 年建成。长

21.9 千米，底宽 34.2 米，最大水深 2 米，边坡 1：2，平均流量 75 立方米 / 秒。主要作用为灌溉，兼具排涝功能，极大地解决了惠民县西南部乡镇吃水、用水困难的问题。220 国道经此。

阳信县

水库

幸福水库 371622-60-F01
[Xìngfú Shuǐkù]

在县驻地东北方向 1.6 千米。因毗邻幸福河而得名。1994 年始建，1996 年建成。水库占地 1 200 亩，总库容 350 万方，年调蓄水能力 1 000 万立方米。水库分南北两库区，北区为沉沙库区，南区为清水库区。该水库为解决全县居民饮水和城区工业用水提供了必备水源。有公路经此。

无棣县

水库

三角洼水库 371623-60-F01
[Sānjiǎowā Shuǐkù]

在车王镇东部。因建设地点位于车王镇、原大杨乡、柳堡镇三乡镇交界处，地形呈三角形，当地俗称三角洼，故名三角洼水库。1995 年始建，1999 年建成。主要水源是幸福河，面积 4 平方千米，长 2.1 千米，宽 1.8 千米，平均水深 3.7 米，总库容 1 400 万立方米。有扬水站 1 座，输水洞 1 座，放水洞 2 座。主要作用是为农村生活供水。有公路经此。

埕口水库 371623-60-F02
[Chéngkǒu Shuǐkù]

在埕口镇中部。因水库坐落于无棣县埕口镇而得名。1997 年 10 月始建，1998 年 7 月建成。主要水源是小开河。面积 8 平方千米，长 3.5 千米，宽 3.0 千米，平均水深 2 米，总库容 1 400 万立方米，有效利用库容 800 万立方米。主要作用是提供农业用水、生活用水、工业用水。灌溉农田 3 万亩，解决居民和牲畜的吃水问题。有公路经此。

博兴县

水库

博兴县打渔张渠首水库 371625-60-F01
[Bóxīng Xiàn Dǎyúzhāng Qúshǒu Shuǐkù]

在博兴县北部。因位于博兴县打渔张引黄灌区渠首得名，简称渠首水库。1997 年 3 月始建，1997 年 12 月建成。面积 3 平方千米，长度 5.8 千米，围坝长 13.1 千米，宽 500~1 000 米，平均水深 5 米，总库容量 1 340 万立方米。主要作用为向县经济开发区工业用水、库区农业灌溉和全县农村饮水安全工程供水。有公路经此。

渠道

总干渠 371625-60-G01
[Zǒng Gànqú]

在博兴县东北部。起于落车里枢纽闸，止于打渔张灌区老四干。1956 年始建，1956 年建成。长 12.0 千米，宽 20.0 米。水源地为黄河，平均流量 5 立方米 / 秒，最大水深 1.8 米，基础构造为土渠、梯形断面、混凝土板衬砌。是打渔张引黄灌区的组成部分，对当地农业生产具有重要作用。有公路经此。

邹平县

水库

平原水库 371626-60-F01
[Píngyuán Shuǐkù]

位于县驻地北5千米。因建于平原而得名。2003年4月始建，2005年5月建成。整个工程为母子两库串联型，分南北两个库区，设计库容4 500万立方米，围坝为碾压式均质土坝，内坡采用复合土工膜，砼预制板防渗。坝轴总长10 582米，坝顶高程23.5米，坝顶宽7米，平均坝高9米。工程设计年供水能力1亿立方米，水源黄河水，主要向县城、经济开发区及韩店、长山、青阳、明集、黛溪、高新等镇办企业供水，供水管线总长55千米。有公路经此。

于印水库 371626-60-F02
[Yúyìn Shuǐkù]

位于县驻地西南方向3千米。因水库位于于祖山附近，寓意于祖山印象而得名于印水库。建于1958年。流域面积64平方千米，主坝坝型为砌石溢流坝，主坝长470米，坝顶高程57米，其中溢流坝长169米，坝顶高程54.6米，副坝长750米，坝顶宽8米，坝顶高程55.5米。水库校核水位56.23米，兴利水位55.23米，总库容133万立方米，兴利库容86万立方米，死库容47立方米，为小（一）型水库。主要作用为向周边地区的生活、经济生产提供水源。有公路经此。

芽庄水库 371626-60-F03
[Yázhuāng Shuǐkù]

位于县驻地南偏东方向9千米。因位于芽庄村而得名。建于1960年。流域面积9平方千米，主坝坝型为均质坝，主坝长246米，坝顶宽10米，坝顶高程137.5米，副坝长262米，该库建有溢流坝，坝长42米，坝顶高程121.35米。芽庄水库总库容128万立方米，为小（二）型水库。主坝南头设有溢洪道，进口底高程135.457米，底宽9.6米，最大泄量100立方米/秒。有公路经此。

黛溪湖水库 371626-60-F04
[Dàixīhú Shuǐkù]

位于县驻地南偏东方向9千米，因位于黛溪湖而得名。1958年始建，后经多次改建、扩建和除险加固。水库枢纽由主坝、副坝、溢洪闸和放水洞组成。主坝为碾压式均质土质，坝顶高程39.0米，长1 000米，坝顶宽10米；防浪墙墙顶高程40.0米；副坝为碾压式均质土质，长446米，坝顶宽8米。2006年改建溢洪闸，溢洪闸共5孔，每孔净宽5米，溢洪闸闸底板高程32.5米，最大泄量381立方米/秒。建设初期，水库主要作用为防洪、农业灌溉，随着城市发展，水库逐步增加了生态、补给地下水等功效。兼具防洪、灌溉、生态、旅游等功效。有公路经此。

词目拼音音序索引